D1533356

BESTSELLER

Andrés Oppenheimer nació en Argentina, se inició en el periodismo en su país natal, recibió su maestría en periodismo en la Universidad de Columbia en 1978 y comenzó a trabajar en The Associated Press en Nueva York ese mismo año. Desde 1983 trabaja para *The Miami Herald* y su columna sindicada se publica semanalmente en más de cuarenta periódicos. Es conductor del programa "Oppenheimer Presenta" en CNN en español y Foro TV. Su nombre figura en el ránking de periodistas más influyentes de Estados Unidos que realiza la revista *Forbes* y su trabajo ha sido reconocido con los más prestigiosos premios internacionales: ha sido co-ganador del Premio Pulitzer, ganador del Premio Ortega y Gasset, el premio Rey de España y el premio Maria Moors Cabot. Ha publicado varios bestsellers, entre ellos *Crear o morir*, *¡Basta de historias!*, *México: en la frontera del caos*, *Crónicas de héroes y bandidos*, *Ojos vendados*, *Cuentos chinos* y *Los Estados desunidos de Latinoamérica.*

ANDRÉS OPPENHEIMER

¡Basta de historias!

La obsesión latinoamericana con el pasado, y las 12 claves del futuro

DEBOLS!LLO

¡Basta de historias!
La obsesión latinoamericana con el pasado y las 12 claves del futuro

Primera edición en Debolsillo: mayo, 2018

Penguin Random House Grupo Editorial, S. A. de C. V.
Blvd. Miguel de Cervantes Saavedra núm. 301, 1er piso,
colonia Granada, delegación Miguel Hidalgo, C. P. 11520,
Ciudad de México

www.megustaleer.mx

ISBN: 978-607-316-402-3

Impreso en México – *Printed in Mexico*

El papel utilizado para la impresión de este libro ha sido fabricado a partir de madera procedente de bosques y plantaciones gestionadas con los más altos estándares ambientales, garantizando una explotación de los recursos sostenible con el medio ambiente y beneficiosa para las personas.

Penguin
Random House
Grupo Editorial

Índice

Prólogo

Este libro sale a la luz en momentos en que buena parte de Latinoamérica está festejando el bicentenario de su independencia, y la región está dedicada con mayor entusiasmo de lo habitual a conmemorar, discutir y revisar su pasado. La pasión por la historia es visible por donde uno mire. Los gobiernos —incluyendo el de España, que creó una Comisión Nacional para la Conmemoración de los Bicentenarios— han destinado millones de dólares a los festejos. En los medios de comunicación ha habido acalorados debates sobre cuáles figuras del siglo XIX deberían ser consideradas próceres de la independencia y cuáles enemigas de la patria. En las librerías, los *best-sellers* del momento son las novelas históricas sobre la vida de Simón Bolívar, Francisco de Miranda, Antonio José Sucre, José de San Martín, Bernardo O'Higgins, Miguel Hidalgo, José María Morelos y otros héroes de la emancipación latinoamericana.

El presidente de Venezuela, Hugo Chávez, acaba de desenterrar los restos de Bolívar en una solemne ceremonia difundida en cadena nacional para iniciar una investigación sobre si el prócer fue asesinado; hace sus discursos al país delante de un retrato del prócer, y hasta le ha cambiado el nombre al país por el de "República Bolivariana de Venezuela". Los presidentes de Bolivia y Ecuador se proclaman herederos de legados históricos que —siguiendo los pasos de Chávez— evocan constantemente para consolidar sus propios proyectos de acaparamiento del poder y justificar la "refundación" de sus países bajo nuevas reglas que les dan poderes absolutos. En todo el continente, desde Argentina hasta México, hay una verdadera pasión por redescubrir la historia.

La obsesión con el pasado es un fenómeno que, si bien está exacerbado por los festejos de la independencia, es característico de la región. Curiosamente, no he observado el mismo fenómeno en mis viajes recientes a China, la India y otros países asiáticos, a pesar de que muchos de ellos tienen historias milenarias. Entonces, vale la pena hacernos algunas preguntas políticamente incorrectas, pero necesarias. ¿Es saludable esta obsesión con la historia que nos caracteriza a los latinoamericanos? ¿Nos ayuda a prepararnos para el futuro? ¿O, por el contrario, nos distrae de la tarea cada vez más urgente de prepararnos para competir mejor en la economía del conocimiento del siglo XXI?

Este libro argumenta que los países latinoamericanos están demasiado inmersos en una revisión constante de su historia, que los distrae de lo que debería ser su principal prioridad: mejorar sus sistemas educativos. Sin poblaciones con altos niveles de educación, la región no podrá competir en la nueva era de la economía del conocimiento, donde los productos de alta tecnología —desde programas de software hasta patentes de la industria farmacéutica— se cotizan mucho más en los mercados mundiales que las materias primas, o las manufacturas con poco valor agregado.

Para buscar ideas sobre cómo mejorar la calidad de la educación en nuestros países, en los últimos cinco años he viajado a países que tienen en común el haberse destacado por sus avances en la educación, la ciencia y la tecnología. Viajé a China, la India, Singapur, Finlandia, Suecia, Israel y otros países de diferentes colores políticos, pero que —cada uno a su manera— han logrado mejorar sus niveles educativos y reducir dramáticamente la pobreza. Y luego viajé a México, Brasil, Chile, Argentina y otros países iberoamericanos para ver qué estamos haciendo —de bueno y de malo— en la región. Realicé más de 200 entrevistas a figuras clave del mundo —incluyendo el presidente Barack Obama; el fundador de Microsoft, Bill Gates, y el premio

Nobel de Economía, Joseph Stiglitz— y númerosos otros jefes de Estado, ministros, rectores universitarios, científicos, profesores, estudiantes y padres y madres de familia.

Para mi sorpresa, descubrí que mejorar sustancialmente la educación, la ciencia, la tecnología y la innovación no son tareas imposibles. Hay cosas muy concretas, y relativamente fáciles, que se están haciendo en otras partes del mundo, y que podemos emular en nuestros países. Este libro está lleno de ejemplos al respecto.

La tarea es impostergable, porque el siglo XXI es, y será, el de la economía del conocimiento. Contrariamente al discurso de la vieja izquierda y la vieja derecha en la región, los recursos naturales ya no son los que producen más crecimiento: los países que más están avanzando en todo el mundo son los que le apostaron a la innovación y producen bienes y servicios de mayor valor agregado. No en vano el país con el mayor ingreso per cápita del mundo es el diminuto Liechtenstein, que no tiene ninguna materia prima, mientras que países con enorme riqueza de materias primas, como Venezuela y Nigeria, están entre los que tienen más altas tasas de pobreza. Y no en vano los hombres más ricos del mundo son empresarios como Gates, el mexicano Carlos Slim o Warren Buffet, que producen de todo menos materias primas.

El mundo ha cambiado. Mientras en 1960 las materias primas constituían 30 por ciento del producto bruto mundial, en la década de 2000 representaban apenas 4 por ciento del mismo. El grueso de la economía mundial está en el sector servicios, que representa 68 por ciento, y en el sector industrial, que representa 29 por ciento, según el Banco Mundial.

Y esta tendencia se acelerará cada vez más. La reciente crisis económica mundial hizo tambalear los precios de las materias primas de Sudamérica y las exportaciones de manufacturas de México y Centroamérica. Además, la crisis ha reducido el tamaño del pastel de la economía mundial, lo que deja mejor posicionados a los países más competitivos; o sea, los que pueden producir bienes y servicios más sofisticados a mejores precios. La receta para crecer y reducir la pobreza en nuestros países ya no será solamente abrir nuevos mercados —por ejemplo, firmando más acuerdos de libre comercio— sino inventar nuevos productos. Y eso sólo se logra con una mejor calidad educativa.

Ojalá este viaje periodístico alrededor del mundo sirva para aportar ideas que nos ayuden a todos —gobiernos y ciudadanos comunes— a ponernos las pilas y empezar a trabajar en la principal asignatura pendiente de nuestros países, y la única que nos podrá sacar de la mediocridad económica e intelectual en la que vivimos.

Finalmente, quisiera agradecer muy especialmente a Bettina Chouhy, Annamaría Muchnik y Angelina Peralta, que durante los últimos años me han ayudado en la investigación y la logística que hicieron posible este libro. Sin ellas, esta obra hubiera sido imposible.

—

ANDRÉS OPPENHEIMER

1

Hay que mirar para adelante

Cuando le pregunté a Bill Gates después de una entrevista televisiva, fuera de cámara, qué opinaba sobre la creencia muy difundida en muchos países latinoamericanos de que "nuestras universidades son excelentes" y "nuestros científicos triunfan en la NASA", el fundador de Microsoft y uno de los hombres más ricos del mundo me miró con asombro y estalló en una carcajada. Levantando las cejas, me preguntó: "¿A quién estás bromeando?"

No fue una respuesta arrogante: minutos antes, frente a las cámaras, Gates me había hablado con optimismo sobre América Latina. Según dijo, existen condiciones como para ponerse a la par de China e India en las próximas décadas.

Decía Gates, mientras nos alejábamos del *set* de grabación, que a Latinoamérica le falta una dosis de humildad para darse cuenta cuál es la verdadera posición de sus grandes universidades y centros de investigación en el contexto mundial. Los países de la región sólo podrán insertarse de lleno en la economía de la información del siglo XXI —y producir bienes más sofisticados que les permitan crecer y reducir la pobreza— si hacen un buen diagnóstico de la realidad y dejan de creer que están así de bien, indicó.

"Si creen que ya han llegado a la meta, están fregados —me dijo Gates moviendo la cabeza—. Todos los países deben empezar con humildad. Lo que más asusta sobre el ascenso de China es su nivel de humildad. Están haciendo las cosas muy bien y, sin embargo, tienen una humildad asombrosa. Tú vas a China y escuchas: 'En India están haciendo esto y lo otro mucho mejor que nosotros. ¡Caramba! Tenemos que hacer lo mismo'. Esta tendencia a la humildad, que algún día van a perder, les está ayudando enormemente."[1]

Su respuesta me dejó pensando. Yo acababa de regresar de varios países latinoamericanos, y en todos me había encontrado con una versión triunfalista sobre los logros de las grandes universidades latinoamericanas y sus sistemas educativos en general. No solo los gobiernos alardeaban sobre los logros de sus países en el campo académico y científico, sino que la gente parecía convencida de la competitividad de sus universidades —salvo en cuanto a los recursos económicos— frente a las casas de estudio más prestigiosas del mundo. Cada vez que daba una conferencia en alguna de las grandes capitales latinoamericanas, y criticaba la eficiencia de sus universidades estatales, siempre saltaba alguien en la audiencia para rebatir mis comentarios con patriótica indignación. Las grandes universidades latinoamericanas, blindadas contra la rendición de cuentas a sus respectivas sociedades gracias a la autonomía institucional de la que gozan, muchas veces parecen estar a salvo de cualquier crítica, por más fundamentada que sea. Son las vacas sagradas de América Latina.

Según me comentaba Gates, en China, y anteriormente en Estados Unidos, había pasado exactamente lo opuesto: había sido precisamente la creencia de que se estaban quedando atrás del resto del mundo lo que había despertado a sus sociedades e impulsado su desarrollo. "Lo mejor que le pasó a Estados Unidos fue que, en los años ochenta, todos creían que los japoneses nos iban superar en todo. Era una idea estúpida, errónea, una tontería. Pero fue este sentimiento de humildad lo que hizo que el país se pusiera las pilas."[2]

¿Y en Latinoamérica? Gates respondió que veía importantes avances y que aunque las universidades no son tan buenas como deberían ser, son mejores que hace 10 años. Sin embargo, el disparador de la modernización educativa en Latinoamérica debería ser el mismo que en Estados Unidos, agregó. "La manera de despegar es sintiendo que estás quedándote atrás", concluyó encogiéndose de hombros.[3]

Lo cierto es que en la gran mayoría de los países de América Latina está ocurriendo todo lo contrario: las encuestas (como la Gallup, de 40 000 personas en 24 países de la región, encargada por el Banco Interamericano de Desarrollo, BID) muestran que los latinoamericanos están satisfechos con sus sistemas educativos. Paradójicamente, lo están mucho más con su educación pública que la gente de otras regiones que obtienen mucho mejores resultados en los exámenes estudiantiles y en los *rankings* universitarios. El 85 por ciento de los costarricenses, 84 por ciento de los venezolanos, 82 por ciento de los cubanos, 80 por ciento de los nicaragüenses, 77 por ciento de los salvadoreños y más de 72 por ciento de colombianos, jamaiquinos, hondureños, bolivianos, panameños, uruguayos y paraguayos dijeron estar satisfechos con la educación pública de sus respectivos países. Comparativamente, sólo 66 por ciento de los encuestados en Alemania, 67 por ciento de los estadounidenses y 70 por ciento de los japoneses lo están en sus respectivos países, según revela el estudio.[4]

"Los latinoamericanos en general están más satisfechos con su educación pública de lo que justifican los resultados de los exámenes internacionales. Están satisfechos sin fundamento", me dijo Eduardo Lora, el economista del BID que coordinó el estudio. Cuando le pregunté por qué tantos latinoamericanos tienen esta visión tan optimista, Lora respondió que la mayoría de la gente en la región tiende a juzgar su sistema educativo por la calidad de los edificios escolares o por el trato que reciben sus hijos en la escuela, más que por lo que aprenden.

En otras palabras, ha habido un gran avance en cuanto a la expansión de la educación —los índices de alfabetismo se han duplicado desde la década de los años treinta, para llegar a 86 por ciento de la población de la región—, pero no se ha producido un avance similar en la calidad de la educación. "El peligro es que, si la gente está satisfecha, no existe la exigencia social de mejorar los estándares educativos. Paradójicamente, esa demanda sólo existe donde ya se han alcanzado los estándares relativamente más altos de la región, como en Chile."[5]

Las universidades más prestigiosas de América Latina, a pesar de logros esporádicos que sus sociedades celebran como grandes triunfos nacionales, están en los últimos puestos de los *rankings* internacionales: el de las 200 mejores universidades del mundo, realizado por el Suplemento de Educación Superior del *Times* de Londres, está encabezado por la Universidad de Harvard, e incluye una sola universidad latinoamericana, casi al final de la lista. Se trata de la Universidad Nacional Autónoma de México (UNAM), que está en el puesto 190. O sea, aunque México y Brasil se ubican entre las 12 economías más grandes del mundo, sólo tienen una universidad en el *ranking* londinense, y está en uno de los últimos lugares. En comparación, hay varias universidades de China, India, Corea del Sur e Israel en la lista.[6]

¿Cómo puede ser que México, un país con 110 millones de habitantes, con un producto interno bruto (PIB) de 1 600 billones de dólares, tenga a su mejor universidad en un puesto tan por debajo de la mejor universidad de Singapur, un país con menos de cinco millones de habitantes y un PIB que no llega a 225 000 millones de dólares?

Varios rectores de universidades estatales latinoamericanas señalan, con indignación, que el *ranking* londinense es tendencioso, porque favorece a los países angloparlantes al incluir entre sus criterios de valoración el número de artículos publicados en las principales revistas académicas internacionales, que están escritas en inglés. Sin embargo, el *ranking* difícilmente puede ser calificado como demasiado favorable para el Primer Mundo, porque una lista similar, confeccionada por una de las principales universidades de China, llega a las mismas conclusiones. En efecto, el *ranking* de las mejores 500 universidades del mundo de la Universidad Jiao Tong de Shanghai, China, pone a las universidades latinoamericanas en lugares muy parecidos.

Según este *ranking*, no hay ninguna universidad latinoamericana entre las 100 mejores del mundo. La lista también está encabezada por Harvard, y ocho de los primeros 10 puestos están ocupados por universidades norteamericanas. Luego, hay varias chinas, japonesas, australianas e israelíes entre el primer centenar. Las primeras instituciones académicas latinoamericanas que aparecen son la Universidad de São Paulo, que figura dentro del grupo identificado como "entre el puesto 100 y 151". Más abajo están la Universidad de Buenos Aires (UBA) y la UNAM de México, "entre el puesto 152 y 200".[7]

TRES PSICÓLOGOS POR CADA INGENIERO

Las grandes universidades latinoamericanas están repletas de estudiantes que cursan carreras humanísticas u otras que ofrecen poca salida laboral o están totalmente divorciadas de la economía del conocimiento del siglo XXI. Hay demasiados estudiantes universitarios latinoamericanos estudiando derecho, psicología, sociología, filosofía e historia, y pocos estudiando ciencias e ingeniería. Actualmente, 57 por ciento de los estudiantes de la región cursan carreras de ciencias sociales, mientras que apenas 16 por ciento cursan carreras de ingeniería y tecnología, según cifras de la Organización de Estados Iberoamericanos (OEI), con sede en Madrid.

El número de graduados en ciencias sociales "aumentó espectacularmente" desde fines de los años noventa, afirma un estudio de la OEI. Entre el conjunto de egresados de maestrías en Latinoamérica, 42 por ciento ha obtenido su título de posgrado en ciencias sociales, 14 por ciento en ingeniería y tecnología, y 5 por ciento en ciencias agrícolas, dice el informe.[8]

En la Universidad de Buenos Aires, la principal universidad estatal argentina, hay 29 000 estudiantes de psicología y 8 000 de ingeniería. Es decir, los contribuyentes argentinos están pagando con sus impuestos la educación gratuita de tres terapeutas para curarle el coco —como los argentinos suelen referirse a la cabeza— a cada ingeniero. Lo mismo ocurre en otros campos: la UBA tiene unos 3 000 estudiantes de filosofía, contra 1 140 de física, o casi tres filósofos por cada físico, y 3 200 estudiantes de historia, contra 1 088 de química, o sea tres historiadores por cada químico.[9]

Y en la UNAM de México hay unos 1 000 estudiantes de historia, tres veces más que los de ciencias de la computación. A la hora de egresar, anualmente se gradúan de la UNAM unos 188 licenciados en historia, 59 en ciencias de la computación y 49 en ingeniería petrolera.[10] O sea, los contribuyentes mexicanos están subvencionando los estudios de más jóvenes dedicados a estudiar el pasado que a cursar muchas de las carreras que incentivan las innovaciones del futuro.

Cuesta creerlo, pero países relativamente jóvenes como México y Argentina tienen porcentajes mucho más altos de jóvenes estudiando historia y filosofía que países como China, que tienen una historia milenaria y filósofos como Confucio que han revolucionado el pensamiento universal. Cuando viajé a China y entrevisté a varios funcionarios del Ministerio de Educación, me dieron cifras como las siguientes: todos los años ingresan en las universidades chinas casi 1 242 000 estudiantes de ingeniería, contra 16 300 de historia y 1 520 de filosofía.[11] En India, me encontré con números parecidos. En la mayoría de los casos, los países asiáticos están privilegiando los estudios de ingeniería y las ciencias, limitando el acceso a las facultades de humanidades a los alumnos que obtienen las mejores calificaciones para entrar en las mismas.

LATINOAMÉRICA: MENOS DE 2 POR CIENTO DE LA INVESTIGACIÓN MUNDIAL

No es casual que América Latina sea —junto con África— la región del mundo con menos inversión en investigación y desarrollo de nuevos productos, y con menos patentes registradas en el mercado mundial. Las cifras son escalofriantes: sólo 2 por ciento de la inversión mundial en investigación y desarrollo tiene lugar en los países latinoamericanos y caribeños. Comparativamente, 28 por ciento de la inversión mundial en este rubro tiene lugar en los países asiáticos, 30 por ciento en Europa, y 39 por ciento en Estados Unidos.[12] Y casi la totalidad de ese patético 2 por ciento de la inversión mundial en investigación que corresponde a Latinoamérica tiene lugar en apenas cuatro países de la región: Brasil, donde se invierte 62 por ciento de todo el gasto regional; México, donde se invierte 13 por ciento del total; Argentina, donde se invierte 12 por ciento, y Chile, donde se invierte 4 por ciento.[13] Todos los países latinoamericanos y caribeños juntos invierten menos en investigación y desarrollo que un solo país asiático: Corea del Sur.

¿Por qué invertimos tanto menos que otros países en investigación? La pobreza no puede ser una explicación, porque China, India y otros países asiáticos tienen muchos más millones de pobres que América Latina, y eso no obsta para que inviertan más en investigación y desarrollo de nuevos productos. Uno de los principales motivos del rezago latinoamericano, según varios expertos, es que la mayor parte de la investigación en Latinoamérica se hace en el ámbito académico estatal, y está divorciada de las necesidades del mercado. Hasta en la China comunista el grueso de la investigación tiene lugar en el sector privado, que tiene mucho más olfato para detectar necesidades de mercado y explotar oportunidades comerciales. Según un estudio a nivel mundial de la OCDE, "no hay países que jamás hayan logrado un estatus tecnológico avanzado sin un porcentaje significativo de inversión privada en investigación y desarrollo".[14] Las cifras son muy reveladoras. Mientras el porcentaje que ocupa el sector privado en el total de la investigación que se realiza en Corea del Sur es de 74 por ciento, en Estados Unidos es de 64 por ciento y —lo que es sorprendente— en la China comunista es de 60 por ciento, y en los países latinoamericanos está por debajo de 50 por ciento.[15] El porcentaje de participación del sector privado en investigación y desarrollo es de apenas 26 por ciento en Argentina, 41 por ciento en Brasil, 29 por ciento en Chile, 30 por ciento en México, 47 por ciento en Colombia y 10 por ciento en Venezuela.

En total, China invierte el equivalente a 1.4 por ciento de su producto interno bruto en investigación y desarrollo, contra 0.9 por ciento de Brasil, 0.6 por ciento de Argentina, 0.4 por ciento de México, o 0.1 por ciento de Colombia y Perú. No es que falte pobreza en China: hay todavía más de 800 millones de pobres en el gigantesco país asiático. Sin embargo, China ha sacado de la pobreza a cientos de millones de personas en las últimas dos décadas, y todo parece indicar que lo seguirá haciendo en los próximos años. China, al igual que el resto de los países asiáticos, está mirando hacia adelante, con una visión a largo plazo, mientras que muchos países latinoamericanos están mirando hacia atrás.

"NUESTROS CIENTÍFICOS TRIUNFAN AFUERA"

¿Es cierto aquel axioma, que escuchamos en muchos de nuestros países, de que "nuestros científicos y técnicos triunfan en el exterior"? Muchos, sin duda, lo hacen, y algunos de ellos han sido distinguidos con premios Nobel. Sin embargo, no alcanzan a formar una masa crítica que los distinga. Contrariamente a lo que solemos escuchar en Latinoamérica, si preguntamos en los grandes centros de investigación del mundo cuántos latinoamericanos hay en sus principales centros de investigación, la respuesta no es muy alentadora.

Cuando le pregunté a un alto ejecutivo de Microsoft cuántos investigadores latinoamericanos tiene la empresa en su principal centro de investigación, donde trabaja un equipo elite de 800 investigadores generadores de patentes, estimó que alrededor de 1 por ciento son latinoamericanos, y 40 por ciento son asiáticos. En un *e-mail* posterior, corroboró que "la representación latinoamericana dentro de los 800 investigadores del grupo elite es de 1 por ciento. Los conocemos a todos. Es un grupo muy pequeño y formado la mitad por brasileños y la otra mitad por argentinos".[16] ¿Pero acaso no es cierto que Microsoft tiene varios centros de investigación en Latinoamérica? En rigor, se trata más bien de oficinas comerciales, me respondieron. Los alrededor de 25 000 investigadores generadores de software de Microsoft están repartidos en cinco laboratorios de Microsoft Research, de los cuales tres están en Estados Unidos, uno en Gran Bretaña, uno en China y otro en India.

Intrigado sobre si Microsoft es la regla o la excepción entre las grandes empresas de alta tecnología, le hice la misma pregunta a

John Gage, jefe de investigaciones de Sun Microsystems, la gigantesca multinacional con sede en Santa Clara, California, que es una de las mayores competidoras de Microsoft. Según Gage, el departamento de investigaciones, de unas 8 000 personas, tiene también 45 por ciento de chinos e indios, y el porcentaje de latinoamericanos es aún menor que en Microsoft. En cuanto a sus laboratorios de investigación, 65 por ciento de los investigadores de Sun Microsystems trabajan en cinco laboratorios: en Estados Unidos, en China, en India, en Rusia y en la República Checa. ¿Y cuántos de los 8 000 investigadores hay en América Latina?: 15. O sea, menos de 0.2 por ciento.[17]

COREA DEL SUR REGISTRA 7 500 PATENTES, BRASIL 100

No es casual que Corea del Sur haya pasado de la pobreza a una sorprendente prosperidad en las últimas décadas. Los coreanos le han apostado de lleno a la educación, y han elevado su nivel de vida a un ritmo vertiginoso. En 1965, el producto interno bruto per cápita de Argentina era más de 10 veces mayor que el de Corea del Sur, el de Venezuela también 10 veces mayor, y el de México cinco veces mayor que el del país asiático. Hoy los términos se han invertido: Corea del Sur tiene un producto interno bruto per cápita de 27 000 dólares por año, casi el doble que el de México (14 300) y Argentina (14 200), y el doble que el de Venezuela (13 500).[18] ¿Qué pasó? Los caminos se bifurcaron: los países latinoamericanos se dedicaron a vender materias primas como el petróleo o productos agrícolas. Corea del Sur, al igual que años más tarde lo harían China e India, se dedicó a invertir en la educación de su gente para crear productos cada vez más sofisticados, y venderlos en los mercados más grandes del mundo.

La comparación entre el número de patentes que registra anualmente Corea del Sur y las de los países latinoamericanos es escalofriante. Corea del Sur registra unas 7 500 patentes por año en Estados Unidos, el mercado más grande del mundo. Brasil, el país latinoamericano que más patentes registra en Estados Unidos, logra la aprobación de unas 100 por año, México 55, Argentina 30, Venezuela 14, Chile 13, Colombia 12 y Cuba 6.[19]

Lo que es más asombroso aún, cuando se compara el número de patentes que registran al año las grandes multinacionales de la industria de la informática, es enormemente mayor que el total de las generadas en toda Latinoamérica. En 2009, IBM registró 4900 patentes, la coreana Samsung 3600 y Microsoft 2900.[20] Todos los países latinoamericanos juntos —incluyendo empresas y particulares— registraron, en cambio, menos de 500 patentes, si se incluyen las que las compañías multinacionales registran en Bermuda y Barbados con fines impositivos. Si en lugar de mirar las patentes registradas en Estados Unidos miramos las patentes registradas en todos los países del mundo, los resultados son similares. En 2008, Corea del Sur registró 80000 patentes a nivel mundial, contra 582 de Brasil, 325 de México, 79 de Argentina, 87 de Cuba, 12 de Colombia, 9 de Costa Rica, 7 de Perú, y 2 de Ecuador.[21]

¿POR QUÉ NO HAY UN BILL GATES LATINOAMERICANO?

Aunque no tengamos las mejores universidades del mundo, ni registremos tantas patentes como los países asiáticos, ¿acaso no pueden surgir innovadores de talla mundial en Latinoamérica, de la misma forma en que surgieron varios premios Nobel?, le pregunté a Bill Gates antes de terminar la entrevista.

Pensé que Gates respondería que una empresa como la suya no hubiera prosperado sin estabilidad económica, seguridad jurídica y otras variantes. Según estudios del Banco Mundial, los bajos niveles de innovación en Latinoamérica se deben en gran parte al hecho de que los países de la región no ofrecen suficiente seguridad jurídica, no hay capital de riesgo para financiar proyectos innovadores y las burocracias estatales requieren tantos trámites para abrir una nueva empresa que muchos emprendedores desisten. Sin embargo, lo primero a lo que Gates aludió fue a la falta de una buena preparación educativa.

"Creo que en la mayoría de los otros países del mundo donde hubiera nacido, no habría tenido las mismas oportunidades que en Estados Unidos. Tuve una educación de muy buena calidad y una suerte increíble en cuanto a las circunstancias que me tocó vivir. De manera que la respuesta a su pregunta es no. En la mayor parte de otros lugares del mundo yo hubiera sido un mal agricultor", respondió.

Gates agregó: "Estados Unidos incentiva la innovación como ningún otro país en el mundo. Me refiero a los niveles en que nosotros (los estadounidenses) estamos dispuestos a invertir, a la forma en que funciona nuestro sistema de patentes, a la forma en que funciona nuestro sistema legal. Es cierto que también hay muchos que juegan en contra de la innovación: tenemos altísimos costos de defensa, legales, de servicios, de salud. Sin embargo, ¿a qué se debe que nuestro sistema funcione? A que hay algunas cosas que hacemos muy bien".

Gates señaló que Estados Unidos está entre los países que más invierten en investigación en las universidades, y en que las universidades tienen la relación más estrecha con las incubadoras de nuevas empresas. Además, las universidades norteamericanas ofrecen incentivos económicos a sus profesores para que investiguen y comercialicen nuevos productos, y se benefician de un sistema filantrópico por el cual los egresados de las universidades contribuyen a sus casas de estudio, dotándolas de fideicomisos inmensos. Gates explicó que, aunque algunas universidades latinoamericanas han logrado un gran apoyo de la empresa privada —citó el caso del Tecnológico de Monterrey y las donaciones que ese centro de estudios ha recibido de empresas como Cemex y Femsa—, en la mayoría de las instituciones de educación terciaria de la región no existe la tradición estadounidense de que los egresados contribuyan individualmente a sus casas de estudio. "Estados Unidos ha sido bastante excepcional en términos de las donaciones individuales de los egresados. Creo que les tomará algún tiempo a otros países desarrollar esta tradición. Pero creo que es absolutamente necesaria, porque crea un círculo virtuoso: la universidad produce profesionales exitosos, éstos hacen más donaciones a las universidades y pagan más impuestos, y ese dinero regresa a las universidades para producir más profesionales exitosos", me dijo.

Todas ello ha contribuido a que Estados Unidos continúe siendo un imán para los mejores cerebros de todas partes del mundo, prosiguió Gates. "En términos netos, importamos más inteligencia que nadie." En otras palabras, no era casualidad que 40 por ciento de los investigadores de Microsoft en su grupo de investigación fuesen asiáticos: al igual que durante la segunda Guerra Mundial, cuando Estados Unidos importaba cerebros como Albert Einstein de Alemania, el país estaba haciendo lo mismo actualmente con científicos asiáticos.

GATES: "LA CLAVE DE TODO ES LA EDUCACIÓN"

Pero cuando le pregunté a Gates qué cosas específicas deberían hacer los países latinoamericanos para estimular la innovación, su respuesta se centró en el mejoramiento de la calidad de la educación. "En primer lugar, sería ofrecer una educación de mejor calidad en las escuelas secundarias", dijo. Gates me contó que había tenido una excelente educación en su escuela secundaria, y se había beneficiado de oportunidades extraordinarias durante su adolescencia. Hijo de un exitoso abogado y de la hija de un acaudalado banquero, Gates había ido a la escuela pública hasta el séptimo grado, cuando sus padres —advirtiendo que el joven era un excelente estudiante que se estaba empezando a aburrir en la escuela— lo enviaron a la escuela privada Lakeside, en Seattle, una de las más exclusivas de la ciudad.

Dos años después, pasó algo que habría de cambiar la historia de Gates, y del mundo. La historia es conocida, pero vale la pena recordarla: el Club de Madres de la escuela de Lakeside había hecho su rifa anual de beneficencia, y había decidido —además de hacer sus donaciones rituales a los niños pobres— destinar 3000 dólares a la compra de una computadora. En 1968 era una verdadera extravagancia para una escuela secundaria tener una computadora: ni siquiera la mayoría de las universidades tenían computadoras. Sin embargo, cuando Gates entró en la escuela secundaria ya tenía una computadora ASR-33 Teletipo, con la que se despertó su pasión por la informática. Poco después, Gates y algunos de sus compañeros escolares estaban tan entusiasmados con la computación que comenzaron a utilizar una computadora más sofisticada en el laboratorio de computación de la Universidad de Washington, a pocas calles de la escuela.

"Era mi obsesión. Faltaba a las clases de educación física. Me quedaba hasta la noche en la computadora. Estábamos programando hasta durante los fines de semana. Era rara la semana en que no pasáramos veinte o treinta horas en la computadora."[22]

Cuando Gates me dijo que había tenido una "suerte increíble" en su vida, no era por falsa modestia. Se debía a que era consciente de que había tenido la fortuna de asistir a una escuela secundaria donde se había instalado una computadora mucho antes que en la mayoría de las demás escuelas del país. Claro, Lakeside era una escuela privilegiada, de estudiantes de clase media alta, pero la moraleja de la historia es la misma para cualquier escuela pública de cualquier parte del mundo: si se estimula la curiosidad intelectual de los jóvenes por la ciencia y la ingeniería, los países pueden hacer maravillas.

Eso ya se está haciendo en escuelas de muchas partes del mundo, me dijo Gates. "Se está poniendo mucho énfasis en que los estudiantes hagan proyectos que sean divertidos. Por ejemplo, que diseñen un submarino o un pequeño robot. Y entonces los jóvenes entienden que la ciencia es una herramienta para hacer algo que quieren hacer, en lugar de un desierto árido que hay que cruzar, para quizás llegar al otro lado y encontrar un empleo interesante."

Volviendo a mi pregunta anterior sobre qué aconsejaría para incentivar la innovación en Latinoamérica, Gates continuó: "En segundo lugar, hay que mejorar la calidad de la educación en las universidades. Y eso requiere ser muy selectivo. Un país puede decir que todas sus universidades son buenas. Pero hay que escoger algunas que sean únicas en sus áreas, como la medicina y las ciencias. Porque nadie puede lograr todo en todas las carreras". Gates admitió que es políticamente difícil para los gobiernos privilegiar a algunas universidades y convertirlas en centros de estudio para una elite, pero insistió en que es necesario hacerlo, porque de lo contrario es difícil sobresalir en nada.

En síntesis, Gates afirmó que el apoyo gubernamental y privado, la protección de la propiedad intelectual, el capital de riesgo y varios otros factores son importantes para que los países puedan incentivar la innovación. "Pero la clave de todo es la educación, la calidad de la educación —dijo—. De otra manera, ¿cómo se explica que Estados Unidos, con todas sus desventajas en materia de altos costos de defensa, legales y de salud haya tenido tanto éxito? Se debe a la educación secundaria y universitaria. Ése es el secreto."

STIGLITZ: "LA ESTRATEGIA MÁS IMPORTANTE"

Cuando entrevisté al premio Nobel de Economía Joseph Stiglitz, el autor de *El malestar de la globalización* y un ídolo de muchos latinoamericanos por sus críticas al Fondo Monetario Internacional, el Banco Mundial y al capitalismo desregulado de fines del siglo XX, estaba curioso por saber si Stiglitz coincidía con la necesidad de aumentar la competitividad de los países en desarrollo mediante una mayor inversión en educación. ¿Estaba de acuerdo con la teoría de que la clave del crecimiento y la reducción de la pobreza en Latinoamérica era la educación, o se trataba de otra de las tantas recetas equivocadas del Fondo Monetario Internacional, los economistas ortodoxos y magnates como Bill Gates?

Para mi sorpresa, Stiglitz apoyó la idea sin reparos: en la economía global que vendrá después de la crisis que empezó en 2008, la educación, la ciencia y la tecnología serán las claves del desarrollo económico de la región.

"Todo parece indicar que la educación será aún más importante que antes —señaló—. Un aspecto oculto de esta crisis es que, además de ser financiera y económica, marca un punto de quiebre en la economía global, un desplazamiento en las ventajas comparativas.

Para prosperar, para ser competitiva, América Latina debe modernizar sus habilidades y mejorar su tecnología. Creo que ese tipo de estrategia es la más importante."[23]

Stiglitz continuó: "El mundo se ha vuelto más competitivo, porque la torta (de la economía mundial) se ha reducido, y los países se están disputando ferozmente sus cuotas de mercado en el exterior. Pero aun cuando nos recuperemos, la crisis será un punto de demarcación en la transición de la economía global. Hace 100 años pasamos de la agricultura a la manufactura, y la Gran Depresión (de 1930) es muchas veces vista como el punto de demarcación entre ambos periodos. Ahora nos estamos moviendo de la manufactura a una economía de servicios, y esta crisis puede ser, nuevamente, un punto de demarcación global. Y eso significa que los países realmente deben prepararse, tener los conocimientos y habilidades para competir en un mercado global".

SÓLO 27 POR CIENTO DE LOS JÓVENES EN LA UNIVERSIDAD

En Latinoamérica, a pesar del enorme aumento de la población estudiantil en las últimas décadas, la buena educación secundaria y universitaria es un fenómeno limitado a unos pocos, y las buenas escuelas son la excepción. Apenas 27 por ciento de los jóvenes en edad universitaria en América Latina están en la universidad y otras instituciones de educación terciaria, comparado con 69 por ciento en los países industrializados, según datos de la OCDE. Más específicamente, sólo 20 por ciento de los jóvenes brasileños, 24 por ciento de los mexicanos, 25 por ciento de los colombianos, 31 por ciento de los peruanos, 40 por ciento de los venezolanos, 42 por ciento de los chilenos y 60 por ciento de los argentinos se inscriben. Y en la mayoría de los demás países latinoamericanos se recibe un porcentaje mínimo.[24]

¿Por qué tan pocos llegan a la universidad? La respuesta es relativamente simple: por la mala calidad de la educación primaria y secundaria. Aunque existe un consenso entre los expertos de que la nueva economía del conocimiento requiere que los países tengan poblaciones con por lo menos 12 años de educación formal para darles las herramientas con que competir en la economía global, en Latinoamérica el promedio de escolaridad es de apenas seis años, o sea la mitad.[25] El estado edilicio de las escuelas primarias da una pauta del problema: 20 por ciento de las escuelas latinoamericanas carecen de agua potable, 33 por ciento no tienen baños suficientes, y 63 por ciento no tiene sala de computación.[26]

EXÁMENES INTERNACIONALES: ENTRE LOS ÚLTIMOS PUESTOS

Los exámenes que comparan los niveles de conocimiento de jóvenes de la misma edad confirman que el promedio de los estudiantes latinoamericanos está entre los peores del mundo. En el Programa Internacional para la Evaluación de Estudiantes (PISA), un *test* estandarizado que mide a los estudiantes de 15 años en matemáticas, lenguaje y ciencia, los estudiantes de Hong Kong, China, promediaron 550 puntos en matemáticas, 510 en lenguaje y 539 en ciencias; los de Corea del Sur 542, 534 y 538, respectivamente, y los niños de Estados Unidos promediaron 483, 495 y 491 puntos. Comparativamente, los estudiantes de México, Brasil, Chile, Argentina y Perú promediaron alrededor de 400 puntos, y en algunos casos mucho menos.

En el Estudio Internacional de Tendencias en Matemáticas y Ciencias (TIMSS), que mide a los estudiantes de octavo grado, los únicos dos países latinoamericanos que participan —Colombia y Chile— terminan entre los últimos de la lista. En el Estudio del Progreso en Alfabetización y Lectura Internacional (PIRLS), que examina a los estudiantes de cuarto grado en lectura, los únicos dos países de América Latina que participaron son Argentina y Colombia. Argentina terminó en el lugar número 30 de 35 participantes, y Colombia en el 31.

Para ser justos, hay que aplaudir a los países que participan en estos exámenes internacionales, aunque salgan mal parados en sus resultados. Otros, como Cuba, se resisten a ser comparados con el resto del mundo y no permiten la realización de estos exámenes en sus territorios, privilegiando sólo los *tests* que les convienen.

"Hay que tener agallas políticas para participar en estos *tests* globales —me dijo Marcelo Cabrol, experto en educación del BID—. Hay que darle crédito a México, por ejemplo, porque sabía que le iba a ir mal en el PISA, pero consideró que era muy importante, para tener un diálogo educativo informado, mostrar hacia el interior de México cómo le iba a los mexicanos en este *test* global. Los mexicanos han usado esa información para mejorar lo que hacen en materia educativa, para generar un debate interno. Los países que no participan no tienen este debate interno."[27] ¿Y para qué sirve este debate interno? "Principalmente, para que los países tomen conciencia del estado de sus sistemas educativos y hagan algo al respecto", agregó.

TENEMOS LAS VACACIONES MÁS LARGAS DEL MUNDO

¿Son más inteligentes los jóvenes asiáticos? ¿Por qué sacan mucho mejores notas que los latinoamericanos en estos exámenes internacionales? Los expertos han estado tratando de dilucidar durante décadas si el secreto de la superioridad académica de los niños asiáticos está en la cultura familiar de la educación que reciben desde las épocas de Confucio o en mejores sistemas educativos. Sin embargo, cada vez más, están llegando a una conclusión mucho más simple: los niños asiáticos estudian más porque tienen menos vacaciones.

Mientras que el año escolar tiene 243 días en Japón, 220 en Corea del Sur, 216 en Israel, 200 en Holanda, 200 en Tailandia y 180 en Estados Unidos, en los países latinoamericanos el año escolar —cuando se incluyen los días feriados, los "puentes" y las huelgas de maestros— suele ser de 160 días. En Uruguay el año escolar oficial es de 155 días, en Argentina de 180, en Chile de 190, y en Brasil y México es de 200 días. Pero en la realidad, en varios de estos países no llega a 160 días, y en algunas provincias apenas alcanza los 130.[28]

Cuando comencé a juntar estas estadísticas, la conclusión de que los países que más rápido están progresando son los que tienen menos vacaciones escolares me pareció un tanto simplista. No puede ser tan sencillo, pensé. Sin embargo, los estudios de Karl Alexander, un profesor de sociología de la Universidad Johns Hopkins que se ha dedicado a investigar los motivos por los cuales algunos estudiantes sacan mejores notas que otros, dan qué pensar. Alexander siguió durante varios años el desempeño de 650 niños de primer grado de primaria del distrito escolar de Baltimore, y comparó sus resultados en un examen anual que se les dio a todos ellos periódicamente.

Alexander descubrió que mientras los niños de familias humildes y de familias acaudaladas habían sacado notas muy parecidas en primer grado, con el tiempo la brecha se iba ensanchando. En cuarto grado, los niños de familias adineradas ya tenían una gran ventaja sobre los que provenían de hogares pobres. ¿Dónde se producía el punto de quiebre? Alexander descubrió que los niños de familias más adineradas no aumentaban su ventaja durante el año escolar, sino durante las vacaciones. Sus exámenes mostraban que, mientras los niños de hogares humildes regresaban a la escuela tras las vacaciones de verano con el mismo puntaje en comprensión de lectura —o menor— que tenían al finalizar el año lectivo anterior, los niños de hogares más pudientes volvían a la escuela con niveles de lectura que habían subido 52.49 puntos, porque sus padres los enviaban a cursos de verano o a campamentos juveniles donde les daban tareas que incluían la lectura. O sea, casi toda la ventaja de los niños de familias más pudientes era producto de lo que aprendían durante las vacaciones de verano.

"Estamos mirando este problema al revés —escribe Malcolm Gladwell en su reciente libro *Sobresalientes: La historia del éxito*—. Estamos dedicando una enorme cantidad de tiempo a discutir sobre si hay que reducir el número de niños por clase, si hay que reescribir los programas escolares, si hay que darle una nueva *laptop* a cada niño y si hay que aumentar el presupuesto escolar, todo lo cual toma por sentado que hay algo fundamentalmente erróneo en la manera en que están funcionando las escuelas. Sin embargo, si miramos lo que ocurre durante el año escolar, veremos que las escuelas funcionan. El único problema con la escuela, para los niños que se están quedando atrás, es que no hay suficiente tiempo de escolaridad."[29]

Si aceptamos esta teoría, uno de los principales motivos por el que los niños latinoamericanos sacan puntajes tan bajos en los exámenes internacionales es porque tienen poquísimos días de clase. Si sus pares asiáticos —que en muchos casos tienen más de 60 días por año de clases que el promedio latinoamericano— sacan mucho mejores puntajes, no se puede descartar que haya una relación directa entre el rendimiento académico de los niños y la duración del año escolar.

EN CHINA, LOS NIÑOS ESTUDIAN 12 HORAS POR DÍA

Pero además de estudiar más días por año, los jóvenes asiáticos estudian más horas por día. Como lo veremos en los capítulos siguientes, una de las cosas que más me impresionó en mis viajes a China, India y Singapur para la investigación de este libro fue visitar escuelas privadas de tutoría nocturna, donde los niños van a estudiar después de la escuela, hasta altas horas de la noche. Millones de niños chinos están estudiando 12, 13 y hasta 14 horas por día. Para mi enorme sorpresa, cuando les preguntaba a los niños por qué estaban allí, muchas veces me encontré con que no era porque les estaba yendo mal en la escuela, sino todo lo contrario. Muchos de ellos iban a la escuela de tutoría privada de noche porque querían mejorar sus notas y poder aspirar a entrar en una mejor escuela secundaria o universidad.

En todas estas visitas, le pedí a los niños que me relataran un día normal de su vida. En la mayoría de los casos me contaban que iban a la escuela entre las 7:30 de la mañana y las 3:30 de la tarde, luego tenían clases especiales después de su horario en la escuela hasta las 4:40 o cinco de la tarde, y posteriormente iban a centros de tutoría privados, donde estudiaban hasta las ocho, nueve o diez de la noche. No era un cuento chino. Lo vi con mis propios ojos: allí estaban los niños, estudiando en sus pupitres, en muchos casos con los mismos uniformes escolares con que habían salido de sus casas al amanecer.

América Latina aumentó significativamente la cobertura educativa en las últimas décadas, lo que es loable. Sin embargo, muchos países no lo hicieron construyendo más escuelas, sino acortando las horas de estudio y acomodando más estudiantes en las ya existentes. Ganamos en cantidad, pero perdimos en calidad, en lugar invertir en ambas.

La brecha de horas dedicadas al estudio entre Asia y Latinoamérica debería ser un escándalo nacional en nuestros países. Sin embargo, hay muy pocos países de la región en que el rezago educativo es un tema central de la agenda política nacional. ¿El motivo? Vivimos mirando el pasado.

LA OBSESIÓN LATINOAMERICANA CON LA HISTORIA

Al regreso de estos viajes no pude dejar de concluir: mientras los asiáticos están guiados por el pragmatismo y obsesionados con el futuro, los latinoamericanos estamos guiados por la ideología y obsesionados con el pasado. La diferencia es asombrosa. En los cientos de entrevistas que realicé en estos viajes, rara vez —en rigor, no recuerdo ninguna vez— algún funcionario me señaló que su gobierno estaba adoptando tal o cual política porque así lo había propuesto algún prócer siglos atrás. La mirada de los asiáticos está puesta en el futuro. Su obsesión es cómo volverse más competitivos, ganar posiciones en la economía mundial, reducir la pobreza y elevar el nivel de vida de sus poblaciones. En América Latina está ocurriendo exactamente lo contrario. Tal como me dijo el ex presidente brasileño Fernando Henrique Cardoso, "en Latinoamérica hay una obsesión con el pasado. La idea de que los vivos están guiados por los muertos está muy viva en la región".[30]

Estando en Hong Kong en 2009, me enteré de que la ciudad de Shanghai acababa de adoptar nuevos libros de texto escolares de historia que resaltan figuras como J. P. Morgan y Bill Gates, instituciones como el mercado de valores de Wall Street y adelantos tecnológicos como el viaje a la Luna o el tren bala de Japón. En lugar de estar enfocados en guerras o conflictos ideológicos del pasado, los nuevos libros de texto de la China comunista enfatizan el crecimiento económico, la innovación y la globalización. En los nuevos textos escolares de Shanghai, la historia del comunismo chino antes de las reformas capitalistas de 1978 se reduce a un párrafo. Mao Tse-Tung es mencionado sólo una vez, tangencialmente, en un capítulo sobre buenos modales en la política.[31] ¡Qué ironía! Mientras los comunistas chinos estaban cambiando sus libros de texto para enfatizar valores como la competitividad y la innovación, en Venezuela el presidente Hugo Chávez estaba aprobando una ley para introducir la "Educación Bolivariana", que cambiaría todos los libros de texto para resaltar las ideas del héroe de la independencia venezolana o, por lo menos, las ideas que Chávez pretendía imponer en nombre del prócer de la independencia de su país.

Hay pocos mandatarios que ejemplifiquen esta obsesión con la historia tan cabalmente como Chávez, quien pronuncia sus interminables discursos al país frente a un inmenso retrato de Simón Bolívar, citándolo constantemente como fuente de inspiración de casi todas sus medidas de gobierno, y hasta cambió el nombre del país —incluyendo toda la papelería del gobierno— por el ridículamente largo "República Bolivariana de Venezuela". Según sus ex colaboradores, incluso deja una silla vacía en sus reuniones de gabinete para que esté presente "el espíritu del Libertador".

Chávez ha impuesto el culto a Bolívar en todos los rincones de la vida cotidiana en Venezuela, incluso en las jugueterías. En 2009 ordenó la fabricación de muñecos de Bolívar para remplazar a héroes infantiles como Supermán, Batman y Barbie. En su programa de televisión semanal *Aló Presidente*, transmitido desde el palacio presidencial de Miraflores el 8 de marzo de ese año, mostró orgullosamente a las cámaras bocetos de su propuesta para fabricar muñecos de Bolívar, Sucre, Manuelita Sáenz, Francisco de Miranda y varios otros héroes nacionales, como parte de lo que calificó una "lucha cultural" para "batallar" contra Supermán y otros agentes del imperialismo norteamericano. Independientemente de los méritos o las falencias de Bolívar, los pobres venezolanos lo tienen hasta en la sopa.

DESENTERRANDO A LOS MUERTOS

En 2010, Chávez hizo desenterrar los restos de Bolívar, que habían estado descansando durante más de un siglo en el Panteón Nacional, para investigar las causas de su muerte. "Hemos visto los restos del gran Bolívar. Confieso que hemos llorado", anunciaba Chávez horas después, mientras mostraba la ceremonia de exhumación de los restos en cadena nacional. El mandatario anunció al país que, tras la apertura del sarcófago, se habían encontrado adentro una bota y los restos de una camisa del Libertador, además de su "dentadura perfecta". Días después, Chávez anunció que construiría un nuevo panteón con un sarcófago de cristal y oro para Bolívar, que sería inaugurado en 2011, según informó el periódico *El Universal* el 16 de julio de 2010.

En 2008, Chávez había anunciado la creación de una Comisión Presidencial para hacer una "investigación científica e histórica" sobre la muerte del Libertador. Decretó que la muerte de Bolívar el 17 de diciembre de 1830 en la ciudad colombiana de Santa Marta había ocurrido en circunstancias "extrañas", insinuando que no había muerto de tuberculosis —como dicen los libros de historia—, sino que podría haber sido asesinado por "la oligarquía colombiana".

Chávez ordenó que la flamante comisión exhumara los restos de Bolívar, que habían sido trasladados de Colombia a Venezuela en 1876, y verificara si eran auténticos o si Colombia había enviado los despojos de algún otro mortal en lugar de los del Libertador. "Durante mucho tiempo pensamos que Bolívar salió a morirse y que iba doblado en la cabalgadura, por la vida y la enfermedad. Pues no, no fue así, nada más lejos de la verdad", aseveró Chávez en su discurso de más de cinco horas en ocasión del 177 aniversario de la muerte de Bolívar, en diciembre de 2007.

La propensión a desenterrar muertos no era una particularidad del máximo líder venezolano. En Ecuador, el presidente Rafael Correa —cuyo lema de campaña había sido "La Patria Vuelve", en referencia a los principios que habían guiado al ex presidente del siglo XIX José Eloy Alfaro— dedicó buena parte de sus energías durante sus primeros meses en el poder a lograr el traslado de los restos de Alfaro desde Guayaquil a Montecristi. El problema era que la hija de Alfaro había dicho que la última voluntad del ex presidente había sido que sus restos descansaran en Guayaquil y no en Montecristi, su ciudad natal. Durante meses, Ecuador estuvo pendiente del tema.

Muchos columnistas de los principales periódicos ecuatorianos, en lugar de estar discutiendo cómo mejorar la educación, aumentar las exportaciones o atraer inversiones extranjeras, se enfrascaron en virulentas disputas sobre el destino de los restos de Alfaro. Finalmente, se llegó a una decisión salomónica: una parte de las cenizas permanecerían en Guayaquil y otra parte sería trasladada a Montecristi. "Con esto se terminarán las confrontaciones", anunció triunfalmente el entonces ministro de Transportes y Obras Públicas, Héctor Villagrán. El gobierno construyó un mausoleo de 350 000 dólares en Montecristi, y el presidente Correa presidió la solemne ceremonia del traslado, que paralizó al país durante varias horas.[32]

En Argentina, el gobierno del ex presidente Néstor Kirchner hizo desenterrar los restos del general Juan Domingo Perón —que murió en 1974— para trasladarlos de un cementerio en Buenos Aires a un nuevo mausoleo a unos 50 kilómetros al suroeste de la ciudad. La solemne caravana fúnebre, escoltada por 120 granaderos a caballo, recorrió las calles mientras miles de admiradores saludaban el cortejo con cánticos de "Perón vive". Durante la caravana hubo disparos y varios heridos en una confrontación entre grupos rivales. Los canales de televisión interrumpieron su programación habitual y transmitieron todos los detalles del cortejo. No bien desaparecieron los titulares sobre la violencia desatada, surgió un debate en el país sobre si la mujer de Perón, la legendaria Evita, enterrada en el cementerio capitalino de la Recoleta, no tendría que estar enterrada con su marido, en su nueva morada.

En el vecino Uruguay, el gobierno del ex presidente Tabaré Vázquez envió al Congreso en 2009 un proyecto de ley para trasladar los restos del prócer José G. Artigas de "su frío mausoleo de bronce y mármol" a uno nuevo en lugar cercano, porque el actual había sido construido durante la dictadura militar en 1977. Era urgente rescatar a Artigas, que había nacido hacía 245 años, del "mausoleo al que lo recluyó el autoritarismo", dijo el presidente al anunciar el proyecto.[33] De inmediato se produjo un acalorado —y amargo— debate nacional. Los opositores a la medida alegaron que los restos del prócer ya habían sido trasladados cinco veces, y que el héroe merecía descansar en paz. Hubo varias manifestaciones de protesta, incluyendo una marcha ecuestre de unos 100 jinetes representantes de varias sociedades criollas del país que cabalgaron 400 kilómetros en protesta por la intención de mover los restos del prócer. Finalmente, para aplacar los ánimos, Vázquez anunció a fines de 2009 que se suspendería temporalmente el traslado de los restos con el objetivo de "avanzar con el diálogo" hacia una "respuesta adecuada".

SACANDO A PASEAR ATAÚDES

En Centroamérica, los presidentes se piden prestados los restos de sus próceres para enterrarlos temporalmente en sus países o sacarlos a pasear un rato por su territorio. No es broma. El 18 de mayo de 2009 el entonces presidente de Honduras, Manuel Zelaya, en una ceremonia de intercambio de condecoraciones, "solicitó a su homólogo salvadoreño, Antonio Saca, que le entregara los restos del prócer de la unión centroamericana Francisco Morazán" para sepultarlos temporalmente en la capital hondureña de Tegucigalpa, según informó la agencia France Press. "La idea de Zelaya es que los restos de Morazán recorran los seis países centroamericanos", informaba la agencia EFE el mismo día. El general Morazán había nacido en Tegucigalpa en 1792, y fue fusilado el 15 de septiembre de 1842 en Costa Rica, pero a petición suya sus restos fueron sepultados en El Salvador, señalaba el cable noticioso.

Saca, el presidente salvadoreño, no soltó el ataúd. En su país, en una rara muestra de unidad nacional, todos los líderes políticos salieron en su respaldo, y se manifestaron airadamente en contra del "préstamo" de los restos de Morazán. La agencia France Press informaba el 19 de mayo que "intelectuales y políticos de El Salvador calificaron de 'ilegal' e 'improcedente' la petición del presidente hondureño, Manuel Zelaya, de pedir que los restos del prócer de la unión centroamericana sean llevados temporalmente a Honduras". El director de la Biblioteca Nacional, Manlio Argueta, dijo que la petición de Zelaya no era justificable porque Morazán había dejado escrito en su testamento que debería ser sepultado en El Salvador. El director del museo de la Universidad Tecnológica, Ramón Rivas, dijo que "si se tratara de transportar los restos de Morazán a una capilla, a una catedral, es otra cosa. Pero ya hablar de préstamo, eso tiene otro tinte. No se puede jugar con los restos de un personaje histórico", decía un cable de la AFP.

Muy pronto, el debate subió de tono. "¿Podemos regalar a Morazán?", preguntaba el título de una columna indignada en el periódico *La Prensa Gráfica* de El Salvador. El texto anunciaba que muchos lectores estaban escribiendo cartas diciendo que si se entregaban los restos de Morazán, nadie podría asegurar que Honduras no vendría a exigir en préstamo el territorio del departamento de Morazán, en El Salvador. Los hondureños replicaron que Morazán —el prócer— era patrimonio "de todos los centroamericanos". Lo que había empezado como un intercambio de condecoraciones entre ambos presidentes pronto se convirtió en un conflicto diplomático, que despertó fantasmas de viejas disputas como las que habían llevado al conflicto armado, conocido como la *Guerra del Futbol*, entre ambos países en 1969. En lugar de estar discutiendo sobre cómo promover la integración centroamericana para crear un mercado más grande y compartir recursos para elevar las tasas de escolaridad de sus países, que están entre las más bajas del mundo, los mandatarios estaban forcejeando por el ataúd de un general que —más allá de sus méritos— había muerto hacía casi dos siglos.

El ex presidente brasileño Cardoso puso el tema sobre la fijación latinoamericana con el pasado en su dimensión correcta. Según él, "Perón, Bolívar, todos ellos eran gente que jugó un rol importantísimo en su tiempo. Pero, por Dios, miremos para adelante. Mirar siempre hacia atrás produce muchas limitaciones. El mundo es otro, y la gente no lo ve". Efectivamente, aunque la historia es importante, y todos los países necesitan saber de dónde vienen —y a veces requieren de mitos cohesivos para ayudar a forjar su identidad nacional—, es contraproducente tomar al pie de la letra las recetas económicas y políticas de los héroes de la independencia o de presidentes de siglos pasados para tomar decisiones nacionales de hoy. Vivimos en otro mundo, con realidades muy diferentes.

Bolívar probablemente fue un gran hombre en su tiempo, pero murió en 1830, o sea más de 40 años antes de la invención del teléfono, y 150 años antes de la invención de la internet. Morazán murió en 1842, tres décadas antes de que Alexander Graham Bell hiciera el primer llamado telefónico a su asistente Thomas Watson en 1876 y le dijera: "Mr. Watson, venga aquí. Quiero verlo", y más de un siglo antes del surgimiento de la internet. En tanto, el general Lázaro Cárdenas, de México, murió en 1970, 14 años antes de la inserción de la internet, y Perón, en 1974, 10 años antes de la aparición de la internet.

¿Qué pueden decirnos hoy Bolívar, Morazán, Perón, Cárdenas y tantos otros en una economía globalizada en que todo cambia en segundos por la revolución de las comunicaciones? Como propuestas concretas, muy poco. No hay nada de malo en que los países examinen su pasado, honren a sus héroes, y a veces idealicen a sus próceres, pero si la pasión necrológica consume gran parte del discurso político y la energía de sus gobiernos, se convierte en un factor paralizante para la construcción del futuro, o por lo menos uno que desvía la atención sobre los temas que deberían ser prioritarios.

Está claro que buena parte de la obsesión con el pasado tiene una finalidad política: justificar acciones que serían difíciles de explicar si no estuvieran envueltas en un manto de presunta legitimidad histórica. Al igual que Fidel Castro tomó lo que más le convenía de los discursos del prócer cubano José Martí para avalar una dictadura en nombre de la defensa de la soberanía nacional, Chávez ha escogido selectivamente los escritos de Bolívar con los mismos propósitos autoritarios.

Chávez invoca al Bolívar que en su célebre discurso de Angostura, el 15 de febrero de 1819, expresaba: "Dichoso el ciudadano que bajo el escudo de las armas de su mando ha convocado a la Soberanía Nacional para que ejerza su voluntad absoluta". Pero no menciona que en ese mismo discurso Bolívar dijo: "La continuación de la autoridad en un mismo individuo frecuentemente ha sido el término de los gobiernos democráticos [...] Nada es tan peligroso como dejar permanecer largo tiempo a un mismo ciudadano en el poder. El pueblo se acostumbra a obedecerle y él se acostumbra a mandarlo, de donde se origina la usurpación y la tiranía".

El uso político de la historia no es una estrategia exclusiva de los caudillos militares. En Argentina, el ex presidente Néstor Kirchner y su mujer, Cristina Fernández de Kirchner, se presentan al país como los legítimos herederos de Perón y Evita. En México, el líder opositor Andrés Manuel López Obrador evoca los discursos de Cárdenas para justificar su oposición a la apertura del sector petrolero mexicano a la iniciativa privada. Con la excepción de Brasil, la mayoría de los gobiernos latinoamericanos buscan justificar su hoja de ruta en los legados del pasado, más que en los requerimientos del futuro.

La fijación con el pasado va mucho más allá de los gobiernos. Se trata de algo firmemente enraizado en la cultura de muchos países latinoamericanos. En la ciudad de México, basta mirar los nombres de sus principales calles —Héroes de la Revolución, Reforma o Insurgentes— o ver el prominente lugar que ocupan los historiadores en los debates políticos de la televisión para advertir el enorme peso de la historia en la vida cotidiana de los mexicanos. Basta entrar en cualquier librería de México, Argentina, Chile, Perú o Colombia para ver que las secciones de novelas históricas y ensayos históricos son mucho más grandes que otras. No en vano las listas de *best-sellers* latinoamericanos están encabezados por novelas históricas.

No me malentiendan: no subestimo la importancia de la historia ni de los historiadores. Al contrario, soy un asiduo consumidor de novelas históricas y de ensayos políticos que usan el pasado para tratar de explicar el presente. Sin embargo, se nos ha ido la mano. Cuando las grandes universidades latinoamericanas tienen tres veces más estudiantes de historia que de ciencias de computación, cuando los gobiernos le dedican más atención a lo que decían los próceres que a quienes estudian las tendencias del futuro, cuando la prensa —y la sociedad en general— se enfrasca en polémicas sobre dónde enterrar a los héroes del siglo XIX en lugar de debatir dónde poner a estudiar a los niños del siglo XXI, tenemos un problema.

OBAMA: "HE VENIDO AQUÍ A LIDIAR CON EL FUTURO"

No pude evitar aplaudir para mis adentros cuando, en la ceremonia de apertura de la Cumbre de las Américas de 2009 en Trinidad y Tobago, me tocó escuchar cómo Barack Obama respondió a los presidentes de Argentina y Nicaragua, que minutos antes habían pronunciado apasionados discursos centrados en el pasado. La cumbre, que era el primer encuentro del flamante presidente norteamericano con líderes latinoamericanos y caribeños, se había iniciado el 17 de abril de ese año con tres discursos inaugurales: el de la presidenta de Argentina, en su calidad de jefa de Estado del país donde se había realizado la última cumbre hemisférica, el del presidente de Nicaragua, en su calidad de representante de Centroamérica, y el del presidente de Estados Unidos.

La presidenta argentina —que a pesar de los esfuerzos de su cancillería no había logrado una reunión privada con Obama, quien en cambio se reuniría con los presidentes de Chile, Perú, Colombia y Haití— habló durante 10 minutos, y su discurso se enfocó en la historia de las relaciones de Latinoamérica con Estados Unidos. Tras un repaso histórico que sugería que la culpa del atraso latinoamericano no era de los latinoamericanos, terminó con una defensa entusiasta de la Cumbre de las Américas de Mar del Plata en 2005, uno de los puntos más bajos en las relaciones latinoamericanas con Washington, en que su marido —el entonces presidente Kirchner— había humillado públicamente a su huésped George W. Bush, que a pesar de su desastrosa gestión no dejaba de ser un presidente invitado a la cumbre.

Acto seguido, le tocó hablar al presidente nicaragüense Daniel Ortega. Ignorando por completo la agenda oficial, según la cual ningún discurso debía exceder de 10 minutos, Ortega se enfrascó en una perorata de 52 minutos, en que hizo un recuento de todas las injerencias de Estados Unidos en América Latina y el Caribe desde comienzos del siglo XIX.

Cuando le tocó hablar, una vez finalizada la diatriba de Ortega, Obama subió al podio con una sonrisa cordial y comenzó con una broma de la invasión a Bahía de Cochinos. "Estoy muy agradecido que el presidente Ortega no me haya culpado personalmente por cosas que pasaron cuando yo tenía tres meses de edad", dijo en tono de camaradería, arrancando sonrisas en la sala. Acto seguido, Obama reconoció que Estados Unidos había hecho cosas buenas y malas en el pasado, pero anunció que había llegado el momento de dejar atrás debates estériles y concentrarse en el futuro.

"No he venido aquí para debatir el pasado. He venido aquí a lidiar con el futuro", dijo, y dedicó el resto de su discurso —que duró ocho minutos en total, el más corto de todos— a proponer planes continentales para reducir la pobreza y mejorar la calidad de vida. Cuando lo escuché junto a otros periodistas que estábamos observando la escena en los monitores de un salón adjunto, muchos intercambiamos una sonrisa de aprobación. Con una sola frase, Obama había desbaratado los discursos "retro" de Fernández de Kirchner, y Ortega. Quizá sin proponérselo, había dado en el clavo.

Casi al finalizar la cumbre, el 18 de abril, el presidente de Costa Rica y Premio Nobel, Óscar Arias, improvisó palabras memorables, y más explícitas que las de Obama. Acababa de hablar el presidente ecuatoriano Rafael Correa, quien había dado una interminable perorata antiimperialista; Obama, como lo había hecho durante toda la cumbre, escuchaba pacientemente y tomaba notas, inmutable. Cuando le tocó el turno a Arias, el presidente costarricense comenzó diciendo: "Tengo la impresión de que cada vez que los países caribeños y latinoamericanos se reúnen con el presidente de Estados Unidos [...] es para culpar a Estados Unidos de nuestros males pasados, presentes y futuros". Sin embargo, eso era un ejercicio estéril porque desviaba la atención de las responsabilidades propias. "Algo habremos hecho mal los latinoamericanos —dijo Arias mirando a sus colegas, y continuó—. No podemos olvidar que América Latina tuvo universidades antes de que Estados Unidos creara Harvard y William & Mary, que son las primeras universidades de ese país. No podemos olvidar que en este continente, como en el mundo entero, por lo menos hasta 1750 todos los americanos eran más o menos iguales: todos eran pobres. Cuando aparece la Revolución industrial en Inglaterra, otros países se montan en ese vagón: Alemania, Francia, Estados Unidos, Canadá, Australia, Nueva Zelanda —dijo—. Sin embargo, la Revolución industrial pasó por América Latina como un cometa y no nos dimos cuenta. Ciertamente perdimos la oportunidad [...] Hace 50 años, México era más rico que Portugal. En 1950, un país como Brasil tenía un ingreso per cápita más elevado que el de Corea del Sur. Hace 60 años, Honduras tenía más riqueza per cápita que Singapur. Bueno, algo hicimos mal los latinoamericanos."

"¿Qué hicimos mal? —preguntó acto seguido—. Entre otras cosas, América Latina tiene un promedio de escolarización de apenas siete años, la región tiene uno de los índices de recaudación impositiva más bajos del mundo y gasta la absurda cifra de 50 000 millones de dólares al año en armas y otros gastos militares."

"¿Quién es nuestro enemigo? —miró nuevamente alrededor de la mesa, y deteniéndose en el presidente ecuatoriano—: El enemigo nuestro, presidente Correa, es esa desigualdad que usted apunta con mucha razón, es la falta de educación. Es el analfabetismo. Es que no gastamos en la salud de nuestro pueblo. Es que no creamos la infraestructura."

Admitiendo que el siglo XXI será probablemente el siglo asiático —y no latinoamericano—, Arias concluyó: "Mientras nosotros seguimos discutiendo sobre ideologías, sobre todos los 'ismos' —¿cuál es el mejor?, si el capitalismo, el socialismo, el comunismo, el liberalismo, el neoliberalismo, el socialcristianismo—, los asiáticos encontraron un 'ismo' muy realista para el siglo XXI y el final del siglo XX, que es el pragmatismo".

LA CEGUERA PERIFÉRICA

La obsesión con la historia es apenas una parte de los problemas de fondo de nuestros países para ingresar de lleno en la economía del conocimiento del siglo XXI. Otro gran problema es el aislamiento cultural, en el sentido amplio de la palabra. Mientras que los chinos, los indios y muchos otros pueblos que están reduciendo la pobreza a pasos agigantados viven mirando alrededor suyo, para ver qué se está haciendo en el resto del mundo y copiar lo que más les conviene, en Latinoamérica lo usual es mirar hacia adentro. Vivimos mirándonos el ombligo.

Mientras que China e India le ponen una alfombra roja a las universidades de Estados Unidos y Europa, para que abran sucursales en sus territorios y compitan con las universidades locales, la mayoría de los países latinoamericanos —incluyendo a Brasil, Argentina y Venezuela— ponen todo tipo de trabas para que las universidades extranjeras no puedan instalarse y expedir títulos en su territorio. La China comunista, hasta hace poco uno de los países más cerrados del mundo, ya tiene —sin contar los más de 1 000 programas de intercambio universitario— más de 170 universidades extranjeras que están autorizadas para dar diplomas válidos en el país.[34] India tiene 61 universidades extranjeras autorizadas para dar títulos conjuntamente con instituciones locales, incluidas 23 de Gran Bretaña y 15 de Estados Unidos, además de ser el país que más estudiantes envía todos los años a estudiar a las universidades norteamericanas.[35]

El gobierno chino ha adoptado una política oficial de "internacionalización de la educación" con el objetivo de que el país logre una mayor inserción en la economía global. Como veremos más adelante, la mayoría de las universidades norteamericanas en China funcionan con los mismos profesores y programas de estudios de sus casas centrales. Según me explicaron funcionarios de la Universidad Internacional de Florida, que tiene un campus con más de 1 000 alumnos en Tianjin para enseñar hotelería y turismo, la escuela no sólo fue invitada por el gobierno chino para iniciar programas conjuntos, sino que recibió 40 millones de dólares de las autoridades mismas para construir sus edificios y pagar a sus profesores allí. Según los directivos de la escuela, la licenciatura de cuatro años consta de los dos primeros impartidos por profesores de la universidad china, y los dos últimos por profesores importados de Estados Unidos, que enseñan las mismas materias que en su sede central, y en inglés. Y al final de la carrera, los estudiantes chinos reciben el mismo diploma que hubiesen recibido en Estados Unidos. Lo mismo ocurre con varias carreras de posgrado en administración de empresas, estudios internacionales y regionales: los chinos identifican áreas en las que están atrás de otros países e inmediatamente buscan la forma de atraer las mejores universidades extranjeras que puedan trasladar conocimientos a su país, y proveer contactos internacionales para sus alumnos.

EL AISLAMIENTO ACADÉMICO

En la mayoría de los países de América Latina, por el contrario, las universidades extranjeras están prohibidas o carecen de permisos para dar diplomas habilitantes. Según Alan Adelman, director del Departamento Latinoamericano del Instituto de Estudios Internacionales de Nueva York, existen sólo unas 35 universidades extranjeras con presencia en la región, y la mayoría de ellas operan como sucursales para los estudiantes de sus sedes centrales, ya que no están autorizadas para dar títulos válidos a los alumnos locales. Incluso los programas de posgrados compartidos con universidades extranjeras son raros.

Aunque la UNAM, la mejor universidad de Latinoamérica en el *ranking* del Suplemento de Educación Superior del *Times* de Londres, está tratando de recuperar años de aislamiento externo —como veremos en el capítulo sobre México, su rector José Narro Robles está negociando a toda máquina acuerdos con universidades de Estados Unidos y Europa—, a mediados de 2009 la mayor universidad de América Latina todavía no tenía ningún posgrado conjunto con universidades de Estados Unidos. Al ser nombrado rector a fines de 2007, Narro, un médico con una visión más moderna del mundo que sus antecesores, había heredado sólo ocho acuerdos de programas de posgrado compartidos o conjuntos con universidades extranjeras, y la mayoría de ellos era con países como Ecuador, Guatemala y Cuba.[36]

¿Por qué no se permite una mayor presencia de universidades extranjeras en la región, al igual que en China? Adelman, que vive en México, me dijo: "Se debe en gran medida a la cultura política latinoamericana, que está más enfocada en el mercado interno, y no tan centrada como la asiática en insertarse en la economía global".[37] Puede ser. Las autoridades académicas de la mayoría de los países latinoamericanos sufren de ceguera periférica: en lugar de mirar a su alrededor y acercarse a las mejores universidades del mundo, como hacen los chinos y los indios, están mirando hacia adentro.

EN ESTADOS UNIDOS 98 000 UNIVERSITARIOS CHINOS, 53 000 LATINOAMERICANOS

Otra de las cosas que más me impresionaron en mis viajes a China, India y Singapur es cómo estos países políticamente tan distintos le están poniendo tanto empeño a enviar a sus mejores estudiantes a las mejores universidades del mundo. En los casos de China e India, contrariamente a lo que uno podría imaginar, no se trata de algo subvencionado por el Estado. Es un fenómeno cultural: las familias chinas e indias ahorran durante toda su vida para enviar a sus hijos a estudiar al exterior, convencidas de que van a lograr empleos mucho mejores a su regreso.[38]

Pero en todos estos casos —y en varios otros países, incluyendo Vietnam— hay una inversión social impresionante para romper el aislamiento académico, ya sea trayendo universidades extranjeras al país, o enviando estudiantes al exterior, o ambas cosas.

En estos momentos, mientras las universidades norteamericanas se ven inundadas por indios, chinos, coreanos y vietnamitas en busca de una mayor excelencia académica, el porcentaje de estudiantes latinoamericanos está cayendo.

Según *Puertas Abiertas*, un informe del Instituto de Educación Internacional, con sede en Nueva York, los tres países del mundo que más estudiantes envían a las universidades norteamericanas anualmente son India (103 000), China (98 000) y Corea del Sur (75 000). Comparativamente, México envía 15 000 estudiantes por año a su vecino del norte, Brasil 8 700, Colombia 7 000, Venezuela 4 600, Perú 3 600, Argentina 2 400 y Chile 2 000. En total, los países asiáticos tienen 415 000 estudiantes en las universidades estadounidenses, mientras que los latinoamericanos tienen 53 000 y los caribeños 13 000. Y mientras el número de estudiantes asiáticos en Estados Unidos aumenta 9 por ciento por año, el del total de latinoamericanos y caribeños crece a un ritmo inferior, de alrededor de 5 por ciento anual.[39]

Se podría argumentar que es lógico que India y China, con poblaciones mucho mayores que las de los países latinoamericanos, tengan muchos más estudiantes en el exterior. Sin embargo, ¿cómo explicar que Corea del Sur, con una población menor de la mitad que la de México, tenga cinco veces más estudiantes en las universidades de Estados Unidos que México? Y ¿cómo explicar que Vietnam, una dictadura comunista que recién está empezando a insertarse en la globalización, con una población de menos de la mitad que Brasil, tenga más del doble de estudiantes en las universidades estadounidenses que el gigante sudamericano? ¿Cómo explicar que todos estos países asiáticos, a pesar de la enorme distancia geográfica que los separa, y de tener culturas y alfabetos distintos a los de Estados Unidos, tengan más estudiantes en las universidades estadounidenses que México, un país vecino, con una cultura mucho más parecida y el mismo alfabeto que el de Estados Unidos?

"En China muy especialmente, pero también en otras partes de Asia, los estudiantes ven la educación universitaria en Estados Unidos como un pasaporte a una adquisición de conocimiento y un estatus que les va a ayudar enormemente en sus carreras —me señaló Peggy Noonan, gerente del Instituto de Educación Internacional—. Por alguna razón, no ocurre lo mismo en Latinoamérica."[40]

SINGAPUR: HASTA LOS NIÑOS DE PRIMARIA VAN AL EXTERIOR

En Singapur, según contó el ministro de Educación Ng Eng Hen en una entrevista en su despacho, todas las escuelas primarias deben lograr que un tercio de sus alumnos hayan realizado por lo menos una excursión guiada al extranjero. ¿Por recomendación del gobierno? "No, es una norma de cumplimiento obligatorio", respondió. A nivel universitario, el gobierno exige que 50 por ciento de los estudiantes hayan cursado una parte de sus estudios en el extranjero.

Según declaró Ng, estos parámetros se están cumpliendo, "pero nuestra meta es que 50 por ciento de los alumnos de la primaria viajen al exterior en 2014, incluyendo los de las familias de menos recursos. Queremos que los jóvenes entiendan, desde muy pequeños, cómo funciona el mundo y que desarrollen habilidades comunicacionales además de las exclusivamente académicas".[41]

Hoy, la pequeña Singapur, con una población de apenas 4.6 millones de habitantes y un pasado no muy lejano de pobreza y desesperanza, tiene unos 4000 estudiantes en las universidades de Estados Unidos, casi el doble que Argentina, que tiene una población nueve veces más grande. Y además de enviar a sus estudiantes al exterior, Singapur beca a alumnos extranjeros —principalmente a superestudiantes de China— para que se instruyan en el país. Según Ng, las escuelas primarias de Singapur tienen un promedio de 20 por ciento de estudiantes extranjeros. El gobierno les da subsidios a sus padres para que puedan pagar los gastos de sus hijos, ya que, aunque la educación primaria es gratuita, los niños deben pagar sus libros y otros útiles escolares. La idea, al igual que con los viajes al extranjero, es que los niños de Singapur aprendan desde muy temprano a convivir y aprender de otras culturas.

Y todo esto se complementa con una presencia masiva de universidades extranjeras habilitadas para dar diplomas válidos en el país. Como veremos más adelante, tan sólo la Universidad de Singapur tiene 66 programas de titulación conjunta o doble (en el primer caso, las dos instituciones otorgan el mismo título, y en el segundo dan diplomas separados) con universidades de Estados Unidos, la Unión Europea, Australia y China.

AMÉRICA LATINA Y LA ECONOMÍA DEL CONOCIMIENTO

¿Pero dónde está escrito que Latinoamérica tenga que registrar tantas patentes como Corea del Sur o producir ingenieros y genios de la computación como Bill Gates para crecer más y reducir la pobreza?, se estarán preguntando muchos. ¿Acaso no se puede crecer con base en los recursos naturales y las habilidades propias de cada país de la región, que pueden no tener nada que ver con la computación, la ciencia y la tecnología?

La respuesta es que, aunque los países pueden desarrollarse económicamente con base en sus materias primas y manufacturas tradicionales —allí están los ejemplos de Chile y Nueva Zelanda, que analizaremos más adelante—, difícilmente podrán avanzar y reducir la pobreza con mayor rapidez si no convierten sus materias primas en productos más sofisticados, con mayor valor agregado, o con nuevas tecnologías de producción que les dan una ventaja sobre sus competidores en el resto del mundo. Nos guste o no, estamos viviendo en la era de la economía del conocimiento, donde los países más ricos son los que producen servicios de todo tipo —cibernética, ingeniería, farmacéutica, entre otros— y donde algunos de los que tienen mayores índices de pobreza son los que tienen más materias primas.

Quienes todavía creen en el viejo discurso sobre el futuro glorioso que supuestamente aguarda a los países dueños de grandes recursos naturales harían bien echándole un vistazo a la tabla de los países con mayor ingreso per cápita del mundo. El país que ha encabezado la tabla en los últimos años ha sido Liechstenstein, y entre otros que figuran en las primeras posiciones están Luxemburgo, Singapur, Irlanda, Honk Kong y Taiwan, países que tienen pocos o ningún recurso natural, salvo el cerebro de su gente. Comparativamente, Nigeria, Venezuela, Ecuador, Bolivia y otros países con enormes recursos naturales están en el fondo de la lista.[42]

Singapur, el octavo país del mundo con mayor ingreso per cápita en 2010, dos puestos por encima de Estados Unidos, no tiene absolutamente ningún recurso natural. Debe importar no sólo sus alimentos, sino hasta el agua que consume. Sin embargo, gracias al énfasis que puso para mejorar su sistema educativo, pasó de ser un país del Tercer Mundo a uno de los más avanzados del Primer Mundo. Singapur hace cuatro décadas tenía un ingreso per cápita que era menos de la mitad del de Argentina e igual al de México y Jamaica. Hoy es el principal exportador de plataformas petroleras submarinas y uno de los mayores productores de servicios de ingeniería y arquitectura del mundo, y en 2010 estaba en el octavo puesto en ingreso per cápita del mundo, mientras que Argentina estaba en el 80, México en el 82 y Jamaica en el 115.[43]

GOOGLE VALE MÁS QUE EL PIB DE BOLIVIA

Aunque sea difícil de digerir, en la economía del conocimiento del siglo XXI, un programa de computación puede valer más que miles de toneladas de materias primas. Una empresa como Google, que no nació vendiendo ningún producto que pudiera ser tocado con las manos, vale cuatro veces más que el producto interno bruto de Bolivia, con todos sus recursos naturales. A principios de 2010, el valor de mercado de Google era de 200 000 millones de dólares, según *Barron's*, la revista financiera de Wall Street. Comparativamente, el producto interno bruto de Bolivia era de 45 000 millones de dólares.

En el libro *Cuentos chinos*, cité el ejemplo de una tasa de café consumida en Estados Unidos. De cada dólar que los consumidores norteamericanos pagan por una tasa de café en una tienda de Starbucks en Estados Unidos, apenas el 3 por ciento va a parar al cultivador de café colombiano, brasileño, costarricense, o de cualquier otro país productor. El 97 por ciento restante va al bolsillo de quienes hicieron la ingeniería genética del café, el procesamiento, *branding*, mercadeo, publicidad, y otras tareas de la economía del conocimiento, escribí en su momento.

Y probablemente me quedé corto. Poco tiempo después de publicado ese libro, cuando cité este ejemplo en una conferencia en El Salvador, un señor muy bien vestido que estaba sentado en la primera fila se me acercó al final de la exposición, se presentó como uno de los principales productores cafetaleros de El Salvador y me dijo: "Estás equivocado. El porcentaje que queda para el productor no es de 3 por ciento. La cifra real está más cerca de 1 por ciento".

Lo mismo ocurre con las flores que exporta Latinoamérica. ¿Cómo explicar que Holanda, un país minúsculo, con poquísimo sol y mano de obra carísima, es el primer productor de flores en el mundo, y produce más flores que Colombia, un país muchísimo más grande, con sol todo el año, enormes reservas de agua, y con mano de obra mucho más barata? Al igual que con el café, la clave del progreso en la industria de las flores está en la ingeniería genética, el *branding*, el mercadeo y otras funciones de la economía del conocimiento.

Mientras muchos políticos latinoamericanos siguen repitiendo como loros las viejas ideas de que sus países tienen un gran futuro gracias a sus reservas de petróleo, agua o alimentos, lo cierto es que en el siglo XXI el grueso de la economía mundial está en los productos del conocimiento y los servicios para llevarlos al consumidor. Los países con materias primas sólo podrán progresar si les ponen valor agregado o las producen con tecnologías cada vez más eficientes. De otra manera, estarán condenados a quedarse cada vez más atrás. No es casualidad que en la lista de *Forbes* de los hombres más ricos del mundo — encabezada por Bill Gates, el mexicano Carlos Slim, Warren Buffett y Lawrence Ellison— ninguno hizo su fortuna vendiendo materias primas. Gates hizo su fortuna vendiendo programas de computación, Slim productos de telefonía celular, Buffett con operaciones bursátiles y Ellison, el fundador de Oracle, con programas de software. Con los países pasa algo parecido: los que más progresan son los que mejor se insertan en la economía del conocimiento.

LAS CAMISAS RALPH LAUREN *MADE IN PERU*

¿Y qué pasa con las manufacturas? Lo mismo que con el café o las flores, o con otras materias primas. Tomemos el ejemplo de una camisa polo de Ralph Lauren, la clásica, de mangas cortas y con el escudo del caballito con el polista. Por curiosidad, fui a la tienda de Ralph Lauren del centro comercial Dadeland de Miami, escogí una camisa sport azul marino que llevaba la etiqueta *Made in Peru*, y anoté todos los datos de la etiqueta para averiguar quién la fabricaba en Perú y con cuánto se quedaba.

Luego hice una búsqueda en Google de los productores peruanos de camisas polo de Ralph Lauren, y —después de algunas averiguaciones telefónicas— contacté a Fernando Badiola, el gerente comercial y de desarrollo de Textil San Cristóbal, una de las principales fábricas productoras de camisas *sport* para Ralph Lauren en Perú. Según Badiola, dependiendo de la calidad de la prenda, los productores latinoamericanos o asiáticos de las camisas *sport* reciben entre 7 y 13 por ciento del precio final pagado por el consumidor en Estados Unidos.

¿Y adónde va a parar casi el 90 por ciento restante? Según él, a quienes desarrollan el producto, hacen el diseño, la publicidad, el *marketing*, el transporte y la distribución. O sea, en la nueva economía del conocimiento la mayor parte de las ganancias no van a quienes realizan el trabajo físico de producción de la camisa, sino a quienes hacen la labor intelectual de inventar el emblema del caballito con el polista, toda la maquinaria publicitaria que lo rodea, y el sistema para proveer el mejor servicio a sus clientes.

Ralph Lauren no vende camisas: vende lo que la empresa describe en su sitio de internet como "el estilo de vida Ralph Lauren". Los consumidores pagamos 85 dólares por una camisa con un emblema de un caballito con un polista a pesar de que podemos comprar la misma camisa —salida de la misma fábrica, con los mismos materiales y el mismo diseño— por la mitad del precio. Y lo hacemos porque un equipo de publicistas, diseñadores y expertos en *marketing* nos han convencido de que estamos adquiriendo "un estilo de vida" que va mucho más allá de la camisa. Se trata de un proceso que no está a merced de la improvisación, sino de la creatividad constante de profesionales que modernizan constantemente sus productos.

¿PODEMOS ESCALAR EN LA ECONOMÍA DEL CONOCIMIENTO?

¿Qué pueden hacer los países latinoamericanos para agregarle valor a sus exportaciones de café, cereales o camisas polo de Ralph Lauren? ¿Acaso no pueden tener mayor participación en las funciones más sofisticadas de la cadena de producción, donde está el grueso de las ganancias?

A juicio de Badiola, los exportadores peruanos están avanzando. En la década de los ochenta, cuando los fabricantes peruanos empezaron a exportar camisas polo para Ralph Lauren, su ventaja competitiva era la alta calidad del algodón peruano. Con los años, los fabricantes peruanos se modernizaron y pudieron crecer ofreciendo una mayor diversificación en tipos de tela, la posibilidad de hacer camisas multicolores y una mayor capacidad de reacción para cumplir con nuevos pedidos de último minuto.

"Hemos incrementado mucho el valor agregado. Al principio hacíamos la polo básica, que ahora se produce en Asia y se vende a unos 5.25 dólares al precio mayorista. Ahora estamos haciendo productos en hilados muchísimo más finos y complicados, con diseños en rayas, rombos y dibujos. Y hay otros atributos funcionales, como telas especiales que evitan que se sienta la incomodidad de la transpiración, porque evaporan la transpiración más rápidamente y filtran los rayos UV."

Sin embargo, Badiola admitió que los productores latinoamericanos raramente forman parte de los equipos de diseño de Ralph Lauren. La mejor oportunidad de crecimiento para los textileros latinoamericanos será crear sus propias marcas, o venderles directamente a las grandes tiendas como Macy's o Bloomingdales, para que las vendan con sus propias marcas privadas a precios inferiores muy cerca de los escaparates de Ralph Lauren, bajo su propio techo, señaló. Pero para eso los productores latinoamericanos necesitan buenos ingenieros, diseñadores y trabajadores especializados que sus universidades no siempre producen en números suficientes. Y, por supuesto, requieren una estabilidad política y económica que los convierta en suplidores confiables, agregó.

LOS *JEANS* LEVI'S DE REPÚBLICA DOMINICANA

En los viajes a República Dominicana, en 2009 le hice la misma pregunta a Fernando Capellán, el presidente del Grupo M —una empresa que entre otras cosas produce prendas terminadas para Ralph Lauren, Calvin Klein, Levi's, Banana Republic, DKNY y otras grandes marcas norteamericanas—: ¿con qué porcentaje del precio final se quedan los manufactureros latinoamericanos, o asiáticos, o de donde sea? Capellán, cuyos jeans son exportados tal cual terminan en las grandes tiendas norteamericanas —etiqueta, precio y todo—, estimó que las fábricas dominicanas que producen los jeans Levi's modelo 501, cuyo precio al consumidor en Estados Unidos es de 48 dólares, se quedan con alrededor de 16 por ciento del precio final. Al igual que en el caso de las camisas sport de Ralph Lauren, el grueso de las ganancias va a quienes inventaron la marca.

¿Y qué pueden hacer los productores latinoamericanos para agregarle valor a sus manufacturas? "Dos cosas: Crear sus propias marcas, y abrir puestos de venta independientes o dentro de las grandes tiendas de Estados Unidos", respondió. De otra manera, tendrán que seguir modernizándose para poder competir con otros países en la producción de nuevas telas y tinturas, pero difícilmente podrán aspirar a ganar más de 20 por ciento del precio final de sus manufacturas.

"Uno de los problemas más grandes que tenemos es conseguir personal de diseño, logística y mercadotecnia, porque las universidades no lo está produciendo. No tenemos universidades especializadas en ingeniería textil. Tenemos que entrenar a nuestra gente nosotros mismos o traerla de otras partes, lo que es extremadamente costoso, a veces hasta prohibitivo, considerando que nuestros márgenes de ganancia son pequeños."

LA CONCLUSIÓN DE LOS EXPERTOS DE HARVARD

En los últimos años, los economistas del Foro Económico Mundial en Suiza se rascaban la cabeza tratando de explicarse por qué algunos países como México, que habían hecho la tarea y estaban siguiendo políticas económicas responsables, no crecían más rápidamente. Era una pregunta que desvelaba a los economistas ortodoxos, que durante décadas habían argumentado —con razón en el caso asiático, pero no siempre así en el latinoamericano— que las políticas de libre mercado en un ambiente de estabilidad conducían irreversiblemente al crecimiento económico y a la reducción de la pobreza. Supuestamente, si uno seguía la receta y realizaba las reformas que había que hacer, tenía que prosperar. Pero no era lo que estaba sucediendo en México, que estaba creciendo a paso de tortuga, mucho menos de lo que necesitaba para darle empleos dignos a los millones de jóvenes que ingresaban en el mercado laboral todos los años. ¿Qué estaba pasando? Intrigados, los directivos del Foro Económico Mundial decidieron en 2007 contratar a algunos de los más destacados economistas de la Universidad de Harvard y enviarlos a México para tratar de develar el misterio. El equipo estaba dirigido por Ricardo Hausmann, director del Centro para el Desarrollo Internacional de Harvard, y lo integraban —entre otros— Bailey Klinger, director del Laboratorio de Emprendimientos Financieros, y los profesores Robert Lawrence, Jeffrey Frankel, Ramana Nanda y Lant Pritchett, todos ellos de Harvard, y Rodrigo Canales, de la Universidad de Yale. La meta final era hacer un "diagnóstico" de la falta de crecimiento en México y presentárselo al presidente Felipe Calderón.

Durante los siguientes dos años, hicieron varios viajes a México. Desde su cuartel general en el Hotel Camino Real, los académicos visitantes entrevistaron al gobernador del Banco de México, al secretario de Economía, a varios otros secretarios de Estado, y tuvieron media docena de encuentros con empresarios mexicanos.

Más tarde los expertos entregaron a Calderón su informe final, titulado "Informe de Competitividad de México 2009". La conclusión del estudio era asombrosa, en el sentido de que los economistas no hacían ninguna recomendación económica especial. Por el contrario, concluyeron que no habían podido encontrar ningún error garrafal en las políticas económicas del país durante los últimos años. El motivo del pobre desempeño de la economía mexicana era otro.

"Hay fuertes evidencias de que el crecimiento económico de México no está limitado por el acceso al crédito, ni por la inestabilidad macroeconómica, ni por la inestabilidad política, ni por impuestos demasiado altos o variables, ni por rigideces en el mercado laboral, ni por falta de coordinación en el descubrimiento de nuevas actividades productivas —decía el informe final—. La mayor limitación al crecimiento de México es la baja calidad de su oferta educativa."[44]

El profesor Hausmann, el encargado de redactar el informe final, me dijo que su equipo había ido a México "con la mente totalmente abierta", sin ninguna hipótesis preponderante. Habían empezado por investigar la situación financiera del país, y pronto se habían encontrado con que uno de los principales problemas era su falta de competitividad con China, tanto en el mercado de Estados Unidos como en el mercado interno de México.

"Fuimos para hacer un examen de sangre al paciente, y ver con qué nos encontrábamos. Lo primero fue que los empresarios nos decían que el problema de México es que las reformas estaban estancadas. Cuando les preguntábamos cuáles reformas, nos decían que faltaba hacer una reforma energética para abrir el monopolio petrolero de Pemex, la reforma tributaria y la reforma para abrir el sector de telecomunicaciones. Es un cuento dominante que surge como hijo natural del Consenso de Washington: la idea de que si tú no creces, es porque no hiciste la tarea, y si no hiciste la tarea, es porque te faltó hacer una reforma. Pero la verdad es que ninguna de esas cosas explica por qué perdiste mercado en Estados Unidos, y por qué perdiste mercado con China en tu mercado interno. Los factores que nos habían mencionado no eran los que estaban causando que la economía se frenara. Eran otros."[45]

Acto seguido, Hausmann y su equipo empezaron a mirar el sector manufacturero de México, que había sido uno de los grandes motores del crecimiento del país. Y descubrieron que los chinos estaban arrasando con la industria mexicana. Mientras en el año 2000 China exportaba unos 200 de los 500 productos que México exportaba a Estados Unidos, cinco años más tarde China estaba exportando 500 de esos mismos productos a Estados Unidos. China le había comido el pastel a México.

"¿Qué estaba ocurriendo? Comparamos la reacción de las empresas mexicanas con las europeas cuando entraban los chinos en el mercado de Estados Unidos: cuando los chinos entran a competir con un producto en Estados Unidos, las empresas europeas retiran esos productos del mercado estadounidense y sacan nuevos productos de mayor calidad para remplazarlos. En cambio, los mexicanos le bajan el precio a sus productos, y a la larga pierden porque no pueden seguir creciendo y competiendo", explicó Hausmann.

"¿Y por qué los europeos y —cada vez más— los indios y los sudcoreanos pueden modernizar constantemente lo que producen? —prosiguió Hausmann—. Porque tienen más capacidad innovadora. ¿Y por qué la tienen? Descubrimos que no se trata de la capacidad media de los trabajadores, sino de la más alta de la empresa, quienes están en los puestos gerenciales. Lo que hicimos fue tomar los resultados de los *test* PISA de jóvenes de 15 años, y en lugar de calcular la calidad promedio de la educación en cada país, hicimos la siguiente pregunta: ¿Cuántos jóvenes al año sacan más de 650 puntos en el *test* PISA, cuyo puntaje máximo llega a unos 800 puntos? Encontramos que el número de mexicanos que al año sacan más de 650 puntos es de unas 4 500 personas. En India, por la diferencia de población, es de 250 000 personas. En Corea del Sur, son otras 250 000. Eso nos indicó que México produce muy pocos profesionales de alta calidad. El problema no es sólo con la educación en promedio, sino con la educación en la parte superior de la pirámide."

Hausmann continuó explicando que "India tiene mucha gente analfabeta, pero cuenta con 50 veces más gente altamente capacitada que México. De ahí que a México se le hace cada vez más difícil competir". No era casualidad que China le acabase de arrebatar a México el segundo puesto entre los mayores exportadores al mercado de Estados Unidos. Y tampoco era casualidad que cada vez más países de Latinoamérica se estuviesen quedando atrás en la competencia global por ganar los principales mercados del mundo. Y tras la crisis económica global de 2007 la brecha entre los países competitivos y los que se quedan atrás amenazaba con ensancharse: el pastel de la economía global se había achicado, lo que produciría una competencia aún mayor por los mercados de los países ricos, y le daría aún más ventaja a los países que están constantemente innovando y sacando al mercado sus productos.[46]

Pocos meses después de publicado el estudio de Harvard asistí a una conferencia del Foro Económico Mundial en Dubai, Emiratos Árabes Unidos, donde se llegó a la misma conclusión, no sólo para México sino para la mayoría de los países en desarrollo. Se trataba de una reunión de economistas, politólogos y diplomáticos de todo el mundo para discutir cuál sería la mejor agenda que deberían seguir los países emergentes para acelerar su crecimiento y reducir la pobreza. Curiosamente, la conclusión mayoritaria del panel de América Latina en la reunión no fue recomendar reformas económicas, sino educativas.

César Gaviria, ex presidente colombiano y ex secretario general de la Organización de Estados Américanos (OEA), era uno de los participantes en la reunión que mejor lo expuso. Después de haber gobernado su país durante cuatro años y dirigido la OEA durante otros 10, Gaviria había viajado por todos los países latinoamericanos y leído cuanto estudio se había hecho sobre cómo reducir la pobreza en la región. Y después de todos esos años había llegado a la misma conclusión.

"El problema de la desigualdad en Latinoamérica no es un problema de crecimiento económico, sino de educación", me dijo Gaviria en un aparte de la conferencia. "Nosotros tenemos una idea economicista, salida del Consenso de Washington, de que lo que nos va a salvar es la economía. Claro, la economía es un presupuesto necesario, pero no sirve si no está acompañada de una educación de calidad. Es un error creer que todos los problemas de la sociedad se resuelven con crecimiento económico: el crecimiento no resuelve la pobreza, la pobreza la resuelve la educación."[47]

Efectivamente, la mala calidad de la educación produce la desigualdad social porque condena a la marginación a una buena parte de la población. Los niños de familias rurales, los indígenas y los pobres que viven en las grandes ciudades latinoamericanas son expulsados de sus escuelas por sistemas educativos que no saben cómo retenerlos. En Latinoamérica tenemos la costumbre —que no existe en los países desarrollados, ni en muchos países en desarrollo asiáticos— de hacer repetir de grado a los alumnos con bajo rendimiento, como si fuera culpa exclusiva de ellos, y no del sistema escolar, el haberse quedado atrás respecto de sus compañeros. Y entonces, los niños que repiten de grado entran en una espiral negativa que termina induciéndolos a abandonar la escuela.

Según el Instituto de Estadísticas Educativas de la UNESCO, el porcentaje de alumnos de primer grado que son obligados a repetir el año es de 19 por ciento en Brasil, 11 por ciento en Argentina y 7 por ciento en México. Comparativamente, el porcentaje es del 0 por ciento en Estados Unidos, Corea del Sur, Singapur y Finlandia. En estos últimos países, como veremos más adelante, se invierten enormes recursos en apuntalar a los estudiantes más débiles para no hacerlos repetir de grado. En Finlandia, por ejemplo, los alumnos con bajo rendimiento reciben atención personalizada de parte de "maestras especiales" en sus escuelas, y si a pesar de eso no logran seguir el ritmo de sus compañeros de clase, son enviados a escuelas de educación especial donde pueden completar sus planes de estudio con sistemas de aprendizaje apropiados para ellos.

En Latinoamérica, en cambio, los alumnos de bajo rendimiento —por lo general de los sectores marginados de la sociedad— son reprobados e inducidos a tarde o temprano abandonar la escuela. Entonces, por más que la economía del país crezca, la mayor parte de los pobres no pueden salir de la marginación. Están condenados a vender baratijas en las calles porque no tienen la educación para poder conseguir empleos en la economía formal.

"No es casualidad que en Latinoamérica tengamos la mayor desigualdad del mundo —expresaba Gaviria—. En lugar de ser una fuente de igualdad, la educación en América Latina es una fuente de desigualdad. Cuando la educación no funciona, los principales beneficiarios del crecimiento económicos son los trabajadores calificados, y la desigualdad crece. Los asiáticos entendieron eso muy bien y se dedicaron desde hace varias décadas a mejorar la calidad educativa de todos, para darles a los pobres las mismas oportunidades de ascenso social."

¿Qué hacer, entonces? La mayoría de los participantes en la conferencia coincidieron en que hay que poner la educación en el centro de la agenda política de nuestros países. Y el consenso fue que eso es algo que no se está haciendo en casi ningún país de la región, por más discursos políticos que se escuchen alegando lo contrario.

Además de los pobrísimos resultados de los jóvenes latinoamericanos en los exámenes internacionales y de la escasez de instituciones de la región en los *rankings* de las mejores universidades del mundo, basta mirar la compensación y el estatus social de los maestros latinoamericanos y compararlos con los de otros profesionales para ver la escasa atención que le prestan los gobiernos a la educación. En Finlandia descubrí que los maestros ganan sueldos como los ingenieros y tienen un estatus social envidiable —sólo 10 por ciento de los alumnos con los mejores promedios en la secundaria pueden entrar en la carrera docente en la universidad—, mientras en la mayor parte de los países latinoamericanos ocurre al revés: muchos de quienes entran en la docencia son quienes por diversos motivos no lograron estudiar abogacía, medicina o ciencias económicas.

"Eso es evidente en todos los órdenes —dijo Gaviria—. Tú te encuentras con veinte columnistas en México escribiendo sobre economía, ¿pero cuántos escriben sobre educación? Probablemente ninguno. Y lo mismo ocurre con los gobiernos. A la hora de escoger sus mejores recursos humanos para manejar la economía, traemos al profesor de Harvard. Pero para la educación, muy raras veces traemos al más calificado. Todo eso es un gravísimo error, porque la clave de la pobreza no es el crecimiento económico, sino la educación", afirmó.

A mi regreso a casa, me quedé pensando en lo que me había dicho Gaviria sobre la exagerada importancia que le damos al crecimiento económico, comparada con la que le damos a la educación. Los organismos internacionales, los periodistas, los políticos, los empresarios y los trabajadores siempre hablamos del producto interno bruto, o PIB, de nuestros países como la vara para medir el progreso económico.

Decimos que el PIB de nuestro país creció o cayó en tanto por ciento el año pasado para indicar si tuvimos un buen o mal año, pero jamás vi que alguien usara una medida similar para medir el avance educativo. Hay cientos de datos sobre la inversión educativa y los resultados académicos de todos los países del mundo, pero —así como el PIB es la suma de todos los bienes y servicios de un país— no hay una fórmula que integre los indicadores educativos. Ha llegado la hora de crear un PIB educativo, o PEB, y ponerlo en el mismo rango que el PIB. Sería relativamente simple y ayudaría enormemente a poner la educación en el lugar que le corresponde.

"HAY QUE EMPEZAR CON HUMILDAD"

Al finalizar la entrevista televisiva con Bill Gates a la que me referí al comienzo de este capítulo, le hice a Gates la misma pregunta: ¿Qué pueden hacer los países latinoamericanos para mejorar sus niveles educativos, como China e India, y ser más competitivos en la economía mundial? Su respuesta fue la misma que al comenzar la entrevista: "La mejor manera de empezar es sintiéndose mal, con humildad". Latinoamérica tendrá que sentirse como se sienten China e India, y como se sentía Estados Unidos en la década de los ochenta, agregó. "Lo mejor que le pudo haber pasado a Estados Unidos fue que pensábamos que Japón nos haría trizas", señaló Gates. Efectivamente, en los años ochenta, una serie de *rankings* internacionales habían concluido que Japón estaba a punto de superar a Estados Unidos en la carrera mundial por el liderazgo en la innovación. "La gente decía: 'Dios mío!, los japoneses tienen un mejor sistema educativo, trabajan más, piensan a largo plazo'. Las grandes empresas norteamericanas decían: 'Uyy!, los japoneses van a arrasar con nosotros. Y eso fue lo que llevó a Estados Unidos a arremangarse, ponerse a trabajar, y crear la microprocesadora, internet, Microsoft. La humildad fue un factor que ayudó mucho", añadió Gates.

En muchos países de Latinoamérica está pasando exactamente lo contrario, le comenté. Los funcionarios públicos y muchos medios de difusión alimentan la leyenda —en algunos casos de buena fe, pensando que hay que aumentar la autoestima de sus pueblos— de que, a pesar de sus falencias, sus sistemas educativos todavía son buenos. No por casualidad la encuesta Gallup de 40 000 personas en Latinoamérica, encargada por el Banco Interamericano de Desarrollo, mostró que en gran parte del continente la gente está más satisfecha con el nivel de la educación que los estadounidenses, europeos o japoneses. No tenemos esa necesaria dosis de paranoia constructiva, señalé.

Gates meneó la cabeza negativamente ante el comentario, y volvió al mismo concepto: "Todo país debe empezar con humildad". Sin duda, la humildad sería un buen punto de partida para asumir el problema educativo —en lugar de negarlo— y colocarlo en el centro de la agenda política latinoamericana.

2

Finlandia: los campeones del mundo

HELSINKI, FINLANDIA–Viajé a Finlandia para tratar de encontrar la respuesta a una pregunta que me venía intrigando desde hacía tiempo: ¿Qué ha hecho este país, que hasta hace pocas décadas vivía de la agricultura y de la exportación de materias primas, para llegar a los primeros puestos de los más importantes *rankings* internacionales que miden el éxito social, económico y político de las naciones? Efectivamente, Finlandia —un país con 5.3 millones de habitantes, que era el más pobre del norte de Europa— figura en los primeros lugares del *ranking* de competitividad internacional del Foro Económico Mundial; está en el primer puesto del *ranking* de los países más democráticos del mundo de la organización Freedom House; es el país menos corrupto, según el índice anual de Transparencia Internacional, que mide la percepción de la corrupción en todo el mundo; ocupa el primer lugar en los resultados de los exámenes internacionales PISA, que miden los conocimientos de estudiantes de 15 años en matemáticas, ciencias y lenguaje, y es el país con mayor número de investigadores científicos per cápita en el Índice de Desarrollo Humano de las Naciones Unidas. Si hubiera una copa mundial de progreso económico y social, los finlandeses la ganarían.

Antes de llegar a Helsinki, imaginé que el éxito de Finlandia en todos estos frentes quizás tendría algo que ver con el frío, que podría ser un factor que llevara a los finlandeses a incentivar el trabajo en equipo y la civilidad para enfrentar conjuntamente los rigores del invierno. Nunca imaginé que tuviera algo que ver con el sexo.

En efecto, según me dijo el director del departamento de prensa de la cancillería finlandesa, Pietri Toumi-Nikula, la clave del éxito finlandés está en la educación, y los logros del país en materia educativa probablemente se remonten a un edicto del arzobispo luterano Johannes Gezelius en el siglo XVII, que decía que ningún hombre que no supiera leer podría casarse. La motivación del arzobispo Gezelius era hacer avanzar la reforma de Martín Lutero, que propugnaba remplazar la liturgia de la Iglesia católica por una relación más personal de los fieles con Dios, para lo cual era necesario que aprendieran a leer la Biblia. El resultado fue que los finlandeses de entonces, que ardían de pasión por alguna dama y querían casarse, no tuvieron más remedio que aprender a leer. Y con el tiempo, el hábito de la lectura se expandió en el país, al punto de que hoy el diario más importante de Finlandia —el *Helsingin Sanomat*— tiene una tirada de casi medio millón de ejemplares, una de las más altas del mundo en relación con la población del país.

Finlandia tiene un nivel de vida envidiable, aunque existen crecientes dudas sobre si el país podrá mantener la generosidad de su Estado benefactor. Los finlandeses tienen un ingreso per cápita similar al de los ingleses, franceses y alemanes; tienen más teléfonos celulares que el total de su población; un promedio de siete semanas de vacaciones por año; servicios de salud y un excelente sistema educativo —desde el jardín de infantes hasta la universidad— gratuitos. Es cierto, también tienen una alta tasa de suicidios —casi el doble de la de Suecia, pero mucho menor que la de Rusia y otros países de la ex Unión Soviética— y un serio problema de alcoholismo, que afecta a muchos jóvenes de ambos sexos. Es habitual ver jóvenes finlandesas vestidas a la moda y con todo el aspecto de ser oficinistas o profesionales, prácticamente tumbadas por los efectos del alcohol en los sillones o en el piso de los bares los viernes y sábados por la noche.

Sin embargo, hay señales visibles de que los finlandeses ven el futuro con mayor optimismo que la mayoría de sus vecinos europeos.

Caminando por Esplanadi, la elegante avenida central de Helsinki donde se encuentran los cafés y negocios de moda más conocidos de la ciudad, me llamó la atención la cantidad de parejas que caminan con carritos de bebés, o con niños pequeños tomados de la mano. Hay un *baby boom* en Finlandia, un fenómeno inusual en Europa, donde países como España, Francia y Alemania están viendo envejecer rápidamente su población por la falta de nuevos nacimientos. Alentados por un sistema social que da amplios beneficios de maternidad —también les permite a los hombres ausentarse de sus empleos por paternidad—, los finlandeses están empezando a tener más hijos que antes, algo que según los funcionarios gubernamentales pronto se reflejará en las estadísticas de población.

"EL SECRETO: EDUCACIÓN, EDUCACIÓN, EDUCACIÓN"

La presidenta de Finlandia, Tarja Halonen, me recibió en el palacio presidencial con una sonrisa y unas palabras inentendibles en español que, según me dijo después en inglés, había aprendido durante sus días como activista de derechos humanos en misiones a Chile y Argentina durante las dictaduras militares en esos países. Estábamos en el salón de huéspedes del palacio presidencial, que —acorde con la cultural mesura del país— parecía más una casona sobredimensionada que una sede de gobierno. En efecto, era una casona del siglo XIX que había pertenecido al empresario J. H. Heidenstrauch, y que me pareció muchísimo más pequeña que la mayoría de los palacios presidenciales que suelo visitar cuando entrevisto a presidentes latinoamericanos.

Halonen, ex canciller y ex ministra de Justicia, estaba en su segundo mandato de seis años, que culminaría en 2012. Me invitó a sentarme y colocó delante suyo un ayuda memoria con estadísticas que traía preparadas de antemano. ¿Cómo hizo Finlandia para pasar de ser un país agrícola que sólo exportaba madera a ser un exportador de alta tecnología?

"El secreto es muy sencillo y se pude resumir en tres palabras: Educación, educación, y educación", respondió. En las últimas décadas, Finlandia invirtió más que casi todos los otros países en la creación de un sistema educativo gratuito y en la investigación y el desarrollo de nuevos productos. Eso le permitió al país pasar de ser una economía agraria, basada en la industria maderera, a tener una industria de tecnología de avanzada.

¿Y cuál es el secreto de su sistema educativo?, le pregunté. Entre otras cosas, el excelente nivel de capacitación de los maestros de escuela primaria, dijo. "Tenemos una larga fila de expertos internacionales que están haciendo cola frente a las puertas de nuestro Ministerio de Educación para ver qué pueden aprender del sistema. Lo que les cuesta creer es que la respuesta sea tan simple como tener buenos maestros."

Halonen explicó que los maestros en su país necesitan tener una maestría de una de las universidades con carreras acreditadas en educación para poder enseñar en primer grado, y una licenciatura para ser maestros de jardín de infantes.[1] Y los maestros gozan de un estatus social especial en este país: reciben una buena paga —empiezan ganando el equivalente de unos 3 300 dólares al mes, un salario no mucho menor que el de otros profesionales, y su profesión goza de gran prestigio. No es nada fácil ser admitido en la Escuela de Educación de la Universidad de Helsinki: tan sólo uno de cada 10 aspirantes logra ingresar a ésta o a alguna de las otras universidades acreditadas para enseñar la carrera. Al igual que todos los demás finlandeses, estudian gratuitamente, y además reciben una beca del Estado de alrededor de 450 dólares por mes para ayudar a pagar sus gastos de hospedaje y alimentación.

¿Pero cuántos países pueden permitirse semejante lujo?, pregunté. Halonen respondió que muchos presidentes latinoamericanos vienen a Finlandia interesados por sus éxitos educativos —el presidente Lula de Brasil y la presidenta Bachelet de Chile estaban entre los más recientes— y le hacen esa misma pregunta. La respuesta es que "para tener una buena educación, debes tener un buen gobierno, que no sea corrupto, y que destine los impuestos que se recaudan a la educación. Si no tienes un sistema impositivo adecuado o no tienes un gobierno honesto, es imposible pagarle bien a los maestros y tener un buen régimen educativo".

Al terminar la entrevista le dije —medio en broma, medio en serio— que me sorprendió lo pequeño de su palacio presidencial, y le comenté mi teoría de que la prosperidad de los países es inversamente proporcional al tamano de su palacio presidencial: "Si usted viera el palacio presidencial de Guatemala, se asombraría", le dije. La presidenta se encogió de hombros y con una sonrisa pícara finalizó: "Nosotros damos ayuda económica a muchos países cuyos presidentes viven una vida mucho más lujosa que yo. Y bueno... son cosas de la vida".

"NUESTRO PRINCIPAL PROBLEMA ES LA MODESTIA"

Lo que más me sorprendió de la entrevista con Halonen fue que llevaba un papel que consultaba constantemente antes de darme sus respuestas. Su jefa de prensa me había tanteado antes sobre qué preguntas le haría, y yo le adelanté —en líneas generales— que versarían sobre educación e innovación, temas que yo suponía que la presidenta —con tantos periodistas, académicos y políticos que peregrinan constantemente a Finlandia para estudiar su sistema educativo— manejaría al dedillo. Pero no.

Cuando le comenté a varios finlandeses posteriormente sobre mi sorpresa al respecto, casi todos me respondieron lo mismo: Finlandia no hace alarde de sus logros educativos, ni de ningún otro tipo, poque tal cosa no va con la idiosincrasia nacional. Lo más probable es que la presidenta necesitara notas por escrito para la entrevista porque está más concentrada en resolver los problemas pendientes que en tratar de convencer al mundo sobre los logros de su país.

"El principal problema que tenemos es que tradicionalmente hemos sido muy modestos", me dijo Jaakko Lehtonen, director general del Consejo de Turismo de Finlandia. "La modestia es uno de nuestros principales problemas. Somos un país de valores luteranos, donde se admira la austeridad y la mesura, y se ven con malos ojos la ostentación y la fanfarronería. Eso nos ha frenado hasta ahora en la creación de una plataforma efectiva para vender el país en el exterior."

Efectivamente, los finlandeses son exageradamente modestos, introvertidos y —salvo cuando se emborrachan— silenciosos. Los finlandeses siempre trataron de pasar desapercibidos, en parte por ser un país pequeño, que siempre vivió temeroso de ser invadido por sus vecinos, Rusia y Suecia, que lo ocuparon durante buena parte de su historia. Los finlandeses suelen decir que no quieren despertar al oso ruso, ni a sus vecinos suecos, sino progresar discretamente para mantener su independencia.

La mesura se ve en todos lados: a diferencia de lo que ocurre en las principales capitales europeas, aquí el lujo es mal visto. La primera clase de Finnair, la aerolínea en que llegué a Helsinki, tiene los mismos asientos que la clase económica, lo que me hizo suponer que quizás los pasajeros que viajan en primera reciben comida caliente o alguna bebida que justifique el precio más alto. Por las calles de la capital finlandesa no se ven muchos Mercedes Benz, ni Porsches, ni otros autos de lujo. Los ejecutivos manejan Volvos u otros que no llamen demasiado la atención. Y las oficinas de los presidentes de las grandes empresas del país, como pude observar cuando visité Nokia, están en espacios abiertos y son prácticamente iguales a los despachos que los rodean.

Si hubiera un *ranking* mundial de prudencia y uniformidad, Finlandia probablemente también estaría a la cabeza. Se trata de un país de rubios y rubias, con mucho menos inmigrantes que el resto de Europa, y cuyos habitantes son —según como se quiera mirarlos— celosos a ultranza de su privacidad, o reprimidos al máximo. Uno de los chistes más conocidos que cuentan sobre sí mismos es: "¿Cómo se puede detectar a un finlandés extrovertido? Cuando al hablar contigo, en lugar de estar mirando la punta de sus zapatos, están mirando la punta de los tuyos". La otra broma, en respuesta a la misma pregunta, es que un finlandés es extrovertido "cuando quiere tanto, pero tanto a su mujer, que casi se lo dice". Lo cierto es que el culto a la austeridad, la modestia, el trabajo y el estudio —que definen el carácter finlandés— no son factores ajenos al éxito del sistema educativo del país, y ayuda a explicar por qué Halonen no destinaba mucho tiempo a la promoción de los logros de su país.

LA CLAVE SON LOS MAESTROS

En la escuela Juvanpuisto, en Espoo, una ciudad a unos 40 kilómetros de la capital, me llamó la atención descubrir que había dos maestras en cada clase y una tercera esperando en un cuarto contiguo. Se trataba de una escuela moderna, con grandes ventanales de vidrio, donde enseñaban desde el primero hasta el noveno grado. Yo había pedido a los funcionarios del Ministerio de Educación visitar una escuela afuera de la capital, para que no me enviasen a un centro modelo, como los que muchos países usan para impresionar a los visitantes extranjeros. Como todas las escuelas finlandesas, la Juvanpuisto es gratuita, y tiene nada menos que 45 maestros para un total de 535 estudiantes, según datos del director de la escuela, Ossi Airaskorpi.

¿Un promedio de un maestro por cada 12 alumnos?, pregunté incrédulo. Airaskorpi respondió con un gesto afirmativo, explicando que varias maestras estaban de licencia por maternidad o por estar haciendo cursos de posgrado, y que los maestros en ejercicio tenían un promedio de 20 a 22 alumnos por clase. En cada clase había una maestra titular, una maestra asistente, y una maestra "especial" que generalmente estaba en un cuarto aledaño y se dedicaba a dar clases particulares —gratuitas, también— a los alumnos que tuvieran dificultades para entender los cursos del día.

Efectivamente, al observar un aula de primer grado, vi una maestra frente a la clase —los niños sentados en grupos de cuatro, alrededor de mesitas— y una maestra asistente que observaba la lección sentada a un costado, en el borde de la ventana. Airaskorpi me explicó que cuando un niño expresaba dificultad para entender a la maestra titular, la asistente se acercaba a su mesita y le ayudaba sin interrumpir la clase.

La maestra titular tenía una maestría en educación, tal como era requerido para su puesto, y ganaba entre 2500 y 3000 euros, según su nivel de experiencia. La maestra asistente tenía una licenciatura, y ganaba un poco menos, pero ambos sueldos eran bastante buenos dentro de la jerarquía de los trabajadores estatales finlandeses, no muy por debajo de lo que cobra un médico en un hospital, comentó el director de la escuela.

"Ser maestro es una profesión cada vez más popular aquí —apuntó Airaskorpi—. En los años ochenta y noventa, todos querían ser ejecutivos de empresa. Hoy todos quieren ser maestros." El motivo es que las maestras —el 75 por ciento en Finlandia son mujeres— tienen sueldos relativamente buenos, vacaciones de dos meses y medio y horarios relativamente flexibles: enseñan unas cinco horas al día, y pueden hacer el resto de sus labores en casa.

Y se trata de una profesión con un estatus social cada vez más elevado, prosiguió el director de la escuela. En la escuela Juvanpuisto, por ejemplo, hay muy pocas plazas vacantes y la rotación de personal es mínima, porque muchas maestras llevan 20 años o más en sus puestos. Y como hay pocas plazas disponibles a nivel nacional, las universidades finlandesas —estatales y gratuitas, también— son muy exigentes a la hora de aceptar estudiantes en las carreras de educación. Sólo uno de cada 10 postulantes para cursar esta carrera logra ser aceptado y la gente lo sabe, explicó.

Airaskorpi no exageraba. Días después de mi vista a su escuela, salí a cenar con amigos finlandeses y Ricardo Salamanca, un funcionario de la embajada peruana en Helsinki que llevaba varios años en el país. Salamanca me confirmó que ser profesor en Finlandia lleva consigo un gran prestigio. "Acá, decir soy profesor es como decir en Perú soy diplomático. Los maestros tienen un estatus social muy elevado. Para ellos, ser maestros no es el plan B de quienes no lograron entrar en la carrera de abogacía. Quieren ser profesores."

LOS "MAESTROS ESPECIALES"

Uno de los grandes secretos del éxito del sistema educativo estatal finlandés son sus "maestros especiales", encargados de dar clases personalizadas a aquellos alumnos que —aun después de recibir la ayuda de las maestras asistentes— siguen sin comprender cabalmente una clase. Las maestras especiales, que por lo general son las de mayor experiencia y tienen estudios de posgrado más allá de sus maestrías, tienen un aula separada, donde dan clases personalizadas a los alumnos —de a uno o dos a la vez— con las calificaciones más bajas.

"El número de horas de clases personalizadas varía", me dijo el director de la escuela Juvanpuisto: algunos estudiantes necesitan una hora por semana, otros dos, y otros tres. Si después de las clases especiales los alumnos siguen teniendo bajas calificaciones, el maestro llama a los padres para elaborar una estrategia común para mejorar su rendimiento en clase. "La idea es que ningún niño se quede atrás. Los niños siguen en la misma clase, con sus mismos amigos, con las mismas metas y el mismo currículum educativo de todos los demás." El énfasis que pone el sistema educativo finlandés en levantar las calificaciones de los alumnos de menor rendimiento ayuda a explicar por qué Finlandia sale primera en el *test* PISA y en casi todos los demás exámenes internacionales de estudiantes: las diferencias entre los mejores y peores alumnos en este país son mucho menores que en otros países, donde las disparidades son enormes.

Airaskorpi me llevó a un cuarto contiguo a un aula, donde una maestra especial estaba sentada junto a una joven, repasando un problema de matemáticas. Ulla Gronroos, la maestra especial, llevaba más de dos décadas enseñando en la escuela. Tenía una maestría universitaria y había impartido clases a los primeros grados, pero luego —para avanzar en su carrera— se había tomado un año de licencia para prepararse como maestra especial en la Universidad de Helsinki. Ahora le daba clases personalizadas a alrededor de 10 por ciento de los alumnos de primer grado. La escuela pone especial énfasis en ayudar a los alumnos de los tres primeros grados, porque su desempeño al comenzar la escuela determina en gran medida su desempeño posterior, señaló.

¿No les da vergüenza a los alumnos que los vean en esta salita, con la maestra especial?, quise saber. ¿Los demás no se burlan? "En absoluto. Al contrario, muchos niños quieren venir con la maestra especial —dijo Gronroos—. Para evitar que los alumnos que requieren ayuda especial se sientan cohibidos, voy a muchas clases de primer grado, de manera que los chicos no hacen diferencia entre la maestra titular, la asistente y yo. Así, ellos no sienten que el aula del maestro especial está destinada para los malos alumnos. Ayer mismo una chica de quinto grado me preguntó si podía volver a tomar clases conmigo."

Gracias a esta ayuda, el nivel de deserción en la escuela Juvanpuisto es mínima: apenas 2 o 3 por ciento, afirmó. Y en los tres exámenes anuales que deben rendir todos los alumnos de primaria en el país, el promedio de la escuela no tenía mucho que envidiarle a los mejores.

EL ARMA SECRETA: "WILMA"

El otro gran secreto del buen desempeño de la escuela primaria finlandesa es "Wilma", explicó el director de la Juvanpuisto. ¿"Wilma"?, le pregunté intrigado. En un primer momento pensé que se trataba de un personaje, una maestra superespecial con varios doctorados o algo por el estilo. Pero lo cierto es que "Wilma" es un programa de computación por el cual las maestras finlandesas están en continuo contacto con los padres de los alumnos, y juntos siguen semanalmente sus pasos.

Kaisa Torkki, una maestra de artes visuales, reveló cómo funciona el sistema. Los padres, a través de una clave confidencial, acceden al programa, que les permite seguir el progreso académico y el comportamiento de sus hijos. "De noche en sus casas o desde su lugar de trabajo, pueden ver cómo están —explicó Torkki—. Normalmente pongo las notas en "Wilma", y cada tanto agrego comentarios. Por ejemplo, si un niño está con auriculares escuchando su *ipod* en la clase, pongo una nota pidiéndole a sus padres que por favor hagan que lo deje en casa."

En un principio, el programa había sido creado para que los padres pudieran estar al tanto sobre si sus hijos habían faltado a una clase o no habían asistido a la escuela ese día. Pero desde hace dos años "Wilma" se había expandido para convertirse en una plataforma de contacto constante entre las maestras y los padres, y se usaba para avisar si los alumnos debían hacer una tarea para el día siguiente o si se estaban quedando atrás en alguna materia. ¿Y si los padres no tienen computadora o acceso a internet?, pregunté, sabiendo que mi pregunta era un tanto ingenua. La maestra me miró como si estuviera ante un recién llegado de Júpiter. "Bueno, eso no me ha pasado hasta ahora", respondió.

LA MERITOCRACIA EDUCATIVA

Los niños finlandeses tienen una buena razón para esmerarse y sacar buenas notas: el que no obtiene un promedio de 7.5 en el séptimo, octavo y noveno grados no pasa al colegio secundario, y debe ir a una escuela vocacional. ¿Eso significa que los que no logran ese promedio dejan de estudiar? "No, pero estudian profesiones como plomería, técnica de belleza o mozo de restaurante", me explicó una de las maestras de noveno grado de la escuela. Quise saber si no era algo cruel denegar el ingreso a la escuela secundaria a jóvenes que quizás todavía no tienen muy desarrollado su sentido de responsabilidad. Ella contestó que puede ser, pero que en su experiencia la mayoría de los estudiantes que no alcanzaban el promedio requerido deseaban ir a alguna escuela vocacional. "Por lo general, el que no tiene buen promedio quiere ser electricista o técnico en pesquería, o algo así, porque esas profesiones no pagan nada mal y no requieren de tanto estudio", señaló.

Y para pasar de la escuela secundaria a la universidad —ambas gratuitas, gracias al Estado benefactor de Finlandia— el sistema es aún más competitivo. Según datos de la Universidad de Helsinki, la más conocida del país, solo 20 por ciento lo logra, y de los postulantes a derecho o medicina, 5 por ciento. En tanto —y como había dicho la presidenta—, 10 por ciento puede entrar a la carrera de educación.

Además de un excelente promedio en la escuela secundaria, los postulantes deben pasar un riguroso examen de ingreso.

Finlandia tiene una educación gratuita, pero altamente selectiva. Por eso sus universidades, aunque no salen tan bien como sus escuelas primarias y secundarias en los *rankings* internacionales, tienen un alto nivel: en la lista de las 200 mejores del mundo del Suplemento de Educación Superior del *Times* de Londres, la Universidad de Helsinki figura en el puesto número 108, lo que no está nada mal para un país con poco más de cinco millones de habitantes. Comparativamente, las mejores universidades latinoamericanas figuran a partir del puesto 190.[2]

UNIVERSIDAD DE HELSINKI: LA UBICACIÓN LO DICE TODO

Cuando el taxi me dejó en la sede central de la Universidad de Helsinki, lo primero que me sorprendió fue su ubicación: está en la plaza central de la capital, el sitio más importante del país. En efecto, la universidad ocupa toda una cuadra frente a la Plaza del Senado, cuyos otros vértices están ocupados, respectivamente, por la Catedral, la sede del Consejo de Estado, donde despacha el primer ministro, y una serie de tiendas de lujo.

Helsinki no es la única ciudad del mundo que tiene su universidad en una ubicación privilegiada: la Universidad de Oxford, en Inglaterra, y la Universidad de Harvard, en Cambridge, Estados Unidos, también están en el corazón de sus respectivas ciudades. Sin embargo, nunca había visto otra capital de un país que tuviera a su universidad en la plaza central, frente a la sede del gobierno. Quienes habían diseñado la plaza central de Helsinki a principios del siglo XIX habían dejado en claro que la universidad era una de las columnas vertebrales del país.

"Los principales poderes del país están representados aquí —me dijo Kari Raivio, rector saliente de la Universidad de Helsinki, mientras mostraba la plaza por la ventana de la sala de conferencias de la rectoría—. El poder del gobierno está en el lado este de la plaza, el poder de la Iglesia en el lado norte, y el poder de la mente, la universidad, en el oeste. Desde el principio, esta casa de estudios ha jugado un rol central en la historia del país."

Hacia fines de la primera década del siglo XXI, la Universidad de Helsinki tenía 38 000 estudiantes, que además de realizar sus estudios en forma gratuita recibían una ayuda del gobierno para pagar sus gastos de alojamiento y comida. "El gobierno les paga a los estudiantes para que estudien —sonrió Raivio—. El promedio de las becas es de 300 euros al mes. No es mucho, pero si uno considera que los estudiantes también reciben descuentos para pasajes de avión y de tren, y para ir al cine, ayuda bastante. Algunos no tienen ningún apuro en graduarse, porque la pasan bastante bien."

Pero a simple vista parecen muy centrados en sus estudios. Durante mi visita no vi un solo *graffiti* ni póster político en las paredes. Y cuando pregunté si, al ser una universidad gratuita y masiva, no había una excesiva politización de los estudiantes, como en tantas universidades latinoamericanas, me miraron intrigados y dijeron que no recordaban la última vez que había habido una manifestación. Quizá se deba a que el promedio de edad de los estudiantes finlandeses es más alto que en otros países —entran en primer grado a los siete años y por lo general terminan la universidad a los 28— y la mayoría de ellos trabaja, obligándolos a tener como principal prioridad sacar buenas notas y obtener un buen empleo.

Y la Asociación de Estudiantes de la Universidad de Helsinki, su brazo político, no tiene un gran aliciente para promover la agitación: es un verdadero emporio capitalista, que maneja un presupuesto de cuatro millones de euros al año, y administra bienes de 200 millones de euros, incluyendo las cafeterías de la universidad y varias empresas editoriales de libros de texto.

"Nuestra prioridad es manejar bien los negocios de la asociación —me aseguró Arto Aniluato, presidente de la Asociación de Estudiantes—. Eso nos permite poder dar becas a quienes necesitan ayuda especial y ofrecer comida a precios económicos en nuestras cafeterías."

¿Cuánto gana un profesor universitario en Finlandia?, le pregunté a Teivo Teivanen, un Latinoaméricanista que dirige el Departamento de Ciencias Políticas de la Universidad de Helsinki. Teivanen acababa de regresar de Perú, donde había dirigido un programa de Democracia y Transformación Global en la Universidad de San Marcos. Se había casado con una peruana, y era uno de los muchos intelectuales escandinavos fascinados con América Latina y las luchas sociales de sus oprimidos. En la puerta de su despacho en la Universidad de Helsinki tenía un letrero que decía, en español: "Revolucionario Trabajando". Era un toque de humor, claro, pero que describía su cariño por una región que lo cautivaba.

Teivanen me explicó que los salarios de los profesores universitarios en Finlandia se fijan según los méritos del docente, pero en general oscilan alrededor de los 5 700 euros mensuales, más un bono de fin de año, lo que en su conjunto redondea un sueldo de unos 100 000 dólares anuales.

¿Y cómo se evalúa el mérito de los docentes?, le pregunté. Hay varios parámetros, incluyendo las evaluaciones anónimas de sus alumnos, sus trabajos de investigación y —el más controversial— su "interacción con la sociedad", que mide, entre otras cosas, su participación en medios de prensa u organizaciones de bien publico. Pero el rasgo más notable del sistema universitario finlandés es que, cada tres años, los profesores son evaluados por un panel de ocho auditores encabezados por un experto internacional en la materia, y a menudo integrado por varios otros académicos foráneos. Los paneles de profesores extranjeros son invitados por la universidad para permanecer varias semanas en el país, entrevistar a los pedagogos y luego emitir su recomendación de aprobar o reprobar su labor.

"Para lograr ser nombrado profesor titular necesitas ser aprobado por este panel— siguió Teivanen—. Es un proceso lento, que dura como dos años." Hasta la década de los noventa, los profesores eran nombrados nada menos que por el presidente del país. Luego, con el avance de la globalización, el gobierno finlandés llego a la conclusión de que el futuro del país dependía de que sus académicos pudieran competir con los mejores del mundo, y que para eso debían ser escogidos por los mejores del mundo. De manera que algunos de los profesores más importantes de Harvard, MIT, la Universidad de Oxford y otras, eran contratados cada tres años para ir a Finlandia y presidir los paneles de admisión y evaluación de profesores de la Universidad de Helsinki.

CADA VEZ MÁS CLASES *ONLY IN ENGLISH*

La obsesión finlandesa por crear una clase profesional cada vez más integrada a la economía global se traduce también en una tendencia a dictar cada vez más clases en inglés. El Instituto de Tecnología de Helsinki, una universidad estatal fundada en 1908, que es la más prestigiosa del país en cuanto a ciencia y tecnología, cuenta hoy con 8 por ciento de extranjeros en su plantel docente, y los profesores no finlandeses dictan sus clases en inglés y, en menor medida, en sueco.

"Nuestro plan es elevar el número de profesores extranjeros que dictan sus cursos en inglés al 25 por ciento del plantel docente en los próximos 10 años —aventuró Matti Pursula, el rector del instituto—. Queremos reclutar cada vez más profesores extranjeros con experiencia internacional, porque la internacionalización eleva el nivel académico."

¿Y los aspirantes a profesores finlandeses no ponen el grito en el cielo cuando estas plazas son otorgadas a extranjeros? Por supuesto. Pero si ellos quieren competir por estas plazas, deben obtener una experiencia internacional, respondió el rector. Aunque casi la totalidad de los cursos universitarios de licenciatura se dan actualmente en finlandés, ya hay 13 programas de maestría que se dictan en inglés, incluidos los de ingeniería eléctrica, ciencias de la computación y telecomunicaciones.

En rigor, la creciente tendencia a dictar cursos de maestría y doctorado en inglés no es una fuente de protestas estudiantiles, porque la mayoría de los finlandeses dominan bien el idioma desde muy pequeños, un fenómeno extraño a primera vista, considerando que el finlandés es uno de los idiomas más raros y menos comprensibles para anglófonos, alemanes o españoles. Sin embargo, al igual que sus vecinos suecos, los finlandeses tienen una sorprendente facilidad no sólo para leer y escribir en inglés, sino para hablarlo prácticamente sin acento.

Su gran secreto para ello me lo reveló una funcionaria finlandesa del Banco Mundial en Washington, antes de mi viaje a Finlandia. Cuando le pedí ayuda para contactar algún funcionario del Ministerio de Educación en Helsinki que me pudiera dar detalles del sistema de enseñanza de idiomas y sobre cómo los finlandeses logran aprender tan bien el inglés, Tuuli Jurikkala estalló en una carcajada: "Te puedo ahorrar el viaje. Es muy sencillo: nosotros no doblamos al finlandés los dibujos animados que ven los niños en televisión, ni las películas que pasan por televisión. A la gente no le queda más remedio que verlos en inglés desde muy pequeña". En efecto, casi todos los dibujos animados, series y películas de Hollywood son transmitidas por la televisión finlandesa en su idioma original. Y por una razón de costo: con una población pequeña, y sin ningún otro país del mundo que hable finlandés, los canales de televisión simplemente concluyeron en su momento que no era comercialmente viable doblar los programas de televisión norteamericanos. Y lo que empezó como una medida de ahorro, terminó siendo una enorme ventaja competitiva del país para insertarse en la economía global.

LA UNIVERSIDAD DE LA INNOVACIÓN

En 2009, pocos meses después de la crisis financiera mundial, el Ministerio de Educación finlandés anunció —en medio de no pocas protestas del sector académico y con un apoyo tibio de la presidenta Halonen— la creación de la Universidad de la Innovación, oficialmente bautizada con el nombre de Universidad de Aalto. Finlandia ya tenía un alto porcentaje de sus universitarios en carreras de ingeniería, ciencias y matemáticas —el 27 por ciento del total de sus alumnos cursaba estas carreras en 2008, casi el doble que en países de similar tamaño—, pero las autoridades del país habían llegado a la conclusión de que eso no era suficiente. Las universidades tradicionales —generalmente divididas entre las especializadas en las humanidades y las tecnológicas— ya no respondían a las exigencias de la nueva economía basada en la innovación. Hacía falta un cambio de enfoque. La nueva universidad comenzaría a funcionar en 2010, y se crearía con base en la fusión de las tres facultades más prestigiosas en tecnología, administración de empresas y bellas artes: la Universidad Tecnológica de Helsinki, la Universidad de Negocios de Helsinki, y la Universidad de Artes y Diseño de Helsinki, respectivamente.

Según el plan del Ministerio de Educación, la nueva Universidad de Aalto ya no sería gobernada por el Estado, sino por una fundación privada con participación estatal y una inyección de 1 000 millones de dólares del gobierno, lo que le permitirá crear empresas privadas, tomar préstamos bancarios, lanzar productos al mercado y ejercer varias otras funciones comerciales que le están vedadas a los funcionarios públicos. Asimismo, la nueva universidad tendría mayor participación de la industria privada, tanto en la formulación de carreras como en el contenido de las mismas.

"El proyecto fue muy criticado, porque decían que la nueva universidad se convertiría en el departamento de desarrollo de nuevos productos de las grandes empresas del país —me comentó Pursula, el rector de la Universidad Tecnológica de Helsinki, la principal de las tres casas de estudio que pronto se fusionarían para dar a luz a la nueva universidad—. Algunos la llamaban, en lugar de la universidad de la innovación, la universidad de las hamburguesas, porque presumían que dejaría de lado la investigación científica para dedicarse al desarrollo de nuevos productos comerciales. Hubo muchas dudas en nuestro consejo académico, porque siempre nos hemos especializado en la investigación. Pero al final del día llegamos a un compromiso por el cual el estatuto de la nueva universidad especificaría que su meta será la investigación, la educación y el apoyo a la industria finlandesa. De esa manera, se logró un consenso."

Sin embargo, el aspecto más revolucionario de Aalto es que integra la ingeniería y la administración de empresas con las artes, para lograr que los alumnos estén mejor equipados para generar productos diseñados para el gusto de los consumidores. Según autoridades finlandesas, en la economía del siglo XXI ya no basta con tener excelentes laboratorios de investigación y desarrollo de nuevos productos, porque esas funciones pasarán cada vez más a China, India y los países de Europa Central y del Este, que tienen una enorme disponibilidad de ingenieros y técnicos a costos mucho menores. Entonces, el secreto del éxito pasará por la combinación de la investigación técnica con la habilidad de pronosticar los gustos de los consumidores de los países ricos, donde estos últimos todavía tienen una clara ventaja, y la tendrán por un buen tiempo.

"Hoy, la clave de la innovación tecnológica no está en el laboratorio, sino en la interacción entre los diseñadores y los consumidores —me dijo Esko Aho, el ex primer ministro finlandés que hasta fines de 2008 dirigió Sitra, una de las instituciones estatales encargadas de promover la innovación—. Fíjese lo que pasó con el *ipod*: La clave del éxito del *ipod* fue la habilidad de sus creadores en meterse en la cabeza de los consumidores y adivinar y predecir lo que quieren antes de que los propios consumidores expresen ese deseo." Lo importante del *ipod* no fue la invención tecnológica, sino la aplicación de la tecnología, agregó.

"Y fíjese lo que pasó con la industria automotriz en la década de 1920 —continuó Aho—. Henry Ford fue excelente para crear el modelo Ford T en 1908, y su línea de producción revolucionó el mercado. Sin embargo, Ford casi llevó a su empresa a la ruina en 1920 porque no entendió que los consumidores querían carros que no fueran todos iguales, sino que se adecuaran a sus gustos, con diferentes diseños y diferentes colores. Ford se obstinaba en producir automóviles que fuesen iguales, y las ventas comenzaron a caer."

La idea detrás de la Universidad de Aalto refleja las últimas tendencias en las universidades de Estados Unidos y Japón, cuyas escuelas de negocios están dictando más cursos de arte, diseño, psicología, filosofía y hasta espiritualidad, y cuyas grandes empresas están contratando cada vez más graduados de escuelas de arte y diseño.

Según el estadounidense Daniel H. Pink, cuyo libro *Una nueva mente* se convirtió en un *best-seller* en el mundo de los negocios, estamos pasando de una era dominada por el hemisferio izquierdo de la mente a una era en la que el hemisferio derecho será determinante en el éxito o el fracaso de las naciones, y de las personas. Nuestra mente está dividida en dos hemisferios, explica Pink: el izquierdo, que domina la parte secuencial, lógica y analítica de la mente, y el derecho, que domina la parte artística, creativa e intuitiva.

Hoy, las habilidades del hemisferio izquierdo de la mente, que han sido el motor de la era de la información y la economía del conocimiento, son necesarias pero ya no suficientes, dice Pink. A medida que China, India y el resto de Asia producen cada vez más ingenieros y técnicos, y las grandes industrias asiáticas incursionan en la investigación de nuevas tecnologías, las funciones del hemisferio derecho de la mente —hasta hace poco depreciadas por muchos como "frívolas"— serán más y más importantes para los individuos, las familias, las empresas y los países de Occidente. Hará falta "una nueva mente" que integre las funciones de los dos hemisferios, señala el autor.

Según Pink, en los últimos 150 años hemos pasado sucesivamente de la Era Industrial a la Era del Conocimiento, y a la Era Conceptual. Las primeras dos etapas —la Industrial, caracterizada por las líneas de producción masiva que revolucionaron la economía mundial, y la de la Información, caracterizada por el advenimiento de los productos de la economía del conocimiento, como los programas de computación— estaban dominadas por funciones del hemisferio izquierdo de la mente. Ahora, a medida que avanza el desarrollo tecnológico asiático y se intensifica la automatización de trabajos en los países ricos, estamos entrando en la Era Conceptual, dominada por las funciones del hemisferio derecho de la mente.

"Los ingenieros tienen que encontrar la forma para que las cosas funcionen. Pero si esas cosas no son al mismo tiempo agradables para la vista, o necesarias para el alma, pocos las van a comprar", dice Pink.[3]

"En suma, hemos pasado de una sociedad agrícola a una sociedad de trabajadores industriales, y a una sociedad de trabajadores de la economía del conocimiento —continúa Pink—. Y ahora estamos dando otro paso adelante, a una sociedad de creadores, reconocedores de tendencias y creadores de sentido [...] Cuando las economías dependían de las fábricas y la producción masiva, el pensamiento dirigido por el hemisferio derecho de la mente era casi irrelevante [...] Ahora que Estados Unidos, Europa occidental, Australia y Japón están dando un nuevo salto, el pensamiento dirigido por el hemisferio derecho de la mente está comenzando a adquirir un reconocimiento social y económico parecido, y en algunos casos superior."[4]

Los funcionarios finlandeses, influenciados por Richard Florida, profesor de la Universidad de Toronto y autor del *best-seller El surgimiento de la clase creativa*, habían observado que las escuelas tecnológicas y de negocios de Estados Unidos y Japón, entre otros países, estaban incorporando progresivamente más cursos de arte y diseño. Y en 2009 los finlandeses habían decidido adelantarse a la tendencia y, en lugar de incorporar cursos de arte y diseño en varias universidades, crear la nueva universidad de la innovación, que integrara todas estas carreras en una sola casa de estudios.

"CORTAMOS TODO, MENOS EDUCACIÓN E INVESTIGACIÓN"

¿Cómo hacer que un país con buenos técnicos y científicos se convierta en productor de alta tecnología? Varios países del mundo producen excelentes científicos y técnicos, pero son muy pocos los que logran convertirlos en motores del progreso económico. ¿Qué hizo Finlandia para que los egresados de sus mejores universidades no emigren a Estados Unidos o terminen aceptando trabajos que no tienen relación con su especialidad, o —en el peor de los casos— acaben manejando taxis por falta de salida laboral? ¿Cómo hizo para lograr que la capacidad de sus académicos se tradujera en innovaciones comercialmente viables, que tuviesen un impacto concreto en la economía del país?

Según Aho, el ex primer ministro, a quien identifican como el principal impulsor de la innovación en el país, la modernización de Finlandia había comenzado en la década de los ochenta, cuando el país decidió duplicar su inversión en investigación y desarrollo de nuevos productos al 2 por ciento de su PIB, intuyendo que en la nueva economía globalizada los productos de la economía del conocimiento valdrían mucho más que las materias primas. En 1990, tras la caída de la Unión Soviética, el principal mercado de exportación de Finlandia, el país sufrió una crisis económica sin precedentes —el desempleo llegó a 20 por ciento— y no tuvo más remedio que reinventarse y dedicarse de lleno a la tecnología, explicó Aho.

"En 1991, cuando yo era primer ministro, el PIB finlandés cayó 7 por ciento, y cortamos casi todas las partes del presupuesto, menos la educación y la investigación— recordó Aho—. Había un consenso en el país de que, a pesar de la falta de recursos, teníamos que hacer una inversión de largo plazo en educación e investigación. Y en un momento de ajustes, aumentamos el presupuesto para la educación primaria, que para nosotros es la base de todo."[5]

Desde entonces, Finlandia aumentó gradualmente su presupuesto en investigación y desarrollo para llegar a 3.5 por ciento de su PIB en 2008, convirtiéndose —después de Israel y Suecia— en el tercer país que más dinero invierte en este rubro en relación con el tamaño de su economía.

Y a medida que el gobierno aumentaba su inversión en innovación y las empresas finlandesas contrataban más ingenieros y técnicos, crecía el número de estudiantes universitarios que escogían carreras vinculadas con la ingeniería, las ciencias y la computación. Finlandia había logrado un círculo virtuoso, en el que el Estado patrocinaba la investigación de las empresas, éstas crecían y contrataban a graduados universitarios, éstos se volcaban en mayores números a la ingeniería y las ciencias, y el Estado podía cobrar más impuestos y contar con una clase profesional de ingenieros y técnicos de primer nivel que facilitaban el éxito de los proyectos de investigación que financiaba.

LA MANO INVISIBLE DEL ESTADO

Para impulsar la innovación, el gobierno finlandés tiene tres instituciones dedicadas a canalizar la inversión estatal en investigación y desarrollo. La más importante y novedosa es la Agencia Nacional de Tecnología, conocida como Tekes. Todos los años, esta agencia independiente, propiedad del Estado, entrega más de 500 millones de dólares a empresas que quieren desarrollar un producto y a universidades que desean realizar una investigación, ¡el equivalente a 10 000 dólares por cada habitante del país![6]

Tekes actúa como asesor e inversor de riesgo, financiando los proyectos de nuevos productos que considera viables comercialmente, y buscando apoyo en las universidades y a través de sus contactos en el exterior para venderlos una vez producidos. Según funcionarios finlandeses, más de 30 por ciento de los proyectos financiados por Tekes fracasan, pero paradójicamente muchos funcionarios no verían con malos ojos que ese porcentaje fuese aún mayor, porque eso indicaría una mejor disposición de la agencia para asumir proyectos de alto riesgo.

¿Y qué tipo de proyectos están financiando estas instituciones? Aho, que tras su gestión de primer ministro había sido director de Sitra, relató algunos ejemplos. Uno de los proyectos es el "papel inteligente" desarrollado por la empresa de productos forestales UPM, que está lanzando al mercado cartones con circuitos integrados cuyos chips identifican cajas en cualquier lugar del mundo, permitiendo seguir electrónicamente el paquete que ha enviado, explicó. Otro es la "vestimenta inteligente", o la ropa deportiva con circuitos integrados, que permite al deportista controlar constantemente su ritmo cardiaco o recibir alertas si su pulso está demasiado alterado, desarrollada por la empresa finlandesa Clothing+, así como ropa para todas la estaciones, que calienta en invierno y refresca en verano, desarrollada por la misma empresa. Otro producto de gran potencial es una nueva tecnología para producir electricidad con base en las olas del mar, desarrollado por AW-Energy, que se estaba probando en las costas de Portugal.

"Ésta es una actividad de muy alto riesgo —advirtió Aho, refiriéndose a la inversión estatal en proyectos de desarrollo de nuevos productos del sector privado—. No se puede pronosticar nada, y muchos proyectos no funcionan. Sin embargo, basta que un producto patentado por una compañía finlandesa sea un éxito en el mercado de Estados Unidos, o en el resto de Europa, para compensar con creces todas las pérdidas de los que fracasaron, y generar ingresos extraordinarios para el país."[7]

EL CASO NOKIA: DE LAS MATERIAS PRIMAS A LA INNOVACIÓN

Finlandia, al igual que muchos países latinoamericanos, se desarrolló con base en materias primas, en su caso la madera. Pero a diferencia de la mayoría de Latinoamérica, en las últimas décadas dio un salto espectacular hacia la investigación y el desarrollo de nuevos productos, y se convirtió en una potencia mundial en innovación. Finlandia pasó de producir madera a hacer muebles, de esto último a diseñarlos, y luego a desarrollar todo tipo de artículos para el hogar y uso personal, para después diseñar teléfonos celulares, y finalmente a fabricarlos y convertirse en el mayor productor mundial de telefonía celular.

El máximo símbolo de la transformación económica finlandesa ha sido Nokia, empresa que se ha convertido en la más grande del mundo en su rubro. Nokia nació en 1869 como una empresa maderera, cuando su fundador, el ingeniero de minas Frederik Idestam, construyó un molino de madera cerca del pueblo de Nokia, y llamó a su empresa Nokia Ltda. A principios del siglo XX, Nokia Ltda. se fusionó con Finnish Rubber Works, una empresa de productos de goma que se había establecido en el mismo pueblo, y con Finnish Cable Works, una empresa de cables de acero. Las tres firmas siguieron operando independientemente durante varios años, exportando buena parte de su producción al mercado ruso, hasta que en 1966 se fusionaron bajo un mismo directorio. La nueva corporación Nokia tenía una división de papel, una de cables, una de goma y una más pequeña de electrónica, que representaba apenas el 3 por ciento de las ventas totales de la empresa.

Con el tiempo, Nokia fue invirtiendo en investigación y desarrollo de sus productos electrónicos, como televisores y computadoras. Cuando cayó la Unión Soviética y se frenaron las exportaciones de papel, goma y cables a Rusia y sus aliados, los ingresos de Nokia cayeron dramáticamente, y la empresa vendió todas sus divisiones, excepto la electrónica. Curiosamente —y éste es un dato que los finlandeses siempre recuerdan a los visitantes con satisfacción—, Nokia también había ofrecido la venta de su división electrónica a la empresa sueca Ericsson, su competidora en telefonía celular, pero esta última había desechado la oferta. Pocos años después, para desgracia de los suecos y algarabía de los finlandeses, Nokia superaría de lejos las ventas de Ericsson.

"Cuando entré a Nokia, en la década de los ochenta, nunca había visto un teléfono celular —me señaló Arja Souminen, la encargada de comunicaciones corporativas de Nokia, durante mi visita a la sede central de la empresa en las afueras de Helsinki—. Me mostraron un teléfono celular que pesaba 4.5 kilos y quedé maravillada. Era una gran innovación, porque era el primer teléfono que uno podía usar en el carro y luego llevarlo consigo." Poco después, recordó Souminen, el entonces presidente de la empresa convocó a todos los empleados para compartir con ellos los planes de la empresa de convertirse en líder en telefonía celular, y les dijo que en un futuro no muy lejano se crearían teléfonos celulares del tamaño de un paquete de cigarrillos. "Todos los que estábamos en la sala nos reímos."

Según la historia oficial de Nokia, el gran salto de la empresa se produjo en 1991, cuando Nokia, junto con Alcatel y AEG, desarrollaron la tecnología de transmisión digital de voz por telefonía móvil. Sin embargo, más importante aún fue la rapidez con que la empresa finlandesa reconoció las oportunidades del mercado, y se dedicó a producir teléfonos celulares para el consumidor común en un momento en que sus competidoras se concentraban casi exclusivamente en la producción para ejecutivos. En 2008 Nokia se adjudicaba 40 por ciento del mercado mundial de teléfonos celulares, seguida de lejos por Samsung y Motorola; tenía casi 120 000 empleados en todo el mundo, y era el motor de la economía de Finlandia, representando 3 por ciento del PIB, casi la mitad de los impuestos corporativos pagados en el país, y un tercio de todas las inversiones en investigación y desarrollo.[8]

Las claves del éxito de Nokia en la década de los noventa y a principios del nuevo milenio fueron su inversión en innovación y las relaciones que entabló con universidades finlandesas a fin de colaborar en proyectos innovadores en la investigación de productos con potencial comercial internacional. "Somos un país pequeño, con un mercado reducido, por eso todo lo que inventamos tiene que poder venderse afuera", concluyó Souminen.[9]

Y, al mismo tiempo, el éxito de la empresa había sido posible gracias a un sistema nacional de innovación que combinó la liberalización de los mercados financieros para atraer inversiones con el apoyo concreto a las empresas privadas para incentivar la innovación. Tekes, la agencia estatal de apoyo a la investigación y el desarrollo, jugó un papel fundamental en el crecimiento de Nokia, al punto de que muchos críticos señalan que los principales proyectos de Tekes durante los primeros años de la institución estuvieron hechos a la medida de Nokia. Durante la década de los sesenta, Nokia recibió una buena parte de sus fondos de investigación del gobierno, que oscilaron entre 26 por ciento de su inversión en innovación en 1980 y el 8 por ciento en los años noventa.[10]

"El gobierno finlandés ha actuado como promotor de la innovación tecnológica, como capitalista de riesgo y como productor de mano de obra extremadamente calificada; de esta manera ha cimentado las condiciones bajo las cuales las compañías (privadas) finlandesas pudieron restructurarse para competir globalmente", reseñó el académico de la Universidad de Chile Patricio Meller.[11]

¿SEGUIRÁ PROGRESANDO EL MODELO FINLANDÉS?

Existen varios indicios de que tanto el sistema universitario gratuito como la inversión estatal en ciencia y tecnología, y el continuo liderazgo de Nokia en la industria de la telefónica celular, están lejos de ser garantizados.

En materia de universidad gratuita, varios de los funcionarios que entrevisté admitieron que tarde o temprano Finlandia va a tener que sumarse a la tendencia de Estados Unidos y el resto de Europa e imponer aranceles a sus estudiantes universitarios.

Hacia fines de la primera década del siglo XXI, Finlandia y Suecia eran los últimos dos países de la Unión Europea que todavía proveían de educación universitaria gratuita. Y, tras ver cómo España, Gran Bretaña y algunos otros países europeos habían instituido recientemente varias formas de pago para los estudiantes, varios pusieron en duda si en los actuales tiempos de crisis económica Finlandia podría seguir manteniendo su sistema de universidad gratuita, con profesores que ganan 100 000 dólares al año y estudiantes que reciben 3 600 dólares anuales del gobierno.

Raivio, el rector saliente de la Universidad de Helsinki, confesó que estaba entre quienes pensaban que el sistema actual era insostenible. Su universidad recibía 60 por ciento de su presupuesto del gobierno y 40 por ciento de sus propios emprendimientos comerciales, como una cadena de farmacias —propiedad de la universidad— que le reportaba unos 50 millones de dólares al año. Sin embargo, a medida que la población de Finlandia envejecía —a pesar de la reciente ola de nacimientos— y había cada vez menos jóvenes para pagar las pensiones de los jubilados, el gobierno estaba teniendo dificultades para mantener el sistema universitario.

"La universidad gratuita ha sido un tema tabú hasta ahora, pero creo que es una cuestión de tiempo —dijo Raivio—. En Suecia acaban de aprobar el pago de matrícula para los estudiantes extranjeros. Me temo que eso será un precedente, y que tarde o temprano los demás terminarán pagando también."

¿No se alzarían los estudiantes?, pregunté. "No necesariamente. Una solución sería hacerlo como lo hicieron en Gran Bretaña, donde los estudiantes no pagan por sus estudios universitarios hasta que se gradúan. Y una vez que se gradúan, cuando consiguen empleo y su salario llega a un nivel determinado, comienzan a pagarle 9 por ciento de sus ingresos al Estado, que a su vez se lo devuelve a las universidades. Es una forma elegante de hacerlo, y bastante justa", respondió.

Nokia, uno de los pilares de la economía finlandesa, también enfrentaba desafíos a medida que la producción de teléfonos celulares se desplazaba hacia China y Europa del Este, y el futuro de la industria se centraba cada vez más en el modelo de la "internet móvil" o la "computación móvil", en tanto Google, Apple y otras empresas de internet entraban de lleno en el mercado de teléfonos celulares. Al momento de escribirse estas líneas, todo indicaba que las empresas de telefonía celular con mayor futuro serán las que saquen al mercado los mejores programas no solo de música, video y juegos para los adolescentes, sino también de sistemas de monitoreo de pacientes médicos o la localización geográfica para ubicar personas o bienes, incluyendo cosas que están en constante movimiento, como las medicinas en los hospitales o las herramientas en las fábricas. En esta área, Nokia estaba sufriendo los embates por el Microsoft Zune, el Game Boy de Nintendo, el iPhone y iPod de Apple, y el Android de Google.

"El valor agregado en esta industria estará dado por el software y el contenido, más que por la simple manufactura de aparatos celulares", señalaba un estudio crítico del futuro de Finlandia patrocinado por Sitra, y realizado por los profesores Anna Lee Saxenian, de la Universidad de California, y Charles Sabel, de la Universidad de Columbia. "Las recientes novedades lanzadas al mercado por

Apple y Google ponen en evidencia los desafíos que enfrenta Nokia para permanecer al día en materia de innovación."[12]

Los ejecutivos de Nokia me señalaron que la empresa se está volcando de lleno a la producción de contenidos, y que si han logrado transformarse de una productora de madera y guantes de goma en una compañía líder en telefonía celular, también podrán modernizarse ahora. Y los funcionarios del gobierno finlandés reflexionaron que aun si el descomunal peso de Nokia en la economía llegara caer, el país ya cuenta con un ecosistema de cientos de empresas pequeñas y medianas de internet que pueden llenar ese vacío.

Al concluir mi visita a Finlandia, llegué a la conclusión de que le será difícil a este país mantener su universidad gratuita, vacaciones de siete semanas y varios otros aspectos de su sistema de bienestar social, sobre todo a partir de la crisis mundial de 2008. Sin embargo, aunque el país tenga que recortar varios de sus subsidios estatales, todo hace prever que mantendrá su excelente sistema de enseñanza primaria y secundaria gratuita, y seguirá aumentando el presupuesto de investigación y desarrollo. Los finlandeses han encontrado un modelo de desarrollo basado en el conocimiento que está funcionando, y no lo van a abandonar.

3

Singapur: el país más globalizado

SINGAPUR–A mi llegada a este país, me llevó solamente cinco minutos —lo necesario para cambiar unos dólares en el aeropuerto— para darme cuenta que hay una obsesión nacional por la educación: está presente hasta en los billetes de la moneda nacional. No es broma: mirando los billetes que recibí en la casa de cambios del aeropuerto, me di cuenta de que el billete de dos dólares de Singapur —el que más circula, ya que no existe uno de menor denominación— muestra la imagen de un grupo de estudiantes, con libros sobre la mesa, escuchando atentamente las palabras de su profesor. En el trasfondo, se ve la imagen de una universidad, con sus típicas columnas griegas. Debajo de la imagen, en la parte de abajo del billete, se lee una sola palabra impresa: "Educación".

Qué ironía, pensé para mis adentros mientras tomaba un taxi para ir del aeropuerto al hotel: mientras los billetes en Latinoamérica, y en Estados Unidos, muestran imágenes de los héroes de la independencia, u otros próceres del pasado, los billetes en Singapur muestran un grupo de jóvenes estudiantes, resaltando la importancia de la educación para la construcción del futuro. En los días siguientes, me encontré con varios otros ejemplos de este tipo: bibliotecas en las tiendas comerciales, escuelas de tutoría privadas por doquier, donde los padres llevan a sus hijos después de las horas de clase —a veces hasta las diez de la noche— para mejorar su rendimiento académico, y un ministro de Educación que es una de las superestrellas del gabinete, al punto de que ejerce también como ministro alterno de Defensa. La educación es la obsesión nacional en Singapur, y le ha permitido a este país pasar del Tercer Mundo al Primero en apenas cuatro décadas.

DEL TERCER AL PRIMER MUNDO, EN TIEMPO RÉCORD

Hace apenas cuatro décadas, cuando Gran Bretaña se desprendió de Singapur y le retiró su estatus de colonia británica porque le daba demasiados dolores de cabeza, este pequeño país que actualmente tiene 4.6 millones de habitantes era tan pobre y falto de recursos naturales que ninguna otra nación quiso hacerse cargo suyo. Tras buscar infructuosamente algún país que quisiera adoptarlo —Singapur formó parte brevemente de Malasia, hasta que el gobierno malayo decidió expulsarlo para evitar conflictos raciales entre la mayoría china de Singapur y la minoría malaya en la isla— a Singapur no le quedó más remedio que declarar su independencia en 1965. Su producto bruto al momento de independizarse era menos de la mitad del de Argentina, y similar al de México y Jamaica.

Hoy día, en buena parte gracias a la apuesta que hizo por mejorar el nivel de su sistema educativo, Singapur tiene un ingreso per cápita de 52 000 dólares por año, el noveno más alto del mundo, por encima del de 47 000 dólares por año de Estados Unidos. Comparativamente, Estados Unidos ocupa el décimo lugar mundial en ingreso per cápita, y —tal como vimos en las primeras páginas de este libro— Argentina el puesto 81, México el puesto 82, y Jamaica el 123.[1] El desempleo en Singapur es del 2 por ciento, uno de los más bajos del mundo.

Y pese a su pequeña población y carencia de materias primas, Singapur es el mayor productor mundial de plataformas petroleras submarinas, y es uno de los mayores exportadores mundiales de sistemas de control para aeropuertos y puertos. Sus empresas de ingeniería y arquitectura están en todo el mundo, y han construido entre otras cosas uno de los mayores centros comerciales del mundo, en Dubai.

Durante mi visita de una semana al país, me encontré con varios adelantos tecnológicos que nunca había visto en las calles de las grandes ciudades de Estados Unidos. Frente a mi hotel, había un estacionamiento de automóviles con un letrero luminoso que informaba a los automovilistas a cada segundo cuantos lugares vacíos quedaban en el lugar, y cuantos había disponible en los parqueos más cercanos, a fin de que los automovilistas pudieran saber dónde podrían encontrar un lugar más rápidamente. Los taxis, además de tener sistemas de navegación geográfica, tienen máquinas para aceptar pagos con tarjetas de crédito.

En varios edificios, me encontré con ascensores inteligentes, que no tienen botonera. Cuando fui al Ministerio de Educación para mi cita con el ministro en el piso 23, y me quedé paralizado como un bobo al entrar en el ascensor y no encontrar ningún tablero con botones, una señorita se apiadó de mí y me dio un curso acelerado de viaje en elevadores inteligentes. Invitándome a salir del ascensor, me llevó a un tablero electrónico en la planta baja donde uno debe presionar los botones del piso al que uno va. Tras presionar el número 23, la pantalla me informó que debía ir al ascensor "G", uno de los ocho elevadores del edificio. Me encamine hacia allí, se abrió la puerta, y el ascensor me llevó, junto con otras tres personas, a tres pisos preseleccionados electrónicamente.

"Es para ahorrar energía, y al mismo tiempo evitar tumultos", me explicó mi gentil profesora de viajes en ascensor. Los elevadores inteligentes evitan tener que parar todos en todos los pisos, lo que es un gasto innecesario de energía. Además, evitan el forcejeo. "La gente no tiene que estar en la planta baja esperando cual ascensor llega primero para luego correr todos hacia el mismo elevador. El tablero dirige a grupos de gente a diferentes ascensores, según a que piso vayan, y los lleva a sus respectivos pisos. De esta manera, no hay aglomeraciones", me explicó, sintiéndome un visitante que venía del Cuarto Mundo. Le agradecí mucho su ayuda, mientras los demás viajeros me miraban como si yo fuera el aborigen australiano llegado a Nueva York que protagonizó Paul Hogan en la película *Cocodrilo Dundee.*

En lo que hace a su sistema educativo, el ascenso de Singapur ha sido meteórico. Hace cuatro décadas, Singapur tenía un alto nivel de analfabetismo, y una gran parte de sus estudiantes no terminaba la secundaria. Hoy día, prácticamente todos los jóvenes entran en algún tipo de institución de educación superior, técnica o vocacional, y Singapur ocupa el primer puesto en ciencias en los exámenes internacionales TIMSS destinados a evaluar la capacidad de los estudiantes de 4° y 8° grado en ciencias y matemáticas. Comparativamente, Estados Unidos sale en 8° lugar. La mayoría de los países latinoamericanos, no se animan a participar en este *test*: salen tan mal en otros exámenes internacionales más genéricos, que incluyen comprensión de lectura, que no prefieren ni siquiera participar en el *test* de matemáticas y ciencias. Colombia y El Salvador, los únicos países de la región que —para su crédito— participan en el TIMSS, salen ubicados cerca de los últimos lugares de la lista de países que toman parte en la prueba.

En la educación superior, la brecha que separa a Singapur de Latinoamérica es tanto o más impresionante aún. La Universidad Nacional de Singapur ocupa el lugar número 30 entre las mejores universidades del mundo del Suplemento de Educación Superior del *Times* de Londres. Comparativamente, la mejor universidad de América Latina en ese *ranking*, la Universidad Nacional Autónoma de México, está en el lugar 150. En otras palabras, Singapur, con 4.6 millones de habitantes, tiene una universidad mejor evaluada a nivel internacional que México, un país de 110 millones de habitantes, o que toda América Latina, un continente de 570 millones de personas. Y, curiosamente, los buenos resultados que obtiene Singapur en materia educativa no son producto de un gasto desmesurado: paradójicamente, Singapur invierte menos en educación como porcentaje del tamaño de su economía que la mayoría de los países del mundo. Mientras que la mayoría de los países latinoamericanos invierten alrededor del 5 por ciento de su producto bruto en educación, Singapur gasta alrededor del 3 por ciento.[2]

"Para nosotros, la educación es una cuestión de supervivencia", me dijo, encogiéndose de hombros, Tan Chorh Chuan, el rector de la Universidad Nacional de Singapur, la más grande del país. "Singapur no tiene recursos naturales, de manera que no podemos sobrevivir si no explotamos nuestro potencial humano."[3]

Efectivamente, Singapur tiene que importar virtualmente todo —incluso el agua que consume— porque no tiene recursos naturales. Nunca tuvo petróleo, ni minerales, ni siquiera alimentos, porque su territorio era demasiado pequeño y árido. Singapur debía importar el agua de Malasia, y durante mucho tiempo —hasta que logró sustituir una parte de las importaciones de agua gracias a procesos de desalinización— tenía a sus fuerzas armadas en pie de guerra, preparadas para declarar un "acto de guerra" si el vecino país le cortaba sus suministros de agua. Hasta tan recientemente como el 2007, Indonesia tenía prohibida la exportación de arena a Singapur, para que la isla no aumentara su territorio.

Enfrentado con países poco amigables alrededor suyo y la necesidad de crear industrias de exportación, Singapur comenzó a atraer multinacionales norteamericanas para la manufactura de productos electrónicos, y luego de semiconductores. Posteriormente, cuando China y —más recientemente Vietnam— comenzaron a atraer las fábricas de manufacturas norteamericanas con su mano de obra barata, Singapur se reinventó como una economía posindustrial, atrayendo empresas financieras, farmacéuticas, de biotecnología, ingeniería y arquitectura, para comenzar a exportar servicios de alta tecnología a todo el mundo, en especial a Estados Unidos y China.

Hoy día, Singapur tiene exportaciones anuales de 235 000 millones de dólares, mucho más que países con poblaciones enormemente mayores y repletos de recursos naturales como Brasil, cuyas exportaciones anuales son de 200 000 millones de dólares; Venezuela, que exporta 103 000 millones de dólares; Argentina, que exporta 73 000 millones de dólares, y Chile, que exporta 69 000 millones de dólares.[4]

Cuando el Ministro de Educación y ministro alterno de Defensa Ng Eng Hen me recibió en su despacho, pocos minutos después de mi lección sobre cómo tomar el elevador, no tardé mucho en advertir que se trataba de uno de los hombres más poderosos del gabinete, y candidato a convertirse en el próximo primer ministro. Alto, delgado, con una cabellera de actor de cine, Ng Eng Hen me recibió con una camisa celeste impecable con el cuello abierto —algo inusual para los funcionarios asiáticos, que generalmente dan la impresión de hasta dormir con corbata— y durante la entrevista habló repetidamente en primera persona, cosa que pocos funcionarios en regímenes autoritarios asiáticos se animan a hacer.

"¿Como lo hicieron?" le pregunté. Ng, de 50 años, un médico cirujano de profesión que, como casi todos sus pares, había realizado estudios de posgrado en Estados Unidos, respondió que Singapur hizo varias cosas que lo diferenciaron de sus vecinos, y de la mayoría de los países del mundo. La primera que señaló, y difícilmente emulable en otros países, fue la adopción del inglés como el idioma oficial del país, por encima de las lenguas maternas —el mandarín, tamil y malayo— de sus habitantes. El fundador del país, Lee Kwan Yew, había decidido poco tiempo después de la independencia que, para convertirse en un puerto clave y centro de comercio internacional, Singapur tenía que hablar inglés. Lee ordenó que a partir de entonces todas las escuelas fueran bilingües, usando el inglés como primer idioma, y las lenguas maternas de los estudiantes como segundo idioma. Aprovechando que muchos de sus maestros habían aprendido inglés durante la época en que Singapur era una colonia británica, e importando cientos de profesores de inglés de otros países, el país pronto pasó todo su sistema de enseñanza al inglés.

"El inglés es el idioma del comercio mundial, y hoy día es el idioma de la internet", me dijo él ministro. "Decidimos ya entonces que debíamos hablar inglés. No fue una cosa trivial: fue una bomba política. ¡Pero funcionó! Le dimos a los padres la opción de cual idioma escoger para la educación de sus hijos. Ellos miraron el panorama del mundo, y decidieron".[5] En rigor, la cosa no fue tan sencilla. El régimen autoritario de Lee —un gobierno de partido hegemónico, con una oposición simbólica, o una versión más represiva del Partido Revolucionario Institucional que gobernó a México durante siete décadas— impuso la enseñanza del inglés por la fuerza. Además de colocar al país en mejor posición para convertirse en un centro de comercio internacional, le permitió apaciguar las tensiones raciales entre la población china, malaya e india del país, que vivían prácticamente segregadas, y enfrentadas, con sus respectivos idiomas.

En los últimos años, China y Vietnam, entre otros países asiáticos, acababan de imponer la educación obligatoria de inglés como segundo idioma, pero Singapur era el único en su vecindario en que el inglés era el primer idioma no sólo oficial, sino en la calle, el que la gente usa a diario para comunicarse entre sí. Eso hizo una gran diferencia en la atracción de empresas multinacionales, para que instalaran sus centros de producción de semiconductores y productos electrónicos en las primeras décadas después de la independencia, y para que en años recientes instalaran sus oficinas regionales y sus centros de investigación y desarrollo en el país, señaló. El segundo secreto del avance educativo, estrechamente vinculado al primero, fue la internacionalización de la educación, señaló.

EL PAÍS MÁS GLOBALIZADO DEL MUNDO

No es casualidad que Singapur haya sido clasificado en el *ranking* del Foro Económico Mundial como el país más globalizado del mundo. No sólo tiene una economía abierta y una población multilingüe, sino que alienta a su población a que viaje al exterior y tenga contactos con otros países desde la escuela primaria. "Somos fervorosos creyentes en que hay mucha gente en el mundo que es más inteligente que nosotros, y que no tenemos que estar constantemente re-inventando la rueda", me dijo Lin Swee Nian, un funcionario de la Agencia de Ciencia, Tecnología e Investigación.[6] ¿Qué significa eso en términos prácticos? Que Singapur envía a sus estudiantes a realizar excursiones al extranjero, o a estudiar en otros países, desde muy jóvenes, y lo hace como una política de Estado.

Según una directiva gubernamental, todas las escuelas primarias deben lograr que por lo menos un tercio de sus alumnos hayan realizado por lo menos una excursión guiada al extranjero, y que el porcentaje llegue al 40 por ciento en la escuela secundaria, y al 50 por ciento en la universidad.

Según me explicó Ng, el poderoso ministro de Educación, estos parámetros ya se están cumpliendo, y el gobierno espera lograr que para 2014, un 50 por ciento de los alumnos de la primaria viajen al exterior. ¿Y quien paga por esos viajes?, le pregunté a Ng y a varios otros funcionarios. En la mayoría de los casos son los padres los que pagan, pero muchos alumnos que no pueden pagar la totalidad de los gastos reciben un subsidio del gobierno. Lo que los funcionarios oficiales no dicen, pero que me señalaron varios padres y ex estudiantes, es que los alumnos sin recursos que no pueden pagar ni siquiera una parte de los gastos se tienen que quedar en casa: la meritocracia educativa de Singapur no se detiene por razones de compasión, señalaron, agregando que los viajes al exterior no son asignaturas obligatorias y por lo tanto —al menos teóricamente— no perjudican académicamente a quienes no participan de ellos.

Las excursiones estudiantiles internacionales son un fenómeno tan reciente, y generalizado, que no dejan de asombrar a muchos adultos. Lee Sue-Ann, una analista internacional de asuntos asiáticos del Ministerio de Defensa de Singapur, me contó que cuando recientemente fue invitada a dar una conferencia a la escuela primaria donde había estudiado hace dos décadas, se quedó boquiabierta al escuchar lo que estaban haciendo sus alumnos actualmente. Tan sólo en el último año, grupos de estudiantes de la primaria y secundaria de su escuela habían ido a China, Vietnam, Australia, Camboya,

Japón, Gran Bretaña, Europa Central y Estados Unidos. "Cuando yo era chica, las excursiones consistían en tomar un *bus* y visitar una fábrica", me dijo. "Hoy día, para la clase de literatura, los chicos de segundo grado de primaria van a Inglaterra con la maestra para ver donde nació Shakespeare".[7]

Además de enviar a sus estudiantes al exterior, el gobierno de Singapur beca a miles de estudiantes extranjeros, especialmente de China, para que estudien en el país. Las escuelas primarias de Singapur tienen un promedio del 20 por ciento de estudiantes extranjeros, muchos de ellos subsidiados por el gobierno, a fin de aumentar la diversidad cultural en las aulas desde muy temprano en la vida.

SINGAPUR TIENE 100 UNIVERSIDADES EXTRANJERAS

Pero la mayor internacionalización tiene lugar en la educación superior, donde las universidades de Singapur han importado —literalmente— las mejores universidades del mundo. Mientras la mayoría de los países latinoamericanos prohíben que universidades extranjeras otorguen títulos en su territorio, o les ponen tantas trabas burocráticas que de hecho mantienen un monopolio nacional sobre la educación superior, Singapur hizo exactamente lo contrario: invitó a las mejores universidades del mundo a instalarse en el país, ya sea por si mismas, o en sociedad con universidades locales.

La Universidad de Chicago tiene una Escuela de Negocios en Singapur, que sigue el mismo currículum y requerimientos que su casa central. Lo mismo ocurre con la Universidad de Nueva York, que tiene una sucursal de su conocida Escuela Tish de las Artes en Singapur. Y todas las universidades locales tienen programas de titulación en conjunto con universidades norteamericanas, europeas y chinas. La Universidad de Singapur tiene nada menos que 66 programas de titulación conjunta o doble —en el primer caso las dos instituciones otorgan el mismo título, y en el segundo dan diplomas separados— con universidades extranjeras.

Aunque los funcionarios de Singapur tratan de minimizar el tema, lo cierto es que una de las características principales de la meritocracia educativa de Singapur es la clasificación continua de los estudiantes según su rendimiento académico, y los rigurosos —despiadados, para muchos— exámenes a los que son sometidos. Desde primer grado de la primaria, los niños son evaluados y ranqueados del primero al último de cada clase. Y según su rendimiento, son canalizados desde muy temprano a seguir una vía académica que al final del camino los va a llevar a la universidad o a alguna institución terciaria vocacional donde pueden aprender un oficio. Singapur reconoce abiertamente este proceso de selección estudiantil, al que denomina "canalización".

Al finalizar la primaria, deben presentar el Examen de Egreso de la Escuela Primaria, que es determinante para su futuro académico y profesional. Según el puntaje que obtengan, los niños pueden acceder a una escuela secundaria de mayor o menor reputación y nivel académico. Quienes sacan un buen puntaje pueden entrar en una escuela secundaria de alto nivel, y escoger la especialidad que quieran estudiar: hay escuelas secundarias de ciencias, de matemáticas, de lenguas, y de varias especializaciones más concretas. Quienes sacan un puntaje bajo suelen ir a escuelas secundarias técnicas, o especializadas en deportes, que por lo general derivan a sus estudiantes a los institutos politécnicos o escuelas vocacionales.

Al finalizar la escuela secundaria, los estudiantes deben presentar un Examen de Egreso de la Escuela Secundaria, que determina —según el puntaje que obtengan— si pueden entrar en la universidad, o en una escuela politécnica, o en una escuela vocacional, donde terminan estudiando oficios como mecánica de automóviles o cosmetología. A lo largo del camino, hay tres exámenes anuales formales en cada clase, además de varios *tests* informales de preparación, y los estudiantes —desde el primer grado de la primaria— frecuentemente toman clases particulares o van a "centros de tutoría" por la tarde o noche para preparase mejor para los exámenes.

¿No es un poco despiadado este sistema? ¿No le están robando la infancia a los niños con tantos exámenes?, le pregunte al ministro Ng. El funcionario sonrió, meneando la cabeza negativamente. "Lamentablemente, está muy comprobado que la manera más eficiente de averiguar si lo que uno enseña está siendo aprendido son los exámenes", dijo el ministro. "Hace tres o cuatro décadas, el porcentaje de aprobación de exámenes internacionales de nuestros estudiantes era del 40 por ciento. Hoy día, es del 95 por ciento. Obviamente, los exámenes funcionan."

Notando que lo miraba con escepticismo, o por lo menos con alguna duda, Ng prosiguió: "No hay otra manera de averiguar el progreso de los alumnos que no sean los exámenes. Y deben ser rigurosos".[8] El ministro argumentaba que varios países que, siguiendo los consejos de psicólogos o padres preocupados, habían disminuido su cantidad de exámenes o incluso remplazado las notas por "evaluaciones" subjetivas para no traumatizar a los niños, estaban dando marcha atrás y volviendo al sistema de exámenes, afirmó. "Hubo una fase en la evolución del pensamiento educativo en que se pensaba que si uno motivaba a los estudiantes a estudiar por sí solos, lo harían. Hay muy pocos educadores que piensan así ahora. La mayoría coincide en que los exámenes son importantes. Para Singapur, el Examen de Egreso de la Escuela Primaria ha jugado un rol fundamental", dijo. "Japón está dando marcha atrás y regresando al sistema anterior, porque ha caído en los *tests* internacionales de ciencias y matemáticas. El año pasado, Japón anunció que aumentará por primera vez en 30 años el número de horas de clase, para tratar de detener la caída de su nivel educativo", dijo Ng.[9]

LAS ASOMBRADAS MAESTRAS DE LA PRIMARIA RULANG

Lo que más me sorprendió durante una visita a la escuela primaria Rulang —una escuela pública de 2100 alumnos, un centenar de maestros, y unos 150 padres de alumnos que colaboran como voluntarios— es la cara de perplejidad con que me miraron las maestras cuando les pregunté si el sistema educativo de Singapur no es demasiado exigente —por no decir cruel— con los estudiantes. Estábamos sentados en un aula con cuatro maestras y la directora de la escuela, todas de entre 25 y 35 años, algunas con vestimenta occidental y otras con túnicas musulmanas, y las docentes me acababan de contar con la mayor naturalidad que —además de los tres exámenes anuales, los innumerables exámenes informales, y el megaexamen al finalizar la escuela primaria— todos los niños eran clasificados en una lista al final del año, del primero al último de la clase.

¿Pero no es un acto de crueldad dejarle saber a un niño de primer grado que es el último de la clase?, les pregunté. ¿No es ponerle demasiada presión, a una edad demasiado temprana? Las maestras se miraron entre sí, atónitas por la pregunta, sin saber qué contestar. Después de unos segundos interminables, Cheryl Foo Lih Jong, la directora de la escuela, me respondió con una sonrisa y encogiéndose de hombros.

"¿Crueldad? ¿Por qué? Nosotros hacemos un *ranking* de los niños para hacerles saber que éste es el punto donde se encuentran ahora, pero eso no significa de ninguna manera que deban estar en ese mismo lugar el año próximo. O sea, no lo hacemos para hacerles saber que son el último de la clase, sino para decirles que pueden mejorar mucho su posición el año próximo".[10] Todas las maestras asintieron con la cabeza. Obviamente, las tablas de evaluación estaban tan asentadas en la cultura educativa del país que la sola pregunta las había dejado perplejas.

UN MAESTRO GANA COMO UN INGENIERO

¿Cuánto gana un maestro en Singapur?, les pregunté a las maestras de la escuela Rulang. "Nos pagan bien", me contestó una, agregando —como era de esperar— que le gustaría que le pagaran aún mejor. Según me dijeron, y como pude corroborar posteriormente, el salario inicial de una maestra en Singapur es de unos 2000 dólares mensuales, además de un bono por mérito anual que puede oscilar —según la evaluación del maestro que haga el director de la escuela— entre los 3000 y los 5000 dólares. Es el equivalente a lo que gana un joven ingeniero, o un joven contador, o un joven ejecutivo bancario, o la mayoría de los profesionales que apenas comienzan su vida profesional.

Singapur se ufana de tener una meritocracia que alcanza todos los niveles del gobierno: el primer ministro y su gabinete ganan sueldos equivalentes a los que ganarían si trabajaran como presidentes de grandes corporaciones del sector privado, bajo el concepto de que es necesario atraer la gente más talentosa al sector público, y al mismo tiempo evitar la corrupción. En cada ministerio hay un CEO, o "presidente", que se ocupa de manejar la administración, y de permitir a su jefe que se dedique al planeamiento político a largo plazo. "Este país es manejado como una empresa: muchos lo llaman Singapur Inc.", me dijo un ex embajador de Estados Unidos aquí, con cierta envidia. La mayoría de los singapurenses con quienes hablé me señalaron que la corrupción y el favoritismo en el país son mínimos, si no inexistentes. Puede ser, pero a mí me quedaron dudas: la falta de una prensa verdaderamente independiente hace difícil saberlo, y me hace sospechar que debe haber un capitalismo "amiguista" en las altas esferas del poder. Y la meritocracia es cuestionable cuando el actual primer ministro Lee Hsien Loon —aunque se graduó de la Universidad de Cambridge, en Inglaterra, como el primero de su clase en matemáticas, y luego obtuvo una maestría en la Escuela Kennedy de Gobierno de Harvard— es el hijo mayor de Lee Kuan Yew, el fundador del país y verdadero poder detrás del trono.

PARA SER MAESTROS, SÓLO LOS MEJORES

No cualquiera puede ser maestro en Singapur. Para aspirar a un puesto docente, hay que estar entre el 30 por ciento que saca las mejores notas al salir de la universidad. Y no son pocos los jóvenes —especialmente las mujeres— que, pudiendo escoger carreras que tienen más estatus social en otros países, deciden ser maestras. Además de tener salarios decentes, reciben subsidios estatales para hacer maestrías en la universidad, y gozan de mayor flexibilidad en sus horarios que muchos otros profesionales.

Sin embargo, una vez que ganan un puesto de maestra, su empleo no está garantizado de por vida, como en muchos otros países. Los maestros son evaluados todos los años, y —según su desempeño— reciben sus bonos anuales, quedan estancados en sus sueldos, o pueden ser despedidos. Según me explicó Ng, el ministro de Educación, "los directores de escuela evalúan a los maestros, y si estos últimos no hacen un buen trabajo, pueden ser despedidos".

¿Y los sindicatos de maestros no se oponen, como en muchos países latinoamericanos, donde es imposible despedir a un maestro?, le pregunté. "Los sindicatos no se van a oponer si hay un maestro que no se desempeña bien en su trabajo", contestó Ng. "Pero por lo general no son muchos los maestros que son despedidos por mal desempeño, quizás no lleguen al 3 por ciento por año. Pero lo que no queremos bajo ninguna circunstancia es estar en una situación en que el 20 por ciento de nuestro plantel de maestros sea de bajo rendimiento".[11]

DESPUÉS DE HORAS, LOS "CENTROS DE TUTORÍA"

Una noche, visité un "centro de tutoría", las escuelas privadas que ayudan a los estudiantes a prepararse para los exámenes. Quería ver este fenómeno con mis propios ojos: en toda Asia existen estas escuelas nocturnas, y en algunos países, como Corea del Sur, estas instituciones tienen fama de estar abiertas hasta medianoche. A sugerencia de un funcionario de Singapur, que me proporcionó el contacto, fui al Centro de Tutoría CDAC, un instituto de la comunidad china para ayudar a jóvenes de bajo rendimiento académico, y de familias pobres que no pueden pagar un tutor particular.

Llegué como a las ocho de la noche. Era un edificio blanco, de estilo colonial, que ocupaba más de media cuadra sobre la espaciosa avenida Tenjong Katong, y tenía 38 aulas. En una época, había sido una escuela secundaria pública, hasta que esta última había sido trasladada a un edificio más moderno. Ahora, el edificio estaba siendo arrendado por la Cámara de Comercio de la comunidad china y otras organizaciones benéficas de esa comunidad, que lo utilizaban como sede principal de su red de más de 60 escuelas privadas nocturnas, la mayoría de ellas en locales más pequeños. Cuando llegué, había por lo menos una decena de aulas llenas, con unos veinte alumnos cada una. Los estudiantes de primaria y secundaria estaban tomando clases de matemáticas, ciencias, inglés y chino.

Según me explicó el encargado del centro, Goh Chim Khim, la comunidad china de Singapur había creado esta red de escuelas de tutoría después de horas para ayudar a aquellas familias que no podían costearse un tutor privado para sus hijos, como lo hacían la mayoría de las familias del país. Los estudiantes pagaban apenas cinco dólares por mes, una pequeña fracción de lo que tendrían que pagar a un maestro privado, señaló. Actualmente, el centro ofrecía clases diariamente de 7:30 a 9:30 de la noche, y los sábados y domingos todo el día, y tenía unos 8000 estudiantes en todas sus sucursales, la mayoría de los cuales venía un promedio de dos noches por semana, y los sábados.

"Las escuelas públicas tienen clases después de su horario para aquellos estudiantes que se están quedando atrás en sus estudios, pero muchos necesitan aún más ayuda", me dijo Goh. "Nosotros tenemos unos 700 tutores, que siguen muy de cerca los programas escolares de la escuela pública, y donde los alumnos pueden recibir instrucción suplementaria."[12]

Cuando, mientras caminábamos por un pasillo, pedí entrar a un aula de mi elección y hacerle unas preguntas a los estudiantes, pude confirmar de primera mano —en forma parecida a lo que había visto en China e India— la agotadora jornada académica de los estudiantes asiáticos.

¿Cuantas horas por día estudian ustedes?, les pregunté a los jóvenes. Los estudiantes se miraron entre ellos, intercambiaron sonrisas tímidas, sin saber que contestar. Decidí entrarles por otro lado. ¿A qué hora te levantas?, le pregunté a una joven, en uno de los últimos pupitres que parecía una de las más extrovertidas del grupo. Chan Yan Ye, de 16 años, me dijo que se despertaba a las cinco de la mañana, porque vivía muy lejos de su escuela. Entraba a la escuela pública a las 7:30 de la mañana, y sus clases regulares terminaban a las dos de la tarde casi todos los días, salvo los días en que había educación física, en que el horario escolar se extendía dos horas más. Entre las cinco y las seis de la tarde, Chan iba a clases de tutoría especial en su propia escuela, y dos noches por semana y los sábados venía al Centro CACD para tomar clases complementarias de matemáticas y ciencias, las materias que más necesitaba estudiar.

Mientras me hablaba, yo estaba haciendo cálculos para mis adentros: La jornada escolar oficial de un niño en Singapur es de seis horas, pero en la práctica, estos jóvenes llevaban unas 12 horas estudiando. Y lo más escalofriante era que ya eran casi las nueve de la noche, y los jóvenes que tenía ante mí todavía estaban en sus uniformes escolares —camisa blanca, y pantalones o faldas marrones o violeta— con que se habían levantado 16 horas antes.

"LAS ESCUELAS VOCACIONALES: LA JOYA DE MI CORONA"

Bueno, supongamos que no sea cruel, ni despiadado, ni traumatizante hacer estos *rankings* de todos los alumnos de la clase, del primero al último, y "canalizarlos" desde muy niños en diferentes vías académicas que conducen más adelante a instituciones de educación secundaria y terciaria de diferentes niveles. ¿Acaso no es socialmente injusto?, le pregunté a Ng, el ministro de Educación. Puede que un niño de un hogar pobre tarde más en desarrollarse académicamente, agregué. Si ese niño es colocado en un grupo de estudiantes académicamente débiles al principio de sus años escolares, ¿no lo están condenando injustamente a una carrera académica mediocre, o por lo menos no le están coartando su futuro?, le pregunté.

Ng meneó la cabeza negativamente, de nuevo, sonriendo y suspirando profundo al mismo tiempo, como tratando de armarse de paciencia. En primer lugar, un estudiante que tras rendir su examen de salida de la escuela primara saca mala nota, y entra en una escuela secundaria mediocre, siempre puede pasarse a una mejor si remonta su rendimiento académico en el primer o segundo año de la secundaria. Lo mismo ocurre a nivel de la educación terciaria: siempre hay "puentes", o posibilidades de cambiarse de carril, señaló. Pero, más importante aún, los institutos politécnicos y los institutos de educación técnica, aunque reciban estudiantes menos brillantes que las universidades, son excelentes en sí mismos, enfatizó.

"Los institutos de educación técnica son las joyas de mi corona", se ufanó el ministro. "Hay muchos países que tienen buenas universidades, pero muy pocos que tengan una buena red de escuelas vocacionales, donde los jóvenes pueden aprender todo tipo de oficios, desde reparar automóviles hasta cosmetología."[13]

Tras terminar la escuela secundaria y rendir su examen de egreso, un 30 por ciento de los jóvenes logran entrar en la universidad, un 40 por ciento logran entrar en los institutos politécnicos, un 25 por ciento entra en los institutos de educación técnica, que son escuelas vocacionales, y el 5 por ciento restante abandona sus estudios e ingresa directamente al mercado laboral, explicó. Pero los estudiantes de peor desempeño académico, que entran en los institutos de educación técnica, obtienen excelente educación vocacional, y el Estado no escatima recursos para ello. "Al contrario, invertimos prácticamente lo mismo por un alumno de un instituto de educación técnica que lo que invertimos en un estudiante universitario. Y un 90 por ciento de los que salen de estos institutos obtienen empleo," señaló. "Vaya a uno, y véalo con sus propios ojos."

EL INSTITUTO DE EDUCACIÓN TÉCNICA: "MANOS PENSANTES"

Cuando llegué al Instituto de Educación Técnica del Este para una visita guiada a cargo de su rector, no estaba solo. Junto conmigo estaba Zheng Junfeng, un periodista de la CCTV, la televisión de China, quien estaba también en Singapur haciendo un reportaje sobre la educación. Pero, tal como me enteré hablando con mi colega durante la visita, a diferencia mía no había venido a Singapur a indagar sobre las excelentes universidades de este país, ni sobre el primer puesto de sus escuelas primarias en los exámenes internacionales de ciencias. China tiene universidades que están entre las mejores del mundo, y también le va bastante bien en los exámenes de ciencias. Lo que no tiene, me dijo, es una red de escuelas vocacionales donde puedan ir aquellos que no logran entrar en la universidad. En eso, China podía aprender de Singapur, y ese iba a ser su reportaje, me señaló.

El edificio del instituto que estábamos visitando era impresionante: parecía un rascacielos de un banco, con ventanales de vidrio y líneas ultramodernas. Al lado del edificio central, había un campo deportivo que no tenía nada que envidiarle a los centros olímpicos. Adentro, más que aulas había centros de simulación de fábricas o talleres para más de ochenta oficios, incluyendo escuelas de gastronomía, mecánica de automóviles, electricidad, asistencia de enfermería, cosmetología y peluquería. Empezamos recorriendo la sección de enfermería, donde se pueden licenciar asistentes de enfermería: eran varias salas parecidas a las de un hospital, con camillas con muñecos inteligentes —que respiran, gracias a sistemas eléctricos que llevan adentro— donde los estudiantes practican tareas como tomarle el pulso a los pacientes y sacarles sangre. Cada estudiante tenía que practicar individualmente con el "paciente", mientras sus compañeras observaban la escena desde un pequeño anfiteatro en una sala contigua, separada por un vidrio, y con una pantalla que les permitía mirar más de cerca el brazo del muñeco. Luego, la clase discutía la actuación de cada practicante, y la estudiante que volvía al anfiteatro podía ver una repetición de la cinta para aprender de sus errores.

Acto seguido, pasamos a otra sección del edificio donde funcionaba la escuela de cosmetología y peluquería. Las instalaciones eran más grandes, y mejor dotadas, que las de cualquier casa de belleza que había visto en mucho tiempo. En la sala de cosmetología, había por lo menos 40 asientos frente a igual número de espejos, con cámaras y pantallas de televisión arriba de los cristales, para que los otros estudiantes pudieran observar mejor. Al lado estaba la peluquería, y lo que me describieron como una sala de champú, donde los estudiantes aprendían el proceso de lavar el pelo antes de cortarlo. No les faltaban clientes con los que practicar: la peluquería del instituto ofrecía cortes de pelo mucho más baratos que cualquier local comercial para que los estudiantes pudieran practicar en vivo, por lo que muchos de los 8000 estudiantes del instituto, y sus profesores, se pelaban la cabellera allí mismo. Al fondo de un pasillo, estaba la sala de cosmetología, con camarines separados, y unas 20 camas donde los estudiantes aprendían a hacer masajes terapéuticos. Como en todas las escuelas del instituto, había un anfiteatro, con su pantalla de televisión, donde los otros estudiantes analizaban lo que hacía quien en ese momento estaba dando un masaje. Obviamente, el instituto contaba con una enorme subvención estatal, que le permitía no sólo tener edificios de lujo sino también cobrarles menos a sus estudiantes.

"En lugar de ser fracasos académicos, nuestros estudiantes salen de aquí habiendo aprendido carreras especializadas," me dijo Bruce Poh Geok Huat, el director del instituto. "Hay muchos jóvenes que no tuvieron un buen desempeño académico en la primaria o secundaria, pero que tienen talentos que pueden ser desarrollados."[14] El secreto para desarrollar estos talentos, según el director del instituto, estaba en ofrecerle a los jóvenes instituciones que aumentaran su autoestima, y el instituto ponía gran parte de su empeño en esa misión. ¿Cómo lo hacen?, le pregunté. En primer lugar, el hecho de que el instituto tuviera un edificio ultramoderno, con instalaciones deportivas de primera, era muy importante.

"El impacto visual de nuestras instalaciones es importante, porque aumenta la autoestima de estos jóvenes, que por lo general vienen del 25 por ciento de la población estudiantil con peores notas en la escuela secundaria. Ellos ven estos edificios y dicen, 'Caramba, esto es más moderno que la universidad' ", señaló el director. Asimismo, el instituto tiene viajes de aprendizaje al exterior, igual que las escuelas primarias, secundarias y la universidad, de manera que sus estudiantes tienen las mismas experiencias que aquellos que van a instituciones de mayor prestigio académico. Finalmente, toda la publicidad del instituto está dirigida a elevar la moral de sus actuales y potenciales estudiantes: los lemas de las últimas campañas de publicidad del instituto han sido "Te hacemos brillar", "Una fuerza detrás de la economía del conocimiento", y "Manos pensantes que forjan el éxito".

EL POLITÉCNICO NANYANG: "GRADUADOS PARA LA INDUSTRIA"

Los institutos politécnicos de Singapur, donde van el 40 por ciento de los graduados de la escuela secundaria —por lo general los de rendimiento medio, que no logran entrar en la universidad, pero que han sacado mejores notas en la escuela secundaria que quienes van a los institutos de educación técnica— son las más grandes instituciones de educación terciaria del país. Y su presidente, Chan Lee Mun, no tiene empacho en decir que su principal objetivo no es el reconocimiento académico dentro o fuera del país.

"Nuestro objetivo principal es preparar personal para la industria", me dijo Chan en la enorme sala de conferencias del Instituto Politécnico Nanyang, uno de los cinco del país. "No somos una institución 'académica'. Queremos que nuestros egresados sean gente pensante-actuante, y no solamente gente pensante".[15] Aunque los politécnicos ofrecen carreras de dos años de duración, la mayoría de sus alumnos estudian dos años, y luego realizan un tercer año de especialización práctica, por lo general en una empresa comercial, para luego graduarse de tecnólogos. Para lograr que las empresas acepten a los estudiantes para estas pasantías extendidas, y les paguen un pequeño sueldo, los politécnicos entrenan a los jóvenes de antemano, para que vayan preparados para los trabajos que van a realizar. "Los entrenamos antes de que hagan sus pasantías, porque de otra manera las industrias serían renuentes a tomarlos", me dijo Chan. "Por lo general, las empresas no quieren tomarse el trabajo de entrenar a un joven que se va a ir en muy poco tiempo. Entonces, imitamos dentro de nuestra institución el trabajo que hacen las empresas, de tal manera que cuando los estudiantes vayan a hacer sus pasantías ya vayan entrenados."[16]

Los politécnicos, que en su conjunto tienen 72 000 estudiantes, fueron creados hace más de medio siglo, y desde sus principios se dedicaron a formar ingenieros, técnicos en computación, químicos, y diseñadores. En los últimos años, a medida que se elevó el nivel académico de los egresados de la escuela secundaria, los politécnicos se han concentrado cada vez más en carreras más sofisticadas, como la informática, la ingeniería aeroespacial y la nanotecnología. Y uno de los principales motivos de orgullo de los politécnicos es que están generando cada vez más patentes comerciales: en el último año, los institutos politécnicos habían obtenido 10 patentes, señaló Chan.

Chan y sus ayudantes me llevaron a una sala de exhibición, donde habían docenas de mesas con aparatos que habían sido patentados por equipos de profesores y estudiantes. En una mesa había un "medidor del pulso" a distancia, a través de teléfonos celulares. El sistema, con un aparatito de plástico con dos ventosas para ser colocadas en el pulso, estaba conectado a teléfonos celulares de Nokia y Sonny Ericsson de tal manera que permitía a los médicos estar constantemente al tanto de los signos vitales de sus pacientes, ya que el medidor transmite una señal de alarma a través del teléfono celular si detecta una desaceleración del ritmo cardiaco, o un elevado nivel de *stress*. En otra mesa, había un sistema de sensores para detectar el gasto de energía de los aparatos de una habitación, y enviar una señal para que se apagaran los aparatos que no estaban siendo utilizados. El sistema ya había sido inventado, pero el Politécnico de Nanyang había patentado una nueva batería que se apaga —más precisamente, "se va a dormir"— cuando no detecta actividad alguna, lo que permite extender enormemente la duración de las baterías, me explicó Chan.

"Todos nuestros proyectos son de la vida real: son creados por nuestros profesores y alumnos para crear patentes que puedan tener salida comercial, o surgen de consultas que nos hacen empresas que necesitan solucionar un problema, pero no saben cómo", explicó Chan. "Nosotros desarrollamos las patentes con la idea de generar ingresos, y de entrenar a nuestros profesores y estudiantes en el campo de la innovación."[17]

UNIVERSIDAD NACIONAL DE SINGAPUR: "MÁS QUE UN LUGAR, UN PUENTE"

La Universidad Nacional de Singapur, de 32 000 estudiantes, es de lejos la institución de estudios terciarios más prestigiosa del país, y tiene entre sus egresados a varios presidentes, ministros, jueces y prominentes intelectuales. Pero no se promociona como tal, ni siquiera como una de las 30 mejores del mundo, tal como la clasifica el Suplemento de Educación Superior del *Times*. En su lugar, y a juzgar por el libro de presentación que me entregó su presidente cuando ingresé en su despacho, se autodefine como "A leading global university centered in Asia" (Una universidad global líder ubicada en el centro de Asia).

No es una exageración. Tal como me lo explicó su presidente, Tan Chorh Chuan, un hombre alto y delgado que había sido profesor y decano de la Facultad de Medicina antes de ocupar su cargo actual, hay pocas universidades en el mundo más globalizada que ésta. El 50 por ciento de sus profesores son extranjeros, y casi la totalidad del restante 50 por ciento son nacidos en otros países y naturalizados en Singapur. Para asegurar la calidad de cada departamento de la universidad, la mayoría de las carreras son evaluadas cada cinco años por comités académicos internacionales, en su mayoría integrados por profesores de Estados Unidos, Gran Bretaña y China. Un 20 por ciento de los estudiantes de carreras de licenciatura son extranjeros —muchos de ellos chinos, reclutados por sus méritos académicos de las mejores escuelas de China— y un 70 por ciento de los estudiantes de carreras de posgrado vienen de otros países.

Y la universidad tiene nada menos que 66 programas conjuntos con universidades extranjeras —incluido uno de medicina con la Universidad de Duke, y otro de ingeniería con el MIT—, que expiden títulos combinados, o por separado. Mientras la mayoría de los países latinoamericanos prohíben o limitan la posibilidad de que universidades extranjeras se instalen en su territorio, Singapur y su principal universidad las reciben con los brazos abiertos.

"Estamos cambiando el concepto de la universidad", me explicó Tan, agregando que además de todos estos programas conjuntos con universidades extranjeras, un 50 por ciento de los estudiantes de la universidad realizan parte de sus estudios o por lo menos visitas académicas en el extranjero. "Ya no miramos a la universidad como un lugar, sino que la vemos como un puente, un portal, una vía de acceso a una red mucho más amplia".[18] Agregó que una de las principales prioridades de la universidad es que "los estudiantes tengan un mejor conocimiento de cómo funciona el mundo". Cuando le pregunté sobre cuales serán las innovaciones que prevé en su universidad en los próximos cinco años, Tan respondió que se está planeando "una mayor institucionalización" de los estudios en el extranjero. "Actualmente, en los intercambios estudiantiles, en la mayoría de los casos los estudiantes eligen a que país quieren ir. El próximo paso será que hagamos acuerdos con universidades extranjeras para que los estudiantes hagan un curso específico allí. Si la Universidad de Toronto tiene la mejor cátedra de Protección Ambiental del mundo, nosotros queremos que nuestros estudiantes tomen esa materia allí. La idea es ofrecerle a nuestros estudiantes no solo una ventana al mundo, sino los mejores profesores para cada asignatura".[19]

"LOS ESTUDIANTES DEBEN PAGAR"

Si la educación en Singapur es una meritocracia, la Universidad de Singapur es la cima adonde aspiran a llegar sus mejores estudiantes. El ingreso es sumamente restringido: sólo una pequeña parte de los estudiantes obtiene calificaciones suficientes en el examen de salida de la escuela secundaria como para poder aspirar a la universidad, y de los 35 000 jóvenes por año que se inscriben para entrar en la Universidad de Singapur —una de las tres grandes universidades públicas del país— sólo son admitidos 6 000.

¿Tienen el mismo problema que las universidades occidentales en lo que hace a la cantidad de estudiantes que escogen carreras de humanidades o ciencias sociales, y la escasez de jóvenes que escogen la ingeniería o las ciencias?, le pregunte al presidente de la Universidad Nacional de Singapur. Tan me dijo que, efectivamente, Singapur estaba sufriendo un descenso en el interés de los jóvenes por carreras de ingeniería y otras ciencias "duras", como gran parte del resto del mundo. Sin embargo, a diferencia de Estados Unidos y América Latina, todavía tiene muchos más estudiantes de ingeniería y ciencias que de derecho o ciencias sociales. La universidad tiene 6 200 estudiantes de ingeniería, 4 500 estudiantes de ciencias, 880 estudiantes de abogacía y 1 300 estudiantes de medicina.

"Es una política estatal deliberada", me dijo Tan, refiriéndose a la mayor cantidad de estudiantes en ingeniería y ciencias. "Tenemos cupos para cada disciplina. El Ministerio de Educación nos dice todos los años cuantos estudiantes deberíamos aceptar en cada carrera, que son metas que tratamos de cumplir."[20]

Aunque la universidad es estatal, no es gratuita. Los estudiantes deben pagar unos 5 000 dólares anuales, una cifra no muy alta en relación con los niveles de ingresos en Singapur, pero tampoco despreciable. Pero si un alumno logra entrar en la universidad, está prácticamente garantizado de que el dinero no será un obstáculo para que pueda finalizar sus estudios. Si un joven no puede pagar, tiene a su disposición una amplia gama de posibilidades —desde subsidios estatales para quienes vienen de familias pobres hasta préstamos blandos a quienes están pasando por dificultades financieras— para hacer sus pagos. La forma más frecuente son los préstamos a largo plazo, en que los estudiantes comienzan a pagar por sus estudios dos años después de su graduación, y durante los próximos 20 años. Con lo que recauda de los aranceles estudiantiles, la universidad paga el 25 por ciento de sus costos operacionales, lo que le ayuda a pagar sueldos competitivos con el sector privado para reclutar a los mejores profesores del país, y del mundo, y a estar entre las mejores universidades del planeta, señaló.

Tan rechazó los argumentos de la mayoría de las universidades públicas latinoamericanas de que la educación terciaria debe ser gratuita, para supuestamente darle oportunidades a todos. "Nosotros tenemos la filosofía general de que todos debemos pagar algo por nuestra educación, porque eso crea una mayor conciencia y un mayor compromiso del estudiante con sus estudios", me dijo el rector. "Si tú tienes que pagar por algo, lo valoras más. Eso es muy importante."[21]

Ya sea por los recursos estatales que recibe, o gracias al dinero extra que recibe de sus estudiantes, lo cierto es que la Universidad Nacional de Singapur tiene un presupuesto que sería la envidia de cualquiera de las grandes universidades públicas latinoamericanas: recibe mil millones de dólares anuales, o sea más del doble del presupuesto anual de la Universidad de Buenos Aires, con el diez por ciento de los estudiantes de esta última.

LA AGENCIA DE INNOVACIÓN: 800 PATENTES REGISTRADAS

A diferencia de lo que ocurre en la mayoría de los países latinoamericanos que tienen ministerios o viceministerios de innovación, la Agencia de Ciencia, Tecnología e Investigación de Singapur, más conocida como A*Star, no depende del Ministerio de Educación, sino del Ministerio de Comercio e Industria. Según me explicaron dos funcionarios de la agencia, es una enorme diferencia, porque asegura que la misma se concentre en proyectos de alto rendimiento comercial.

A*Star, cuyo asterisco fue concebido como un recordatorio del carácter innovador de la agencia, tiene 2300 patentes solicitadas y más de 800 registradas, la mayoría de ellas en colaboración con la Universidad Nacional de Singapur —cuyo presidente, Tan, funge simultáneamente como vicepresidente de A*Star— y otras instituciones de educación terciaria o empresas del sector privado. Al igual que sus pares en otras partes del mundo, A*Star asigna fondos estatales para la investigación y desarrollo de nuevos productos. Y con la reciente inauguración de Fusionopolis —el gigantesco complejo edilicio cuya primera fase costó 600 millones de dólares, y donde a medida que se habiliten nuevas oficinas trabajará la mayor parte de los científicos de Singapur— la agencia espera convertirse en uno de los principales centros de investigación y desarrollo del mundo.

Durante mi visita a Fusionopolis, una torre de cristal de 24 pisos, con restaurantes, supermercado, tintorería, gimnasio, jardín de infantes y varias otras amenidades destinadas a crear una "comunidad" donde los científicos de diferentes agencias y empresas puedan conocerse y socializar entre ellos, una funcionaria me llevó al piso donde la agencia tiene en exhibición algunas de sus más recientes invenciones.

Me sentí como en Disneylandia. Los inventos más recientes de Singapur estaban diseminados en varias salas, y en la mayoría de los casos eran interactivos. Las salas estaban conectadas entre sí por túneles oscuros, con proyecciones futuristas en las paredes. Uno de los primeros salones era un espacio que simulaba ser la sala de estar de una casa, donde me invitaron a sentarme en un sillón, frente a una pantalla de televisor. Un joven funcionario de A*Star se sentó al lado mío, y prendió el televisor con el movimiento de un dedo. Luego, hizo bajar las persianas con otro movimiento de la mano, mientras yo lo miraba atónito. Era una nueva tecnología que permitía prender y apagar los aparatos de la casa sin necesidad de un control remoto, me explicó el joven.

En otra sala, había una exhibición de "ventanas autolimpiables", que gracias a una capa de dióxido de titanio inventada en Singapur no requieren ser limpiadas durante cuatro o cinco años. Gracias a la capa de dióxido de titanio, el agua de lluvia se lleva la suciedad de la ventana, me explicó el joven, agregando que los científicos de A*Star y la empresa privada que estaba tratando de comercializar el producto estaban tratando de solucionar un último problema antes de lanzarlo al mercado: aunque no se puede percibir de inmediato, la capa de bióxido de titanio todavía oscurecía un poco el cristal, y se estaba tratando de lograr que fuera totalmente transparente.

Acto seguido, me llevaron a otra sala donde había una pieza de motor, y una cartera de mujer, con respectivas "huellas digitales" para que quienes los compren se aseguren que no sean productos pirateados. Según me explicó mi guía, las empresas automotrices o las grandes tiendas muchas veces compran —sin saberlo— productos pirateados, que luego de un tiempo se rompen o desgastan. Para evitar estos contratiempos, el Instituto de Investigación de Materiales e Ingeniería, uno de los institutos dependientes de A*Star, utilizó micro y nanotecnologías para inventar etiquetas magnéticas basadas en características particulares de cada producto que son difíciles de imitar, y que permiten establecer su autenticidad.

Según Lim Chuan Poh, el presidente de A*Star, Fusionopolis albergará a unos 2000 científicos, ingenieros y administradores de 50 países en 2012. A muy pocos metros se está construyendo Biopolis, otro gigantesco complejo edilicio donde trabajarán investigadores de las áreas de biotecnología y genética, y varios edificios de apartamentos donde vivirán los científicos. La idea es "crear un universo dentro de la ciudad", con una mezcla de centros de investigación y lugares de recreación que sean atractivos para atraer empresas innovadoras. "La proximidad de laboratorios de investigación públicos y privados en Fusionopolis llevará a una aún mayor colaboración entre ambos sectores, para acelerar la adopción de nuevas tecnologías en beneficio de la economía", señaló Lim.[22]

DE OAXACA, SANTA FE Y SÃO PAULO, A SINGAPUR

Durante mi visita a Fusionopolis, conocí a varios científicos latinoamericanos que trabajan en Singapur. Casi todos estaban felices de estar en un centro científico en pleno crecimiento, que les pagaba buenos sueldos y les ofrecía oportunidades que no habían encontrado en sus países natales, aunque algunos no ocultaban su deseo de regresar a casa en algunos años.

Sentado con algunos de ellos en un café, Martina Quintanar, una joven mexicana de Oaxaca que se había graduado del Tecnológico de Monterrey y luego había hecho su doctorado en biología molecular en España, me contó que se había presentado en un concurso para un trabajo de investigación en Singapur que había encontrado en internet, y que la habían contratado "sin conocer a nadie". Cuando le pregunté qué quería decir con eso, explicó que "en México, todo depende de los contactos. Yo no conocía a nadie aquí, y me tomaron igual".[23] A su lado, tres científicos de Argentina y Brasil asentían con la cabeza.

Armando Borgna, un ingeniero químico argentino que había obtenido su doctorado en la Universidad Nacional del Litoral y se había ido de la Argentina tras perder una buena parte de sus ahorros en la confiscación estatal de depósitos bancarios de 2001 que los argentinos bautizaron como "el corralito", no podía estar más de acuerdo con su colega mexicana.

"En Argentina, hay que estar muy bien conectado para poder hacer buena investigación", me señaló. "Además, no hay un verdadero compromiso del Estado con la ciencia, ni una visión nacional para desarrollar las ciencias. Los recursos son muy limitados." Borgna me contó que cuando era profesor universitario en la provincia argentina de Santa Fe, ganaba tan mal que la gente le preguntaba "bueno, enseñás en la universidad, pero "de qué vivís"? En Singapur, en cambio, le estaban pagando muy bien, estaba dirigiendo un equipo de 35 personas, y tenía a su disposición instrumentos sumamente sofisticados, que difícilmente podría tener a su disposición en Argentina. Me dio el ejemplo de un microscopio específico de última generación: la última noticia que tenía era que Argentina tenía dos microscopios de ese tipo. Tan sólo en Fusionopolis, en Singapur, había cinco. El científico brasileño asintió nuevamente con la cabeza: "Los instrumentos que tenemos acá son sumamente caros. Y si necesitamos más, los compran".

Y todos coincidieron en que la investigación científica en Singapur tiene mucho más contacto con la vida real que la que habían visto en sus países natales. "En México, se hace mucha investigación básica, que muchas veces no tiene una aplicación práctica. Aquí, se trabaja muy de cerca con las industrias, para inventar cosas que puedan ser aplicadas a productos concretos", me dijo Quintanar.[24]

Cuando nos despedimos, me pregunté para mis adentros si estos científicos —entre los mejores de Latinoamérica— volverían alguna vez a sus países. Algunos, sobre todo los de Brasil, me habían dicho que tenían planeado regresar en dos o tres años. Pero la historia latinoamericana de las últimas décadas estaba repleta de emigraciones masivas de científicos, con pequeñas oleadas de repatriaciones. Salvando las distancias, no pude dejar de pensar en mi propia historia: yo me había ido de Argentina tras un golpe militar en 1976 pensando en regresar al país apenas terminara su dictadura militar, y nunca lo había hecho. La vida me había llevado por otro lado. ¿Pasaría lo mismo con estos científicos? Probablemente sí, pero lo importante era que —tal como lo habían hecho exitosamente India, Taiwán y el propio Singapur— sus países convirtieran la "fuga de cerebros" en una "ganancia de cerebros", ya sea ofreciéndoles oportunidades de investigación, o consultorías externas para agencias del gobierno o empresas privadas, o profesorados para que pudieran enseñar en las universidades de sus países tres meses por año.

EL LADO OSCURO DE SINGAPUR

¿Debería ser Singapur un ejemplo para América Latina? Probablemente no. Singapur es una dictadura de partido, aunque su fundador Lee Kuan Yew haya sido mucho más visionario que Juan Domingo Perón en Argentina, Lázaro Cárdenas en México, o el resto de sus contemporáneos en Latinoamérica, que cerraron sus economías al mundo mientras Lee hacía lo opuesto, ordenando el estudio del inglés y bajando los impuestos corporativos para atraer inversiones extranjeras. Sin embargo, Singapur no deja de ser una dictadura hereditaria: su actual primer ministro, Lee Hsien Loong es el hijo mayor de Lee Kuan Yew. Y aunque el actual primer ministro se graduó como primero de su clase en matemáticas en la Universidad de Cambridge y luego realizó una maestría en administración pública en Harvard, además de servir en el parlamento y varios ministerios antes de ser ascendido a su actual posición, es difícil pensar que no había ningún otro ciudadano más calificado que él para ser designado primer ministro.

Como muchas dictaduras, Singapur trata de presentar una fachada democrática. Hay elecciones, pero el partido oficial —el Partido de Acción Popular, o PAP— gana siempre, y las leyes están escritas como para que pueda mantener un control político absoluto. Aunque en las elecciones generales del 2006 el PAP se atribuyó una victoria aplastante, ganando 82 de las 84 bancas del parlamento, lo cierto es que un tercio del electorado votó en contra del gobierno. Debido a que las leyes están hechas como para que los porcentajes de votación por la oposición no se vean reflejados en el Parlamento, el poder político de la oposición es puramente simbólico: dos diputados, que la prensa oficialista por lo general ignora o critica.

A diferencia de lo que ocurrió en varias dictaduras sudamericanas, los opositores no son ejecutados ni mueren en accidentes sospechosos. Sin embargo —y quizás Chávez se haya inspirado en esto en Singapur—, los líderes políticos que se enfrentan al PAP son querellados por el gobierno, y terminan arruinados política y económicamente. El sistema legal está en función del gobierno, y actúa como tal. El principal líder opositor de Singapur es el mejor ejemplo de cómo el gobierno ha acallado a sus críticos.

J. B. Jeyaretnam, un abogado de profesión, fue uno de los primeros en desafiar al PAP en las urnas, y ganó una banca en el parlamento representando al Partido de los Trabajadores en 1981. J. B. J., como lo conocen en Singapur, fue reelecto en 1984, pero al poco tiempo el gobierno le presentó cargos por presunta malversación de fondos de su partido. Y aunque un juez desestimó todos los cargos en su contra menos uno, fue condenado a tres meses de prisión y una multa de 5 000 dólares, lo que le impidió —bajo las leyes de Singapur— seguir ejerciendo su profesión de abogado o presentarse a un puesto electivo durante los próximos cinco años. Imposibilitado de trabajar de abogado o de presentarse en las elecciones de 1988, J. B. J. siguió su vida de activista político hasta que al poco tiempo fue querellado por faltarle el respeto al jefe de Estado Lee Kuan Yew. El dirigente opositor fue condenado a pagarle más de 150 000 dólares a Lee Kuan Yew, y años después tuvo que pagarle al mandatario otros 300 000 dólares por otro comentario que un juez había juzgado injurioso. En total, el gobierno le presentó más de una docena de juicios, hasta que —arruinado económicamente, y tratando de pagar sus deudas con lo que percibía de dos libros que había escrito para denunciar el régimen— murió en 2008.

AZOTES PARA LOS CRIMINALES

Tal como se entera cualquier turista al llegar a Singapur, no hay problema en caminar de noche por las calles, ni en tomar cualquier taxi: en Singapur hay muy pocos asaltos. Lo que muchos visitantes no saben es que las bajas tasas de delincuencia en Singapur se deben en parte a los castigos con azotes que establece la ley para los criminales, una práctica que la organización de derechos humanos Amnistía Internacional califica de "cruel, inhumana y degradante". Según la ley de Singapur, este castigo —que aplica con una vara de ratán de un metro de largo y deja marcas permanentes en el cuerpo— puede ser suministrado a hombres menores de 50 años que hayan incurrido en alguno de los treinta delitos, incluyendo robo, violación y consumo de drogas.

Los delitos más graves son castigados con 24 latigazos en la cola, suministrados en una prisión, con supervisión médica y testigos que aseguren el cumplimiento de procedimientos acordes con la ley. Los jóvenes menores de 18 años, por ejemplo, no pueden recibir más de 10 latigazos. Sin embargo, la ley establece que el oficial a cargo del castigo debe usar toda su fuerza en cada latigazo, cosa que hace difícil convertirlo en un procedimiento simbólico.

¿Cuán frecuentes son estos azotes?, le pregunté a varios amigos en Singapur. Antes de llegar a Singapur, había leído en internet que hasta la gente que escupe en la calle, o tira un papel, es sometida a penas de latigazos, por lo que las calles de la ciudad están sorprendentemente limpias. Una periodista a la que le pregunté por estos casos me señaló que no conocía ningún caso de alguien que hubiera sido castigado con azotes por escupir en la calle, pero que quizás el castigo figuraba en las leyes como un factor intimidatorio. "Los azotes están reservados para delitos mayores, como violaciones, y parecen funcionar muy bien para prevenir crímenes: la gente le tiene mucho más pavor a los azotes que a la prisión", me comentó. Según informes de derechos humanos del Departamento de Estado de Estados Unidos, el número de delincuentes sometidos a latigazos en Singapur aumentó de 3200 en 1993 a 6400 en 2007.[25]

¿LOS ESTUDIANTES APRENDEN A LATIGAZOS?

Aunque la práctica no es generalizada, las escuelas secundarias y preuniversitarias están autorizadas a dar latigazos — aunque más suaves que los que se usan para los criminales — para castigar casos severos de indisciplina, siguiendo una tradición que viene desde la época de la colonia británica. Según me explicaron varios amigos — no es un tema del que los funcionarios oficiales quieran hablar mucho, aunque el ex ministro de Educación interino Tharman Shanmugaratnam se manifestó públicamente a favor de los latigazos a estudiantes indisciplinados en un discurso el 14 de mayo de 2004 —los azotes pueden ser suministrados a estudiantes que se pelean, se copian en los exámenes, o incurren en actos de vandalismo—.

Según una vieja directiva del Ministerio de Educación —la cláusula 88 del Acta de Regulación Escolar de 1957— los azotes a los estudiantes sólo pueden ser dados a varones de más de 14 años. Pueden ser suministrados por el director de la escuela, el vicedirector, o el encargado de disciplina de la escuela, pero no pueden exceder los seis latigazos, y el número más aconsejable deben ser uno o dos. Además, el látigo debe ser mucho más pequeño que el utilizado para los criminales, y debe ser usado por encima de los pantalones, a fin de no dejar una marca permanente en la cola del castigado. Según esa misma norma, los azotes pueden ser dados frente a toda la clase, para que sirvan como un castigo ejemplar.

Sin embargo, la mayoría de la gente con quienes conversé en Singapur me dijeron que actualmente los azotes en las escuelas son un fenómeno muy raro, y que no tiene ningún impacto sobre el nivel educativo del país. "Pegarle a los chicos es un fenómeno muy extendido en Singapur. Pero se usa cada vez menos en las escuelas, y pensar que los niños estudian más porque los maestros les caen a latigazos es un disparate", me comentó la periodista. En base a otras cosas que me comentó sobre la represión política en su país, creo que no me mintió. Pero todo esto me dejó un sabor amargo en la boca, y —aunque quizás injustamente— no pude dejar de preguntarme si parte del éxito del sistema educativo de Singapur no se debe a que sus estudiantes viven aterrados de ser sometidos a los azotes.

LA CORRUPCIÓN Y LA CENSURA

Tampoco me fui de Singapur muy convencido de la creencia generalizada de que en este país no hay corrupción. Es cierto que tanto los habitantes de Singapur como los extranjeros residentes en la isla coinciden en que es uno de los países con menos corrupción del mundo. Según lo que uno escucha en todas partes, la receta de Singapur es pagarle bien a sus funcionarios públicos. De hecho, el primer ministro Lee Hsien Loong es el mandatario mejor pago del mundo: su sueldo es de unos 2.5 millones de dólares anuales, más de cinco veces más de lo que gana el presidente de Estados Unidos. Y los ministros ganan 1.4 millones de dólares anuales cada uno, bajo la teoría que es preferible pagarles bien a tener funcionarios públicos que acepten sobornos. Sin embargo, ¿cómo saber que es cierto que no hay corrupción en Singapur, cuando no hay una prensa independiente ni comisiones del Congreso presididas por opositores que se dediquen a investigar la corrupción oficial?

En Singapur hay un monopolio privado de periódicos —cuyo principal órgano es el diario *Strait Times*— que es sumamente cercano al gobierno. Aunque no hay una censura oficial, como en Cuba o en

Corea del Norte, los editores del *Strait Times* se cuidan mucho de no ofender al primer ministro, ni a sus principales colaboradores. "Las reglas del juego son que uno puede criticar una política oficial en una columna de opinión, pero no al ministro encargado en persona, y mucho menos al primer ministro", me comentó un colega del *Strait Times.* Los canales de televisión de Singapur pertenecen a otro monopolio privado, que también es amigo del gobierno. Los diarios y revistas extranjeros pueden ser comprados por cualquier persona en Singapur, pero si uno de ellos publica algo que el gobierno considera ofensivo —como cuando la revista *The Far Eastern Economic Review* publicó un extenso artículo sobre el líder opositor Chee Son Juan, el gobierno les interpone querellas que resultan en fuertes multas y su salida de circulación.

Para contrarrestar las críticas de las organizaciones de derechos humanos de que no hay libertad de expresión, el gobierno anunció a principios de esta década la habilitación de un Rincón de los Oradores —como el de Londres— en una plaza pública donde cualquier persona puede pedir hablar, bajo ciertas limitaciones. Según la ley, sólo pueden hablar los ciudadanos del país, y no pueden tocar temas raciales ni religiosos. El Rincón de los Oradores, ubicado en la plaza Hong Lim, se inauguró en el año 2000, y en su primer día habló casi una veintena de personas. Pero con el tiempo, pasó la novedad. Hoy día, la plaza está desierta: si no fuera por un letrero de madera con las palabras "Rincón de los Oradores" clavado en el césped, pasaría totalmente desapercibido. Obviamente, se trata de un país donde pocos hablan de aquellas cosas que el gobierno no quiere escuchar. No en vano uno de los chistes más populares aquí es que "en Singapur no se puede pescar, porque hasta los peces tienen la boca cerrada".

LAS LECCIONES DE SINGAPUR

A causa de su pequeño tamaño y de su sistema autoritario, resulta difícil presentar a Singapur como modelo universal. Sería muy difícil hacer muchas de las cosas que hizo Singapur en un país democrático, y tratar de hacerlo a la manera de Singapur sería una mala idea cuando hay varios ejemplos de países democráticos —desde Finlandia hasta India, pasando por Chile— que han logrado mejorar su nivel educativo y desarrollar sus economías sin tener que cercenar libertades fundamentales. Sin embargo, hay algunas cosas específicas en que se podría tomar a Singapur como ejemplo.

¿No sería bueno insertarse en el mundo mediante la educación bilingüe, aunque —a diferencia de Singapur— se utilice el inglés, o el alemán, o el mandarín, como segundo idioma? ¿No habría que emular su red de escuelas politécnicas y vocacionales para estudiantes de bajo desempeño? ¿No sería provechoso aumentar la internacionalización estudiantil e invitar a las mejores universidades del mundo a enseñar y otorgar títulos, como hace Singapur? Y, sobre todas las cosas, ¿no sería maravilloso contagiarse de la obsesión de Singapur por la educación, algo que podría ser la llave para todos estos y otros avances?

Tal vez deberíamos empezar por poner la palabra "Educación" en nuestros billetes, tal como lo hizo Singapur. Eso serviría cuanto menos para recordarnos constantemente que lo que hace rico a los países en la era de la economía del conocimiento son las habilidades científicas, técnicas y creativas de su gente, y que eso sólo se logra con más educación.

4

India: ¿la nueva superpotencia mundial?

NUEVA DELHI–Cuando llegué al aeropuerto Índira Gandhi de Nueva Delhi, lleno de ilusión por conocer los avances económicos y sociales de la India, lo primero que pensé fue: "¿Y ésta es la nueva potencia mundial?" Lo que vi a mi alrededor mientras caminaba por los corredores del aeropuerto hacia la sala de retiro de equipajes era la antítesis de lo que me había imaginado tras leer docenas de artículos en la prensa internacional que pintaban a India como la nueva estrella económica del siglo XXI, o "la nueva China".

El edificio del aeropuerto era viejo —había sido construido hacía 30 años, y prácticamente no había sido renovado—, y muchas de sus paredes estaban descascaradas. Los pisos estaban sucios, y no había tiendas *duty free* ni otros locales comerciales a la vista en la zona de arribos internacionales. Después me enteré, leyendo una noticia en el periódico *The Times of India*, que un gerente del aeropuerto había sido hospitalizado pocos días atrás después de haber sido mordido por un perro callejero en la Terminal 1A. "El aeropuerto internacional Indira Gandhi parece haberse convertido en un alegre campo de cacería para los canes", comenzaba diciendo la noticia, agregando que este había sido sólo el último de varios incidentes similares en que perros que deambulaban en las cercanías del aeropuerto se habían infiltrado en la estación aérea, y habían mordido a los inocentes funcionarios y pasajeros que intentaban acariciarlos.[1]

A un costado de la puerta principal del aeropuerto, a pocos metros de la parada de taxis, había un taller mecánico improvisado frente al cual yacía un auto desvencijado que parecía haber estado abandonado allí durante semanas. El aeropuerto internacional de la capital de la India era más lastimoso que cualquiera que hubiera visto en mis viajes por toda Latinoamérica. Más que el aeropuerto internacional de una superpotencia emergente de 1 100 millones de habitantes, el aeropuerto internacional Indira Gandhi de Nueva Delhi parecía una terminal de autobuses sobredimensionada de alguna capital de provincia de un país del cuarto mundo.

Saliendo del aeropuerto, lo que vi desde el taxi que me llevó a la ciudad no fue muy diferente. La ruta —en rigor, la calle que va del aeropuerto a la capital— tenía grietas de profundidades alarmantes, y el tráfico era un caos como el que nunca había visto en mi vida (y eso que tengo en mi haber más de tres millones de millas en mi programa de viajero frecuente). Camiones, *buses*, automóviles, motocicletas, bicicletas, y vehículos de tres ruedas —conocidos como *rickshaws*— de todo tipo, incluyendo los impulsados a motor, pedales o a tracción humana, competían entre sí por adelantarse unos a otros sin importar el carril por donde iban. Peor aún, los vehículos debían esquivar constantemente un verdadero zoológico de animales de toda clase y tamaño.[2]

Había bueyes y vacas sentados plácidamente en el camino, y caballos y camellos que avanzaban en medio del tráfico, cargando los productos que los campesinos llevaban a los mercados. Y en medio de todo esto, los carros hacían sonar constantemente sus bocinas, cada uno tratando de superar el volumen de los demás, para abrirse camino en medio del enjambre vehicular. La cacofonía de bocinas era ensordecedora: los camiones y automóviles hacían sonar bocinas de sonido grave, como para hacer valer su peso, cada vez que intentaban pasar otro vehículo, mientras que los *rickshaws* tocaban sus cornetas de sonido alto y agudo incesantemente, como para compensar con el ruido su inferioridad de tamaño. Y en lugar de hacer algo para disminuir la polución auditiva, los conductores la alentaban como una medida de seguridad: una gran cantidad de camiones llevaban en sus guardabarros traseros etiquetas que rezaban "Horn Please!" (Por favor toque la bocina). En semejante maraña de vehículos, obviamente consideraban que era mejor saber que quien estuviera por meterse de delante de uno anunciara su presencia de antemano.

Ya en la capital, el taxista que me llevaba pasó una luz roja sin inmutarse, y el tráfico —en lugar de pasar a ser más civilizado— se volvió aun más caótico. Ahora había no sólo caballos, bueyes, vacas y camellos transitando por las calles, sino que ocasionalmente también se cruzaba un mono, retrasando el tráfico y haciendo subir el volumen de las bocinas, que ahora retumbaban por el eco de los edificios. Cuando le hice un comentario al taxista sobre la variedad de animales que transitaban por las calles, me comentó con toda naturalidad que cada tanto tenía que esquivar elefantes (aunque confieso que personalmente no me topé con ningún paquidermo en las calles durante mi estadía en la capital de la India.)

Y la ciudad de Nueva Delhi me pareció mucho más atrasada que cualquiera de las grandes capitales latinoamericanas, y ni hablar de la capital de China. Yo había visitado China dos años antes, y me había quedado boquiabierto con los rascacielos ultramodernos con fachadas de vidrio que había visto en Beijing. En aquel momento, había en Beijing nada menos que 5 000 grúas de construcción de edificios, que se alzaban por donde uno mirara en el horizonte, y que estaban en constante actividad día y noche. El chiste más común en Beijing era que China tenía un nuevo pájaro nacional: la grúa de construcción. Y lo que tenían en común todos los rascacielos que había visto en Beijing, además de su estilo futurista, era su gigantismo. Todo en la capital china es ultramoderno, inmenso, como diseñado para que los chinos pudieran decir —como lo hacen a cada instante— que cada cosa con la que uno se topa era la más grande del mundo.

En la capital de la India, por el contrario, me llamó la atención no ver ni rascacielos, ni grúas de construcción, ni cuadrillas de trabajo en las calles. Por el contrario, la mayoría de los edificios era de dos o tres pisos, y sus estilos parecían resabios de cuando el país era una colonia británica. Y por las calles, además del caos reinante, uno veía miles de personas que dormían a la intemperie, y usaban los túneles y puentes como baños públicos, a la vista de los automovilistas y transeúntes. Mi primera impresión de India fue que era un país increíblemente pobre, quedado en el tiempo, estancado, sin muestras visibles de progreso económico.

LAS PRIMERAS IMPRESIONES SON ENGAÑOSAS

Pero las primeras impresiones suelen ser engañosas, por lo menos en la India. Con el correr de los días, me dediqué a hurgar en los motivos por los cuales la comunidad internacional estaba pronosticando el inminente auge de la India como una nueva potencia mundial. El Consejo Nacional de Inteligencia de Estados Unidos —el centro de estudios a largo plazo de la CIA— había pronosticado que India será la tercera potencia mundial en 2020, después de Estados Unidos y China. ¿Qué había llevado a los sesudos analistas de la CIA, y a tantos analistas de Wall Street, a hacer semejante pronóstico? Cuando empecé a entrevistar a altos funcionarios de gobierno, académicos, periodistas y gente de la calle, comencé a entender lo que estaba sucediendo en la India, y cuán erradas podían ser las primeras impresiones.

Montek Singh Ahluwalia, el ministro de Planeamiento de la India y uno de los funcionarios indios más conocidos a nivel internacional —volveremos a él más tarde en este capítulo—, se rió cuando le comenté sobre mi desilusión al llegar al aeropuerto internacional de Nueva Delhi. "Sí, es horrible —admitió—. Y también las rutas. El gobierno reconoce que la infraestructura es el mayor problema que tiene la India."

Sin embargo, la realidad de la India era mucho más esperanzadora de lo que sugerían sus aeropuertos y caminos, continuó diciendo el ministro. La economía estaba pasando por un momento floreciente. El crecimiento económico en los últimos años había promediado un 8.8 por ciento anual, el doble del de Latinoamérica, y —más importante aún— el país había sacado de la pobreza a más de 100 millones de personas en los últimos 15 años, desde que había iniciado su apertura económica. En las últimas dos décadas, el tamaño de la clase media de la India se había cuadruplicado, a 250 millones de habitantes. Y el optimismo se respiraba por doquier. La bolsa de valores había alcanzado niveles sin precedentes, la venta de casas y automóviles estaba en pleno auge, y se estaban vendiendo unos cinco millones de teléfonos celulares cada año, hasta en las aldeas más remotas.

Y todo eso era apenas un adelanto de lo que el país prometía lograr en el futuro próximo. La India tiene una enorme ventaja en la economía del conocimiento del siglo XXI: una enorme población de ingenieros, técnicos y científicos sumamente preparados, que hablan el inglés y pueden vender sus servicios a una fracción de sus competidores en Estados Unidos y otros países industrializados. Los funcionarios indios decían, con base en las cifras de la población del país, que el 25 por ciento de la población india con el más alto nivel de cociente intelectual era mayor que toda la población de Estados Unidos. Así como China se había convertido en la fábrica de casi todos los bienes que se consumían en los países desarrollados, la India se estaba convirtiendo en la oficina donde se producían casi todos los servicios que estaba requiriendo el Primer Mundo. La muestra más visible de este fenómeno era la industria del software india, que había crecido de prácticamente nada a una industria de 35 000 millones de dólares en 2008. Los 300 000 jóvenes ingenieros que se graduaban todos los años en la India —sin contar los 84 000 indios que se graduaban en universidades de Estados Unidos— constituían una mano de obra calificada con la que prácticamente ningún país podía competir en costos. La imagen de la India estaba cambiando radicalmente, de un país condenado a la pobreza extrema por su sistema de castas y sus tradiciones antimodernas, a una potencia mundial de alta tecnología.

El gobierno socialista del Partido del Congreso ya hablaba orgullosamente de la "Nueva India".

El Ministerio de Turismo llevaba adelante una campaña bajo el *slogan* "La increíble India". El diario *The Times of India* estaba publicando una serie de artículos bajo el rótulo *India Poised*, o "India en marcha", con artículos diarios sobre los logros del país en el campo económico, científico, técnico y hasta deportivo. La Fundación India Brand Equity, un centro público-privado de promoción de la marca país India, estaba promoviendo a la India a nivel internacional como "la democracia de libre mercado que crece más rápido en todo el mundo" —un mensaje que recordaba sutilmente que India estaba creciendo casi tanto como China, pero sin un régimen dictatorial como el chino—. Por todos lados, uno leía artículos sobre el renacimiento económico del país que eran corroborados como ciertos, o por lo menos no contradichos, por la mayor parte de la población.

El día en que entrevistaba a Ahluwaia, la primera plana de los periódicos indios daban cuenta del exitoso lanzamiento de la undécima cápsula espacial Polar, que transporta satélites de varias naciones, al que seguiría muy pronto una misión no tripulada a la Luna. Si las cosas andan bien, alrededor de 2015 habría una misión tripulada a la Luna totalmente india, decían los funcionarios. Y en los días posteriores, los periódicos darían cuenta de la expansión de las empresas multinacionales indias, como Tata Industries, en todo el mundo, incluyendo inversiones de 3 000 millones de dólares en Latinoamérica.

La India se estaba convirtiendo en el cerebro del resto del mundo, creando no sólo empresas multinacionales de servicios de informática, sino también de contabilidad, ingeniería, diagnósticos médicos de rayos X, y todo tipo de servicios.

Hacia fines de la primera década del siglo XXI, la industria de servicios para empresas multinacionales de Estados Unidos y Europa ya representaba la mitad de la economía de la India, mientras que las manufacturas eran apenas el 17 por ciento. Según funcionarios indios, si la India lograba en los próximos cinco años alcanzar la meta de aumentar el sector de manufacturas para que signifique el 25 por ciento de la economía —un objetivo clave en su esfuerzo para sacar de la pobreza al 27 por ciento de la población que todavía vivía bajo la línea de pobreza— el país empezaría a crecer a tasas mayores que las de China.

Volviendo al tema del atraso en la infraestructura del país, Ahluwalia me señaló que una de las grandes diferencias entre el desarrollo de China y la India es que los chinos habían invertido fuertemente en el desarrollo de la infraestructura, mientras que la India lo estaba haciendo en el desarrollo humano. "El gobierno chino siguió una estrategia, que les resultó muy buena, de construir obras de infraestructura mucho antes de lo que el país las necesitaba. En India, el gobierno no tenía tantos recursos, porque había menos ahorro interno. La fortaleza de la India es la capacidad humana, el carácter emprendedor de su población, y un sector privado muy fuerte, muy diversificado y muy innovativo. Entonces, nosotros hicimos con la educación lo que los chinos hicieron con la infraestructura: creamos más de lo que necesitábamos, mucho antes de lo que el país lo necesitaba."[3]

Si la India no tenía más rascacielos ni modernos aeropuertos, eso se debía a que la democracia vibrante de la India hace más difícil que el gobierno expropie tierras o desaloje gente de sus viviendas, como lo hace habitualmente el régimen totalitario de China, sugirió el ministro. Esa misma semana, las violentas protestas campesinas de la provincia de Bengala Occidental habían obligado al gobierno a congelar los planes para erigir parques industriales allí, después de que varios manifestantes murieran en enfrentamientos con la policía.

Pero la inversión en educación estaba dando sus frutos, agregó el ministro. Varias ciudades indias, lideradas por Bangalore, se habían convertido de la noche a la mañana en centros mundiales de alta tecnología. Con una población mucho más joven que la de China —casi un tercio de la población india tiene menos de 15 años— la India se aprestaba a explotar al máximo su ventaja demográfica. Y la apertura económica del país estaba transformando a la India en un país mucho más eficiente, en que incluso el alicaido aeropuerto de Nueva Dehli acababa de ser concesionado a una empresa alemana para su modernización, y sería renovado muy pronto. Ahluwaia confiaba, como muchos otros indios con quienes hablé durante mi estadía en Nueva Delhi, que en la carrera hacia el Primer Mundo, la India sería la tortuga, y China la liebre. A la larga, según ellos, el sistema democrático de la India reducirá la posibilidad de un estallido social, hará a la India más atractiva para el resto del mundo, y le permitirá alcanzar y quizás hasta superar a China en el largo plazo.

NEHRU, EL VISIONARIO

El secreto del éxito de la India se debió, en parte, a que el país desde muy temprano hizo una apuesta fuerte —y muy controversial en su momento— por la calidad de la educación. Jawaharlal Nehru, el primer ministro de la India de 1947 a 1964 que inició la revolución tecnológica del país, privilegió las relaciones con la ex Unión Soviética e impulsó políticas domésticas estatistas y tercermundistas. Sin embargo, a diferencia de otros líderes socialistas de su época, Nehru estaba obsesionado en convertir a la India en una potencia de la era espacial, y decidió crear una meritocracia educativa. Invirtió fuertemente en universidades técnicas de alta calidad, aunque fueran para una pequeña elite de los estudiantes más brillantes del país, y aunque eso significara invertir recursos que muchos educadores decían que eran necesarios para reducir la tasa de analfabetismo que todavía abarcaba a la mayor parte de la población del país. En 1951, una comisión gubernamental de 22 miembros nombrada por Nehru propuso crear varias universidades tecnológicas indias que fueran copias de las mejores del mundo, y que tuvieran cada una un convenio con su institución modelo. Bajo la dirección de Nalini Ranjan Sarkar, el gobierno envió emisarios a Estados Unidos, Rusia, Alemania, Francia y varios otros países, y firmó convenios con sus mejores universidades tecnológicas para contratar a muchos de sus profesores, y crear un sistema de universidades tecnológicas que fueron designadas por el Parlamento de la India como "Institutos de Importancia Nacional". Nehru ordenó establecer estos centros de estudios en todos los rincones del país, para fomentar un desarrollo más descentralizado, y decidió que cada uno de ellos estuviera asociado con la mejor universidad tecnológica de un país industrializado diferente, a fin de que la India no terminara dependiendo de ningún sistema educativo extranjero en particular.

Así, en 1951 se creó el primer Instituto Indio de Tecnología en Kharagpur, con un plan de estudios basado en el Massachussetts Institute of Technology (MIT), y númerosos profesores importados de esa casa de estudios estadounidense. En los años posteriores, se crearon los Institutos Indios de Tecnología de Mumbai, vinculados a universidades tecnológicas de la ex Unión Soviética; el IIT de Nueva Delhi, asociado con el Imperial College de Gran Bretaña, el de Madras, asociado con universidades alemanas, y en otras nueve ciudades, cada uno de ellos asociado a una universidad tecnológica de un país diferente.

A diferencia de las demás universidades, estos institutos tecnológicos no tenían el noble propósito de expandir la educación a la mayor cantidad de la población posible, sino escoger a los estudiantes más brillantes del país, y crear una elite tecnológica que pudiera competir con los países más avanzados del mundo. Los exámenes de ingreso a los IIT son, probablemente, los más exigentes del mundo. Según cifras oficiales, el Instituto Tecnológico de Nueva Delhi sólo admite a uno de cada 130 postulantes. Comparativamente, la Universidad de Harvard en Estados Unidos admite a uno de cada 10 postulantes. La dificultad en ingresar en los institutos tecnológicos de la India es tal, que los altos ejecutivos de las multinacionales indias suelen bromear que si sus hijos no logran ser admitidos en algún IIT en la India, los envían a Harvard.

Al principio, Nehru fue objeto de todo tipo de críticas por destinar recursos estatales a universidades elististas cuando el país tenía una tasa de analfabetismo de alrededor del 81 por ciento. ¿No era inmoral que el gobierno destinara su dinero a crear universidades tecnológicas para las elites cuando el país tenía cientos de millones de analfabetos?, preguntaban los partidos de oposición y los dirigentes estudiantiles. Era un argumento difícil de rebatir. Sin embargo, Nehru se obstinó en seguir adelante con su plan, y así se hizo.

Varias décadas después, la India recogería los frutos de su obstinación, con una nueva clase de ingenieros y técnicos que estaban liderando el sector más dinámico de la economía nacional. Algunos críticos todavía hoy argumentan que esta nueva clase profesional tecnológica se creó a costas de retrasar la alfabetización total del país, ya que la India todavía tenía una tasa de analfabetismo del 35 por ciento en 2009, más que la de la mayoría de los países de su tamaño en el mundo. Sin embargo, estas críticas venían de sectores muy minoritarios: había un consenso general en el país de que la apuesta a largo plazo de Nehru había rendido sus frutos, y que los pobres en la India se estaban beneficiando del desarrollo tecnológico del país.

LOS INDIOS SALEN A ESTUDIAR AFUERA

Además de la inversión gubernamental en universidades de primer nivel, la India estaba creando una elite profesional de ingenieros y técnicos altamente globalizada gracias al gran número de estudiantes que realizaban estudios de posgrado en Estados Unidos y Europa. En 2009, la India tenía 103 000 jóvenes estudiando en universidades de Estados Unidos, más que ningún otro país del mundo, según el Instituto Internacional de Educación de Estados Unidos.[4] Allan Goodman, presidente del IIE, me corroboró lo que yo había visto tanto en la India como en China: en ambos países, hay una cultura familiar de inversión en la educación, que hace que la gente ahorre toda su vida para enviar a sus hijos a las mejores universidades del país, o —de ser posible— en el extranjero. En ambos casos, el porcentaje de estudiantes que salen al exterior becados por sus gobiernos es mínimo: la mayor parte de ellos se financian sus estudios con los ahorros de sus padres. Las familias asiáticas están sumamente pendientes del *ranking* anual de las 500 mejores universidades del mundo de la Universidad de Shanghai, en China, según el cual 15 de las 17 mejores universidades del mundo están en Estados Unidos, me señaló.[5]

Alan Adelman, director de la oficina latinoamericana del IIE, con sede en México, me dijo que existen factores adicionales que explican el mayor aumento del porcentaje de estudiantes asiáticos en Estados Unidos. Los estudiantes asiáticos tienden a dominar más el inglés —las escuelas públicas chinas empiezan la enseñanza del inglés en el tercer grado de la escuela primaria, mientras que la mayoría de las escuelas públicas de los principales países latinoamericanos la inician en séptimo grado—, lo que prepara mejor a los estudiantes chinos para postularse a las universidades estadounidenses. En el caso de la India, contrariamente a lo que yo creía antes de visitar el país, sólo una minoría de menos del 5 por ciento de la población habla inglés, pero —por el tamaño de la población del país— eso significaba que el país tenía más de 50 millones de personas que hablan inglés, más que la población entera de la mayoría de los países del mundo. Y el inglés está ganando terreno en la India porque, lentamente, el inglés se está convirtiendo en la lengua franca en la naciente clase media del país, tanto por la creciente inserción de la India en la economía global como por el hecho de que ninguno de los númerosos grupos étnicos del país quiere aceptar el lenguaje del otro.

Además de tener la ventaja de hablar más inglés, los estudiantes asiáticos tienden a encontrar maneras de conseguir ayuda financiera de las universidades estadounidenses, me dijo Adelman. Casi todos cursan maestrías o doctorados en ciencias o tecnología, que casi siempre están financiados por las universidades bajo la forma de profesorados adjuntos o asistencias de investigación. En comparación, la mayoría de los estudiantes latinoamericanos cursan estudios de administración de empresas, para los cuales las universidades de Estados Unidos no suelen tener este tipo de becas.

¡VIVA LA FUGA DE CEREBROS!

¿Pero los gobiernos latinoamericanos, incluyendo los que se proclaman de izquierda, no ven lo que están haciendo países que han tenido mucho más éxito que los latinoamericanos en reducir la pobreza, como la India y China?, le pregunte a Adelman. ¿Cómo pueden tener un prurito ideológico en contra de alentar a sus jóvenes a que estudien en las mejores universidades del mundo, cuando el propio gobierno comunista de China está alentando a sus estudiantes a que lo hagan?

"A nivel de políticas nacionales, en América Latina hay preocupación por la fuga de cerebros: esto los está haciendo reacios a apoyar el estudio en el exterior", me dijo Adelman. "El diario *The Dallas Morning News* reveló recientemente que hay 14000 mexicanos con doctorados viviendo en Estados Unidos, y ése es el argumento que usan las autoridades mexicanas para explicar por qué están cortando los subsidios a los estudios en el extranjero."[6]

En la India, así como en China y otros países asiáticos, la visión sobre este tema ha cambiado radicalmente en los últimos años. Lo que antes se veía como "la fuga de cerebros" hoy es vista como "la circulación de cerebros", y en algunos países como "la ganancia de cerebros". Tal como me lo señalaron funcionarios indios, gran parte de la transformación de Bangalore de un pueblo agrícola en un centro de alta tecnología mundial se debió a los contactos y conocimientos que adquirieron los estudiantes indios en las universidades norteamericanas y en Silicon Valley, que posteriormente trasladaron a la India. Efectivamente, muchos jóvenes ingenieros indios que abrieron empresas de software en California en las últimas dos décadas no tardaron en darse cuenta que en lugar de contratar a programadores allí, pagando sueldos estadounidenses, podían contratar profesionales igualmente competentes en Bangalore, pagándoles apenas una fracción de los sueldos estadounidenses. Muchos se quedaron en Estados Unidos, y crearon subsidiarias en India para contratar mano de obra más barata, mientras que otros regresaron a la India y establecieron las sedes de sus empresas allí, para exportar a los mayores mercados del mundo. De una u otra forma, la India se benefició. Más que cerebros fugados, estos empresarios transnacionales se convirtieron en el motor del éxito económico de la India.

BANGALORE: ALTA TECNOLOGÍA EN MEDIO DE LA MISERIA

Visitar la sede de Infosys, la compañía de procesamiento de datos más grande de la India, me recordó las guaridas de los malos en las películas de James Bond: era una ciudad futurista dentro de una ciudad, con sus propias reglas de transito, empleados caminando por senderos con letreros por todos lados, y un aire de constante agitación. Infosys había sido creada en 1981 por siete jóvenes, con un capital conjunto de 250 dólares. Hoy día, tiene 69 000 empleados en todo el mundo, incluyendo 17 000 en su sede en Bangalore, y está valuada en más de 4 000 millones de dólares.

Lo más notable de la sede central de Infosys en la "ciudad electrónica", a unos 20 kilómetros de la ciudad de Bangalore, en el sur de la India, es el contraste con la pobreza que la rodea. El camino a la "ciudad electrónica" es tan caótico como los que había encontrado en Nueva Delhi, y la entrada al centro de empresas de computación de la India no tiene ni siquiera un semáforo. Simplemente, la ruta conduce a dos modernos edificios de vidrio que tienen la forma de pirámides invertidas, rodeados de varios otros edificios, en lo que viene a ser un complejo edificio ultramoderno, separado de la calle por una muralla de seguridad. Afuera, se pueden ver multitudes de indigentes recostados contra la muralla, y una ciudad de chozas improvisadas a un costado de la ruta. A pocos metros de los edificios de vidrio de Infosys y Hewlett Packard, uno ve algunos de los barrios más pobres sobre la tierra, con gente que camina descalza, bueyes que vagan por las calles y pordioseros por todos lados.

Pronto entendí por qué Bangalore debería convertirse en visita obligatoria para todos los líderes latinoamericanos. Hay 1 850 compañías de informática en esta ciudad de cinco millones y medio de habitantes, incluyendo la crema y nata de las principales firmas de computación del mundo, como Microsoft, IBM e Intel, y sus competidoras indias, incluyendo Infosys, Tata Consulting y I-flex. Juntas, emplean a 450 000 ingenieros, la mayoría de ellos jóvenes, que son responsables de la mayor parte de los 23 000 millones de dólares anuales que genera la India en ingresos provenientes de la informática.

M.N. Vidyashankar, el ministro de Tecnología de la Información del estado de Karnataka, cuya capital es Bangalore, me contó que la industria de procesamiento de datos y servicios de computación de Bangalore comenzó en los años ochenta; cuando se fundó Infosys en la ciudad, empezó a recibir cada vez más pedidos de Texas Instruments, y pronto comenzaron a crearse nuevas compañías indias para ofrecer servicios a las multinacionales más grandes de todo el mundo.

"La razón del *boom* de Bangalore es muy sencilla", me explicó Vidyashankar. "Un graduado de ingeniería de 21 años en India gana unos 3 300 dólares al año. Imagínate, si tú empleas a un graduado de ingeniería en Estados Unidos, tienes que pagarle por lo menos 50 000 dólares al año. Las empresas de Estados Unidos están contratando cada vez más servicios en la India, o montando sus propias subsidiarias de prestación de servicios aquí, porque abaratan enormemente sus costos."[7]

A medida que se instalaban cada vez más empresas de servicios de computación en Bangalore, aumentaba el número de estudiantes de la ciudad y sus alrededores que escogían carreras de ingeniería y tecnología. Y aunque los salarios de los jóvenes ingenieros de Bangalore eran mucho más bajos que los de sus contrapartes en Estados Unidos, eran muchísimo más altos que los de cualquier profesional en Bangalore. Un ingeniero gana tres veces más que un médico en Bangalore, me señaló el funcionario. "Hay casos de médicos que están trabajando en empresas de informática, porque ganan mucho más", explicó.[8] Los ingenieros estaban comprando automóviles, comiendo en restaurantes, y produciendo un efecto económico multiplicador que estaba alcanzando a cada vez más habitantes de la ciudad. Y gracias al auge de la informática, el gobierno había podido elevar la recaudación de impuestos y empezar a construir las carreteras, escuelas y hospitales que tanto necesitaban los pobres.

"TUVIMOS GOBERNANTES ILUMINADOS"

Paradójicamente, el estado de Karnataka —y su capital, Bangalore— habían sido hasta hace poco una de las regiones más pobres del país.

A diferencia de los estados ricos en materias primas, como Bihar, Madhya Pradesh y Uttar Pradesh, que en el siglo pasado habían prosperado gracias a su producción de bauxita, hierro, oro y otras materias primas, Karnataka nunca había tenido materias primas. Y ésa fue su mayor bendición, me aseguro Vidyashankar.

"Bihar, Madhya Pradesh y Uttar Pradesh y otros estados eran muy ricos en recursos naturales, y jamás se preocuparon mucho por la educación," dijo Vidyashankar. "Nosotros, en cambio, tuvimos gobernantes iluminados que desde la época de la colonia invirtieron en educación, y crearon las mejores escuelas del país. Ahora estamos cosechando los beneficios de esos gobernantes que difundieron una cultura del conocimiento. Somos el cuarto estado más rico de los 35 estados del país en ingreso per cápita, mientras que Bihar, Madhya Pradesh y Uttar Pradesh están casi al fondo de la lista".[9]

La industria de la tecnología de la información —principalmente servicios de procesamiento de datos y creación de programas de computación específicos para bancos, compañías aéreas y empresas de todo tipo— estaba creciendo a un ritmo explosivo del 45 por ciento anual. Ahora, periodistas extranjeros que venían a la India estaban mucho más interesados en visitar Bangalore que la capital del país, señaló el ministro estatal. Y lo mismo estaba ocurriendo con los jefes de estado. "Cuando vino el primer ministro japonés a la India hace dos meses, su primera escala fue Bangalore, y después fue a Nueva Delhi", se ufanó Vidyashankar.[10]

La historia de éxito de Bangalore ilustra la falacia de quienes propugnan fundamentar el crecimiento en los recursos naturales, y la ventaja de crear una mano de obra altamente calificada que puede producir exportaciones de bienes o servicios tecnológicos de mucho más valor agregado. Tal como lo señaló Vidyashankar, en la economía del siglo XXI, los recursos naturales suelen ser una receta para la complacencia y el crecimiento a corto plazo, mientras que las mentes preparadas representan un pasaporte a la prosperidad.

La pregunta que me hacía a mí mismo mientras visitaba las grandes multinacionales de informática en Bangalore era si el modelo indio de exportación de servicios de alta tecnología era replicable en América Latina y el Caribe. La respuesta me vino tiempo después, cuando tuve la oportunidad de entrevistar a Subramanian Ramadorai, el CEO de Tata Consulting Services, una más de las empresas de servicios de tecnología de la información de la India, con 120 000 empleados en 42 países y ventas anuales de 5 700 millones de dólares. Su empresa madre, el conglomerado Grupo Tata, con sede en Mumbai, tiene ventas anuales de 63 000 millones de dólares —el equivalente a más que el producto interno bruto de Bolivia y varios países centroamericanos juntos.

Ramadorai, un ingeniero con una maestría en computación de la Universidad de California en Los Ángeles, había abierto varias sucursales de su corporación en Latinoamérica, y parecía bastante informado sobre la región. Cuando le pregunté si creía que América Latina tenía potencial como un centro mundial de exportación de servicios de computación, se mordió los labios, como diciendo que era posible, pero difícil en un futuro cercano. En primer lugar, la India tiene una enorme ventaja, que es la de tener una parte de su población que habla inglés, señaló. Aunque sólo una minoría del 20 por ciento de la población india habla inglés, eso suma nada menos que 200 millones de personas, lo que convierte al país, automáticamente, en una de las naciones de habla inglesa más grandes del mundo. Su gran cantidad de profesionales que hablan inglés le facilita enormemente a la India obtener contratos en todo el mundo, porque más de la mitad del gasto mundial en tecnología es realizado por sólo tres países: Estados Unidos, Canadá y Gran Bretaña. Sin embargo, muchos países latinoamericanos tienen una gran reserva de jóvenes profesionales que pueden manejarse en un inglés básico, y otros que podrían perfeccionarlo en poco tiempo, señaló Ramadorai.

Sus principales preocupaciones eran otras: veía como un enorme obstáculo el hecho de que pocos profesionales en América Latina estuvieran dispuestos a mudarse de ciudad, o de país, para ir a sitios donde se requirieran sus servicios, y la falta de integración de la región.

"En países como la India, el mudarse de Mumbai a Bangalore, o de Mumbai a Calcuta, no es ningún problema. Es un fenómeno natural. La gente se muda de un lugar a otro todo el tiempo", me explicó el CEO del gigantesco conglomerado tecnológico de la India. "Pero eso es un problema en América Latina. La gente no quiere moverse de los lugares donde esta. Están muy contentos donde están. El trabajo tiene que venir a ellos, en lugar ellos ir a aquellos lugares donde está el trabajo."[11]

¿Y eso no ocurre en otros países de ingresos medios, como en los países de Europa del Este?, le pregunté. "No," respondió Ramadorai, meneando la cabeza. "Toma el caso de los rumanos, o los polacos, que están dispuestos a ir a cualquier lado". Y lo mismo pasa con la gente en los países industrializados, enfatizó. "Toma el caso de los alemanes. En la industria de los servicios, los encuentras en cualquier lado."

¿Y qué tienen que ver la movilidad de los trabajadores con el potencial de América Latina de convertirse en un centro mundial de venta de servicios de computación?, le pregunté. Allí fue cuando Ramadorai me explicó lo que a su juicio es el mayor problema de América Latina para crear sus propios Bangalores: la región no tiene una economía de escala, como para competir con la India o China. La falta de movilidad de trabajo, junto con la falta de integración económica, hace que ninguno de los países latinoamericanos tenga suficientes ingenieros en computación como para poder garantizar el cumplimiento de contratos grandes de las principales multinacionales del mundo, señaló.

Viendo que yo no terminaba de entender, Ramadorai me pidió prestada mi libreta de apuntes, y me dibujo una pirámide, en cuyo vértice escribió "empresas de tecnología de la información grandes de la India", y en cuya base escribió "empresas de tecnología de la información chicas de América Latina". En la India, en la punta de la pirámide, hay empresas como Tata Consulting Services que tienen 85 000 programadores en el país (además de los otros 35 000 en el resto del mundo). En países como México, Argentina y otros países latinoamericanos hay miles de empresas chicas de software, que por lo general tienen solo 15 o 20 programadores cada una. "Supónte que un cliente como Citibank viene y dice: 'Necesito urgentemente 400 programadores para los próximos seis meses para consolidar nuestro sistema de cómputos con el de un banco que acabamos de comprar. Nosotros, en la India, lo podemos hacer. Pero Argentina, por ejemplo, tiene 3000 empresas pequeñas de software. Si una empresa necesita 400 programadores para los próximos seis meses, ¿adónde crees que va a ir? ¿Allí donde puede ir a una compañía, como la India, o donde tendría que juntar programadores de más de cien empresas pequeñas? Ésta es una industria de escala, en donde si no tienes volumen, no puedes competir", explicó Ramadorai.[12]

Ramadorai señaló que la fragmentación de la industria del software en Latinoamérica podría ser solucionada si existiera una mayor integración económica, pero no la hay. "América Latina es un continente de muchos países. El desafío es cómo hacer para que las capacidades de cada uno de esos países se combinen para hacerlos globalmente competitivos a todos; o sea, cómo podrían hacer para juntarse para poder satisfacer la demanda de grandes clientes de Estados Unidos, o España, o Portugal. Para eso, necesitas movilidad de trabajo e integración económica. Si los países latinoamericanos siguen mirando hacia adentro de cada uno de ellos, como ocurre ahora, la región no podrá convertirse en una Bangalore."[13]

LA OBSESIÓN DE LA INDIA CON LA EDUCACIÓN

Lo más interesante de la creación de este ejercito de cientos de miles de ingenieros y técnicos que se gradúan todos los años en las universidades indias es que, contrariamente a lo que uno podría suponer, la India gasta proporcionalmente menos en educación que muchos países latinoamericanos. El presupuesto educativo de la India equivale al 3.8 por ciento de su producto interno bruto, lo mismo que Argentina y Venezuela, pero menos que México (5.4 por ciento), Colombia

(4.7 por ciento), y Brasil (4 por ciento).[14] Existe una obsesión con la educación en la India, pero su rasgo más notable es que —al igual que en China— nace de las familias, y de la sociedad en general, más que del gobierno.

"En la India, la educación primaria es un desastre", me dijo Raj Cherubal, un experto en educación del Centro para la Sociedad Civil, una organización no gubernamental en Nueva Delhi. "Tenemos un sistema de escuelas públicas en el que el 25 por ciento de los maestros de escuelas primarias no asisten a clase, y el 50 por ciento de los que asisten no enseñan. La India tiene el porcentaje de ausentismo docente más alto del mundo después de Uganda. Y nadie puede hacer nada, porque los maestros son inamovibles de sus puestos."[15]

Sin embargo, millones de familias de la India se han venido rebelando contra la ineficiencia educativa que resulta de los intereses de los sindicatos docentes y la negligencia gubernamental, y han estado enviando cada vez más a sus hijos a escuelas privadas. A diferencia de lo que ocurre en América Latina, las escuelas privadas en la India no son reductos de las clases más pudientes, sino que hasta en los villorios más pobres, con calles de tierra, la gente manda a sus hijos a escuelas privadas, que muchas veces no son más que una choza prefabricada, con tres habitaciones convertidas en aulas, sillas rejuntadas de varios lugares y pisos de tierra, y que por lo general cobran unos dos dólares por mes por alumno. Según estimados del Centro para la Sociedad Civil, el 20 por ciento de los niños en las zonas rurales de la India y el 50 por ciento de los niños en las grandes urbes van a escuelas privadas, y este porcentaje va en aumento todos los años.

"Cada vez más, los pobres están mandando a sus hijos a escuelas privadas, porque saben que las públicas son pésimas", me comentó Cherubal. "A mí me parece fenomenal: la India ha estado tratando de reformar sus escuelas públicas desde hace 50 años, sin resultado alguno, y lo que estamos viendo ahora es una rebelión de los más pobres contra la escuela pública."[16]

No era casualidad que las tres industrias que más están creciendo en la India, según una estadística apócrifa que todo el mundo cita en el país, son las escuelas privadas, los guardias privados, y el agua embotellada. Uno visita cualquier aldea rural de la India, y se encuentra con escuelas privadas por doquier, por lo general casas rústicas con un cartel que las identifican como escuelas, y que generalmente tienen nombres presuntuosos —y occidentales— como St. Mary's, St. Patrick's o St. Anthony's.

Uno de los principales motivos por los que cada vez más gente pobre envía a sus hijos a estas escuelas es que, a diferencia de las escuelas públicas, que enseñan en los idiomas locales de cada provincia, las escuelas privadas tienden a ensenar en inglés. Y en un país de castas, donde la gente nace marcada por la clase social de sus ancestros, los pobres saben que hablar inglés —y la educación en general— son el mejor pasaporte para progresar en la vida. "El dinero es el gran nivelador de las castas, y la gente pobre sabe que la educación se traduce en mejor ingreso. Por eso uno ve tanto interés de las castas más bajas en la educación", me explicó Cherubal.

¿Y cuál es la posición del socialista de la India ante este fenómeno?, le pregunté a varios funcionarios y académicos en la India. Al principio, los gobiernos habían tratado de desincentivar la educación privada, y reformar la educación pública. Pero con el paso de los años y la creciente frustración por la falta de mejoras en la calidad de la educación primaria, el gobierno estaba aceptando —y en cierta medida incentivando— la migración de los pobres a estas improvisadas escuelas privadas, incluso a las escuelas privadas no certificadas por el gobierno. La manera en que lo hacía era autorizando a que los niños no tuvieran que asistir a clase en las escuelas públicas, y sólo exigiendo que rindieran su examen de fin de año en la escuela pública. De hecho, esto representa una autorización tácita para que más de 40 millones de estudiantes de escuelas primarias y secundarias de la India asistan a escuelas privadas, y vayan a la escuela pública sólo un día por año, a rendir su examen.

"La tendencia es a que el gobierno le dé cada vez menos dinero a la burocracia docente, y cada vez más dinero a los padres, para que envíen a sus hijos a la escuela que quieran", me dijo Cherubal. "O sea, en lugar de dar dinero a las escuelas, dar dinero a los estudiantes. En

Bangladesh, ya lo están haciendo, y todo indica que se hará cada vez más aquí."[17]

EXAMEN DE INGRESO AL *KINDERGARTEN*

Para el sector de la población india que está obsesionado con la educación —que no es mayoritario, pero que debido al tamaño de la población alcanza un número gigantesco de varios cientos de millones de personas— la meritocracia educativa empieza en el jardín de infantes. En efecto, las exigencias de las escuelas privadas en la India son tantas, que hasta los *kindergartens* suelen tener rigurosos exámenes de ingreso.

El tema de los exámenes de ingreso al jardín de infantes se había convertido en una noticia de primera plana durante mi visita al país. Varios grupos de padres indignados por esta práctica, que según ellos era un acto de crueldad contra los niños, habían llevado el caso a la Suprema Corte de Justicia, argumentando que había que terminar con esta práctica y empezar con los exámenes de ingreso en el primer año de la escuela primaria o en la secundaria. Estos exámenes sometían a los pequeños a demasiado *stress*, demasiado temprano en la vida, señalaban los padres. Los exámenes de ingreso de muchos *kindergartens* consistían en tres tipos de pruebas: matemáticas, lectura y habilidad verbal. Los niños tenían que poder identificar cifras mayores o menores en una escala del 1 al 100 —¿53 es más o menos que 91?—, además de poder leer palabras de tres letras, y salir bien parados en una entrevista con los examinadores de la escuela.

Después de una intensa pelea legal, la Suprema Corte había ordenado suspender la práctica hasta nuevo aviso, pero era un secreto a voces que miles de jardines de infantes privados seguían practicando exámenes de ingreso, y que muchos padres buscaban precisamente los *kindergartens* que lo hacían, pensando que eran más rigurosos y les darían una mejor educación a sus niños. Los miembros de la comunidad diplomática latinoamericana en Nueva Delhi suelen contarle a sus visitantes sobre estos duros exámenes de ingreso al jardín de infantes: mientras en muchos países de América Latina no hay pruebas de ingreso ni siquiera para entrar en la universidad, en la India la competencia entre los jóvenes empieza desde el *kindergarten*, señalan, algunos con admiración, y otros con algo de horror.

EL INSTITUTO TECNOLÓGICO DE NUEVA DELHI

En materia de meritocracia educativa, probablemente no haya una institución educativa en el mundo que tenga requerimientos de ingreso más estrictos que los institutos indios de tecnología (IIT) fundados por Nehru a mediados del siglo pasado para crear una elite tecnológica en el país. Como lo señalamos anteriormente en este capítulo, los institutos tecnológicos admiten un porcentaje de postulantes mucho menor que el de la Universidad de Harvard.

Cuando visité el Instituto Indio de Tecnología de Nueva Delhi, lo primero que me llamó la atención fue lo mediocre de sus instalaciones. Para ser la universidad que los funcionarios indios presentan como la joya del país, el edificio central de la institución —construido en 1961— es bastante sombrío. El letrero en la entrada de la universidad es una piedra pintada bastante artesanalmente, en un piso de tierra, sin pasto. Adentro del edificio, de paredes exteriores grises y marrones, los corredores son oscuros y fríos. Por lo menos en su aspecto físico, el edificio era menos moderno que muchas universidades estatales latinoamericanas.

Pero en cuanto a la enseñanza, era otra cosa. Cinco de los institutos tecnológicos de la India figuran en el *ranking* de las 100 mejores universidades tecnológicas del mundo del Suplemento de Educación Superior del *Times* de Londres, incluyendo el Instituto Tecnológico de Mumbai, que está en el puesto número 36, y el de Nueva Delhi, en el puesto número 42. En el mismo *ranking* no figura ninguna universidad tecnológica latinoamericana.[18] Todos los profesores titulares de los institutos indios de tecnología deben tener un doctorado para enseñar, y la competencia entre los estudiantes para entrar es tan feroz que se ha creado toda una industria satélite de institutos que ayudan a los aspirantes a pasar el examen de ingreso a costos exorbitantes. Según algunos estimados, más del 90 por ciento de los estudiantes que ingresan en los institutos indios de tecnología se han preparado en estos institutos, lo que de por sí otorga una ventaja significativa a aquellas familias que pueden pagarlos.

Aunque la India tiene un gobierno socialista, y grandes universidades estatales parecidas a las mexicanas, brasileñas o argentinas, los estudiantes pagan por sus estudios universitarios, y mucho. El pago anual en el Instituto Indio de Tecnología de Nueva Delhi es de unos 650 dólares al año, una suma bastante alta en la India. Según me explicaron durante mi visita al Instituto de Nueva Delhi, un 80 por ciento de los estudiantes pagan la matrícula entera o parte de la misma, mientas que un 20 por ciento estudian gratis, becados por el Estado.

Según me explicó Surendra Prasad, el rector, prácticamente el 100 por ciento de los estudiantes que se gradúan del IIT consiguen empleo apenas se reciben, muchos de ellos en el exterior. Según algunos estudios, desde 1953 alrededor de 25 000 graduados de los institutos de tecnología en todo el país emigraron a Estados Unidos, aunque muchos de ellos regresaron años después. Pero la enorme selectividad de estos institutos hace que los empleadores de la India y otros países contraten sin pestañear a cualquiera de sus graduados.

"En casi todos los casos, los estudiantes son reclutados por empresas privadas unos seis meses antes de su graduación", me explicó el rector. "La calidad del resto de las universidades en la India no es siempre igual, y las empresas saben que no hay un proceso de selección más riguroso que el nuestro."[19]

"EL MAYOR SIMBOLO DE ESTATUS: TENER BUENAS NOTAS"

Recorriendo las instalaciones del Instituto Indio de Tecnología de Nueva Delhi, me llamó la atención que la mayoría de los estudiantes eran hombres, y que su forma de vestir era bastante conservadora. Casi todos los jóvenes —alrededor de un 80 por ciento de los estudiantes son varones, me enteré después— visten *blue jeans* y camisetas, pero prácticamente no se ven muchachos con pelo largo, ni con aros o tatuajes, como en los campus de Estados Unidos. Y en lo que hace a las actividades sociales, por lo que pude ver son escasas y muy inocentes.

"Los dormitorios de las mujeres están a unos dos kilómetros de aquí, y no se nos está permitido entrar allí ni de visita", me dijo Tarum Soni, un estudiante de 22 años a punto de graduarse en ingeniería eléctrica, y que ya había aceptado un trabajo con Barclays Investment Bank en Tokio, Japón, tras su graduación. "Y tampoco vamos mucho a los bares, o lugares para bailar. A lo sumo uno se toma una cerveza el sábado en la noche. Aquí, el símbolo de estatus es sacar buenas calificaciones."[20]

Como muchos de los jóvenes de su generación, Soni no gastaba demasiadas energías en conseguir novia. Más adelante, cuando ya estuviera bien asentado en su trabajo y estuviera listo para formar una familia, sus padres pondrían un aviso en el periódico buscando a una joven de una familia de su misma casta y pueblo natal. Los "matrimonios arreglados" por los padres, que fueron suplantados por los "matrimonios por amor" a mediados del siglo pasado, han vuelto a estar en boga entre los jóvenes de la india. Según todas las estadísticas que me citaron con una mezcla de pragmatismo y orgullo, la tasa de divorcios en los matrimonios "por amor" había resultado mucho mayor que en los "matrimonios arreglados", y una gran mayoría de los jóvenes profesionales estaban volviendo a esa costumbre que en muchos casos había sido abandonada por sus propios padres.[21] Soni no podía perder tiempo buscando novia: sus padres se ocuparían de ello, cuando llegara el momento. Su prioridad, ahora, era graduarse con la mejor calificación posible, para poder incluirla en su hoja de vida.

LA COMISIÓN NACIONAL DEL CONOCIMIENTO

Uno de mis principales propósitos al viajar a la India había sido entrevistar al presidente de la Comisión Nacional del Conocimiento, Sam

Pitroda. Pero, para mi consternación, tras viajar 12000 kilómetros en el vuelo desde Chicago a Nueva Delhi, me vine a enterar que Pitroda no vive en la India, sino en Chicago. Me había pasado casi 24 horas en aviones para ser informado que mi entrevistado estaba en la ciudad desde donde había tomado el vuelo para llegar a la India.

¿Cómo puede ser que usted viva en Chicago?, le pregunté a Pitroda meses después, cuando lo entrevisté por vía telefónica en Estados Unidos. Pitroda me contó que había sido uno de los tantos jóvenes indios que habían ido a estudiar a Estados Unidos, y que luego de trabajar varios años allí había regresado a la India. Pitroda era un ejemplo típico de la "circulación de cerebros" de la que hablaban los funcionarios indios. Nacido en un pueblo rural de la India que no tenía electricidad ni agua potable, Pitroda se había graduado de ingeniero en la India y luego había hecho sus estudios de posgrado en ingeniería eléctrica en el Instituto Tecnológico de Illinois, en Chicago. Tras su graduación, se había dedicado a la investigación en las áreas de telefonía celular y minicomputadoras, patentando varios inventos, y luego haciendo una fortuna como empresario desarrollándolos comercialmente. En 1984, fue invitado a volver a la India por la primer ministra Indira Gandhi, y luego fue nombrado presidente de la Comisión Nacional de Telefonía por su sucesor, Rajiv Gandhi.

En los años noventa, Pitroda regresó a Chicago con su familia para volver a ponerse al frente de sus empresas. En 2004, cuando el nuevo primer ministro Manmohan Singh le ofreció hacerse cargo de la Comisión Nacional del Conocimiento, Pitroda había puesto como condición para aceptar el cargo el poder permanecer en Chicago, para estar cerca de sus hijos. El gobierno indio había accedido, pidiéndole que viajara una vez por mes a la India. Después de todo, no era una mala idea que el encargado de innovación viviera en el país que más estaba invirtiendo en innovación de todo el mundo. Según me explicó Pitroda, "vivir en Estados Unidos tiene otras ventajas para mí, como el no estar pendiente de las luchas políticas internas en la India. Éste es un trabajo que requiere ver las cosas a largo plazo, y alejarse de los temas cotidianos".[22]

La Comisión Nacional del Conocimiento de la India fue creada por el gobierno de centro-izquierda de Singh en 2005 con el propósito de "transformar a la India en una sociedad del conocimiento", para lo que le dio la misión de planear el camino a seguir en materia de educación, investigación, tecnología de la información, e innovación. Y hacia el final de la década, la comisión presidida por Pitroda había entregado al gobierno tres informes generales, con más de 200 recomendaciones específicas, la mayoría de las cuales fueron puestas en funcionamiento al poco tiempo.

Sin embargo, quizás el principal aporte de la Comisión había sido convencer al gobierno y al Parlamento sobre la necesidad de quintuplicar el presupuesto nacional en educación, ciencia y tecnología a partir de 2008. "La mayor parte del dinero será usado para mejorar la educación en las escuelas primarias, para tecnología de la información, y para las universidades", me dijo Pitroda. "Tenemos 550 millones de personas de menos de 25 años, y el potencial de constituir un cuarto de la fuerza laboral mundial en el año 2020. Nos hemos concentrado en una agenda para la educación y el desarrollo del conocimiento para lograr esa meta."[23]

LA MÁXIMA PRIORIDAD: APRENDER INGLÉS

Una de las principales recomendaciones de la Comisión Nacional del Conocimiento que fue aceptada por el gobierno indio, fue adoptar la enseñanza obligatoria del inglés en todas las escuelas públicas a partir del primer grado de la escuela primaria, no como una segunda lengua, sino como un idioma que a partir de ahora será enseñado obligatoriamente en forma paralela al lenguaje local de cada región del país.

Poco antes, en 2004, el gobierno comunista de China había adoptado una decisión similar: instaurar la enseñanza obligatoria del inglés a partir del tercer grado de la primaria. La India no se podía quedar atrás. La elite profesional y de negocios india ya había adoptado el inglés como su primera lengua, pero más del 95 por ciento de la población del país no dominaba el inglés, según datos oficiales. La comisión estimaba que la cifra de angloparlantes era aun menor, de poco más del 1 por ciento de la población. Para promover la igualdad social y permitir que los pobres pudieran acceder a empleos mejor remunerados, y para convertir al país en una fuerza laboral para el resto del mundo, era esencial que todos los ciudadanos de la India aprendieran el inglés simultáneamente al hindú, o alguna de las 22 lenguas regionales del país.

"Creemos que el inglés es el lenguaje global de la comunidad de negocios, y sin una población que hable inglés será difícil convertirnos en un jugador de peso a nivel mundial", me dijo Pitroda. En los próximos años, habrá un cambio fundamental en la forma en que se enseña el inglés en la India, señaló. Ya no será enseñado en las escuelas como una asignatura separada, sino que será incorporado al contenido de los programas de estudio, de manera que las escuelas enseñaran cada vez más asignaturas como matemáticas, o física, en inglés. "El aprendizaje del lenguaje no puede ser separado, y debe estar integrado con el contenido de la asignatura", señaló.

¿Cómo hará la India para enseñar inglés en todas las escuelas públicas sin suficientes maestros de inglés?, le pregunté. De hecho, al igual que casi todos los países latinoamericanos, el principal problema para expandir la enseñanza del inglés en la India es la falta de maestros: muy pocos de los cuatro millones de maestros en la India tienen conocimientos básicos de inglés. La Comisión Nacional del Conocimiento recomendó, además de incrementar drásticamente la capacitación de inglés para los maestros, permitir que graduados universitarios que hablen inglés sean contratados para enseñar el idioma en las escuelas aunque no tengan título de maestros.

Al mismo tiempo, la comisión recomendó aumentar drásticamente la cantidad y calidad de libros de texto y materiales audiovisuales en inglés, y aumentar la exposición de los niños al idioma inglés fuera de la escuela mediante la creación de canales de radio y televisión bilingües. "Vamos a usar mucha tecnología para suplir la carencia de maestros de inglés", me dijo Pitroda. "Si tu miras lo que está ocurriendo en todo el mundo, la educación todavía no se ha beneficiado mucho de los avances tecnológicos. En casi todas partes, la educación es como era hace cien años: una maestra, un pizarrón, exámenes, y calificaciones. Vamos a cambiar todo eso, introduciendo computadoras en las clases, y haciendo que los niños aprendan jugando. El rol del maestro va a tener que cambiar, y pasar de ser una persona que entrega contenido a una persona que actúa como un mentor. Hay muchas cosas interesantes que se pueden hacer. ¿Por qué no enseñar inglés por el teléfono celular, por ejemplo? Tenemos que cambiar la tecnología de la enseñanza, y hacerla más interesante para los alumnos."

Tras hablar con Pitroda, me quedé pensando en el desafío que significará para América Latina la creación de una fuerza de trabajo angloparlante de cientos de millones de jóvenes en la India y China. Mientras que la India le está empezando a enseñar inglés a sus 500 millones de jóvenes desde el primer grado de la escuela primaria, y China ya ordenó hacer lo propio con sus 300 millones de jóvenes a partir del tercer grado de la primaria (la población china tiene un mayor promedio de edad que la de la India), en la mayoría de los países de América Latina las escuelas públicas empiezan a enseñar inglés en séptimo grado de la primaria, o más tarde. Los más avanzados, como Chile, han establecido la enseñanza obligatoria del inglés en el quinto grado de la primaria.[24]

Todo esto significa que para 2020, cuando una empresa multinacional necesite contratar servicios de atención telefónica al cliente, o de programas de computación, o de contabilidad, tendrá a su disposición una reserva de trabajo gigantesca en Asia, mucho mayor y más competitiva que la actual. Si los países latinoamericanos no entran en esta carrera —y, salvo pocas excepciones, muy pocos lo están haciendo—, se quedarán cada vez más atrás en la economía del conocimiento del siglo XXI.

LAS NUEVAS UNIVERSIDADES

La otra gran estrategia de la Comisión Nacional del Conocimiento del gobierno indio ha sido crear 1 250 nuevas universidades estatales y semiprivadas, la mayoría de ellas pequeñas y medianas, para llegar a tener un total de 1 500 universidades en 2015. Según la comisión, las universidades del siglo XXI deben ser "flexibles, innovadoras y creativas" —todo lo que no son las grandes universidades estatales del país, con excepción de los institutos tecnológicos—.

Alarmado por el hecho de que —fuera de los institutos tecnológicos— ninguna universidad India calificara entre las 50 mejores universidades del mundo en el *ranking* del Suplemento de Educación Superior del *Times* de Londres, el gobierno de Singh se propuso una reforma radical del sistema universitario, incluyendo la modernización de planes de estudios, que en algunos casos no habían sido modificados en décadas; la incentivación del estudio a través de métodos que alienten la creatividad en lugar de la memorización; el quiebre de la rígida separación de las escuelas para desarrollar más estudios interdisciplinarios; el aumento del volumen de investigaciones que se reflejen en artículos publicados en revistas académicas internacionales, y una mayor rendición de cuentas a la sociedad sobre la calidad educativa.

¿Por qué crear nuevas universidades más pequeñas en lugar de concentrar recursos en mejorar las más grandes?, le pregunté a varios funcionarios indios. Se trata de una tendencia mundial, cuyo principal propósito es hacerlas más ágiles, me respondieron muchos. En China, el gobierno había ordenado la creación de 1 250 nuevas universidades entre 2004 y 2007. "Algunas de nuestras universidades son demasiado grandes como para garantizar estándares académicos elevados y buenas administraciones. Necesitamos universidades más pequeñas que puedan responder más rápidamente al cambio, y sean más fáciles de administrar", señaló la comisión en uno de sus estudios.[25]

¿Y cómo pensaban pagar todos estos proyectos? En primer lugar, mediante el aumento masivo en el presupuesto educativo que había recomendado la comisión, me dijo Pitroda. En segundo lugar, mediante la entrega a las nuevas universidades de terrenos estatales que excedan las necesidades de las nuevas instituciones de educación superior, a fin de que puedan generar ingresos con los terrenos que les sobren. En tercer lugar, adoptando el sistema de creación de grandes fundaciones de las universidades mediante las rebajas impositivas a quienes les donen dinero. Y en cuarto lugar, un tema tan polémico en la India como en cualquier país latinoamericano: el cobro de matrícula a aquellos estudiantes que estén en condiciones de pagar, garantizando simultáneamente que ningún estudiante se vea imposibilitado a entrar en una universidad por falta de recursos.

Actualmente, los institutos indios de tecnología cobran unos 650 dólares al año a sus estudiantes —alrededor del 20 por ciento del total tienen becas completas—, y las instituciones de educación general como la Universidad de Nueva Delhi cobran unos 150 dólares por año. Sin embargo, el 90 por ciento del presupuesto de las universidades indias debe ser utilizado para el pago de salarios, pensiones, y gastos esenciales como electricidad y teléfonos, dejando el 10 por ciento restante para la manutención de edificios, y prácticamente nada para nuevas instalaciones y —lo más importante— la investigación. Sin aumentar sus fuentes de ingreso cobrándoles a quienes pueden pagar, las universidades no podrán modernizarse, concluían los funcionarios indios.

¿Y cómo hacer para evitar que las universidades privilegien el ingreso de quienes pueden pagar?, pregunté. El gobierno indio estaba impulsando una ley por la cual sería ilegal para las universidades tomar en cuenta la capacidad económica de los aspirantes al decidir otorgarles ingreso, y al mismo tiempo estaba creando un sistema de becas nacional destinado a los estudiantes de familias pobres, o de castas históricamente segregadas. Las nuevas leyes y el sistema de acción afirmativa —por la cual las universidades indias tienen cuotas reservadas para estudiantes de bajos recursos— garantizará que ningún estudiante con calificaciones adecuadas sea dejado fuera de universidades que deberían admitirlo, aseguraban.

El desafío es enorme. Apenas un 11 por ciento de los jóvenes en edad universitaria de la India logra entrar en las universidades actualmente, un porcentaje muy pequeño comparado con el 48 por ciento en China, o el 82 por ciento en Estados Unidos.[26] Pero si el plan de la comisión se cumple al pie de la letra, el porcentaje de universitarios indios se duplicará en 2015.

Hacia el final de mi visita a la India, les hice a varios funcionarios la misma pregunta: ¿qué ha hecho la India para crecer casi dos veces más rápido que América Latina, sacar de la pobreza a más de 100 millones de personas y cuadruplicar el tamaño de su clase media? Paradójicamente, a pesar del *boom* de las materias primas que había hecho crecer a países como Venezuela y Argentina a tasas del 10 por ciento en la primera década del siglo XXI, India había crecido a un promedio del 8.8 por ciento anual, mientras que Latinoamérica había crecido a un promedio del 5 por ciento anual en el mismo lapso. ¿Cuál había sido el secreto de la India?

Montek Singh Ahluwalia, el ministro de Planeamiento de la India que había concedido plenamente con mi impresión relatada al principio de este capítulo de que el aeropuerto de Nueva Delhi era espantoso, me dio algunas de las mejores respuestas. El funcionario, que lleva un turbante que lo identifica como miembro de la religión sikh, conoce Latinoamérica mejor que muchos: antes de su cargo actual, había sido director de la oficina de evaluación del Fondo Monetario Internacional en Washington, y como tal había manejado las crisis financieras de Brasil, Argentina y otros países latinoamericanos, viajando frecuentemente a la región.

En una larga entrevista en su despacho, Ahluwalia comenzó diciendo que la India, al igual que muchos países latinoamericanos, comenzó a reducir el papel del Estado en la economía en la década de los noventa. "Pero hay una gran diferencia en la manera en que esto se hizo en India, y la manera que se hizo en América Latina y Europa del Este", señaló. "Mientras que en América Latina y Europa del Este se hizo repentinamente, para salir de una crisis económica o como resultado de un cambio político, para salir del comunismo, en la India se hizo gradualmente."[27]

¿Y qué importancia tiene eso?, le pregunté, sin entender muy bien adonde se dirigía con ese argumento. "La India no hizo sus reformas económicas para salir de una crisis económica ni política, sino como fruto de su propio convencimiento de que tenía que hacerlas. Eso creó un fuerte consenso político que permitió que estas reformas se perpetuaran en el tiempo y dieran sus frutos", continuó. En los años ochenta, la India se había dado cuenta de que no crecía como el resto de los países asiáticos que estaban abriendo sus economías. "De manera que la India se empezó a preguntar: si los países de Asia del Este pueden, ¿por que no podemos nosotros? Pero las reformas se hicieron de manera gradual, a la manera india, y como producto de un consenso interno, y no por imposición de fuerzas de afuera. No hicimos las cosas porque nos lo pidió el Banco Mundial, ni por una convulsión económica ni política, sino por nuestra propia voluntad." Ahluwaia continuó diciendo: "No soy un nacionalista, ni de la idea de que algo es necesariamente mejor porque sea un producto del país. Pero creo que si haces reformas nacidas del propio país, creas un consenso social más genuino detrás de los cambios, y probablemente también logras identificar mejor cuáles son las cosas que más necesitan ser cambiadas, lo que al final del día también ayuda a aumentar el apoyo de la sociedad a estos cambios".[28] El resultado había sido que la India había crecido más lentamente que muchos países latinoamericanos, pero a la larga su crecimiento había sido más sostenible.

¿Cuáles son las lecciones para América Latina, entonces? Le pregunté. La primera lección es que "la continuidad rinde sus frutos", señaló, después de especificar que estaba hablando como académico, y no en su calidad de alto funcionario del gobierno. A diferencia de muchos países latinoamericanos que cambian sus políticas económicas con cada nuevo gobierno, y en que cada nuevo presidente inaugura un nuevo "modelo" económico, la India había mantenido el rumbo de sus reformas. Desde 1991, había abierto la mayoría de los sectores de su economía —incluyendo aerolíneas, ferrocarriles y compañías telefónicas— al sector privado, sin generar grandes resistencias. Aunque la India es una democracia ruidosa, existe un consenso general de que la estabilidad genera inversión y de que no hay crecimiento sin inversión, explicó.

La segunda lección es que "el gradualismo rinde frutos", señaló. A diferencia de lo que hicieron muchos países latinoamericanos, que privatizaron las empresas estatales de la noche a la mañana, la India abrió su economía gradualmente, en el transcurso de los últimos 15 años. "Aquí, todo fue gradual", señaló. Eso dio más tiempo a que se consolidara el apoyo social a cambios polémicos, como algunas privatizaciones, y a evitar los bandazos económicos que ahuyentan las inversiones nacionales y extranjeras, explicó.

En materia de privatizaciones, la India siguió en muchos casos un camino diferente al de México, Brasil o Argentina. "Hay más de una manera de privatizar", dijo Ahluwaia. A diferencia de lo que ocurrió en varios países latinoamericanos, que vendieron monopolios estatales a inversionistas privados, en muchos casos mediante licitaciones de dudosa transparencia, la India permitió sobrevivir a varias de sus grandes empresas estatales, pero obligándolas a competir con nuevas firmas privadas. En otras palabras, la India abrió el juego. Eso fue mucho más digerible políticamente en la India, un país con gobierno socialista y varios estados clave gobernados por el Partido Comunista, que las privatizaciones directas. "Hace 10 años, las telecomunicaciones eran un monopolio del Estado", comentó Ahluwalia. "No privatizamos todo el sistema de telecomunicaciones estatal, sino que abrimos el sector a empresas privadas. Les permitimos participar, cosa que antes no podían hacer."[29]

La tercera lección es que invertir en la educación da resultados, señalo. Gran parte del crecimiento económico reciente de la India se debía a la próspera industria informática del país, señaló. Las compañías multinacionales más grandes del mundo habían establecido sus centros de software en Bangalore y en Hyderabad, para aprovechar la mano de obra relativamente barata de los cientos de miles de nuevos ingenieros y otros profesionales que se gradúan todos los años en el país, y eso se había convertido en el motor más dinámico de la economía india. La apuesta de Nehru de crear los institutos indios de tecnología, tan criticada en la década de los sesenta, había sido acertada. "En ese momento, mucha gente decía que no debíamos invertir tanto en la educación terciaria, sino en las escuelas primarias, y que la inversión en los institutos indios de tecnología sólo serviría para producir una fuga de cerebros. En cierto sentido, era verdad que teníamos que haber invertido más en escuelas primarias, pero no resultó cierto que la inversión en educación terciaria había sido un derroche de dinero que facilite la emigración de cerebros. Por el contrario, creó una diáspora que puso a disposición del país una red que resultó importantísima para el beneficio del resto de la India", señaló.[30]

Al finalizar mi visita a la India, salí más convencido que nunca que muchos países latinoamericanos harían bien en seguir algunos ejemplos de este país, como los señalados por Ahluwaia. En la economía de la información del siglo XXI, en que las exportaciones de software y otros productos del intelecto se cotizan mucho más que las materias primas, las políticas económicas estables, el gradualismo y un sistema educativo basado en la competencia habían ayudado a sacar de la pobreza a más de 100 millones de personas en la India, y a elevar rápidamente los estándares de vida del país.

5

Cuando China enseña capitalismo

En 2009 se produjo un hecho muy significativo que pasó totalmente desapercibido en medio de la crisis económica mundial: el *ranking* del *Financial Times* de las mejores escuelas de administración de empresas del mundo incluyó por primera vez una escuela de negocios de China entre las 10 mejores del planeta, casi a la par de las de Wharton, Harvard y Columbia.

No fue casualidad ni una excepción a la regla: en los últimos años, las escuelas de negocios —verdaderos bastiones del capitalismo— de las universidades públicas de China comunista han escalado cada vez más alto en los *rankings* de las mejores universidades del mundo. Y no sólo las de China. Otras escuelas de negocios de Japón, la India y Singapur habían estado subiendo en los últimos cinco años en el *ranking* del *Financial Times*, en el que en momentos de escribir estas líneas todavía no asomaba la cabeza ninguna escuela de negocios de América Latina.

En 2009, había cuatro escuelas de negocios asiáticas entre las mejores 25 del mundo del *Financial Times*: la Escuela de Negocios Chino-Europea (CEIBS) de Shanghai, en el octavo lugar; la Escuela de Negocios de la India, en el puesto número 15; la Escuela de Ciencia y Tecnología de Hong Kong, en el puesto 16, y la Escuela de Negocios Nanyang, de Singapur, en el puesto 24. Y si se incluye la Escuela Insead, un emprendimiento conjunto de Francia y Singapur, ya hay cinco escuelas de negocios asiáticas entre las mejores del mundo.

¿Cuál es el significado del ascenso de las escuelas de negocios asiáticas? Según me dijeron varios profesores de economía y negocios de China, el impacto es enorme, y lo será cada vez más. Existen ya 126 escuelas de negocios autorizadas por el Ministerio de Educación de China para dar títulos de maestrías en administración de empresas, incluidas unas 35 escuelas de negocios de Estados Unidos y Europa, que en su conjunto están graduando casi 20 000 nuevos gerentes por año. Esto significa que China está creando una masa crítica de gerentes formados bajo los criterios de las escuelas de negocios más exigentes del mundo capitalista para convertirse en ejecutivos de empresas multinacionales. Y también significa que China está creando una nueva elite de emprendedores, que serán capaces de fundar empresas, hacerlas crecer y aumentar aún más el crecimiento económico chino.

"Las escuelas de negocios están teniendo un enorme impacto en China," me dijo Rolf D. Cremer, el rector de la escuela de negocios CEIBS de Shanghai, en una entrevista. "El éxito de las compañías chinas en la economía global no hubiera sido posible sin una significativa mejora del capital humano, mediante la formación de administradores eficientes. Y eso se va a ver cada vez más."[1] El gobierno chino estima que el país necesitará 75 000 gerentes en la próxima década para continuar su formidable expansión económica, y está haciendo todo lo posible para que las nuevas generaciones de administradores puedan competir con cualquiera. La nueva clase capitalista china será cada vez más competitiva, y —a menos que el resto del mundo se ponga las pilas— dejará a muchos países cada vez más atrás.

"CHINA ABRIÓ SUS PUERTAS A UNIVERSIDADES EXTRANJERAS"

Cremer, el rector de la escuela de negocios CEIBS en Shanghai, es un alemán que había llegado a China para enseñar en universidades de Hong Kong y Macao en 1982, en los inicios de la apertura económica de China iniciada por el primer ministro Deng Xiaoping en 1978. Tras una década en China, se había mudado a Nueva Zelanda para enseñar allí durante 10 años, y había regresado a China a principios del nuevo milenio para enseñar en el CEIBS, antes de ser nombrado su rector en 2004. Según me dijo con orgullo, CEIBS —fundada en 1984 bajo su antiguo nombre de Instituto Chino-Europeo de Administración— era la primera escuela internacional de negocios que se había establecido en China. La educación china producía buenos músicos y buenos médicos, pero había un vacío enorme de gente con conocimientos gerenciales", recordó.[2]

En esa época, después de la Revolución cultural de Mao, el gobierno chino comenzó a implementar una estrategia de tres puntas: estimular las inversiones extranjeras para atraer tecnología internacional y capital humano al país; estimular a que los mejores estudiantes del país hicieran sus licenciaturas y maestrías en el extranjero, e invitar a universidades extranjeras a establecerse en China, primero en forma experimental, y luego de manera definitiva.

En 1994, 10 años después de establecido Instituto Chino-Europeo de Administración, el gobierno chino firmó un nuevo acuerdo con la Unión Europea para refundar el instituto como una "Escuela de Negocios Chino-Europea". Desde entonces, se habían abierto docenas de escuelas de negocios extranjeras en el país.

"China abrió su sistema educativo, y permitió que cada vez más jugadores —tanto nacionales como extranjeros— experimenten en el país", dijo Cremer. "El país tenía que ponerse al día con el resto del mundo: estaba produciendo buenos ingenieros y científicos, pero no administradores." Entre otras, se abrieron las escuelas de negocios de la Universidad de Nottingham, Gran Bretaña; la Escuela Internacional de Negocios de Beijing con la Universidad de Fordham de Estados Unidos; el programa conjunto de la Escuela de Negocios de Washington University de Saint Louis con la Universidad de Fudan en Shanghai, y varios programas patrocinados por Harvard, Columbia y varias otras de las principales escuelas de negocios del mundo.

Algunas eran escuelas extranjeras con sucursales en China, otras eran escuelas conjuntas chino-norteamericanas o chino-europeas, y otras eran escuelas chinas —como CEIBS— con profesores y programas de estudio de universidades norteamericanas o europeas. Los chinos querían probar de todo, y decidir luego cual era la modalidad de aprendizaje que mejor se adaptaría a las necesidades del país, aunque muchas de las instituciones extranjeras no se ajustaran del todo al marco legal educativo del momento. Bajo un esquema de "políticas experimentales de desarrollo" que se habían iniciado en varios campos de la economía desde las reformas de 1978, el gobierno hacía la vista gorda para que se instalaran en el país todo tipo de universidades extranjeras. De hecho, la mayoría de estas escuelas habían iniciado sus actividades sin acreditación formal del Ministerio de Educación, pero —como en el caso de CEIBS— bajo la cobertura de acuerdos del gobierno chino con otros países, que les daban tanta o más credibilidad ante el estudiantado que las escuelas chinas.

¿Y cómo habían logrado vencer la resistencia de los sindicatos de maestros y de la burocracia educativa china?, le pregunté a Cremer, teniendo en cuenta que incluso dentro de una dictadura como la china había enormes intereses dentro del sistema por mantener el monopolio de docentes nacionales sobre la educación. El secreto había sido permitir que el Ministerio de Economía se impusiera sobre el Ministerio de Educación, respondió el rector. El gobierno chino entendía que la formación de gerentes era una prioridad fundamental para lograr su meta de convertir al país en una potencia mundial, y si a los burócratas del Ministerio de Educación no les gustaba, mala suerte para ellos.

LA GLOBALIZACIÓN AYUDÓ A LOS POBRES

La apertura económica de China, en la que la internacionalización de la educación jugó un rol importantísimo, dio lugar al mayor crecimiento económico y —lo que es más importante— la mayor reducción de la pobreza en la historia reciente de la humanidad. Más de 500 millones de personas fueron sacadas de la pobreza extrema en China en las últimas tres décadas, gracias a un crecimiento económico constante de cerca del 10 por ciento anual. El porcentaje de pobreza extrema en China cayó del 65 por ciento de la población en 1981 al 10 por ciento de la población en 2007, según el Banco Mundial.[3] Para poner estos porcentajes en perspectiva, durante el mismo periodo la pobreza extrema en América Latina —o sea, aquellos que ganan el equivalente de menos de un dólar por día— apenas bajó tangencialmente del 18 por ciento al 13 por ciento de la población.[4] No en vano el Banco Mundial calificó de "envidiable" la reducción de la pobreza que ha logrado China desde su inserción en la economía global.[5]

Cada vez que había visitado China, se me había caído la mandíbula al ver el impresionante progreso del país. El Beijing de hoy se parece a esas películas documentales que muestran a Nueva York a principios del siglo XX: una ciudad con un dinamismo desbordante, donde se levantan nuevos rascacielos por donde uno mire. En los últimos años ha habido un promedio de nada menos que 5 000 grúas de construcción de rascacielos trabajando día y noche en la capital china, al punto que los chinos bromean que el nuevo pájaro nacional es la grúa de construcción. Hay grúas por donde uno mire. Las vi trabajar hasta de noche, con lámparas colgadas de sus extremos que —cuando están en movimiento— parecen aviones avanzando en la oscuridad.

Y por la majestuosa avenida Changan de Beijing, siempre me asombraba de lo bien vestida que iba la gente —muchos, sin duda, con ropa de Ralph Lauren o Yves Saint Laurent pirateada por las fábricas chinas— y de la cantidad de Audis, BMW, Mercedez Benz y otros autos de lujo que uno veía pasar. En medio de la crisis económica de 2009, los medios oficiales chinos estimaban —con orgullo— que había en China más de 300 000 millonarios en dólares, y más de 500 chinos cuyos activos sobrepasaban los 100 millones de dólares.

La China de hoy es el paraíso de los capitalistas. Es un capitalismo de Estado —o capitalismo sin derecho de huelga— en el que todos los trabajadores pueden ser despedidos sin más; casi todo el mundo tiene que pagar su seguro médico, y los estudiantes universitarios tienen que pagar por sus estudios. El sector privado —o "no público" en la jerga oficial del gobierno chino—, que en 1978 representaba menos del 1 por ciento de la economía, llegaba al 65 por ciento de la economía en 2005, y se estima que hoy en día es aún mayor.[6] China es una dictadura comunista que, paradójicamente, ha empezado a reducir la pobreza desde el momento en que abrazó el capitalismo. Y lo sigue haciendo con un entusiasmo casi religioso.

UNIVERSIDADES DE ESTADOS UNIDOS DAN TÍTULOS EN CHINA

Las escuelas de negocios extranjeras son apenas la punta del *iceberg* en lo que hace a la presencia de las universidades de Estados Unidos y Europa en China. En la última década, China ha firmado más de 1 000 acuerdos académicos internacionales, bajo una política de "internacionalización de la educación" del gobierno chino. Y lo que más me sorprendió es que el gobierno comunista chino —a diferencia de la mayoría de los gobiernos latinoamericanos— permite que las universidades extranjeras otorguen títulos habilitantes en China, que son altamente codiciados por los estudiantes.

Hoy día, hay más de 170 universidades extranjeras que están autorizadas para dar diplomas válidos en China, sin contar con las que están establecidas en Hong Kong y Macao.[7] Algunas de ellas —como la Universidad Johns Hopkins, la Universidad Estatal de Missouri y el New York Institute of Technology, de Estados Unidos— son universidades extranjeras con sucursales en China, mientras la mayoría son instituciones extranjeras con programas conjuntos con universidades chinas, que dan títulos validos en China. La Universidad Internacional de la Florida (FIU), que abrió una Escuela de Hotelería junto con la Universidad Comercial de Tianjin en 2004, ya tenía más de 1 100 alumnos.

"Los alumnos chinos tienen que pasar el mismo proceso de admisión y aprobar el mismo examen de inglés para estudiantes extranjeros que si fueran estudiantes extranjeros en nuestro campus de Miami, y el diploma que damos en China es el mismo que damos en Miami", me explicó Joan Remington, la decana interina de la Escuela de Hotelería y Turismo de FIU. "Como hay muchos estudiantes chinos que no pueden pagarse los estudios en Estados Unidos, lo que hizo el gobierno chino fue facilitar que las universidades norteamericanas vayamos a China."[8]

En momentos de escribirse estas líneas, la Universidad de Arizona estaba en proceso de crear la Universidad Internacional de Nanjing, cuyo objetivo era nada menos que llegar a tener 10 000 estudiantes en China en 10 años. Los chinos no están haciendo otra cosa que lo que los japoneses y coreanos del sur habían estado haciendo desde hacía varias décadas: permitir —y estimular— la presencia de grandes universidades de Estados Unidos y Europa para ayudar a modernizar su educación terciaria y acelerar la inserción de sus países en la economía global.

Según una encuesta realizada en 2008 por el Instituto de Educación Internacional (IIE) y la Universidad Libre de Berlín, el 87 por ciento de las universidades norteamericanas y el 85 por ciento de las europeas están planeando desarrollar más programas académicos que otorguen diplomas en el exterior. Sin embargo, cuando se les preguntó en qué países estaban contemplando abrir sucursales, las universidades norteamericanas citaron a China, India, Alemania y Francia. El segundo destino preferido en ambos casos fueron los Emiratos Árabes y otros países el Medio Oriente.

"No vimos mucho interés en abrir sucursales en Latinoamérica en nuestra encuesta," me dijo Daniel Obst, el director de educación terciaria del IIE, que formó parte del equipo que realizó el estudio. "No sé la razón, pero podría tener que ver con razones de mercado: hay muchos más potenciales estudiantes en Asia que en Latinoamérica, y podría ser que ése sea el motivo por el que las universidades de Estados Unidos y Europa estén mirando para Asia."[9]

Puede ser. Pero, como veremos más adelante en este libro, una de las grandes trabas para la venida de universidades de Estados Unidos y Europa es que los ministerios de educación latinoamericanos les ponen todo tipos de trabas. Mientras los chinos comunistas invitan a las mejores universidades del mundo capitalista a venir a su país, en Latinoamérica les estamos cerrando las puertas.

LOS ESTUDIANTES CHINOS VAN A ESTUDIAR AFUERA

Como parte de su política de "internacionalización de la educación" tendiente a aumentar la inserción del país en la economía global, el gobierno chino comenzó a alentar a sus mejores estudiantes a graduarse en el extranjero a partir de la década de los ochenta. En 1991, el gobierno chino financió los estudios en el exterior —principalmente en Estados Unidos— de prácticamente la totalidad de los 7647 estudiantes que salieron a estudiar afuera ese año. En 2006, la cifra de estudiantes chinos en el exterior era de 130000 —tres veces más que todos los países latinoamericanos y caribeños juntos— y más del 90 por ciento de los estudiantes chinos en el exterior se estaban pagando sus estudios con los ahorros de sus familias o con préstamos bancarios.[10]

Como vimos en el primer capítulo, el número de estudiantes chinos en las universidades de Estados Unidos ya ha llegado a 98000. Pero los estudiantes chinos no sólo van a estudiar a Estados Unidos, sino a todo el mundo. Según datos de la UNESCO, un 2 por ciento de los universitarios chinos están estudiando en el exterior. Comparativamente, sólo el 0.4 de los estudiantes de Brasil y Argentina, respectivamente, y el 1 por ciento de los de México están estudiando afuera.[11]

Al igual que la India, China está apostando a que lo que antes se llamaba la "fuga de cerebros" se convierta en un fenómeno positivo para el país. Según el Anuario Estadístico de la Educación en China, publicado por el gobierno de China, de 1300000 estudiantes universitarios que salieron al exterior desde el inicio de la apertura china en 1978 han regresado al país unos 400000. Sin embargo, el gobierno sigue viendo con buenos ojos la salida de sus mejores estudiantes al exterior, calculando que a la larga beneficiarán al país ya sea regresando con mayores conocimientos o quedándose en el exterior y contribuyendo mediante intercambios académicos, contactos comerciales e inversiones.

LA OBSESIÓN DE LOS CHINOS POR LA EDUCACIÓN

Pero lo que más me impresionó de China —y una de las cosas que más está contribuyendo a convertir al país en una potencia económica mundial— es la obsesión de su gente por la educación. Las familias chinas invierten la mayor parte de su dinero, y de su tiempo, en la educación de sus hijos. Según un informe de *Sohu News* citado por la Organización de para la Cooperación y el Desarrollo Económicos (OCDE), los gastos mensuales en educación representan el mayor desembolso de las familias chinas, por encima de los gastos de renta de sus apartamentos y de sus contribuciones jubilatorias.[12] Y debido a la política del gobierno chino de no permitir más de un hijo por pareja, el mapa familiar hace que una familia típica conste de dos padres y cuatro abuelos que —entre todos— ahorran para pagar los estudios y utilizan buena parte de su tiempo para mejorar el aprendizaje del "pequeño emperador" o "la pequeña emperadora" del hogar.

Pude ver este fenómeno con mis propios ojos durante una visita a una escuela privada de idiomas en la capital china en 2005. Una tarde, tras entrevistar al director de la escuela Boya, una de las 1 000 escuelas privadas de inglés que hay en Beijing, pedí que me mostraran las aulas y me dejaran observar una clase. Así fue como, acompañado del director de la escuela, escogí un aula cualquiera mientras caminábamos por los pasillos del edificio, que por cierto no era más moderno ni bonito que la mayoría de las escuelas que uno ve en Latinoamérica. Eran las seis de la tarde, y los niños —de entre 10 y 16 años— estaban tomando clases allí después de su jornada escolar en la escuela pública, para mejorar su dominio del inglés y poder sacar un mejor puntaje que les permitiera entrar en una mejor universidad.

Tras las presentaciones de rigor, tomé un asiento y me dediqué a observar. Al principio, no noté nada especial. La maestra estaba dando su lección de inglés frente a un pizarrón convencional, y frente a ella habían dos filas de chicos, tomando notas y tratando de seguir la lección. Pero al rato, me di cuenta de algo que me dio un escalofrío: detrás de las dos filas de niños había varias hileras de pupitres vacíos, y al fondo de la sala —en las dos últimas filas de pupitres— estaban los abuelos y las abuelas, siguiendo el progreso de sus nietos, o haciendo tiempo leyendo una revista o llenando crucigramas. Los abuelos llevaban a sus nietos todos los días a la escuela privada después de la escuela pública.

En esa clase conocí a Xue Shang Jie, un niño de 10 años que me impresionó por su simpatía y buen dominio del inglés, y de quien escribí en *Cuentos chinos.* Xue era un chico de clase media, cuyo padre era militar en el Ejército Popular de Liberación, y cuya madre era ama de casa. Cuando le pregunté qué le gustaría ser cuando fuera grande me contestó "un cantante, quizás". Pero lo más interesante de lo que me contó —y de lo que me contaron sus compañeros— fue lo que dijo cuando le pedí que me describiera un día típico de su vida.

Xue me dijo que se despertaba a las siete de la mañana, y que su padre o su madre lo llevaban a la escuela pública. Allí, estudiaba desde las ocho de la mañana hasta las tres o cuatro de la tarde, dependiendo del día, y luego tenía otra hora de "estudios dirigidos", donde hacía las tareas para el día siguiente bajo la supervisión de un maestro. A las cinco lo venía a buscar uno de sus padres, o su abuelo, y tres veces por semana lo llevaban a la escuela privada, donde entraba a las seis de la tarde para perfeccionarse en inglés y matemáticas. Después, su abuelo lo llevaba de regreso a casa, donde cenaba con sus padres, y posteriormente terminaba de hacer los deberes escolares para el día siguiente con la ayuda de sus padres.

¿Y nunca ves televisión?, le pregunté. "Sólo puedo ver televisión 30 minutos por día…antes de dormir", me respondió sonriente. ¿Y te gusta estudiar tanto?, le pregunté, intrigado. "Sí", me contestó, sin abandonar su sonrisa. "Es muy interesante. Y si estudio mucho, mi padre me regala un juguete".[13] Al igual que sus compañeros, Xue había sido criado con el convencimiento de que sacarse buenas notas en la escuela sería fundamental para conseguir un buen trabajo y vivir bien. Y sus padres y abuelos estaban convencidos de que la mejor inversión que podían hacer era dedicar no sólo su dinero, sino también su tiempo en su educación.

"Toda la familia ahorra para que el niño pueda estudiar en las mejores universidades, y pueda conseguir un buen empleo. Aquí tenemos un refrán que dice: "hijo único, esperanza única, futuro único", me dijo Zhou Ghenggang, vicepresidente de la New Oriental School en Beijing. Por eso había tantos chinos estudiando en las universidades de Estados Unidos, Europa y Australia, tantas universidades extranjeras en China, y tantas escuelas privadas de inglés después de las horas de clase.

La obsesión de los chinos por la educación es la continuación de una tradición histórica que viene de la era de Confucio, en el siglo v antes de Cristo. La filosofía de Confucio se centraba en difundir el valor del trabajo y el estudio, y una de sus enseñanzas más conocidas era: "Si tu objetivo es progresar un año, siembra trigo. Si tu objetivo es progresar diez años, siembra árboles. Si tu objetivo es progresar cien años, educa a tus hijos". La filosofía de Confucio siempre había sido la norma en China, y —tras ser violentamente interrumpida durante la Revolución Cultural de Mao— había vuelto con toda la fuerza a partir de la apertura económica desde hacía tres décadas.

EL "GAOKAO" Y LA MERITOCRACIA EDUCATIVA

Lo más impresionante del muy temido examen nacional de ingreso a la universidad al que se someten más de 10 millones de estudiantes chinos todos los años en el mes de junio —conocido como el "Gaokao" ("el gran examen")— no es lo que ocurre dentro de las aulas donde se realiza esta prueba de tres días de duración, sino lo que pasa afuera. En la calle, frente a las escuelas donde tiene lugar el examen, se ven padres rezando, o caminando nerviosamente, mientras sus hijos rinden la prueba que en gran medida determina el futuro de sus vidas. En Beijing y Shanghai, las autoridades bloquean varias cuadras alrededor de los edificios donde se realiza la prueba para evitar ruidos que puedan distraer a los estudiantes, y prohíben las obras de construcción de noche, por miedo a que los ruidos de las grúas y las sierras metálicas interrumpan las pocas horas de sueño de los jóvenes. En varias ciudades, los carros de policía tienen órdenes de evitar usar sus sirenas todo lo posible durante los tres días.

Desde los primeros días de junio, todos los años, los periódicos suelen traer noticias de suicidios relacionados con el "gran examen". "El Gaokao es el examen más estresante del mundo", dijo Ari Wolfe, un profesor particular de inglés que da clases preparatorias antes del examen en Guangzhou. "Considerando el número de estudiantes que lo presentan, las repercusiones y el *stress* que involucra, no hay otro que se le parezca en ningún lado."[14]

Según me explicaron varios estudiantes y profesores en China, la competencia es feroz porque sólo un 60 por ciento de los estudiantes son admitidos en la universidad después de presentar el examen, y de éstos últimos solo un pequeño porcentaje logra entrar en las mejores universidades, como la Universidad de Beijing, que prácticamente garantizan una buena salida laboral. El resto debe contentarse con ser aceptados en universidades provinciales, o escuelas privadas municipales, que a menudo figuran de la mitad para abajo en el *ranking* de las mejores universidades. Según el sistema chino, el 20 por ciento de los estudiantes que sacan las mejores notas en el "Gaokao" pueden entrar en las universidades del "primer grupo", mientras que el siguiente 40 por ciento entra en las universidades del "segundo grupo", y el último 40 por ciento entra en las universidades del "tercer grupo".

EN CHINA, LA UNIVERSIDAD NO ES GRATUITA

Una de las mayores paradojas políticas latinoamericanas es que mientras los estudiantes de la vieja izquierda maoísta en las principales universidades estatales defienden a capa y espada la educación terciaria gratuita, en China —el mayor país comunista del mundo— los estudiantes universitarios tienen que pagar por el derecho de estudiar. Y mucho.

Quizás no sea casualidad que los *rankings* del Suplemento Educación Superior del *Times* de Londres y de la Universidad de Shanghai haya muchas más universidades chinas que latinoamericanas, y que las instituciones educativas chinas figuren mucho más arriba en la tabla, a pesar de que China invierte proporcionalmente menos en educación superior que México, Brasil o Argentina. La explicación podría ser que las universidades estatales chinas —incluyendo la Universidad de Beijing y la Universidad de Tsinghua, que son las más prestigiosas del país— recaudan millones de dólares de sus estudiantes, que luego utilizan para contratar los mejores profesores nacionales y extranjeros, comprar equipos y becar a aquellos alumnos cuyas familias no tienen recursos para pagar sus estudios.

Según cifras oficiales, los aranceles estudiantiles ya representan el 30 por ciento del ingreso de las universidades estatales chinas, mientras que el restante 70 por ciento del presupuesto viene del gobierno central, los gobiernos provinciales y municipales, y las casi 5 000 empresas de venta de propiedad intelectual y servicios pertenecientes a las universidades. Calculado en dólares, el promedio de aranceles anuales que pagan los estudiantes universitarios chinos es de alrededor de 3 000 dólares en paridad real, casi tanto como el promedio de 3 200 dólares que pagan los estudiantes en Canadá, y debajo del promedio de 9 000 dólares en Estados Unidos. (Las cifras corresponden a dólares en paridad real, o PPP.)[15] Pero la cifra en China es astronómica si se considera que los salarios chinos son muchísimo más bajos que en Estados Unidos. Mientras que el salario mínimo en la mayoría de las provincias chinas es de 50 centavos de dólar por hora, en la mayoría de los estados de Estados Unidos está cerca de 8 dólares por hora.

¿Y cómo pueden los estudiantes chinos pagar 3 000 dólares por año, sin contar con los costos de vivienda, cuando muchos de ellos o sus padres ganan apenas 50 centavos de dólar por hora?, le pregunté a varios funcionarios y académicos chinos. Según me explicaron, unos cuatro millones de estudiantes de familias pobres reciben becas del gobierno para pagar parte de sus estudios o — si son muy buenos — la totalidad de los mismos. El resto, o sea la inmensa mayoría, paga alrededor del 65 por ciento de sus aranceles con los ahorros de sus familias, y con préstamos del gobierno y de bancos privados. Estos últimos, en los hechos, basan sus decisiones en los resultados del "Gaokao", porque a menudo dan sus créditos estudiantiles de acuerdo con las posibilidades de salida laboral del joven una vez graduado, me explicaron. Por lo general, los estudiantes deben comenzar a pagar sus préstamos dos años después de graduarse, y aquellos que obtienen empleos de tiempo completo deben pagar el 30 por ciento de sus ingresos anuales, algo que prolonga el sacrificio de los estudiantes chinos hasta varios años después de su graduación.

EL DESPEGUE CHINO EN INVESTIGACIÓN Y DESARROLLO

Nadie se sorprendió demasiado cuando Yahoo, la gigantesca empresa de internet norteamericana, anunció en medio de la crisis mundial a mediados de 2009 que abriría un centro global de investigación y desarrollo en Beijing, para, entre otras cosas, inventar nuevas tecnologías de *cloud computing.*[16] Las principales empresas de internet del mundo están abriendo cada vez más centros de innovación en China. Los chinos están apostándole de lleno a competir con la India en la economía del conocimiento, y a dejar atrás la suposición de no hace mucho tiempo atrás de que China será únicamente el centro mundial de manufacturas del siglo XXI, mientras que la India será el centro mundial de servicios.

Pocos meses antes que Yahoo hiciera su anuncio, Cisco Systems inauguró un laboratorio de investigación y desarrollo con la Universidad de Tsinghua, como parte de una inversión de 16 000 millones de dólares de la empresa en China a lo largo de varios años para desarrollar nuevos productos en el país. Casi simultáneamente, Microsoft anunció que su centro global de investigación y desarrollo de nuevos productos en China, que ya llevaba más de una década en el país, aumentaría en más del 10 por ciento en el próximo año. Según Zhang Yaqin, presidente de la filial china de Microsoft, los laboratorios de investigación y desarrollo de la empresa en China habían pasado de tener 500 ingenieros en 2006 a unos 3000 en 2008, y la compañía estaba invirtiendo unos 100 millones de dólares anuales en su ampliación.[17] En 2010, prácticamente no había ninguna gran empresa multinacional de internet que no estuviera expandiendo sus centros de innovación en China, aunque el futuro de algunas —como Google— era incierto por tensiones con el gobierno debido a las políticas de censura de la dictadura china.

Muchas empresas multinacionales se habían establecido en China para desarrollar productos para el gigantesco mercado local, y ahora lo estaban haciendo también para aprovechar la enorme oferta de ingenieros y programadores del país. China tiene más de tres millones y medio de profesionales en ciencia y tecnología, y las universidades chinas están graduando 350000 ingenieros por año, casi tres veces más que las de Estados Unidos. En relación con la población china, la cifra es menor que la proporción de ingenieros per cápita en Estados Unidos y otros países desarrollados, pero la enorme oferta de ingenieros —y sus bajos salarios— han convertido a China en un centro de innovación irresistible para las compañías multinacionales.

LAS EMPRESAS PRIVADAS: MOTOR DE LA INNOVACIÓN

A diferencia de lo que ocurre en Latinoamérica, donde el Estado es el principal impulsor de la investigación y desarrollo a través de las universidades públicas, en China comunista el grueso de la investigación y desarrollo de nuevos productos está en manos de las empresas privadas. Hasta mediados del siglo pasado, China no se diferenciaba mucho en esto de los países latinoamericanos: la innovación estaba en manos del Estado. El gobierno central consideraba que la principal —casi única— misión de las universidades era la enseñanza, y financiaba la innovación a través de la Academia China de Ciencias y otras instituciones estatales en función de lo que consideraba los intereses del país. Con la apertura económica iniciada en 1978, las cosas cambiaron drásticamente: se estableció un registro de patentes de propiedad intelectual, y el gobierno comenzó a estimular a que las universidades chinas se incorporaron de lleno al proceso de innovación, registraran inventos y los utilizaran comercialmente para aumentar sus ingresos.

En 2002, fruto de una reforma que flexibilizó la educación terciaria, 637 centros de estudios se fusionaron en 270 nuevas universidades, y el gobierno comenzó exigir que la universidades generaran más recursos propios para cumplir las metas nacionales de aumentar enormemente el número de estudiantes universitarios en el país. Así fue como las universidades empezaron a firmar convenios con empresas privadas para consultorías, contratos de tecnología, laboratorios conjuntos, parques científicos en instalaciones universitarias y otros proyectos. Según la OCDE, un 62 por ciento de toda la inversión china en investigación y desarrollo está en manos de empresas comerciales, mientras que el 27 por ciento es realizada por el gobierno y un 10 por ciento por las universidades.[18] Todo esto contribuye a que China esté invirtiendo mucho más en innovación que gran parte del resto del mundo en desarrollo, tanto en dólares como en proporción al tamaño de su economía.

EL FENÓMENO DE COREA DEL SUR

¿Cómo pasó Corea del Sur a convertirse de un país pobre, agrícola, que a mediados del siglo pasado tenía un ingreso per cápita más bajo que Honduras en una potencia industrial con empresas multinacionales como Samsung, Daewoo y Hyundai Motors, y que hoy compite con las economías más ricas del mundo? En 1950, Corea del Sur tenía un ingreso per cápita de 900 dólares anuales, mientras que el de Venezuela era de 7400 dólares, el de Argentina de 5000 dólares, el de México 2000 dólares, y el de Brasil 1200 dólares.[19] Hoy día, Corea del Sur tiene un ingreso per cápita de 27000 dólares anuales, alrededor del doble que los de de Venezuela, México y Argentina, respectivamente.[20]

El secreto del crecimiento económico coreano no es ningún misterio: Corea siguió una política de "capitalismo dirigido", con un fuerte apoyo estatal a las grandes empresas nacionales. Simultáneamente, priorizó la educación, la ciencia y la tecnología, y tuvo una fuerte dosis de paranoia que contrarrestó cualquier sensación de complacencia. "Quizá se deba a que siempre estuvo en medio de las dinastías imperiales de China y Japón. O puede tener algo que ver con el hecho de tener un país enclaustrado con armas nucleares en el norte. Pero sea por lo que fuere, los surcoreanos tienen un profundo sentido de la inseguridad. Y eso los convierte en buenos capitalistas", decía la revista británica *The Economist* en un artículo tratando de explicar el auge económico de Corea del Sur.

Actualmente, Corea del Sur es uno de los países del mundo que producen más patentes de nuevos productos. En 2008, Corea del Sur registró 7500 patentes, muchísimas más que Francia (3200), Gran Bretaña (3100), España (300), Brasil (100), Mexico (55) o Argentina (30).[21] Al igual que Israel después de que Francia le decretó un embargo de armas, y Singapur después de que Gran Bretaña dejó de querer tenerla como colonia, el despegue de Corea del Sur se produjo cuando Estados Unidos y otros países occidentales cortaron abruptamente la ayuda extranjera al país en la década de 1960 y la economía cayó en picada. Corea decidió que para crecer necesitaba exportar, y que para exportar necesitaba producir, y que para producir necesitaba educar.

En buena parte, el éxito económico coreano de las décadas que siguieron se debió a una estrategia de planes quinquenales centrada en la promoción de exportaciones, pero también fue el resultado de un sistema escolar despiadado, en el cual los jóvenes estudian día y noche, probablemente —con la posible excepción de Japón— más que en cualquier otra parte del mundo.

EL DÍA DE ESTUDIOS EN LA ESCUELA DAEWON: 15 HORAS

Al igual que me pasó a mí visitando escuelas de noche en China y Singapur, Sam Dillon, un corresponsal del *New York Times* que viajó a Corea del Sur para observar el fenómeno de la educación, se quedó atónito con lo que vio durante una visita a la escuela secundaria Daewon, en la capital coreana. Eran las 10:30 de la noche, y los alumnos estaban estudiando a todo dar, 15 horas después de iniciar su día lectivo. Habían dejado la ventana abierta, para que la brisa nocturna los mantuviera despiertos. Una joven estaba estudiando parada, para no dormirse. "No puedo permitirme perder un minuto", le dijo Kim Hyun-kyung, una de las estudiantes. En muchos casos, los jóvenes de la escuela siguen estudiando hasta bien pasada la medianoche. Como casi todos sus compañeros de esa escuela, especializada en idiomas, la joven sueña con lo que se ha convertido en la máxima aspiración de muchos jóvenes coreanos: ingresar en una buena universidad de Estados Unidos.

"Ir a estudiar a Estados Unidos se ha convertido en una gran moda en la sociedad coreana", dice Victoria Kim, una de las tantas coreanas graduadas de Harvard.[22] El embajador de Estados Unidos en Corea del Sur, Alexander Vershblow, fue aún más explícito: "La preparación para entrar en las buenas universidades de Estados Unidos se ha convertido en una obsesión nacional en Corea", dijo.[23] No en vano Corea del Sur es el tercer país del mundo que envía más estudiantes a las universidades de Estados Unidos, después de India y China, que tienen respectivamente una población 20 veces mayor que la de Corea del Sur.

LOS EXCESOS Y LOS SUICIDIOS

En la escuela secundaria Minjok, los jóvenes se despiertan a las seis de la mañana y empiezan el día con una clase de artes marciales. Luego de eso, se ponen su uniforme —una toga negra—, zapatos especiales para no hacer ruido, y estudian hasta la medianoche. Tal como lo relata el periodista del *New York Times*, algunos estudiantes siguen estudiando en la madrugada, hasta las dos de la mañana, cuando se apagan todas las luces del dormitorio. "Y aun entonces, algunos sacan sus linternas y siguen estudiando", dijo Gang-Min-ho, un estudiante de la escuela. Alexander Ganse, un profesor alemán que enseña historia europea en la escuela, agregó que los alumnos muchas veces empiezan el día de clases tan cansados que tiene que preguntarles: ¿Durmieron algo anoche?[24]

Los días de estudio interminables no son exclusivos de las escuelas para jóvenes con aspiraciones a estudiar en el exterior. En general, los jóvenes de todas las escuelas secundarias coreanas —además de tener más de un mes de clase por año que los de Estados Unidos y de la mayoría de los países latinoamericanos— estudian entre cinco y seis horas por día más que sus pares en otras partes del mundo. El régimen de estudios se hace particularmente intenso hacia el final de la escuela secundaria, cuando los estudiantes coreanos se preparan para el temido examen nacional de nueve horas de duración —el Examen de Aptitud Escolástica Universitaria— que determina, según las notas, a qué universidad pueden aspirar a entrar los jóvenes. En un país en que todos quieren entrar en la Universidad Nacional de Seúl u otra de las universidades de mayor prestigio —que prácticamente garantizan un buen empleo al final de la carrera, y determinan un salario alto durante las próximas dos o tres décadas—, la presión social para sacar buenas notas en estos exámenes es atroz.

En Corea del Sur, los alumnos de enseñanza media "están en el colegio desde las 6 de la mañana hasta las 10 de la noche, tienen la más alta tasa de suicidios en los distintos tramos educacionales, [y] el cuerpo docente asume el castigo corporal como método de enseñanza, entre otras normas", según un análisis del sistema educativo coreano realizado por un grupo de economistas chilenos en 2009.[25] Según datos de la Organización Mundial de la Salud, en 2008 Corea del Sur era el noveno país del mundo con mayor tasa de suicidios, después de Belarus, Lituania, Rusia, varios otros países de la ex Unión

Soviética y Japón. La obsesión coreana por la educación tiene, sin dudas, un lado muy oscuro.

EL DÍA EN QUE SE PARALIZA EL PAÍS

Todos los años, a mediados del mes de noviembre, Corea del Sur se transforma durante varios días. De pronto, el tema central de las primeras páginas de los periódicos, los noticieros de televisión, y las charlas de oficina es el examen nacional que rinden casi 600 000 graduados de la escuela secundaria para entrar en la universidad. El día del examen, la bolsa de valores de Seúl y la mayoría de las oficinas abren una o dos horas más tarde de lo usual para no entorpecer el tráfico para los estudiantes que van a presentar el examen, los aviones no parten ni aterrizan en los aeropuertos cerca de las ciudades para no hacer ruido, y la policía y las ambulancias se cuidan sobremanera de no hacer sonar sus sirenas. Según un reporte del *Wall Street Journal*, los vuelos internacionales que llegan al país durante ciertas horas clave del examen en que los estudiantes tienen que contestar preguntas auditivas deben sobrevolar en círculo a más de 10 000 pies de altura, para no distraer a los jóvenes.[26]

Desde varios días antes del examen, los periódicos y la televisión reportan sobre técnicas para poder estudiar hasta altas horas de la madrugada sin quedarse dormido, y hay mesas redondas sobre cuáles son las comidas que permiten aumentar la concentración y la memoria y cuáles no. Y dentro de las casas, todo gira en torno del examen: cuando los jóvenes están en sus casas, los padres ven televisión con audífonos para no molestarlos, y —al igual que en China— no es raro ver padres rezando frente a los locales donde se presenta el examen.

"Algunos templos (budistas) e iglesias cristianas invitaron a los padres a sesiones de oración conjuntas a partir de agosto, cien días antes del examen. Los padres que participan en estas sesiones compran un libro de oraciones especial, en el que pegan la foto de su joven estudiante", señaló el *Wall Street Journal*.[27] "En un frío sábado por la noche recientemente, Kim Nam-seon se unió a más de mil padres en un templo al aire libre del sur de Seúl para una intensa jornada de oración. Su misión consistía en inclinarse a modo de reverencia 3000 veces, arrodillada y tocando un almohadón colorado con la cabeza, para traerle suerte a su hijo."

LA INVERSIÓN FAMILIAR EN LA EDUCACIÓN

Leyendo una entrevista al embajador de Chile en Corea del Sur, Adolfo Carafí Melero, me llamó la atención que cuando se le preguntó como hizo Corea para convertirse de un país pobre en uno de los más avanzados del mundo en pocas décadas, mencionó —en este orden— la inversión familiar en la educación, y luego la inversión nacional en las escuelas, y en los profesores.

"El primer destino del ingreso económico familiar en Corea es la educación de los hijos —dijo el embajador—. Hoy se invierte parte muy importante del presupuesto familiar en educación, clases particulares, viajes de estudios, viajes al extranjero, visitas a museos, etc. Es el destino prioritario del ingreso económico. Después están los gastos de vivienda, alimentación, vestuario, esparcimiento, automóvil o vacaciones."[28]

"Muchos padres ahorran toda su vida para que sus hijos puedan estudiar el mejor inglés posible. A veces los envían al extranjero por algunos años —continuó—. Esto es un reflejo del interés en la educación que ponen las familias. Éste es un sacrificio conjunto del padre y la madre y también colaboran los abuelos."

"En promedio, los padres visitaban ocho veces al año el colegio donde estudian sus hijos, para interiorizarse de los progresos, problemas o aportes que ellos puedan efectuar —dijo—. Los padres efectúan labores voluntarias de apoyo al colegio, como por ejemplo ayudar a la llegada y a la salida a vigilar el tráfico de vehículos y ordenar el tránsito. Colaboran también en las bibliotecas, actividades extracurriculares, paseos, visitas a lugares de interés, etc."[29]

Los economistas coinciden en que uno de los principales motivos detrás de las mejoras educacionales coreanas es que las familias invierten más en la educación de sus hijos que en otros países. Según un estudio publicado en la década de los noventa, el promedio del gasto en educación del gobierno coreano estaba a la par de la mayoría de los otros países asiáticos, en alrededor del 3.4 por ciento del producto bruto anual. Sin embargo, "la principal diferencia se observaba en el componente del gasto privado", que era 2.5 veces más alto que el promedio asiático. "Incluyendo éste monto, Corea gastaba del orden del 10 por ciento del producto interno bruto en educación en 1990", más del doble de lo que —20 años más tarde— están invirtiendo la mayoría de los países latinoamericanos.[30]

Según varios otros estudios, no es nada inusual que las familias de clase media gasten el 30 por ciento de sus ingresos anuales en clases, en profesores o escuelas particulares, para darles tutoría privada a sus hijos. "En Corea, los padres no lo piensan dos veces en gastar todo su dinero en la educación de sus hijos", me dijo Chung-in Moon, un profesor de ciencias políticas de la Universidad de Yonsei y diplomático del Ministerio de Relaciones Exteriores de Corea del Sur. "La gente vende sus vacas, sus ranchos, lo que sea, para mandar a sus hijos a la universidad."[31]

EL PAÍS CON MÁS UNIVERSITARIOS DEL MUNDO

Según un informe de la OCDE, Corea del Sur pasó de tener sólo un 46 por ciento de jóvenes que terminaban la escuela secundaria en 1970 a prácticamente un 100 por ciento en el año 2000. "Actualmente, el 81 por ciento de todos los graduados de la escuela secundaria siguen estudiando en la universidad, el porcentaje más alto del mundo", afirma el estudio.[32] Y curiosamente, Corea del Sur se ha convertido en el país con mayor población universitaria a pesar de que sus universidades públicas y privadas son de paga, y caras.

Según el informe, las universidades han logrado pagar por su expansión en buena parte gracias a sus ingresos por investigación y desarrollo, y por los aranceles, que cubren el 30 por ciento de los ingresos en las universidades estatales, y casi al 70 por ciento en las universidades privadas. Y el sacrificio que hacen las familias para pagar las carreras universitarias de sus hijos es enorme: según el mismo estudio, los aranceles universitarios oscilan entre el 19 por ciento y el 38 por ciento del ingreso anual promedio en el país.[33]

¿Es un ejemplo a seguir Corea del Sur? ¿Deberían los países latinoamericanos copiar el modelo educativo coreano? Probablemente no, por muchos motivos. Hay muchas evidencias de que el aprendizaje en Corea del Sur es demasiado mecánico, y tendiente a producir profesionales autómatas, poco creativos, un dato negativo en la nueva economía del conocimiento que requiere cada vez más innovadores. Y tampoco creo que sea muy sano para los niños recibir castigos corporales en la escuela primaria, o para los jóvenes estudiar doce, trece o catorce horas por día en la escuela secundaria. La alta tasa de suicidios juveniles en Corea del Sur es un síntoma de que quizás los coreanos están exagerando la nota.

Sin embargo, Corea del Sur, que hasta hace relativamente poco era mucho más pobre que casi todos los países latinoamericanos, tiene actualmente el doble del ingreso per cápita de los países más ricos de América Latina. Algo están haciendo bien los coreanos, como así también los chinos. Cuando menos, deberíamos aprender de su cultura familiar de la educación, y tratar emularla en el contexto de nuestras propias culturas.

6

Israel: el país de las *start-ups*

TEL AVIV–Muy pocos lo saben, pero Israel es el país que más invierte en innovación como porcentaje de su producto bruto en el mundo, y el número dos en companías listadas en el índice Nasdaq de empresas tecnológicas de Wall Street, después de Estados Unidos. En números totales, Israel tiene más *start-ups* —como se suele denominar a las nuevas compañías de tecnología— en el Nasdaq que todos los países europeos juntos. Si se miden en relación con la pequeña población de Israel, un país de siete millones de habitantes, ningún país del mundo tiene más empresas tecnológicas per cápita.[1] No es broma: Israel tiene 63 empresas tecnológicas cotizadas en el Nasdaq, mientras que Japón tiene seis, Irlanda cinco, Gran Bretaña cinco, Alemania dos, Francia dos, y China ninguna.

¿Cuál es el secreto de la revolución tecnológica israelí? ¿Como ha hecho este país para convertirse en uno de los principales centros de innovación del mundo y crear tantas *start-ups*? Cuando llegué a Tel Aviv procedente de Dubai y Jordania en un viaje al Medio Oriente a fines de 2009, acababa de leer el libro *Start-up Nation: la historia del milagro económico israelí*, de Dan Senor y Saul Singer, un libro que acababa de salir en Estados Unidos. Me había quedado intrigado con la aseveración de los autores de que "hoy día, Israel es el país con la mayor concentración de innovacion y espíritu emprendedor del mundo", y quería ver el fenómeno con mis propios ojos. No dudaba de los autores del libro que se basaban en datos reales, pero tenía una fuerte sospecha de que todo el fenómeno se debía a la inversion israelí en la investigación y el desarrollo de productos bélicos para su industria de defensa.

Sin embargo, tal como me enteré al poco tiempo de llegar al país, las apariencias engañan. En docenas de entrevistas con cientificos, investigadores y emprendedores en Tel Aviv, Jerusalén, y Haifa, me mostraron cifras de las Naciones Unidas señalando que Israel es el país del mundo que más invierte en investigación y desarrollo civiles. En total, el país dedica el 4.5 por ciento de su producto bruto a este rubro, según la ONU. Comparativamente, Finlandia —otro pequeño gigante en el mundo de la innovación— invierte el 3.5 por ciento, Japón el 3.4 por ciento, Suecia el 2.8 por ciento, Estados Unidos el 2.61 por ciento, y prácticamente todos los países latinoamerianos menos del 1 por ciento.[2] ¿Pero acaso no se trata de una inversión militar disfrazada?, le pregunté a todos mis entrevistados. Como muchos visitantes, tenía una vaga idea de que Israel había inventado los tubos de irrigación para convertir tierras áridas en fértiles. De hecho, me había quedado boquiabierto cuando —durante el trayecto de poco más de media hora en avión desde la capital de Jordania a Tel Aviv— vi como el desierto se convertía de repente en un paisaje lleno de verde en el preciso instante en que el avión cruzaba la frontera jordano-israelí. Pero antes de llegar al país, suponía que Israel había camuflado una buena parte de sus gastos militares como gastos civiles, y de ahí su primer lugar en la tabla de gastos en investigación y desarrollo.

"NADA QUE VER CON EL SECTOR MILITAR"

El ministro de Ciencia y Tecnología de Israel, Daniel Hershkowitz, fue el primero en asegurarme categóricamente que el primer lugar de Israel en la tabla de inversión en investigacion y desarrollo no se debía a su gasto militar. Hershkowitz es un personaje peculiar: ejerce simultáneamente como ministro de Ciencia y Tecnología, profesor de matemáticas del Instituto Tecnológico Technion, presidente de la Sociedad

Internacional de Álgebra Linear, y rabino de su vecindario en Haifa. A diferencia de los judíos ultraortodoxos que uno ve en Jerusalén, con sus sombreros negros, camisas blancas y barbas desordenadas, Hershkowitz viste de traje y corbata, apenas lleva un pequeño bigote, y la única referencia religiosa en su vestimenta es la kipá, el pequeño sombrero bordado que los judíos religiosos llevan en la cabeza. ¿No están disfrazando las cifras de investigación y desarrollo no militares?, le pregunté. El ministro respondió: "No, definitivamente no. Israel es el país del mundo que más invierte en investigación y desarrollo en el sector civil". Agregó que el porcentaje del 4.5 por ciento del producto bruto señalado por las Naciones Unidas ya estaba llegando al 5 por ciento, y que "no tiene nada que ver con el sector militar".[3]

Acto seguido, el ministro —quizás percibiendo que yo no estaba muy convencido— comenzó a bombardearme con ejemplos de inventos tecnológicos israelíes que están siendo utilizados en todo el mundo. ¿Sabía yo que el *pen-drive*, o USB, la memoria *flash* portátil que usamos para almacenar datos de nuestras computadoras, es un invento israelí?, me preguntó. ¿Y que Intel desarrolló sus sistemas Pentium y Centrino en sus centros de investigacion en Israel? ¿Y que la píldora-cámara que se está usando cada vez más en el mundo para transmitir fotografías desde el interior de los intestinos para detectar enfermedades también era un invento israelí? ¿Y que también lo son algunas de las drogas más usadas en todo el mundo contra la enfermedad de Alzheimer? Y todo eso sin contar con los emprendimientos comerciales, como el carro eléctrico desarrollado por Shai Agassi, el empresario que estaba llevando adelante su proyecto de 200 millones de dólares para convertir a Israel en el primer país del mundo con automóviles que puedan nutrirse de energía eléctrica fuera de sus casas, en estaciones eléctricas tan accesibles como los gasolineras donde actualmente se llenan los tanques de gasolina.

Y eso era sólo el comienzo de una nueva ola de inventos que estaban por venir, aseguró. "Nuestras prioridades actualmente son las energías renovables, los sustitutos para el petróleo, las tecnologías limpias, el manejo y purificación del agua, la nanotecnología y la investigación de células madres", me dijo el ministro-rabino-profesor. "Dentro de los próximos cinco años, esperamos producir varias novedades en todos estos campos."[4] Posteriormente, otros funcionarios y académicos israelíes a quienes les hice la misma pregunta me confirmaron que, aunque todo el mundo en Israel pasa por el ejército y varios inventos israelíes surgieron de ideas obtenidas en las fuerzas armadas, la contribucion militar al fenómeno de la innovación en Israel es indirecta. La mayoría de las *start-ups* israelíes han sido creadas y desarrolladas fuera de la órbita militar. Gavriel Iddan, por ejemplo, el inventor de la píldora-cámara para transmitir fotografías desde el interior del cuerpo humano, había sido un ingeniero de misiles de Rafael, una de las principales fábricas de aviones de combate de las fuerzas de defensa de Israel. Iddan había sacado la idea para la píldora-cámara de la tecnología óptica de las cámaras ubicadas en la punta de los misiles para poder divisar sus objetivos, pero su producto para fines médicos había sido desarrollado fuera de la órbita de Rafael o de las fuerzas armadas israelíes. Muchos israelíes se encogieron de hombros ante la pregunta de la influencia militar en las innovaciones para uso civil: si las Naciones Unidas —donde Israel tiene muy pocos amigos— consignan a Israel como el país que más invierte en investigación y desarrollo civiles, debe ser cierto, me dijeron.

LOS SECRETOS DE LA INNOVACIÓN ISRAELÍ

Contrariamente a lo que me imaginaba, uno de los principales secretos del éxito israelí en la creación de nuevas empresas tecnológicas no está tanto en el número de patentes que registra Israel todos los años, ni en el hecho de tener tres universidades en el *ranking* de las mejores 200 del mundo del Suplemento Educacional del *Times* de Londres, ni en sus sistemas de educación primaria y secundaria —estos últimos en franco declive en los últimos años—, ni en la inmigracion masiva de ingenieros y científicos rusos en la década de los noventa. Más bien, tal como coincidieron prácticamente todos a quienes entrevisté durante mi visita al país, se debe al espíritu emprendedor de una nación, quizás debido al hecho de que se encuentre en guerra permanente con algunos de sus vecinos que no reconocen su derecho a existir. La necesidad es la madre de la creatividad, me señalaron muchos.

Al igual que Corea del Sur, Singapur y Taiwán —otros países que se destacan por sus sistemas educativos y el número de patentes que registran todos los años—, Israel no tiene recursos naturales y está amenazado por sus vecinos. En el caso de Israel, la necesidad de encontrar nuevas fuentes de ingresos se combina con varios otros factores, como la necesidad de buscar mercados fuera de sus vecinos inmediatos, el carácter inquisidor y antijerárquico de su población, la vocación por el estudio, la creación de empresas universitarias con fines de lucro dedicadas a buscar aplicaciones comerciales para los descubrimientos científicos, la ayuda estatal, y la disposición de la comunidad de negocios a invertir capital de riesgo en la investigación y el desarrollo de nuevos productos.

Israel registra una impresionante cantidad de patentes. Según datos de las Naciones Unidas, Israel registró 7 652 patentes entre 2002 y 2005, mientras que Arabia Saudita registró solo 171, Egipto 77, Kuwait 52, los Emiratos Árabes Unidos 32, Siria 30 y Jordania 15.[5] Aunque está por detrás de Japón, Corea del Sur y Estados Unidos en número de patentes per cápita registradas anualmente, está entre los países del mundo que más patentes generan en relación con su población. Y en lo que hace a tener un sector privado con capital de riesgo para convertir las patentes en proyectos comerciales viables, que se traducen en ingresos considerables para sus inventores y para el país, nadie le gana a Israel en relación con el tamaño de su población, aseguran funcionarios israelíes.

LAS PERSECUSIONES Y EL CULTO AL INTELECTO

No es un secreto para nadie que, al igual que otros pueblos perseguidos, los judíos se han caracterizado por su culto al intelecto. Hoy día, el pueblo judío representa apenas el 0.2 por ciento de la poblacion mundial, pero tiene el 54 por ciento de los campeones mundiales de ajedrez, el 31 por ciento de los premios Nobel de Medicina, y el 27 por ciento de los premios Nobel de Física.[6] No hay una opinión unánime sobre cuál es la explicación de este fenómeno, pero muchos —como Steven L. Pease, en su libro *El periodo de oro del logro judío*— lo atribuyen al hecho de que la religión judía enfatiza la lectura y el aprendizaje por encima de los ritos, y a que durante la Edad Media se prohibió a los judíos poseer tierras, por lo que no les quedó otra que dedicarse a ser médicos, banqueros o aprender otras profesiones que pudieran llevarse consigo de un lugar a otro en caso de ser expulsados de los países donde vivían.

"La mayoría de los judíos fueron obligados a abandonar sus cultivos en la Edad Media," dice David Brooks en una reciente columna de *The New York Times*. "Sus descendientes han debido ganarse la vida con su inteligencia desde entonces. Muchas veces emigraron, con la ambición y el empuje que caracteriza a los inmigrantes."[7]

Aunque los judíos que más se han destacado en las últimas décadas lo hicieron en Estados Unidos —donde representan el 2 por ciento de la población— no hay duda de que muchos de quienes emigraron a Israel desde todas partes del mundo han ayudado a convertir al país en un bastión de la innovación. Así como los chinos más emprendedores convirtieron a Hong Kong en un centro mundial de comercio y finanzas, los judíos que emigraron a Israel de Estados Unidos, Rusia y otros países fueron un factor clave en las nuevas empresas tecnológicas, me aseguraron muchos académicos durante mi visita al país.

EL CARÁCTER CONTESTATARIO DE LOS ISRAELÍES

Peretz Lavie, el presidente del Technion, como se conoce al Instituto Tecnológico de Israel, con sede en el puerto de Haifa y famoso entre otras cosas por haber sido fundado en 1924 por un grupo de científicos judíos que incluyó a Albert Einstein, señaló que gran parte del fenómeno de la innovación en este país es producto del "carácter contestatario" de los israelíes. Lavie hizo hincapié en el carácter antijerárquico de la sociedad israelí (no en vano un viejo chiste en el país es que "cuando se juntan dos judíos, surgen tres partidos políticos"). La ruidosa democracia israelí —donde un sinnúmero de partidos políticos se pelean públicamente a diario hasta por los temas más irrelevantes— es producto de un carácter nacional que a menudo dificulta los acuerdos, pero es propicio para la innovación, señaló Lavie.

El carácter contestatario de la sociedad israelí —que muchos dicen proviene de la religión judía, en que los rabinos no son considerados intermediarios con Dios, sino maestros de carne y hueso con los que se puede discutir— es un factor central del éxito en la innovación, me aseguró el presidente del Technion. Y el hecho de que Israel sea un país pequeño donde se conoce todo el mundo —"todos aqui estamos a cuatro llamadas telefónicas de distancia de todos", me dijeron muchos— facilita los lazos entre los investigadores, las empresas de capital de riesgo y los inversionistas, agregó.

Lavie me contó que hacía pocas semanas, había estado dando una conferencia en Japón, una de las principales economías del mundo, pero con una estructura social jerárquica y un respeto por la autoridad que limitan el pensamiento creativo. Al terminar su discurso, Lavie se había ofrecido a responder preguntas de la audiencia, pero para su sorpresa se encontró con que el auditorio estaba mudo, como petrificado. "En Japón, el profesor tiene un estatus casi de realeza, y nadie se anima a preguntar algo que podría llegar a ofenderlo. En Israel, ocurre todo lo contrario. Yo puedo ser el científico más galardonado, pero cuando termino un dicurso aquí los estudiantes me acribillan con preguntas de todo tipo, sin importarles un rábano si me incomodan o no", me dijo Lavie.[8]

Tal como lo pude comprobar más tarde, Israel es, efectivamente, una de las sociedades menos jerárquicas del mundo. En la escuela, los niños no se paran cuando entra el maestro a la clase, y —para sorpresa de muchos extranjeros— llaman a los maestros por su primer nombre, como si se tratara de un amigo, me comentó. Cuando quieren decir algo en clase, los niños gritan "Shlomo!", "Dorit!", o como se llame el profesor. Lo mismo ocurre en las universidades, donde los alumnos llaman hasta a los profesores más renombrados por sus primeros nombres, como si se tratara de amigos. Incluso en el ejército israelí, la mayoría de los soldados se dirigen a sus comandantes de escuadrón por su primer nombre.

Según me explicaron varios académicos, se trata de un fenómeno cultural, que probablemente sea el resultado de una tradición talmúdica conocida como Pilpul, o "analisis agudo". Se trata de un metodo de estudio de las escrituras bíblicas que exige el análisis de varias interpretaciones textuales de cada palabra o frase, para luego tratar de llegar a la interpretación más adecuada. Es un método que estimula la presentación de argumentos contrarios y el debate, que los estudiosos judíos han venido utilizando desde hace siglos, explicaron.

¿Pero acaso una discusión a calzón quitado garantiza la creatividad?, le pregunté a Lavie. "El no tener miedo al ridículo, o al fracaso, es uno de los elementos clave de una sociedad innovadora", respondió. "El hecho de asumir riesgos, de no tener miedo al fracaso, es fundamental. En Japón, e incluso en Corea del Sur, los índices más altos de suicidio tienen lugar en los meses del año en que los universitarios presentan sus exámenes más difíciles. En Israel, eso no pasa, porque el fracaso no es visto como el fin del mundo. Tenemos una cultura que valora al presidente de una *start-up* fallida, porque lo ve como un ejecutivo que tiene más experiencia que uno que jamás ha iniciado una empresa. Sólo tres de cada diez *start-ups* israelíes llegan a triunfar, pero los presidentes de las que no llegan son respetados, porque se asume que quienes fracasaron saben más".

"DEBERÍAMOS HACERLE UN MONUMENTO A DE GAULLE"

El despegue de la innovación tecnológica en Israel se produjo en 1967, producto del embargo contra Israel adoptado por Francia después de la guerra de los Seis Días, señalo Lavie. Contrariamente a lo que muchos creen, Israel no fue apadrinada militarmente por Estados Unidos en los primeros años después de su fundación, sino por Francia. En los años sesenta, Israel recibía prácticamente la totalidad de su armamento de Francia, incluyendo los aviones de combate Mirage, que le permitieron ganar la guerra de los Seis Días contra los ejércitos de Egipto, Jordania y Siria, que contaban a su vez con el apoyo de Irak, Arabia Saudita, Sudán, Túnez y Argelia. Al culminar la guerra, Israel se quedó con los territorios de la península de Sinaí, la Franja de Gaza y la totalidad de la ciudad de Jerusalén, lo que motivó que el presidente francés Charles de Gaulle declarara un embargo a la venta de armas a Israel.

"Deberíamos hacerle un monumento a De Gaule," sonrió Lavie, bromeando tan sólo a medias. "De la noche a la manana, nos quedamos sin armamentos, ni tecnología para fabricarlos. Tuvimos que crear una industria para sustituir a los Mirage de un día al otro." El gobierno de Israel inmediatamente reclutó a miles de ingenieros para comenzar a producir las armas que hasta entonces había recibido del exterior. Al poco tiempo, Israel comenzó a producir aviones de combate Kfir, sistemas de radares y algunos de los tanques más sofisticados del mundo, como el Merkava, creando un sistema de tres empresas estatales y un sinnúmero de empresas privadas a su alrededor. Israel había producido armas pequeñas desde mucho antes de su fundacion formal en 1948, y en sus primeras dos décadas había producido entre otras cosas la subametralladora UZI, que luego exportaría a todo el mundo. Sin embargo, el país había dependido de Francia para casi la totalidad de sus armamentos sofisticados hasta que el embargo de armas decretado por De Gaulle, tras la guerra de los Seis Días, lo llevó a crear su propia industria militar.

"Hay un factor psicológico importante en todo esto", me dijo Oded Shmueli, el director del departamento de investigación del Technion. "Cuando la gente tiene ante sí un desafío importante, como lo fue el embargo de armas, la reacción es: 'Cuantos más obstáculos me pongan en el camino, tanto más esfuerzos vamos a hacer para superarlos'".[9]

LOS ESTUDIANTES EMPIEZAN MÁS TARDE

Uno de los factores determinantes de la innovación que escuché mencionar con mayor frecuencia durante mi visita a Israel es que los estudiantes entran a la universidad a los 22 años, después de cumplir sus tres años obligatorios en el servicio militar, cuando los jóvenes están mucho más maduros para elegir sus futuras carreras. Típicamente, los jóvenes israelíes hacen su servicio militar y luego se toman un año para viajar por el mundo como mochileros, por lo general a lugares remotos como la India o China, en lo que se ha convertido en una tradición nacional que muchos atribuyen a la necesidad de los israelíes de escaparse de la claustrofobia de vivir en un país pequeño, donde la conversación sobre el conflicto arabe-israelí suele ser monotemática.

Sin embargo, lo que a primera vista parecería un factor de retraso en el desarrollo profesional de los jóvenes es visto por muchos aquí como una ventaja. Marcelo Ehrlich, un científico de origen brasileño del departamento de investigación de células madres de la Universidad de Tel Aviv, me comentó que cuando el tenía 18 años había ingresado en la Universidad de São Paulo sin tener mucha idea de que carrera escoger. "La universidad era una fiesta: estábamos más interesados en hacer política y divertirnos que otra cosa", me comentó Ehrlich, que estudió música clásica antes de volcarse a la biología. "Acá, la gente empieza a estudiar a los 22 o 23 años, y llega mucho más madura. Hay menos vida estudiantil, pero hay mayor concentración en los estudios."[10]

Miguel Weil, otro investigador de origen argentino del departamento de células madres de la Universidad de Tel Aviv, me contó que hacía poco tiempo había regresado de visita a la Facultad de Biologia de la Universidad de Buenos Aires, donde había iniciado sus estudios, y que se había asombrado de la cantidad de carteles políticos que había encontrado. "Estaban los mismos carteles de hace 25 años, denunciando el 'imperialismo'. Yo me preguntaba: ¿Y dónde están los carteles de las empresas de biología buscando investigadores?"[11] Aunque las universidades israelíes son en gran medida subsidiadas por el Estado, y el costo de la matrícula no es tan alto como en Estados Unidos y otros países, los estudiantes no tienen tiempo para otra cosa que no sea estudiar, me dijeron los investigadores. El proceso de ingreso a la universidad es riguroso —sólo entran los que obtienen un puntaje determinado que requiere cada universidad, según su nivel de excelencia, en un examen nacional— y muchos de los estudiantes o están a punto de casarse, o están demasiado impacientes por comenzar sus carreras profesionales como para dedicarse a actividades extracurriculares.

LA EXPERIENCIA DEL EJÉRCITO

Cuando visité a Orna Berry en sus modernas oficinas de Gemini Israel Funds en las afueras de Tel Aviv, me imaginé que la exitosa empresaria y ex jefa de innovación del gobierno israelí me hablaría principalmente del rol del Estado en fomentar la creatividad en el país. Sin embargo, Berry se pasó buena parte de nuestra entrevista hablando del impacto que tiene la experiencia del ejército israelí en el proceso de maduración de los jóvenes. Berry había obtenido su doctorado en ciencias de la computación en la Universidad del Sur de California, y había trabajado en Unisys en Estados Unidos antes de ser reclutada como ejecutiva de IBM e Intel en Israel, antes de asumir su cargo oficial de "Chief Scientist" —o jefa científica— del Ministerio de Industria y Comercio, pero me aseguró que su paso por el ejército había sido lo que más la había preparado para su futura carrera ejecutiva.

Según me explicó Berry, los jóvenes entran en el ejército a los 19 años, y —por el reducido tamaño del ejército del país comparado con los de sus adversarios— muchos de ellos a los 22 años ya tienen a su cargo responsabilidades que serían impensables en otros países. "Cuando yo estaba en el ejército, a los 19 años, tenía un grado de responsabilidades que no volví a tener hasta los 47 años, cuando me nombraron jefa científica del Minsterio de Industria y Comercio", me señaló. Cuando le pregunté que le habían encargado hacer a los 19 años, me contó que tenía a su cargo la coordinación logística de la escuela de simulación de vuelo de la Fuerza Aérea, lo que incluía coordinar horarios de pilotos y estudiantes en medio de un conflicto bélico. "Estábamos en guerra, y los pilotos a cargo de la instrucción estaban volando en misiones todo el tiempo. Yo tenía que estar cambiando los programas constantemente para ajustarlos a las necesidades de los escuadrones, y ocupar provechosamente el tiempo de los estudiantes —me relató—. La experiencia en resolución de problemas que adquiere un joven de 19 años en Israel es muy diferente a la de un estudiante universitario en cualquier otro país."[12]

UNIVERSIDADES INTERNACIONALIZADAS

No es casual que las ocho grandes universidades israelíes y otras 27 instituciones de educación superior del país hayan producido más premios Nobel que la mayoría de los países de Europa Occidental en la última década. Las principales universidades israelíes son estatales, y en la mayoría de los casos reciben un 65 por ciento de su presupuesto del gobierno, un 12 por ciento de los cuotas que pagan los estudiantes —muchísimo menores que en Estados Unidos o Europa, gracias a las subvenciones del gobierno, pero mayores que las cuotas simbólicas que cobran algunas universidades estatales latinoamericanas— y el resto de la comercialización de sus patentes y donaciones.

Pero, al igual que en Finlandia y otros países de altos niveles académicos, lo que diferencia a las universidades israelíes es su alto grado de internacionalización. Todas tienen programas conjuntos con las mejores universidades del mundo, una enorme presencia de profesores extranjeros y —lo que es más importante— rigurosos sistemas de evaluación académica realizados por los principales expertos extranjeros en cada disiciplina.

Lavie, el presidente del Technion, me contó que cada siete años cada departamento de la universidad es sometido a una rigurosa evaluación por una comisión de expertos internacionales invitados especialmente para hacer una auditoría completa de todos los cursos, la investigación científica y todas las demás tareas académicas. Posteriormente, la comisión de evaluadores externos —generalmente decanos o profesores reconocidos de las más prominentes universidades estadounidenses y europeas— emite recomendaciones concretas, con un cronograma para su cumplimiento. Según me dijo Lavie, estas evaluaciones externas suelen ser brutalmente rigurosas para los departamentos examinados.

"Cada siete años, tú y tu departamento están en la camilla de operaciones, con muy poca anestesia —me dijo Lavie—. Una vez concluida la evaluación externa y entregadas las recomendaciones, el decano de cada departamento tiene que entregar un informe cada dos años, contestando párrafo por párrafo qué se ha hecho respecto de cada una de las recomendaciones. Si no se han seguido las recomendaciones, la administración de la universidad puede tomar medidas, que pueden llegar a quitarle algunas funciones al decano."[13]

UNIVERSIDAD HEBREA DE JERUSALÉN: 20 PATENTES ANUALES

En Jerusalén, visité a Isaiah T. Arkin, director del Departamento de Investigación y Desarrollo de la Universidad Hebrea de Jerusalén. Al igual que el Technion, la Universidad Hebrea de Jerusalén se ufana de estar entre las más antiguas del país —fue creada en 1925, mucho antes de la fundación oficial de Israel— y de haber tenido entre sus fundadores a Einstein, Sigmund Freud y Martin Buber. Hoy día, tiene 23 500 estudiantes, en los últimos años ha figurado entre las mejores 100 universidades del mundo en el *ranking* del Suplemento de Educación Superior del *Times* de Londres y entre sus graduados más prominentes figuran seis premios Nobel, incluyendo a la premio Nobel en química de 2009, Ada Yonath. Lo que es tanto o más impresionante aún, la Universidad Hebrea de Jerusalén registra unas 20 patentes anuales en Estados Unidos, el mercado más rico del mundo. Comparativamente, la universidad más grande y mejor ranqueada de América Latina, la UNAM de México, apenas logra la aprobación de una patente por año en ese mercado.

Arkin, un biólogo estructural de 44 años que obtuvo su doctorado en la Universidad de Yale y enseñó durante varios años en la Universidad de Cambridge, en Gran Bretana, me recibió en su despacho en *blue-jeans* y una camisa playera. Cuando le pregunté cuál es el secreto de la innovación israelí, coincidió con el director del Technion en que se debe en buena parte al carácter antijerárquico y contestatario del ambiente académico israelí, pero también le atribuyó gran importancia a las empresas de transferencia de tecnología creadas por las universidades para registrar patentes y encontrar inversionistas para sus inventos. A diferencia de lo que ocurre en muchas otras partes del mundo, las grandes universidades israelíes no sólo tienen departamentos encargados de promover la investigación, sino que han creado —con gran éxito— empresas privadas independientes dedicadas a patentar y comercializar sus descubrimientos científicos.

La Universidad Hebrea de Jerusalén, por ejemplo, tiene una empresa de su propiedad llamada Yissum, que constantemente pregunta a los profesores e investigadores si tienen algún descubrimiento potencialmente interesante, les hace la papelería para registrar las patentes, les paga el costo del registro —una patente registrada en todo el mundo puede llegar a costar 300 000 dólares— y luego busca inversionistas para convertir la idea en un producto concreto. En el caso de Yissum, la empresa fue creada en 1964, y sus ingresos por derechos de productos comercializados en todo el mundo —incluidos varios remedios comercializados por las principales compañías farmacéuticas del mundo— ha superado los 1 000 millones de dólares, según Arkin. Yissum ha registrado unas 5 500 patentes, incluyendo la droga Doxil, comercializada por Novartis (ex Ciba-Geigy) para tratamientos contra el cáncer; Exelon, comercializada por Johnson y Johnson para pacientes con el mal de Alzheimer's, y varios otros productos que han sido vendidos a empresas como Johnson & Johnson, Lucent Technologies, IBM y Nestlé.

Junto con el Instituto Yeda de Investigación y Desarrollo, la exitosa empresa de transferencia de tecnología del Instituto Weizmann, que fue pionera mundial en la creación de empresas universitarias para lanzar al mercado descubrimientos de profesores e investigadores académicos, Yissum se encuentra entre las 15 empresas propiedad de universidades del mundo que más regalías obtienen por la propiedad intelectual de sus productos.

"En Estados Unidos, y en la mayoría de los países del mundo, las universidades tienen un departamento con tres o cuatro personas dedicadas al registro de patentes —me explicó Arkin—. Aquí, tenemos una empresa con fines de lucro, propiedad de la universidad, con 20 o 30 personas haciendo ese trabajo de tiempo completo."

"YISSUM LES GOLPEA LA PUERTA"

Según me explicó Arkin. "la gente de Yissum le golpea la puerta a los profesores de la Universidad Hebrea y les pregunta: ¿Y estás trabajando en algo nuevo? ¿Tienes alguna novedad para nosotros?" Tanto Yissum como los profesores tienen un incentivo económico para generar nuevos productos: según la fórmula de la universidad, si la patente que registran tiene salida comercial, un 40 por ciento de los ingresos van al profesor o investigador, un 40 por ciento va a la universidad, y el 20 por ciento restante va al laboratorio de investigación de la universidad. La generación de patentes figura muy alto en el currículum profesional y el estatus de un académico, me dijo Arkin. "Cuando estás pidiendo una promoción, la universidad te pide un listado de las patentes que has registrado o estás en proceso de registro. Eso cuenta mucho", me señaló.

No es coincidencia que la mayoría de los rectores de las universidades que entrevisté durante mi estadía en Israel no sólo tienen doctorados en las principales universidades del mundo, y han sido decanos antes de llegar a sus puestos actuales —como ocurre en la mayoría de los países—, sino que tambien tienen amplia experiencia en el sector privado. Lavie, del Technion, por ejemplo, ha fundado cuatro empresas, incluida la clínica de enfermedades del sueño en Estados Undos. Joseph Klafter, el presidente de la Universidad de Tel Aviv, un doctor en química que enseñó en las universidades de Columbia y el MIT, trabajó siete años como investigador de la Exxon en Estados Unidos, y siguió siendo consultor para esa multinacional a su regreso como profesor a Israel. Mientras muchos rectores universitarios en otras partes del mundo verían su paso por el sector privado como una mancha en sus carreras, en Israel lo ven como una distinción, y algo que contribuyó en gran medida a ganarse sus respectivos cargos actuales.

LA UNIVERSIDAD DE TEL AVIV: 15 *START-UPS*

En la Universidad de Tel Aviv, la más grande de Israel, con 29000 alumnos y conocida entre otras cosas por sus buenas facultades de Química, Física y Biotecnología, el director de Investigación y Desarrollo, Ehud Gazit, me comentó que la institución presenta unas 120 patentes por año, de las cuales logra aprobar unas 30 anualmente a nivel doméstico, y unas 15 en Estados Unidos. La universidad, fundada en la década de los cincuenta y una de las más jóvenes del país, es socia fundadora de unas 15 *start-ups*, y cuenta —al igual que la Universidad de Jerusalén— con su propia empresa de protección y comercialización de las invenciones de sus profesores y alumnos, llamada Ramot.

En uno de los laboratorios de la universidad, se esta trabajando en un rayo láser del tamaño de un bolígrafo que cose tejidos humanos, y según afirman los investigadores es mucho más rápido, reduce enormemente el riesgo de infecciones y deja menos cicatrices que las tradicionales costuras con hilos o grampas. En otro, un grupo de químicos y microbiólogos están desarrollando un chip para evaluar en tiempo real la efectividad de las drogas contra el cáncer. En un tercero, Weil y otros investigadores están desarrollando una droga contra el mal de Lou Gehring, una enfermedad progresiva que afecta las neuronas y provoca la parálisis, cuya idea ya han patentado a traves de Ramot.

"Israel es el país más eficiente del mundo en términos de la utilización de fondos para la investigación", me dijo Gazit, señalando que las universidades trabajan con presupuestos mucho más bajos que sus pares norteamericanas. "Mi sueño es convertir a Israel en el país con mayor ingreso per cápita del mundo."

EL ROL DEL ESTADO

Al igual que Finlandia, Israel tiene desde hace muchos años una agencia estatal independiente dedicada a identificar proyectos de investigación con potencial comercial, y a ayudarlos financieramente con fondos equivalentes a los que puedan recaudar en el sector privado. En Israel, se trata de la Oficina del "Chief Scientist" —o Jefe Científico— del Ministerio de Industria y Comercio, que tiene un presupuesto propio y dirige una red de "jefes científicos" en cada uno de los principales ministerios del gabinete israelí.

La Oficina del Jefe Científico fue creada a fines de los años sesenta —mucho antes de que se instalara el concepto de la "economía del conocimiento"— para incentivar el desarrollo científico del país. La idea era que sin recursos naturales, ni mano de obra barata, ni un mercado interno suficientemente grande como para atraer inversiones en el área de las manufacturas, Israel tenía que aprovechar sus recursos humanos para exportar tecnologías. En 1969 se creó la Oficina del Jefe Científico para identificar proyectos de investigación viables y darles un empujón financiero para que pudieran arrancar. Así, hasta el día de hoy, cuando un profesor universitario o un inventor del mundo empresarial tiene un proyecto de investigación para el cual necesita fondos, acude —directamente o a través de empresas universitarias como Yissum o Ramot— a la Oficina del Jefe Científico, que, tras evaluar la seriedad del proyecto y su viabilidad comercial, les ofrece capital de riesgo. Por lo general, la agencia estatal ofrece el 50 por ciento del costo de la investigación y el desarrollo del producto, y los inventores deben recaudar el resto del sector privado. Al igual que su par Tekes, de Finlandia, la Oficina del Jefe Científico se queda con acciones de las empresas que ayuda a crear, y luego las vende para recaudar fondos para nuevos proyectos.

Pero, según me explicó Berry, la ex encargada de Oficina del Jefe Científico, a diferencia de lo que ocurre en la mayoría de los países con agencias estatales dedicadas a promover la investigación, Israel no escoge sectores prioritarios de la economía ni industrias estratégicas. Por el contrario, la principal característica de la Oficina del Jefe Científico es el no tener prioridades estratégicas, sino evaluar cada proyecto exclusivamente con base en sus posibilidades comerciales.

"LANZAR UNA *START-UP* ES UN SÍMBOLO DE ESTATUS"

Tuto Bigio, un joven empresario de origen peruano que conocí en Tel Aviv, es uno de los tantos emprendedores que lanzan *start-ups* de todo tipo en Israel. Su nuevo proyecto —al igual que el de cientos de otros emprendedores israelíes que están desarrollando tecnologías "verdes", o de conservación del medio ambiente— es el de reciclar basura para convertirla en muebles de plástico, ladrillos de construcción o lozas de decoración. Cuando me comentó la idea, no pude sino estallar en una carcajada. ¿Quién va a comprar muebles de basura?, le pregunté, asombrado. ¿Y quién va a querer vivir en una casa llena de basura?

Estábamos sentados en el bar del Hotel Intercontinental de Tel Aviv, y Bigio —de *blue jeans* y zapatillas deportivas, lo que parece ser el uniforme de rigor de los emprendedores israelíes— sacó su computadora *notebook* de su maletín para darme una entusiasta descripción de su proyecto. Según me explicó, ya se sabe desde hace tiempo que se puede convertir la basura en productos de plástico o parecidos al plástico, y muchos países que no tienen petróleo ya están trabajando en usar basura como base para la fabricacion de todo tipo de productos petroquímicos. Pero el descubrimiento israelí que va a revolucionar la industria, me aseguró, es que hasta ahora había que separar la basura —los tomates, fideos, cartones, ropa y demás cosas que uno tira en la basura de su casa— para fabricar polímeros, que a su vez se usan para fabricar productos para la industria del plástico, mientras que su empresa ha desarrollado una nueva tecnología que permitirá procesar la basura tal como está, toda junta, sin ningún tipo de separación previa. Lo que es más, el nuevo producto, que se denomina Yuvalite, permitirá utilizar hasta los deshechos más contaminantes y difíciles de reciclar, como los neumáticos de los automóviles, que hoy día llenan los cementerios de basura en todo el mundo.

"No sólo vamos a ayudar a resolver un desastre ambiental y social en todo el mundo, sino que lo vamos a hacer fabricando productos que sustituyan al plástico, que ya se está convirtiendo en un producto caro y contaminante en sí mismo —me dijo Bigio—. Y las ventajas económicas son enormes: hoy día, las municipalidades están pagando a empresas unos 50 dólares por tonelada de basura para que la quemen, o la entierren en algún lado. Nosotros les vamos a decir, 'Páguennos 20 dólares por tonelada, y nosotros nos quedamos con la basura' ".[14]

Cuando le pregunté a Bigio que lo llevó a convertirse en un generador de *start-ups*, se encogió de hombros, como diciendo que todo el mundo en Israel quiere lanzar su propia compañía de alguna novedad tecnológica. "Es una epidemia en Israel —me senaló—. Todos los chicos quieren estudiar ingeniería, ciencias, matemáticas o algo así, para luego sacar su propia *start-up*. Tienen la idea de que 'si mis inventos son tan geniales y los demás israelíes triunfan en todos lados, por qué no me va a ir bien a mí?' Y aunque muchas de las *start-ups* nunca arrancan o terminan en fracasos, acá no está mal visto venir de una *start-up* que no prosperó por la competencia, o porque no se pudo patentar. Aquí, el estar en un *start-up* es un símbolo de estatus".[15]

DIEZ EN INNOVACIÓN, CERO EN RELACIONES PÚBLICAS

Una de las cosas que más me sorprendió en Israel fue la poca atención que le presta el Estado a promocionar internacionalmente sus logros en innovación. Al igual que cuando viajé a China, Singapur, India, Finlandia y varios otros países en el curso de mi investigacion para este libro, había contactado a funcionarios de prensa israelíes antes de mi viaje a Tel Aviv, avisándoles que visitaría el país próximamente por mis propios medios y solicitando entrevistas con el ministro de Educación y varios altos funcionarios involucrados en el desarrollo tecnológico.

En los países asiáticos, un mes antes de mi viaje ya tenía un itinerario completo con las fechas, horas y lugares de mis entrevistas. En Singapur, los presidentes de las universidades con quienes me iba a entrevistar me habían mandado itinerarios que detallaban minuto a minuto mis visitas a sus sedes, quienes estarían presentes en cada reunión y hasta los espacios de tiempo calculados para desplazarnos de un edificio a otro.

En Israel, mi programa de entrevistas fue un pandemonio. Hasta horas antes de mi llegada al país, las principales entrevistas que había solicitado no estaban confirmadas. Y luego me avisaron que muchas no podían realizarse por falta de tiempo de los funcionarios o fueron canceladas a último momento. Si no fuera por la iniciativa personal del jefe de prensa del consulado de Israel en Miami, Ariel Roman, que ante la falta de respuestas a los pedidos de entrevistas con funcionarios de gobierno se dedicó a bombardearlos con *e-mails* y llamadas telefónicas, probablemente no hubiera podido entrevistar a más de una o dos personas de las que quería conocer. Los funcionarios israelíes no parecen tener tiempo para publicitar los logros de su país.

Simultáneamente, la informalidad de los israelíes asombra hasta a aquienes, como en mi caso, habían sido advertidos de antemano sobre los usos y costumbres del país. Al no hablar el idioma hebreo ni tener un itinerario con los nombres de mis contactos en cada universidad o ministerio, muchas veces entré en salones llenos de gente sin que nadie me indicara cuál de los presentes era el ministro con el que tenía la cita.

En Jerusalén, cuando fui a una cita en la Knesset, el Congreso israelí, con el ministro de Agricultura y el director de Volcani —la agencia de investigaciones del ministerio, de más de mil científicos y empleados— me vino a buscar a la entrada un señor que se ofreció a llevarme a la sala donde me esperaba el ministro.

Por su forma de presentarse, pensé que se trataba de su jefe de prensa, pero no fue sino hasta que me acompañó a la salida, una hora después, que me enteré que era el profesor Yitzhak Spiegel, director de Volcani, un científico que estaba a cargo de algunos de los proyectos tecnológicos más ambiciosos del mundo, como el desarrollo de un vegetal llamado Jatropa como alternativa al petróleo como fuente de energía, y la creación de semillas resistentes a las sequías para hacer frente a la crisis del agua en el mundo. Cuando le expresé mi sorpresa, y le expliqué mi malentendido, se encogió de hombros con una sonrisa. Obviamente, la idea de que un jefe de prensa iría por mí —como suele ocurrir en las entrevistas con funcionarios públicos en todo el mundo— le parecía extraña, y algo divertida.

Cuando les comenté a varios israelíes más tarde que me parecía raro que un país con tantos problemas de imagen externa le dedicara tan poco interés a las relaciones públicas, muchos me respondieron que el Estado dedica una enorme cantidad de recursos a sus fuerzas armadas, y no queda mucho para otras cosas. Gran error, pensé para mis adentros. Quizás el desafío más grande para Israel no sea mantener su superioridad militar — que todavía existe, a pesar de que Irán y otros de sus adversarios están cerrando la brecha — sino contrarrestar la propaganda adversa de sus enemigos en muchos países del mundo.

"VAMOS CAMINO A UN PAÍS DEL TERCER MUNDO"

De todas las entrevistas que hice en Israel, la que más me impresionó fue la que le hice a Dov Lautman, el ex presidente de la Asociación de Manufacturas de Israel, ex presidente del Consejo Ejecutivo de la Universidad de Tel Aviv y uno de los empresarios más conocidos de Israel. Cuando entré en su oficina, un despacho pequeño y austero, como la de la mayoría de los empresarios israelíes, Lautman, de 73 años, estaba sentado con las palmas de ambas manos sobre la mesa. No fue sino hasta cuando le extendí la mano para presentarme —y se me quedó en el aire— que me di cuenta que Lautman no podía moverse.

Me ofreció disculpas, señalando que sufría de una enfermedad llamada Lou Gehrig —la misma que estaban investigando en la Universidad de Tel Aviv, con fondos de su fundación benéfica— que lo había dejado totalmente paralizado, aunque con las facultades mentales intactas. Le habían diagnosticado la enfermedad hacía ocho años, y le habían dicho que su expectativa de vida era de cuatro años, me dijo con una sonrisa de satisfacción. Y estaba trabajando de las seis de la mañana hasta las siete de la tarde, y reuniéndose con amigos en su casa todas las noches —había enviudado hacia poco— con la ayuda de su secretaria y asistentes que lo transladaban de un lugar a otro.

En la paredes de su oficina, había fotos de él junto con el ex presidente egipcio Anwar El Sadat, altos funcionarios de Jordania y el asesinado primer ministro israelí Yitshak Rabin. Lautman había nacido en Tel Aviv en 1936, más de una década antes de la creación del Estado judío, y después de hacer el servicio militar en el ejército del nuevo país fue a estudiar ingeniería industrial en el Massachusetts Institute of Technology (MIT) en Estados Unidos. A su regreso a Israel, a los 27 años, trabajó en varias empresas textiles hasta que en 1975 fundó, junto con un socio francés, su propia empresa textil, Delta. La empresa destinaba el 4 por ciento de sus ventas a la investigación y desarrollo de nuevos productos —un porcentaje alto en la industria textil— y pronto se convirtió en una de las más grandes del mundo en prendas íntimas, produciendo para Ralph Lauren, Victoria's Secret, Macy's, y prácticamente todas las grandes marcas y tiendas estadounidenses.

En los años noventa, cuando la competencia de China y de otros países asiáticos de mano de obra barata hizo cada vez más difícil producir prendas textiles en Israel, Lautman fue pionero en iniciar relaciones comerciales de Israel con Egipto, Jordania y otros países árabes. Para él, Egipto fue la respuesta a China, me dijo. Lautman fue a Egipto por cuenta propia, y le propuso al gobierno trasladar varias de sus plantas textiles de Israel a Egipto. Al poco tiempo, Delta tenía fábricas con 5 000 empleados en Egipto, 2 000 en Jordania, y 1 000 en ciudades árabes dentro de Israel, y Lautman se convirtió en un estrecho aliado del fallecido primer ministro israelí Rabin y sus políticas de acercamiento al mundo árabe. Tras ser diagnosticado con la enfermedad de Lou Gehring, Lautman y sus socios habían vendido el conglomerado Delta a una empresa estadounidense en 650 millones de dólares.

Como muchos otros empresarios y académicos israelíes, Lautman me confesó su preocupación por el estado de la educación pública en Israel. Cuando él era joven e Israel estaba en sus comienzos, la educación pública era de primer nivel, me señaló. En la década de los años cincuenta, Israel era el primer país del mundo en los exámenes de matemáticas en las escuelas primarias y secundarias, en gran medida porque muchos profesores universitarios alemanes que llegaban al país huyendo del holocausto nazi comenzaban trabajando como maestros de escuela. Pero hoy día, continuó diciendo Lautman, Israel está en el puesto 42 en los exámenes de matemáticas.

"La docencia se ha convertido en una profesión de cuarto nivel, en parte porque los salarios de los maestros son bajísimos", me dijo el líder empresarial. "Los estudiantes con las mejores notas no quieren ir a la escuela de educación y ser maestros, sino estudiar ingeniería y lanzar una *start-up* en tecnología. Para colmo, los presupuestos del gobierno para educación siguen cayendo, y hemos tenido ocho ministros de Educacion en los últimos 10 años."[16]

Hablando siempre con las palmas de la mano sobre la mesa, mirándome de frente sin poder mover un centímetro de su cuerpo, Lautman me señaló que Israel tiene un problema demográfico-educacional que, de no revertirse las actuales tendencias presupuestarias, puede ser catastrófico. Apenas la mitad de la población adulta israelí participa en la fuerza de trabajo, porque dos sectores importantes —los judíos ultraortodoxos y los árabes isrealíes— tienen los mayores problemas educativos y están prácticamente fuera del mundo productivo. Y los judíos ultraortodoxos y los árabes isreaelíes son al mismo tiempo los dos sectores con más altas tasas de natalidad. Los judíos ultraortodoxos, que por lo general tienen más de cinco hijos por pareja, tienen su propio sistema de escuelas, en las cuales estudian casi exclusivamente la Biblia, explicó. "Un 20 por ciento de los niños en Israel son de familias ultraortodoxas, y en sus escuelas no estudian inglés, ni matemáticas, ni ciencias. Si no invertimos más y mejor en educación, nos vamos a convertir en un país del Tercer Mundo."[17]

EL MOVIMIENTO "LA EDUCACIÓN ES TODO"

Pero quizás lo más interesante que me contó Lautman, y a juzgar por los gestos de su rostro, lo que más lo entusiasmaba en el momento en que tuvo lugar la entrevista era su labor como presidente del Movimiento Hakol Jinuj, o "La Educación es Todo", una organización no gubernamental dedicada a revertir el deterioro de la educación pública en Israel. Se trata de un grupo de presión liderado por actores y escritores famosos, grandes empresarios, científicos, premios Nobel y otras figuras públicas de todas las tendencias políticas dedicado a exigir que el gobierno cumpla con metas específicas en el área educativa. A medida que Lautman me hablaba sobre el movimiento, se me abrían cada vez más los ojos: era —al igual que el movimiento "Todos por la Educación", creado recientemente en Brasil— la idea más interesante que había escuchado en los últimos años para mejorar la calidad de la educación, y un proyecto ideal para todos los países latinoamericanos.

El movimiento fue fundado en 2008 por Lautman y el rabino Shay Piron, el director de la organización, y creó un consejo de unas 200 figuras públicas de gran alcance mediático. Según me explicó Lautman: "Aprovechamos la fama de nuestros integrantes para estar constantemente en los medios. Fijamos metas educativas muy concretas, con plazos definidos, y estamos permamentemente en los medios presionando al gobierno para que las cumpla". La declaración de principios de la organización consta de cinco puntos, que podrían ser copiados por la sociedad civil en cualquier país latinoamericano. He aquí los cinco objetivos del movimiento:

- Fortalecer la educación pública. Según la carta constituyente del movimiento, "ésta es nuestra misión principal. Es la obligación del Estado proveer a todos los niños con una educación de alto nivel, sin discriminación entre los alumnos. Nuestra organización trabajará por detener el proceso de privatización del sistema educativo, que constituye una seria amenaza a la solidaridad cultural y social en Israel".
- Elevar la profesión docente a una de las principales prioridades del país.
- Adoptar un currículum de estudios básicos obligatorios para todas las escuelas israelíes. Aunque el documento no lo diga explícitamente, el objetivo de esta meta es lograr que los judíos ultraortodoxos comiencen a enseñar materias como inglés y matemáticas en sus escuelas.
- Presionar por la diferenciación de los presupuestos escolares según la necesidades socioeconómicas de los alumnos, para que las escuelas de niños pobres reciban más recursos que las de familias pudientes.
- Empoderar a los directores de escuela. El documento señala que los directores de escuela son claves para mejorar la calidad de la educación, y establece que "su autoridad debe ser ampliada para darles suficientes herramientas para cumplir sus objetivos".

Para lograr estos cinco objetivos, el movimiento La Educación es Todo monitorea las políticas públicas educativas, trabaja con el Ministerio de Educación para asegurar que los recursos sean distribuidos equitativamente y las políticas tengan continuidad en el tiempo, y organiza marchas callejeras y campañas mediáticas dirigidas al gobierno cuando las metas no se cumplen. "Nuestro propósito es evaluar la actuación del ministro de Educación cada tres meses, no cada cinco años —me dijo Lautman—. Por eso nos reunimos constantemente con los ministros, y ellos nos escuchan, porque saben que si no lo hacen descargamos toda nuestra artillería mediática sobre ellos."[18] Y gracias a la capacidad de convocatoria de sus integrantes y el dinero que aportan los empresarios interesados en mejorar la calidad educativa, el movimiento tiene la suficiente fuerza como para ser una fuerza política efectiva, agregó.

¿Y cómo hacen para que los grandes empresarios renuncien a sus egos y apoyen un movimiento donde apenas figuran como miembros de un grupo mucho mayor?, le pregunté a Lautman. Le expliqué que, en Latinoamérica, muchos de los grandes empresarios se manifiestan preocupados por la calidad de la educación, pero todos ellos tienen su propia fundación educativa, con sus nombres o los de sus empresas, y muchas veces dirigidas por sus mujeres, y que el no actuar conjuntamente diluye en gran medida la efectividad de las mismas. "En Israel los empresarios también tienen sus grandes egos —sonrió Lautman—. Pero no hay un conflicto, porque ellos continúan teniendo sus propias fundaciones, y nosotros somos un movimiento que las agrupa a todas junto con personalidades públicas. No estamos compitiendo con nuestros miembros, sino que estamos haciendo un movimiento conjunto de cabildeo para presionar al gobierno a que mejore la calidad de la educación", senaló.[19] Cuando salí de la oficina de Lautman, no pude más que pensar cuanta falta haría que cada país latinoamericano tenga su propio movimiento "La Educación es Todo", y que estos grupos de presión se conviertan en actores principales de la vida nacional.

POR AHORA, LA INNOVACIÓN ES IMPARABLE

A pesar del deterioro de la educación pública primaria y secundaria, y de recortes al presupuesto universitario en años recientes, Israel todavía tiene un plantel de académicos y científicos con pocos rivales en el mundo. Según la Organización para la Cooperación y Desarrollo Económicos (OCDE), el 45 por ciento de los israelíes tienen estudios universitarios, y el país produce anualmente más publicaciones científicas que ningún otro del mundo: 109 por cada 10 000 habitantes.[20] Y una encuesta internacional de la prestigiosa revista *Scientist* reveló que dos instituciones israelíes —el Instituto Weitzman y La Universidad Hebrea de Jerusalén— son "los dos mejores lugares para trabajar en el mundo académico" fuera de Estados Unidos.[21]

¿Podrá Israel mantener su ímpetu innovador? El país tiene enormes desafíos ante sí, incluido uno que tienen otras pocas naciones: un país cercano, Irán, que no reconoce su derecho a existir y proclama abiertamente su deseo de borrarlo del mapa. Pero todo parece indicar que, salvo una guerra que paralice la economía israelí, el espíritu innovador del país y su excelencia académica asegurarán la continuación de la "epidemia" de *start-ups* en los próximos años.

Cuando tomé el vuelo de regreso de Israel, con escalas en Jordania y Dubai, y vi nuevamente desde la ventanilla del avión cómo cambiaba abruptamente el paisaje al cruzar la frontera —de los campos verdes fertilizados con irrigación artificial en Israel a la tierras desérticas de Jordania y Dubai— no pude sino irme con la impresión de que la innovación y el espíritu emprendedor israelí están tan arraigados en el país que lo más probable es que el fenómeno creativo continúe por varios años.

7

Chile: rumbo al Primer Mundo

Cuando le pregunté a Bill Gates cuáles son los países latinoamericanos más avanzados en educación, investigación y desarrollo, el primero que le vino a la mente fue Chile. Curiosamente, Gates no puso en primer lugar a Brasil, la economía más grande de Sudamérica, y el país con empresas multinacionales como Embraer o Petrobras, que son las más conocidas de la región por sus nuevas tecnologías. Pero Chile, al margen de ser el país con la economía más globalizada de Latinoamérica, pocas veces aparece mencionado como un país de avanzada en innovación tecnológica. Sin embargo, los países que primero le vinieron a la mente a Gates cuando le hice la pregunta fueron Chile, Brasil y México, en ese orden. "Si me preguntas cuál es el país de la región que más ha puesto su casa en orden [en materia de tecnología de la información e innovación], es Chile. Por mucho", me dijo el hombre que revolucionó la industria cibernética.[1]

Según me enteré más tarde, la apreciación de Gates coincidía con el *ranking* mundial de tecnología de la información del Foro Económico Mundial, que coloca a Chile como el país más avanzado de América Latina, en el puesto 34 del mundo, muy por delante de México y Brasil, que le siguen en los puestos 58 y 59, respectivamente. Según el *ranking*, que mide la capacidad y competitividad de cada país en tecnología de la información, Chile también encabeza la región en varias subcategorías, incluyendo el uso de internet para realizar trámites oficiales, en que ocupa el lugar 12 en el mundo; el acceso de internet por banda ancha per cápita, en que figura en el puesto 37 en el mundo, y en el número de científicos y técnicos como porcentaje de su población, en que ocupa el lugar número 31 a nivel mundial.[2]

¿Qué ha hecho Chile para ponerse a la cabeza de América Latina?, me pregunté. Obviamente, la estabilidad política, el Estado de derecho y el respeto a las reglas del juego son parte de la respuesta, y figuran bien alto en las consideraciones de Bill Gates, el Foro Económico Mundial y otras instituciones internacionales. Y en los últimos años Chile ha hecho progresos sustanciales en materia educativa: la coalición de partidos de izquierda que gobernó durante dos décadas hasta el triunfo del presidente Sebastián Piñera en 2010 triplicó el presupuesto educativo, y aumentó las horas de estudio en las escuelas de 940 por año a 1 200. Mientras que al inicio de la década de 1990 la escolaridad promedio de los chilenos era de 8.7 años, en 2008 era de 11.8 años, la más alta en América Latina, según cifras del Ministerio de Educación de Chile y el Banco Mundial. Y a nivel universitario, Chile, aunque venía de una base muy baja, modernizó su educación superior más rápidamente que ninguno de sus países vecinos, con algunos golpes de audacia que no se vieron en otros países de la región.

6 500 BECAS DE POSGRADO EN EL EXTERIOR

Al igual que Argentina, Venezuela y otros países sudamericanos, Chile fue un gran beneficiario del alza mundial de los precios de las materias primas en la década de 2000. Pero a diferencia de sus vecinos, Chile destinó una parte significativa de su superávit de las exportaciones de cobre para dar un gran salto a la modernidad en educación e innovación. En 2008, el gobierno socialista de Michelle Bachelet creó un fondo de 6 000 millones de dólares para otorgar 6 500 becas anuales para que estudiantes chilenos puedan hacer estudios de posgrado en Estados Unidos, Europa, Nueva Zelanda y Australia. El nuevo fondo fue invertido en el extranjero —para evitar un efecto inflacionario dentro del país— y sus intereses anuales serían utilizados para pagar becas completas en las mejores universidades del mundo. Bajo el plan aprobado por el gobierno, Chile pasó de tener 172 estudiantes becados por el gobierno para sacar maestrías y doctorados en el exterior en 2005 a 2 400 estudiantes en 2010, y llegaría progresivamente a los 6 500 estudiantes en 2012. Para un país relativamente pequeño, de sólo 16.4 millones de habitantes, esto equivalía a una exportación masiva de sus mejores cerebros, con la esperanza de que regresaran al país con mayor capacidad tecnológica, mejores contactos internacionales y nuevas ideas que le ayudaran a diversificar sus exportaciones.

Intrigado, le pregunté al entonces canciller Alejandro Foxley —en Chile, el Ministerio de Relaciones Exteriores juega un papel clave en estos programas de becas en el extranjero— si no le preocupaba que la mayoría de los nuevos becarios decidieron quedarse a vivir en Estados Unidos. ¿No van a estar subvencionando una fuga de cerebros?, le pregunté. Foxley se encogió de hombros, y dijo: "Hay que tener una visión a largo plazo de las cosas. A nosotros no nos importa que no vuelvan a Chile de inmediato. Si tú miras lo que está pasando en la India, por ejemplo, la gran mayoría de los estudiantes indios se quedan en Estados Unidos unos 10 años, y al cabo de ese tiempo regresan a su país con un bagaje de conocimientos impresionante, mucho más creativos, y con más contactos internacionales".[3]

APOSTANDO A LA "CIRCULACIÓN DE CEREBROS"

Efectivamente, Chile adoptó una filosofía que estaba ganando cada vez más terreno en Asia y Europa Central y que iba en dirección diametralmente opuesta a la idea tradicional de que la "fuga de cerebros" perjudica a los países expulsores y beneficia a los receptores. Tal como lo habían demostrado las exitosas experiencias de la India, China, Taiwán, Irlanda y Polonia, entre otros, los países en vías de desarrollo muchas veces se benefician enormemente de lo que antes se llamaba "fuga de cerebros", y que cada vez más se denomina "circulación de cerebros".

El programa masivo de becas al exterior de Chile no dejaba de ser una apuesta arriesgada. Foxley me confesó que encontrarle buenos empleos en Chile a los futuros graduados con doctorados de las mejores universidades del mundo "va a ser un problema". Pero las historias de éxito de países que han enviado una avalancha de estudiantes a las mejores universidades de Estados Unidos y Europa están a la vista, y las historias de fracasos de los países que se han quedado aislados en sus propios mundillos académicos son más que evidentes, agregó el canciller.

"Si Chile quiere crecer más rápido, no podemos seguir exportando solamente cobre, celulosa y salmones —me dijo Foxley—. Necesitamos crear nuevos productos. Necesitamos que toda una generación de estudiantes, o la mayor parte que podamos, se expongan a la economía global."[4]

LA UNIVERSIDAD DE CHILE: ANTIGUA, PERO MODERNA

Víctor Pérez Vera, rector de la Universidad de Chile, la mayor y más prestigiosa universidad estatal chilena, me recibió en su oficina con la solemnidad propia del edificio de fines del siglo XVIII en que se encuentra su despacho. La rectoría parecía una sala del Museo del Louvre, con techos repletos de frescos con motivos clásicos y listones de madera ornamentada. El arquitecto que construyó el edificio, un francés llamado Luciano Henault, había recibido la encomienda gubernamental de construir un "Palacio de la Universidad", y no se había quedado atrás en pomposidad. Henault construyó un palacio neoclásico, con patios rodeados de columnas griegas, y una majestuosidad propia de un teatro de óperas. En medio del patio central, sentado en un sillón en pose solemne, mirando hacia la rectoría, estaba la estatua de Andrés Bello, el humanista nacido en Venezuela que había sido rector de la universidad durante más de dos décadas. A su alrededor, en los cuatro costados del patio, había placas con letras de bronce con los nombres de los

19 presidentes chilenos graduados de la Universidad de Chile —el 61 por ciento de todos los mandatarios del país— y más de un centenar de ganadores de premios nacionales, incluyendo los poetas Pablo Neruda y Gabriela Mistral, los dos ganadores del Premio Nobel de Literatura de Chile, que habían pasado por las aulas de la institución.

Pérez Vera es un celoso defensor de la universidad pública, que ha sufrido embates tanto de la dictadura del general Augusto Pinochet como de la proliferación de grandes universidades privadas en los últimos años. Con orgullo, Pérez Vera me señaló que, a pesar del "desmantelamiento" de las universidades estatales que había llevado a cabo Pinochet, la Universidad de Chile, junto con la Universidad Católica, propiedad de la Iglesia, seguían siendo las más prestigiosas, y las primeras opciones de la mayoría de los alumnos del país a la hora de escoger dónde realizar sus estudios superiores.

Intrigado, le comenté a Pérez Vera que me sorprendía el buen estado en que se encontraba su universidad: a diferencia de lo que ocurría en otras grandes universidades estatales latinoamericanas, no había *graffitis* ni consignas políticas pintadas en las paredes. La estatua de Bello y las placas de los presidentes no parecían haber sido pintarrajeadas, y el despacho del rector parecía preservar intactos sus muebles centenarios y varias otras reliquias históricas.

¿Acaso los estudiantes no habían tomado la rectoría durante las revueltas estudiantiles de 2007, al principio de la presidencia de Bachelet?, le pregunté. Efectivamente, unos 200 estudiantes habían tomado la rectoría durante 11 días, me confirmó el rector. "Pero no pintaron las paredes, ni rompieron ni una silla —explicó Pérez Vera—. Lo más que hicieron fue colgar lienzos en las paredes." Cuando terminó la ocupación, los estudiantes incluso habían limpiado las instalaciones, para dejarlas en las mismas condiciones en las que las habían encontrado, recordó. Chile, a pesar de haber vivido una dictadura militar que dejó profundas heridas en la sociedad, no deja de sorprender por la civilidad de sus actores políticos, pensé para mis adentros.

Según me enteré a continuación, la Universidad de Chile es una excepción a la regla entre las grandes universidades estatales latinoamericanas por razones que van mucho más allá de la civilidad de sus estudiantes. Con todas las limitaciones de una institución antigua —había sido fundada en 1842 para remplazar a la Universidad Real de San Felipe, que a su vez había sido fundada en 1738—, la Universidad de Chile se maneja con criterios bastante modernos.

LOS ALUMNOS PAGAN CUANDO SE RECIBEN

Según me dijo Pérez Vera, 65 por ciento del financiamiento de la Universidad de Chile proviene de la venta de servicios que prestan sus profesores o de proyectos de desarrollo e investigación pagados por el Estado o empresas privadas, y 25 por ciento proviene de los aranceles que pagan los estudiantes. La ayuda financiera estatal sólo cubre 14 por ciento del presupuesto de la universidad.

¿Qué servicios vende la universidad?, le pregunté. "De todo tipo —respondió—. El Centro de Estudios Espaciales vende rastreos satelitales, el Departamento de Ingeniería Industrial hace asesorías a las industrias salmoneras y forestales, la Facultad de Agronomía realiza estudios de desarrollo de uva para los exportadores de vinos. Los profesores de la universidad postulan a licitaciones de todo tipo en nombre de la Universidad de Chile, aprovechando el prestigio que la misma les confiere, y si ganan la licitación deben pagar un 'peaje' de alrededor de 15 por ciento del monto del contrato a la universidad. En cuanto a los aranceles que pagan los estudiantes, son más bajos que los que pagan los estudiantes en las universidades privadas del país, pero no son baratos: oscilan entre los 3 200 dólares por año que debe pagar un estudiante de humanidades, hasta unos 6 900 dólares por año que debe pagar un estudiante de medicina.

¿Y pueden los estudiantes de origen más humilde pagar esas sumas?, le pregunté. Pérez Vera apretó los labios y meneó la cabeza, como diciendo que muchos sí, y muchos no. Un 30 por ciento de los estudiantes de la Universidad de Chile, así como los de otras 24 universidades conocidas como "tradicionales", estatales y privadas, tienen becas completas del gobierno, señaló. El restante 70 por ciento tiene acceso a créditos estudiantiles de bajo costo —2 por ciento anual— que deben pagar *a posteriori*, tras recibirse y encontrar empleo. En cuanto a los universitarios chilenos que estudian en las restantes 36 universidades privadas, la gran mayoría —salvo unos pocos que reciben becas especiales del gobierno, o un número mayor que obtiene becas completas de sus universidades— estudia con becas por las que debe pagar 6 por ciento anual de interés una vez graduados.

MÁS INGENIEROS, MENOS FILÓSOFOS

También a diferencia de la mayoría de las otras universidades estatales latinoamericanas, la Universidad de Chile tiene muchos más estudiantes de ingeniería que de psicología, filosofía o sociología. La universidad tiene cuotas, por las que admite un cupo de 600 estudiantes por año en ingeniería, 50 en psicología, 50 en filosofía y 40 en sociología.

¿Los cupos se deciden según las estrategias del país o según la demanda estudiantil?, le pregunté a Pérez Vera. "Lo segundo", respondió. Al igual que en las universidades privadas chilenas, hay mucho más estudiantes que escogen cursar ingeniería que humanidades, explicó. El motivo es muy simple: cuando el estudiante sabe que al graduarse tendrá que pagar los costos de su educación universitaria, tiende a elegir carreras que ofrezcan más garantías de empleo y mejores sueldos. Sólo quienes sienten una verdadera vocación por las profesiones peor pagadas ingresan en ellas. En la Universidad de Chile no hay lugar para los estudiantes golondrinas, que pululan por las facultades sin jamás recibirse, a costa del Estado, señaló. Pero la decisión estatal de dimensionar las escuelas de la universidad según la oferta y la demanda había tenido un costo, señaló Pérez Vera. "Tú vas a la Facultad de Ingeniería, y verás una universidad del Primer Mundo. Pero vas a la de Filosofía, y verás una del Segundo o Tercer Mundo", dijo.

Intrigado, fui a la Facultad de Filosofía y Humanidades de la Universidad de Chile a ver lo que el rector describía como una facultad "del Tercer Mundo" en este país. Me encontré con un edificio relativamente moderno, pintado de color salmón, cuyas paredes estaban tan exentas de *graffitis* como las de la Casa Central de la universidad. Había, eso sí, un enorme mural del Che Guevara, con la leyenda "Hasta la victoria siempre" en una de las paredes, y firmado por la Brigada Rodriguista. Pero era un mural pintado sobre un lienzo que cubría prolijamente una pared, que no dañaba en absoluto las instalaciones del edificio.

El decano de la Facultad de Filosofía, Jorge Hidalgo Lehuede, me recibió en su despacho de saco y corbata. Cuando hablamos sobre sus estudiantes, admitió que se encuentran entre los más politizados de la universidad. Pero, al igual que lo que había ocurrido durante la toma de la Casa Central, la más reciente toma de la Facultad de Filosofía había terminado relativamente bien: los jóvenes —unos 100 que habían ocupado las instalaciones durante 40 días exigiendo mayor representación en el gobierno universitario— habían entregado la facultad no sólo limpia, sino repintada en las partes que habían sido garabateadas por los huelguistas.

¿No tienen estudiantes eternos?, le pregunté, acostumbrado a escuchar historias de estudiantes que habían permanecido durante 10 o 12 años en otras grandes universidades estatales latinoamericanas. "No podemos tenerlos, por reglamento —respondió el decano—. Si el estudiante pasa seis años y no se recibe, aunque rinda materias, no puede permanecer en la universidad. Todas las carreras tienen un límite de tiempo." En Chile, el Estado considera que no se puede usar dinero de los contribuyentes para pagar por estudiantes que no estudian, y que le quitan la posibilidad de hacerlo a otros que quieren entrar en la universidad.

A pesar de la eficiencia de la Universidad de Chile, comparada con la de la mayoría de las universidades estatales latinoamericanas, el fenómeno más destacado de la educación superior chilena en las últimas décadas ha sido el auge de las universidades privadas. De las 58 universidades chilenas, 42 son privadas, y 36 de ellas fueron creadas en las últimas tres décadas. Muchas de estas últimas fueron fundadas como reacción al anquilosamiento de las grandes universidades públicas, y por la decisión de grupos religiosos como el Opus Dei y agrupaciones políticas de derecha de crear universidades para difundir sus propios ideales. Universidades privadas, como la Universidad Católica, la Universidad Adolfo Ibáñez, la Universidad de los Andes, la Universidad Diego Portales, la Universidades Andrés Bello, la Universidad Mayor y la Universidad del Desarrollo, entraron a competir exitosamente con varias universidades estatales prometiendo planes de estudio mucho más apegados a las necesidades del mercado, y un futuro laboral más auspicioso para sus graduados. En 2008, el 70 por ciento de los universitarios chilenos estaban estudiando en universidades privadas.

"La Universidad de Chile no es vista acá como una universidad moderna. Salvo la Escuela de Derecho o Medicina, se ha quedado absolutamente estancada hace mucho rato —me señaló Marcela Cubillos, diputada de la Unión Demócrata Independiente, la alianza de derecha, y una de las congresistas más activas de la Comisión de Educación del Congreso chileno—. Tú hablas con cualquier joven, y te dicen la Universidad Católica primero, y después varias privadas", señaló.

¿Por qué se quedó atrás la Universidad de Chile?, le pregunté a la diputada. Por no modernizarse más rápidamente, respondió. "Se la comieron tres o cuatro privadas hace rato. Porque ha habido tal explosión de universidades privadas, que las ventajas que tenía la Universidad de Chile, como una mayor integración social del alumnado, ya lo ves en otras universidades privadas", afirmó.

La Universidad del Desarrollo —presidida por Hernán Buchi, ex ministro de Hacienda de Pinochet, y una de las favoritas de la nueva clase empresarial chilena— se ufana de ofrecer a sus alumnos la opción de cursar asignaturas de ingeniería comercial y economía en inglés, e instauró un sistema en su Escuela de Negocios por el cual todos los estudiantes deben pasar un día por semana trabajando en una empresa, reportando a un gerente de la misma.

CLASES DE ECONOMÍA, *IN ENGLISH*

Mientras me mostraba el campus de la Universidad del Desarrollo, una serie de modernos edificios blancos con el telón de fondo de la Cordillera de los Andes, en el exclusivo barrio de San Carlos de Apoquindo, donde también están varias de las escuelas secundarias más caras de la capital chilena, el rector Silva Bafalluy me habló orgullosamente sobre la vertiginosa expansión de su institución. La universidad había sido fundada en 1990, pero en 2008 ya tenía 10 500 alumnos. Crecía a una tasa anual de 15 por ciento a pesar de admitir tan sólo 25 por ciento de los jóvenes que se postulaban, señaló. Era una copia fiel de los campus universitarios de Estados Unidos, con su gimnasio supermoderno, varios campos deportivos y espacios verdes donde los estudiantes se sentaban a leer y merendar entre sus clases. Entre las principales atracciones de la Universidad del Desarrollo, según sus propios folletos propagandísticos, está "un estrecho contacto con el mundo empresarial".

Los cursos obligatorios en inglés eran un buen ejemplo del motivo por el que cada vez más estudiantes iban a las universidades privadas, me señaló el rector. "Esto va a ir creciendo con el tiempo —indicó—. Empezamos con los cursos de economía 1 y marketing, pero esperamos tener 10 cursos en inglés en dos o tres años." Los estudiantes no sólo deben tomar la clase en inglés, sino participar en la misma hablando en inglés.

En materia de instrucción compartida con empresas del sector privado, la Universidad del Desarrollo tiene programas en su carrera de negocios que exigen que sus estudiantes de tercer y cuarto año pasen un día entero por semana en una empresa, con un tutor. "Esto es superrevolucionario: El joven trabaja los jueves en la empresa, y el viernes tiene que reportarle a su tutor en la universidad. Se estudia administración de empresas de la misma forma que se estudia medicina: en la práctica", aseguró el rector. Era un sistema de coeducación en el que las universidades estatales difícilmente podían competir, agregó, porque requiere un contacto muy cercano con las empresas y profesores con buenos contactos en el sector privado, cosa que no todos quienes enseñan en las universidades estatales tienen, señaló.

UNA UNIVERSIDAD PRIVADA "CON CONCIENCIA SOCIAL"

Carlos Peña González, rector de la Universidad Diego Portales y uno de los principales analistas de la educación en Chile, coincidió en que las universidades estatales —incluso la de Chile, a pesar de su modernidad comparada con sus pares en Argentina, México y otros países latinoamericanos— se están quedando atrás. Al igual que muchas otras universidades privadas, la Universidad Diego Portales había nacido a principios de la década de los ochenta, y no había parado de crecer. "Cuando empezamos, daba risa: teníamos 180 estudiantes, un puñado de sillas y un puñado de profesores, la mayor parte de ellos bastante escépticos. Y enseñábamos en una vieja casona del barrio Ejército, que era un barrio originalmente de la alta burguesía, hasta que la burguesía emigró a los altos de Santiago, al sector precordillerano", recordó Peña, con una sonrisa. Hoy día, el rector despachaba en una casona mucho más señorial en el mismo barrio, y la universidad ya contaba con 10 000 estudiantes.

La Universidad Diego Portales se ufana de estar en un punto intermedio entre la Universidad de Chile y las privadas más vinculadas al sector privado. "Somos una institución privada que pone mucho énfasis en el bien público", me dijo su rector. La Escuela de Derecho, de la que Peña había sido decano durante varios años, había jugado un rol prominente en la investigación que culminó con la reforma penal más importante de Chile en las últimas décadas, por la cual el país cambió su sistema judicial por un sistema adversarial, con fiscales, al estilo norteamericano. Asimismo, la universidad producía el principal reporte anual sobre violaciones de derechos humanos en Chile, señaló Peña. "Nosotros somos la mejor prueba de que una universidad privada puede también estar orientada hacia el bien público. En el caso de derecho, que es la carrera que mejor conozco, formamos abogados sagaces y astutos para el mercado, pero nuestro sello es también formar abogados que ejerzan acciones de protección al consumidor, que puedan defender casos de derechos humanos, que tengan una fuerte cercanía hacia el interés público", señaló.

"LAS UNIVERSIDADES PRIVADAS PRODUCEN UN PAÍS ELITISTA"

¿Qué opinaba Pérez Vera, el rector de la estatal Universidad de Chile, sobre todas estas novedades académicas que estaban ofreciendo las universidades privadas? Todo eso sonaba muy lindo, pero no le hacía ningún bien a Chile, ni le haría bien a ningún otro país del mundo, me dijo el rector. Pérez Vera señaló que las universidades privadas se están volviendo progresivamente elitistas, y están produciendo una elite económica y política cada vez más alejada de la realidad de la mayoría de los chilenos.

"¿En qué ambiente debe ser formada la futura elite dirigente de este país? —me preguntó el rector de la mayor universidad estatal del país—. Cuando fue formada en ambientes de diversidad, de libertad intelectual, de tolerancia, en ambientes laicos, respetuosos, se construyó una república. El día de mañana, cuando la elite dirigente provenga de ambientes cada más cerrados, cada vez más excluyentes y menos diversos, yo creo que va a haber una dificultad: no va a permitirnos ser un país más justo, solidario y equitativo. Y no porque no lo quieran, sino porque no lo van a conocer", señaló.

¿Cómo es eso?, le pregunté al rector. Pérez Vera me contó que cuando él era decano de la Facultad de Ingeniería de la Universidad de Chile, varios rectores de universidades privadas de los vecindarios altos de Santiago le comentaron que habían hecho encuestas entre sus alumnos, preguntándoles si alguna vez habían visto el palacio presidencial de La Moneda, y dónde quedaba. Muchos alumnos de los barrios más acomodados de la capital chilena jamás habían estado en el centro de la ciudad, donde se encuentra el palacio presidencial, y otros habían respondido que la sede del gobierno estaba ubicada "camino a Viña del Mar", el balneario donde muchos de los empresarios chilenos tienen sus casas de fin de semana.

"Entonces, una clase dirigente que no ha sido formada en un ambiente de diversidad laboral y disciplinaria corre el riesgo de inconscientemente desconocer y no ser sensible a las demandas de la gran mayoría de este país —me dijo el rector—. Eso está pasando."

En la práctica, Chile está sufriendo un fenómeno de segregación social educativa, dijo Pérez Vera. Según él, la Universidad de Chile está prácticamente vetada como opción de estudios en muchas escuelas privadas del país. Cuando la Universidad de Chile envía profesores a las escuelas privadas de los barrios altos de Santiago para hacer presentaciones y llevar materiales como parte de sus campañas de difusión para atraer alumnos, "hay colegios aquí en Santiago donde no se nos permite la entrada. Para esos sectores, para esos colegios, la Universidad de Chile no es una opción", me dijo el rector.

¿Por qué? ¿Los ven a ustedes como plebeyos? ¿Cómo izquierdistas?, le pregunté. El rector respondió: "Yo diría que porque practican una política, a lo mejor sin quererlo, de exclusión y de elitismo. No de elitismo intelectual, sino elitismo social. Se van transformando en guetos. El niño nace en el sector alto de Santiago, va al jardín infantil cerca de su casa en el sector alto de Santiago, va al colegio cerca de su casa en el sector alto, va a la universidad en el sector alto, y después tiene su oficina en el sector alto de Santiago. Para esa persona, no es que haya mala intención, es que no ha tenido la oportunidad de verse expuesta a algunos sectores de la sociedad. Y para algunos sectores de la sociedad chilena, el verse expuesto a algunos sectores es peligroso: 'no vaya a ser cosa que la chiquilla se me encapriche (enamore) con un muchachito de la Universidad de Chile'..."

Lo que dijo Pérez Vera me dejó pensando. Efectivamente, las estadísticas muestran que una gran cantidad de estudiantes de las universidades privadas vienen de colegios privados. En el caso de la Universidad Adolfo Ibáñez, 84 por ciento de los estudiantes vienen de escuelas privadas de paga, mientras que alrededor de 12 por ciento viene de otras escuelas en parte subvencionadas por el Estado o son alumnos transferidos de otras escuelas, y sólo 2 por ciento viene de las escuelas municipales, las más pobres del país. En la Universidad Los Andes 75 por ciento de los estudiantes vienen de escuelas de paga, mientras que en la Universidad Catolica y la Universidad del Desarrollo la cifra representa 64 por ciento, y en la Diego Portales era alrededor del 60 por ciento. Obviamente, los temores de Pérez Vera no eran injustificados ni fruto de una paranoia ideológica.

"UNA VERSIÓN IDEALIZADA DE LA HISTORIA"

¿No tenía razón el rector de la Universidad de Chile?, le pregunté a Peña, el rector de la Universidad Diego Portales. ¿No se está encaminando Chile a una sociedad altamente estratificada, donde los chicos de los barrios altos de Santiago nunca van a entrar en contacto con sus pares de clases más humildes? Peña rechazó el argumento, señalando que —contrariamente a lo que calificó como una versión romántica de la historia de parte de su colega Pérez Vera— la Universidad de Chile y otras grandes universidades estatales nunca estuvieron abiertas a las masas, sino que siempre fueron instituciones elitistas. En rigor, fue la proliferación de las universidades privadas lo que ayudó a masificar la educación superior, en parte gracias a las becas y créditos pagaderos cuando los estudiantes se gradúan, señaló Peña.

"Esta idea de Víctor Pérez es simplemente falsa, y sufre de una idealización retrospectiva de lo que era la universidad estatal —me dijo Peña—. Lo cierto es que la Universidad de Chile era una universidad altamente elitista. La expansión del sistema escolar se produce como consecuencia de los cambios en las últimas tres décadas." El número de estudiantes universitarios chilenos se disparó de 240 000 a 450 000 estudiantes tan sólo entre 1996 y 2005, en gran medida por la proliferación de universidades privadas, que ampliaron la oferta de estudios para los jóvenes chilenos, señaló, citando estudios al respecto.[5] "Hemos dado un salto importantísimo en educación en los últimos 20 años, pero precisamente porque hemos ido en sentido exactamente contrario a lo que dicen las universidades tradicionales. Hoy día, 70 por ciento de la matrícula de la educación superior es privada. Las universidades estatales, como la Universidad de Chile, están capturadas por los intereses de sus académicos, que no siempre coinciden con el interés público", me dijo Peña.

LA HISTORIA DE LOS SALMONES

Cuando Gates me señalaba que Chile era el primer país latinoamericano en lanzarse de lleno a la carrera de la innovación, no se equivocaba. Chile, junto con Brasil, marcó su diferencia con el resto de la región hace varias décadas. En 1976, Chile creó una institución privada sin fines de lucro financiada parcialmente por el Estado, la Fundación Chile, que muy pronto se convertiría en el motor de exitosas industrias de exportación de salmón, vinos, fresas, madera y varias tecnologías de punta en el país, y en un modelo de impulso a la innovación en toda la región.

Desde su creación, la Fundación Chile tuvo como propósito crear nuevas empresas destinadas a sumar valor agregado a productos chilenos mediante la copia y adaptación de tecnologías extranjeras. O sea, la Fundación Chile no se proponía realizar ningún invento extraordinario, sino copiar y adaptar tecnologías de otras partes del mundo para convertir productos que Chile ya estaba produciendo —la mayoría de ellos agropecuarios y mineros— en bienes mucho más cotizados en los mercados mundiales.

Desde sus inicios, la Fundación Chile se dedicó a llevar a empresarios chilenos a visitar otros países con tecnologías exitosas para ver qué cosas podían copiarse en Chile, y a financiar la creación de nuevas empresas cuando no había empresarios privados que quisieran asumir los riesgos de proyectos prometedores. "En los años setenta y ochenta Chile era un país bastante provinciano, y sus empresarios no miraban demasiado al resto del mundo para buscar nuevas tecnologías y nuevas oportunidades —recuerda Eduardo Bitrán, quien durante ocho años presidió la Fundación Chile, antes de ser nombrado ministro de Obras Públicas y posteriormente presidente de la Comisión Nacional de Innovación para la Competitividad—. La ventaja era que la Fundación Chile podía tomar un poco más de riesgo y crear nuevas empresas", y compensar así la falta de agallas para asumir riesgos del empresariado, agregó.[6]

Para evitar la politización de la Fundación Chile —y asegurarse que, como ocurre en muchos países, los próximos gobiernos no la dejaran morir para poder impulsar nuevas instituciones que luego pudieran exhibir como fruto de sus obras—, se decidió que funcionara como una empresa privada, con un directorio y un comité ejecutivo independiente del gobierno en turno.

"Se empezó con unas 100 personas, la mayoría de los cuales eran tecnólogos aplicados y gente de negocios. El tema del mercado era clave, porque hacía falta capacidad de poder leer el mercado, que es el área donde falla mucha gente que se mete en tecnología", señaló.[7] En las siguientes décadas, la Fundación Chile aportó capital semilla para contratar investigación de las principales universidades del país y crear 70 empresas privadas destinadas a crear nuevos productos, que luego fueron vendidas al sector privado para poder reciclar el dinero y crear nuevos emprendimientos.

Uno de los primeros éxitos de la Fundación Chile fue la transformación de la industria del salmón en uno de los mayores logros económicos del país. La industria salmonera había existido en Chile desde 1921, pero a niveles casi artesanales. En sus primeros años de vida, la Fundación Chile decidió que el país tenía todos los elementos para convertirse en una potencia mundial en la industria del salmón. Chile tenía una enorme cantidad de lagos de agua dulce, y una costa de 6 435 kilómetros con fiordos de agua salada que no se congelan en el invierno, lo que teóricamente le daba a Chile una enorme ventaja comparativa sobre Noruega, el mayor exportador de salmón del mundo, porque los peces en aguas chilenas podían crecer y llegar a su peso ideal todo el año, lo que les permitía estar disponibles para la venta seis meses antes que en Noruega en ciertas épocas del año. ¿Por qué razón, entonces, Noruega era un líder mundial en exportaciones de salmón, y Chile no?, se preguntaron los directivos de la Fundación Chile.

CÓMO CHILE ALCANZÓ A NORUEGA

En 1980, la Fundación Chile llevó a varios empresarios a Noruega, y luego a Escocia, donde vieron por primera vez la cría de salmones en jaulas, y los empresarios pronto concluyeron que la nueva tecnología escocesa de cultivo de salmones en cautiverio podría funcionar muy bien en Chile por la temperatura de las aguas del país y sus vastas áreas de aguas protegidas. En 1982, la fundación creó su primera empresa salmonera, Salmones Antártica Ltd., para criar salmones en cautiverio. "Nadie en el sector privado estaba dispuesto a tomar el riesgo", recordaría años después Werner von Bischhoffshausen, gerente general de Salmones Antártica.[8]

La nueva técnica de cultivo de salmones le dio a la empresa una enorme ventaja competitiva; ahora Chile podía producir salmones de igual tamaño, con cosechas predecibles, y durante todo el año, recordó el empresario. "Esto era fundamental, porque cuando tú eres dueño de un restaurante necesitas salmones del mismo tamaño, la misma calidad y la misma cantidad durante los doce meses del año —me dijo César Barros, presidente de la Asociación de la Industria de Salmón de Chile—. Y al mismo tiempo era una forma mucho más eficiente de criar salmones, porque al estar en jaulas no pueden escaparse."[9]

Era un momento ideal para lanzarse al mercado mundial: el salmón, que hasta los años ochenta había sido una exquisitez para los ricos, se estaba convirtiendo rápidamente en un producto con un mercado mucho más grande, a medida que cada vez más gente de clase media de Estados Unidos y otros países ricos empezaba a adoptar dietas más saludables y a sustituir las carnes rojas por pescado. Impulsada por el éxito inicial de Salmones Antártica, la fundación creó otras tres empresas salmoneras que cubrían toda la cadena productiva de la industria, desde la producción de huevos de salmón hasta la elaboración de salmón ahumado.

En 1987, la Fundación Chile vendió Salmones Antártica a una multinacional japonesa por 22 millones de dólares, y al poco tiempo vendería las restantes empresas a empresarios privados. Luego, la Fundación Chile utilizó estas ganancias para subvencionar la investigación y desarrollo de nuevas tecnologías para apoyar la producción de salmón. Entre otras cosas, creó empresas para la producción de alimentos para salmones a base de aceites vegetales, como la canola. La nueva dieta de los salmones, elaborada por investigadores de la Universidad de Valparaíso, le dio otro empujón más a la industria: mientras que en la década de los ochenta hacían falta tres kilos de harina de pescado para producir un kilo de salmón, ahora —gracias a la nueva alimentación producida en Chile— sólo se necesitaban 1.3 kilos de alimento vegetal para producir un kilo de salmón.

Más tarde, la Fundación Chile se dedicó a traer al país y adaptar a las necesidades locales tanques de cultivo de salmón. Hasta entonces, los tanques de salmón que existían en otras partes del mundo eran de madera y medían unos siete metros de diámetro. La Fundación Chile contrató investigadores e ingenieros que adaptaron los tanques a las aguas de Chile, y creó tanques de 20 metros de diámetro, de aluminio o de plástico, según el lugar, lo que aumentó enormemente la producción y abarató los costos.

Simultáneamente, se copiaron y desarrollaron nuevas tecnologías de empaque, envase en frío y producción de salmón fileteado, para aumentar el valor agregado del producto. Todas estas innovaciones cambiaron radicalmente el perfil de la industria salmonera chilena: mientras que en los años ochenta prácticamente la totalidad del salmón exportado por Chile era el pescado tal como había salido del agua, en la década de 2000 más de 65 por ciento de los salmones exportados por el país eran productos elaborados, incluyendo filetes de salmón ahumado y cajas de sushi preempaquetado destinadas al mercado japonés.[10]

En pocos años, la industria salmonera de Chile había pasado de exportar prácticamente nada a vender un total de 2300 millones de dólares anuales en salmón y trucha al resto del mundo, surtiendo el 38 por ciento del mercado mundial de salmón en 2008 y convirtiéndose —junto con Noruega— en el mayor exportador de salmón del mundo.

"LA CLAVE: LA CONTINUIDAD EN EL ENFOQUE"

"La clave de la fundación fue su dirección corporativa independiente. La gente vio esto como una cuestión clave para el futuro del país —me dijo Bitrán, de la Comisión Nacional de Innovación—. En América Latina se trató de replicar la experiencia de la Fundación Chile en varios países, como El Salvador, Panamá y Uruguay, pero en todos lados falló porque las instituciones se politizaron. Con muy buen ojo, los gobiernos de la Concertación fortalecieron la independencia de la institución. La clave ha sido la continuidad en el enfoque. Lo que mata a muchos países son los ciclos políticos, sin continuidad en las instituciones."[11]

EL ROL DEL ESTADO

El rol del Estado como inversor de alto riesgo y facilitador de negocios no terminaba allí. Chile creó varias otras instituciones oficiales y semioficiales —como la Corporación de Fomento de la Producción (Corfo), la Comisión Nacional de Innovación y Pro-Chile— para ayudar a las empresas a comercializar sus productos en el exterior.

La Corfo, del Estado, patrocinó cada vez más giras tecnológicas de empresarios chilenos en los campos de biotecnología y tecnologías de la información para que pudieran ver y adquirir nuevas ideas en el extranjero, mientras que Pro-Chile, el programa de promoción de exportaciones dependiente del Ministerio de Relaciones Exteriores, se dedicó a establecer una red de 13 oficinas regionales dentro del país y otras 40 representaciones en el exterior para ayudar a las pequeñas y medianas empresas en su proceso de internacionalización. Así, las representaciones diplomáticas chilenas en todo el mundo desde muy temprano pasaron a incluir a cada vez más vendedores de productos chilenos, que ofrecían orientación y contactos a pequeñas y medianas empresas que no tenían los medios para explorar posibilidades en el exterior.

Y con la llegada del nuevo milenio, el gobierno socialista del presidente Ricardo Lagos apoyaría la creación de un nuevo organismo privado que se dedicaría exclusivamente a la conversión de Chile en un país digital.

EL VIAJE DE LAGOS A SILICON VALLEY

En el año 2000, a comienzos de su mandato, Ricardo Lagos hizo una gira por Silicon Valley, en California, y Seattle acompañado de unos 100 empresarios, que —según me lo relató él mismo tiempo después— lo impactó sobremanera. Lagos y los empresarios visitaron varios laboratorios de las principales empresas de tecnología de la información de Estados Unidos, y se terminaron de convencer de que Chile necesitaba una buena infraestructura de redes de internet y potenciar la investigación y el desarrollo de nuevos productos. "En esa gira quedó patente que si Chile quería aprovechar su condición geográfica para ser un puente entre los países asiáticos y América Latina, este tema iba a ser determinante", me recordaría el ex presidente años después.[12]

De regreso a Chile, Lagos y algunos de los empresarios que lo habían acompañado en la gira —especialmente Agustín E. Edwards, presidente del influyente periódico *El Mercurio*— acordaron crear una organización que hiciera algo para acelerar la transformación de Chile en un país digital. A los pocos meses se creó País Digital, una empresa privada sin fines de lucro con un directorio conformado por ministros de gobierno, grandes empresarios y académicos de todas las tendencias políticas.

El secreto del éxito del nuevo organismo fue la diversidad de sus directores: además de tres miembros del gabinete del gobierno socialista —los ministros de Educación, Transporte y Economía—, el directorio estaba integrado por varios empresarios de partidos de derecha y centro-derecha. El presidente del directorio era nada menos que Edwards, un empresario emblemático de los sectores más conservadores del país, y entre los directores estaba Carlos Álvarez, presidente del principal partido de derecha, la Unión Demócrata Independiente (UDI). "La participación de Edwards fue muy importante, porque el país vio un esfuerzo de muchos sectores, incluso de gente que estaba políticamente alejada de mi gobierno", recordó Lagos.[13]

Según la directora de País Digital, Claudia Bobadilla, a diferencia de la Fundación Chile y otras instituciones creadoras de empresas, su organización se dedicó más que nada a "pilotear" programas; o sea, hacer pruebas piloto para que el gobierno pudiera decidir con base en los resultados qué programas adoptar en el campo de la educación. Por ejemplo, en el momento de escribirse estas líneas, País Digital estaba piloteando una prueba para ver si a Chile le convendría adquirir el programa de "Una Computadora para cada Niño" desarrollado por Nicholas Negroponte en el laboratorio de medios de MIT, y adoptado oficialmente por países como Uruguay.

"Lo que hacemos es una especie de *test* antes de que el gobierno adopte políticas públicas", me dijo Bobadilla. ¿Y por qué el gobierno mismo no puede hacer estos *tests*?, le pregunté. "Porque en el mundo de la tecnología los tiempos son demasiado cortos, y los gobiernos siempre trabajan con evaluaciones desfasadas de la realidad —respondió—. Éste es un modelo creado para sortear el problema de los tiempos públicos, cuando tú quieres desarrollar experiencias piloto, donde el tiempo es fundamental."[14]

En 2005, el entonces ministro de Hacienda de Ricardo Lagos, Nicolás Izaguirre, había llegado a la conclusión de que Chile estaba en una encrucijada. Lo que había llevado a Chile al éxito en el pasado no garantizaba que siguiera funcionando en el futuro. Izaguirre convenció a Lagos de crear un Consejo Nacional de Innovación, copiado de Finlandia, para tratar de establecer una estrategia de innovación que le permitiera a Chile reducir su dependencia de las materias primas y convertirse en una economía basada en la innovación.

El Consejo Nacional de Innovación, integrado por 15 expertos en innovación y en negocios, pronto comenzó a hacer recomendaciones para aumentar el rol de las empresas privadas en la innovación. Al igual que en los demás países de la región, la mayoría de las empresas privadas prácticamente no destinaban recursos a la innovación: el aporte privado a la investigación y desarrollo en el país en 2007 era de apenas 0.25 por ciento del PIB. Sólo 33 por ciento de las empresas privadas estaban haciendo algún tipo de innovación en productos o procesos nuevos, y sólo 25 por ciento estaban generando nuevos productos para el mercado nacional o para la exportación. El tema, entonces, no era tanto crear una comunidad científica —la parte más sencilla del proceso—, sino crear mecanismos para incentivar a las empresas a vincularse a las universidades y sacar al mercado productos de mayor valor agregado.

Para lograrlo, el Consejo Nacional de Innovación comenzó por identificar ocho sectores productivos prioritarios en los que Chile podía aspirar a tener ventajas competitivas mediante la innovación: agricultura, turismo, minería del cobre, servicios de tecnología de la información, alimentos procesados, fruticultura, avicultura y servicios financieros. Luego, desarrolló una serie de instrumentos para incentivar la inversión de las empresas privadas en investigación y desarrollo. Por ejemplo, creó un esquema de apoyo estatal al capital de riesgo, copiado de Israel, por el cual si un empresario pone un dólar para un proyecto de innovación con buenas posibilidades de éxito comercial, el Estado aporta tres dólares. Y en 2007 Chile aprobó una ley de crédito tributario de promoción a la investigación y el desarrollo empresarial, por la cual si un empresario invierte en un proyecto de investigación y desarrollo tecnológico, puede ir a una universidad, y el Estado le financia mediante créditos impositivos 50 por ciento de lo que paga para esa investigación universitaria. Todos estos mecanismos, cada uno a su modo, ayudaron a darle un nuevo impulso a la cultura de la innovación en Chile.

LA RED DE MENTORES

Otra de las ideas extranjeras que Chile importó para su propio beneficio fue la "red de mentores", creada junto con otras instituciones por el Foro Innovación, una organización descrita por su fundador, Raúl Rivera Andueza, como un "centro de acción", para diferenciarla de un "centro de estudios". Según Rivera, el Foro Innovación —financiado en 45 por ciento por empresas privadas, 40 por ciento por el gobierno y 15 por ciento por instituciones financieras internacionales— pone en marcha iniciativas concretas que incentiven la innovación, como es el caso de una red de "empresarios mentores" voluntarios. Se trata de una idea copiada de Business Mentors New Zealand, la exitosa organización creada en Nueva Zelanda hace más de 20 años, y que ya cuenta con 1600 empresarios voluntarios y 3500 clientes por año en ese país.

"La idea es que presidentes de empresas le dedican 12 horas por año a ayudar a un emprendedor con alto potencial a despegar —me dijo Rivera, un consultor de negocios que había regresado a Chile luego de trabajar varios años en Estados Unidos y España—. El aspirante a emprendedor tiene que pagarle al empresario 100 dólares. Es una cifra ni demasiado alta ni simbólica, pero que le permite al cliente quejarse si no le dan tiempo, y decirle a su mentor: 'Oye, yo pagué por este servicio, y no me estás dando bolilla'."[15]

¿Y cómo logran convencer a los empresarios para que regalen 12 horas de su tiempo para asesorar a aspirantes a emprendedores, en lugar de irse a jugar tenis o a pescar?, le pregunté a Rivera. "De los

74 empresarios que llevamos contactados, sólo dos han dicho que no —me respondió—. Los empresarios quieren devolver algo de lo que han recibido a la sociedad, y si sienten que pueden ser útiles lo van a hacer. En Chile hay una gran reserva de ganas de contribuir a la sociedad, que todavía no ha sido explotada."

LOS SECRETOS DEL ÉXITO CHILENO, SEGÚN BACHELET

¿Por qué pudo Chile modernizar su educación universitaria y convertirse en un país relativamente innovador, cuando muchos de sus vecinos mucho más ricos se quedaron anquilosados en el pasado? Uno de los motivos, tal como lo demostró el éxito de instituciones como la Fundación Chile, País Digital y la Comisión Nacional de Innovación, fue la continuidad en las instituciones. Mientras líderes mesiánicos en Venezuela, Bolivia, Ecuador y otras naciones latinoamericanas hablan de *refundar* sus países y cambiarlo todo, la izquierda chilena —mucho más inteligente que la de sus países vecinos— se propuso conservar lo que funcionaba bien y mejorarlo.

El gran secreto del éxito chileno no estaba, como decían los seguidores de Pinochet, en las políticas de apertura que había iniciado el dictador chileno, sino en la sabiduría de los gobiernos de centro-izquierda e izquierda que lo sucedieron en mantener todo aquello que había probado ser bueno. La historia latinoamericana está repleta de ejemplos de gobiernos que han deshecho todo lo realizado por sus antecesores, pero tiene muy pocos ejemplos de aquellos que han decidido edificar sobre lo que heredaron, y mejorarlo.

Cuando le pregunté a la presidenta Bachelet en una entrevista cuál era el secreto del crecimiento económico de Chile, lo primero que mencionó fue la "gobernabilidad y estabilidad". Bachelet me dijo que la izquierda chilena había entendido que hacía falta "un desarrollo democrático estable", y eso requería que todos los sectores políticos estuvieran de acuerdo en algunas políticas de largo plazo. Sin eso, ningún país iba a ninguna parte.[16]

La segunda gran diferencia entre Chile y otros países latinoamericanos, señaló, fue que todos los partidos políticos en Chile habían entendido que el país debía tomar medidas económicas contracíclicas; o sea, ahorrar; en la época de las vacas gordas ser responsables, para poder vivir en la época de las vacas flacas".[17] Entre otras cosas, mencionó que Chile había creado un fondo para el desarrollo social y económico, y otro para el pago de pensiones, tomando un porcentaje de las exportaciones del país en épocas de altos precios internacionales de sus materias primas, para luego poder usar esos fondos sin problemas si cayeran los precios mundiales de sus exportaciones.

Y en tercer lugar, Bachelet mencionó que Chile, como país periférico, encerrado entre la cordillera y el mar, se había volcado de lleno a ver qué estaban haciendo otros países del mundo, y a copiar aquellas cosas que le podían ser útiles. Y a diferencia de otros países sudamericanos, que le apostaron únicamente a los acuerdos comerciales con otros países de la región, Chile le había apostado a los acuerdos comerciales con los mercados más grandes del mundo.

Bachelet —que, aunque con menos entusiasmo, siguió las políticas proglobalización de sus antecesores— me contó una anécdota de su visita a Vietnam a fines de 2006 que la había impactado mucho. Estando en Hanoi para la cumbre del Foro de Cooperacion Económica Asia-Pacífico (APEC), el primer ministro de Vietnam —un país comunista que, siguiendo los pasos de China, estaba abriendo su economía a pasos agigantados— le había dicho que los países debían seguir el ejemplo de los pescadores.

"Él decía que si un pescador pesca en la costa, en la orilla, va a sacar peces pequeñitos. Pero si va a mar abierto, va a sacar más peces y de mayor tamaño. Esto lo decía muy poéticamente, pero nosotros en Chile optamos por entender que lo mejor que podíamos hacer era insertarnos en este mundo con todas sus posibilidades. Y hoy día tenemos 54 convenios de libre comercio firmados, y vamos a tener un mercado de aproximadamente 3 000 millones de personas", señaló Bachelet.[18]

¿De dónde viene esta curiosidad intelectual chilena por averiguar y emular lo que están haciendo los países exitosos del mundo?, me pregunté muchas veces. No es por su considerable inmigración europea: Argentina, por ejemplo, también tiene una enorme inmigración europea, y se ha distinguido durante gran parte de su historia reciente por ser un país ansioso por "vivir con los nuestro", sin mirar hacia el resto del mundo. Mi conclusión, después de varias visitas a Chile en estos últimos años, es que se debe por lo menos en parte a que los exiliados chilenos durante la dictadura de Pinochet —o sea, la generación que gobernó a Chile en estos últimos años— aprovecharon su destierro para estudiar en las mejores universidades del mundo, y aprender lo más posible durante su exilio.

En efecto, durante la dictadura de Pinochet los exiliados chilenos obtuvieron doctorados en Estados Unidos y Europa, mientras muchos exiliados argentinos, uruguayos, paraguayos y de otros países sudamericanos se dedicaban a la política desde el exilio o hacían tiempo, esperando la llegada de la democracia, para volver a sus países.

El gabinete de Bachelet, como el de Lagos antes de ella, era fiel reflejo de este fenómeno: más de 70 por ciento de los ministros del gobierno del partido socialista de Bachelet hablaban inglés, y muchos de ellos habían hecho doctorados en las principales universidades de Estados Unidos y Europa durante sus años en el exilio. Comparativamente, en la mayoría de los demás países sudamericanos menos de 10 por ciento de los ministros habla inglés o alguna otra lengua extranjera.

Bachelet, que estudió medicina en la ex Alemania del Este, habla inglés y alemán. El ex presidente Lagos también habla fluidamente inglés y tiene un doctorado en economía por la Universidad de Duke. Como ministro de Relaciones Exteriores, Bachelet nombró a Foxley, un ex ministro de Hacienda con un doctorado en economía por la Universidad de Wisconsin. Como ministro de Hacienda, Bachelet nombró a Andrés Velasco, un profesor titular de la Universidad de Harvard, que obtuvo su maestría en la Universidad de Yale y su doctorado en economía en la Universidad de Columbia. Como ministra de Minería, una cartera clave en el gabinete chileno, la presidenta nombró a Karen Poniachik, ex directora de programas de negocios del Consejo de las Américas en Nueva York, con una maestría en relaciones internacionales en la Universidad de Columbia.

Recuerdo que a comienzos del gobierno de Bachelet le pregunté en una oportunidad al ex presidente Lagos si tener un gobierno multilingüe era un detalle importante o anecdótico. Lagos me dijo: "Yo creo que eso ayuda enormemente a un gobierno del siglo XXI. En mi experiencia en estos años aquí [en el gobierno], es muy distinto poder hablar directamente mirando a los ojos a un mandatario extranjero en el idioma en que ambos nos entendemos. Hace una tremenda diferencia". Lagos agregó: "Creo que el gabinete de la presidenta Bachelet es un signo de los tiempos que vienen".

Está claro que tener un gabinete políglota, o con títulos de Harvard, no garantiza el éxito económico ni la reducción de la pobreza, y que Latinoamérica ya ha tenido su cuota de presidentes y ministros con títulos de las mejores universidades norteamericanas que dejaron mucho qué desear. Pero en un mundo en que el futuro de los países depende de su habilidad para competir en la economía global, tener una presidenta multilingüe y un gabinete que hablaba inglés no le venía nada mal a Chile. Tal como lo demostraban los hechos —sobre todo la dramática disminución de la pobreza en Chile—, era mucho mejor tener un exceso de ministros políglotas que tener muy pocos, o ninguno, como estaba ocurriendo en más de un país vecino.

CHILE, EN CAMINO AL PRIMER MUNDO

Varios años después, al finalizar el gobierno de Bachelet, Chile estaba en camino a pasar a formar parte del Primer Mundo. El 10 de enero de 2009, a pocos días de las elecciones presidenciales que terminó ganando Sebastián Piñera, el candidato de centro-derecha, Chile fue formalmente aceptado como país miembro de la Organización para la Cooperación y Desarrollo Económicos (OCDE), el club de las 30 democracias más ricas del mundo.

El entonces ministro de Finanzas chileno, Andrés Velasco, me dijo en una entrevista horas después del ingreso de Chile en la OCDE que su país había reducido la pobreza del 40 por ciento de la población a principios de la década de 1990, al 13 por ciento en 2008. La pobreza extrema, a su vez, había bajado al 3 por ciento de la población.

LAS ASIGNATURAS PENDIENTES DE CHILE

Durante el gobierno de Bachelet, cuando se dieron a conocer los resultados de la prueba PISA, que mide los niveles de lenguaje, matemáticas y ciencias de estudiantes de 15 años en 57 países, la entonces ministra de Educación Yasna Provoste saltó de alegría. "Es una jornada histórica. Ningún gobierno en América Latina puede exhibir con orgullo lo que Chile hoy está entregando: ser los mejores dentro del concierto de los países [latinoamericanos] que participaron", celebró la ministra.[19]

Efectivamente, Chile es el país latinoamericano que está saliendo en primer lugar en la mayoría de los exámenes internacionales. Y también es cierto que Chile ha dado un salto impresionante: apenas a principios de la década de 2000, Chile aparecía bastante más atrás entre los países latinoamericanos que participaban en el examen PISA. El drástico aumento en el presupuesto para la educación, las reformas en los programas de estudio, el aumento de las horas de clase y la reforma constitucional que estableció como meta 12 años de escolaridad obligatoria en 2003 habían dado resultados concretos.

Sin embargo, el entusiasmo de la ministra era un poco exagerado cuando se comparaban los datos de Chile con los de la mayoría de los países industrializados y algunas economías emergentes. Mientras Finlandia detuvo el primer lugar entre los 57 países participantes en el *test* PISA, seguida de Hong Kong, Canadá, Taiwán, Estonia y Japón, Chile ocupó el puesto número 40, Uruguay el 43, México el 49, Argentina el 51, Brasil el 52 y Colombia el 53. Al igual que en muchos otros rubros de la educación, los exámenes PISA demostraban que Chile todavía estaba lejos de formar parte del club de países más avanzados.

EL PLAN DE PIÑERA: PASAR AL PRIMER MUNDO EN 2018

En una entrevista poco después de ganar las elecciones, Piñera me dijo que podía resumir sus metas de gobierno en pocas palabras: lograr que Chile pase a formar parte del Primer Mundo en 2018. "La gran meta que nos hemos fijado es que Chile logre, en un plazo de ocho años, ser tal vez el primer país de América Latina que, con mucho orgullo pero también con humildad, pueda decir que hemos derrotado el subdesarrollo", me dijo el nuevo presidente. Agregó que, para alcanzar ese objetivo, Chile debía aumentar su ingreso per cápita de 14 400 dólares anuales en 2010 a 24 000 dólares anuales en 2018. "Si somos capaces de crecer al 6 por ciento al año, que es nuestra meta, vamos a ser capaces de ser un país desarrollado en 2018", señaló.[20]

Para lograr su objetivo, Piñera nombró un gabinete aún más globalizado que el de Bachelet, una especie de seleccionado de ejecutivos con doctorados en Harvard y la Universidad de Chicago. Como ministro de Hacienda nombró a Felipe Larraín, doctorado en economía y profesor visitante de Harvard. Como ministro de Economía nombró a Juan Andrés Fontaine, con una maestría en economía en la Universidad de Chicago, y profesor visitante en la Universidad de Los Ángeles (UCLA). En Planificación nombró a Felipe Kast, un joven que estudió economía y sociología en la Universidad de La Habana y luego obtuvo un doctorado en políticas públicas en Harvard. En Relaciones Exteriores nombró a Alfredo Moreno, que tiene una maestría en negocios por la Universidad de Chicago. En Educación nombró a Joaquín Lavín, quien hizo una maestría en economía en la Universidad de Chicago. En el Ministerio de Energía puso a Ricardo Rainieri, con un doctorado en economía en la Universidad de Minnesota. En el Ministerio de Transportes nombró a Felipe Morandé, tambien con un doctorado en economía en la Universidad de Minnesota.

¿No es un error haber nombrado a tantos tecnócratas doctorados en el extranjero, considerando que en Latinoamérica muchas veces es tanto o más importante tener un buen manejo político para lograr consensos que permitan hacer cosas?, le pregunté a Piñera en la misma entrevista. ¿No es un gabinete "demasiado Harvard"?

"Mire, yo no comparto esa crítica, naturalmente —contestó Piñera—. Los criterios que buscamos para seleccionar a los ministros fueron criterios de excelencia, no de cuoteos políticos ni de devolver favores a los militantes y nombrarlos aunque no tengan las competencias para asumir cargos de responsabilidad. La mayoría de ellos tienen títulos de posgrado en universidades muy prestigiosas, como universidades américanas y europeas, pero también tienen una conocida y muy destacada trayectoria profesional [...] y una sólida vocación de servicio público."

"LA EDUCACIÓN ES NUESTRO TALÓN DE AQUILES"

No necesité preguntarle mucho sobre sus planes para la educación: Piñera conocía al dedillo las nuevas tendencias para mejorar la calidad educativa en todo el mundo, y las recitó con entusiasmo. "Yo siento que uno de nuestros talones de Aquiles, no sólo de Chile sino de muchos otros países de América Latina, es por una parte la mala calidad de la educación, y por otra parte la desigualdad de esa calidad. Porque lo cierto es que cuando los sectores más privilegiados tienen educación de calidad y los sectores más vulnerables tienen educación de mala calidad, lo que estamos haciendo es perpetuar esa desigualdad de generación en generación. Hemos tenido enormes progresos en materia de cobertura educacional, en materia de infraestructura educacional, pero no hemos logrado progresar en lo más importante, que es en la calidad de la educación", señaló.[21]

Piñera dijo que, para lograrlo, Chile duplicará en un plazo de ocho años la subvención estatal por alumno, para ofrecer más y mejores profesores, y mejorará la formación de profesores premiando a los más calificados, con el objetivo de llegar a los niveles académicos de los países desarrollados. Tras el devastador terremoto que asoló a Chile en febrero de 2010, dos voceros del nuevo gobierno me aseguraron que los planes educativos —incluyendo las becas en el exterior— no serían recortados.

Al igual que Bill Gates, Piñera me dijo que había que incentivar la cultura del estudio y convertir el aprendizaje en algo divertido. "No podemos seguir con las técnicas y procedimientos del siglo pasado, de un profesor con un pedazo de tiza y una pizarra, dándole la espalda a los alumnos, y los alumnos esperando que toque el timbre para irse al recreo. Hoy en día, la tecnología educativa, las computadoras, las pantallas inteligentes, los pizarrones inteligentes permiten hacer clases mucho más dinámicas, mucho más interactivas, mucho más entretenidas [...] vamos a hacer los cambios necesarios para que nuestros niños y nuestros jóvenes tengan una educación que les permita incorporarse al mundo, a la modernidad, a la sociedad del conocimiento. Hace 50 años, la gente creía que uno dejaba de ser analfabeta cuando sabía sumar, leer, multiplicar y dividir. La verdad es que hoy se requiere muchos más que eso. Se requiere tener acceso a la cultura moderna, a las tecnologías de la información, aprender idiomas, y muchas otras cosas, y eso es algo que todavía está muy retrasado en mi país."

¿LLEGARÁ CHILE A LA META?

¿Podrá Chile cumplir su meta de llegar al Primer Mundo en 2018? Aunque Piñera enfrentaba enormes desafíos, que comenzaron con el terremoto que sacudió al país poco antes del inicio de su gobierno, la excelente imagen internacional del país prometía generar aún mayores flujos de inversión. "Una diferencia clave de Chile respecto de los demás países de América Latina es que tiene una proyección a largo plazo, y no una urgencia de producir resultados en uno o dos años", me dijo Gustavo Sorgente, director de Sun Microsystems para varios países latinoamericanos, reflejando una opinión muy difundida en el exterior.[22]

Lo cierto es que Chile tiene un nivel de consenso interno, institucionalidad y claridad en sus objetivos que hacen suponer una continuación de sus éxitos recientes. Y, al mismo tiempo, tiene esa combinación necesaria de humildad y paranoia —ese "¡Dios mío!, los japoneses tienen un mejor sistema educativo, trabajan más, piensan a largo plazo" del que hablaba Bill Gates— que impulsa al país a tener el periscopio permanentemente mirando a su alrededor para ver qué puede aprender de lo que se está haciendo en otras partes del mundo. Las tres recetas de las que hablaba Bachelet, junto con el reconocimiento de la necesidad urgente de resolver el "talón de Aquiles" del que hablaba Piñera, le auguran a Chile un futuro promisorio.

8

Brasil: una causa de todos

En una entrevista durante una reunión del Foro Económico Mundial en Dubai le pregunté a Fernando Reimers, director del Programa de Políticas Educativas Internacionales de la Universidad de Harvard, cuál es el país latinoamericano que más está avanzando en materia educativa. Me interesaba sobremanera su opinión: Reimers, de origen venezolano, es una autoridad en políticas educativas a nivel mundial. Antes de ocupar su cargo actual, había sido especialista en educación del Banco Mundial y del Instituto de Desarrollo Internacional de Harvard, y había asesorado en materia educativa a los gobiernos de México, Paraguay, Egipto, Pakistán, Jordania y varios otros países. Más recientemente, había formado parte del equipo de asesores del grupo de política educativa de la campaña de Barack Obama. Cuando le hice la pregunta, mientras tomábamos café una noche en el restaurante del hotel, rodeados de comensales con túnicas blancas, pensé que Reimers me diría —como Bill Gates— que el país latinoamericano que está haciendo cosas más interesantes en materia educativa es Chile, por su programa masivo de becas de posgrado en las mejores universidades del mundo, o quizás Uruguay, por su programa de Una Computadora para cada Niño. Pero Reimers me sorprendió con su respuesta: "Brasil", dijo, sin pensarlo un instante.

¿Brasil?, le pregunté, incrédulo. Me costaba creer que Brasil fuera un ejemplo para nadie en materia educativa. Aunque Brasil invierte más del doble que la mayoría de los otros países latinoamericanos en ciencia, tecnología e innovación —según proyecciones del Banco de Desarrollo Brasileño (BNDES), 1.5 por ciento del producto nacional bruto en 2010— y las universidades brasileñas producen la cifra nada despreciable de 30 000 graduados con maestrías y 10 000 con doctorados por año, los índices de escolaridad del país son pobrísimos. Según datos oficiales, 10 por ciento de la población de Brasil todavía es analfabeta, apenas 44 por ciento de los jóvenes de 19 años terminan la escuela secundaria, y sólo el 12 por ciento de los jóvenes van a la universidad. En los exámenes internacionales PISA de estudiantes de 15 años en ciencias, Brasil está en el puesto 53 de 57 países, y en los exámenes de matemáticas el país también está entre los últimos de la lista, en el puesto 53.[1] En el *ranking* de las 200 mejores universidades del mundo del Suplemento de Educación Superior del *Times* de Londres, en 2009 no figuraba ninguna universidad brasileña. ¿Qué diablos está haciendo bien Brasil en materia educativa?, le pregunté.

"Brasil es el país donde hay más potencial de innovación educativa en los próximos 10 años —respondió Reimers—. En Brasil se ha creado una concurrencia de voluntades del sector público y privado en donde todos están involucrados en mejorar la educación. Se ha creado una alianza llamada 'Todos Pela Educaçao' [Todos por la educación] que es, desde mi punto de vista, una innovación en Latinoamérica. Es una alianza liderada por empresarios, con mucha participación del sector público, que ha decidido que la educación es demasiado importante para que solamente se ocupe de ella el gobierno."[2]

"LA EDUCACION NO DEBE SER UN MONOPOLIO DEL GOBIERNO"

Según Reimers, aunque las autoridades brasileñas están haciendo algunas cosas interesantes en materia educativa, lo que distingue a Brasil del resto de Latinoamérica es lo que está ocurriendo fuera del ámbito gubernamental. La sociedad entera se ha movilizado para fijar metas educativas, monitorearlas y dar a conocer los resultados de las pruebas de desempeño de cada escuela del país, a fin de que la prensa u otras organizaciones no gubernamentales puedan exigirle cuentas a los gobiernos municipales, estatales y nacional sobre el cumplimiento de estos objetivos. "Es una alianza, una campaña de movilización social, liderada por empresarios, cuyo objetivo principal es generar una conciencia en el país de la importancia que tiene la educación e impulsar acciones específicas para mejorarla. A diferencia de lo que ocurre en el resto de Latinoamérica, en Brasil la sociedad civil está logrando imponer la idea de que la educación no es un monopolio del gobierno, sino una tarea de todos", señaló.

En efecto, Brasil ha encontrado un camino para vencer la falta de voluntad política de los gobiernos para cumplir sus promesas educativas, mediante una movilización colectiva de empresarios, medios de prensa, artistas y deportistas. Como en muchos otros países, la educación en Brasil solía ser una promesa de campaña de los políticos, que éstos olvidaban rápidamente una vez electos. Tal como lo dicen todos los expertos en políticas educativas, uno de los principales problemas de invertir en la calidad de la educación es que es un proyecto cuyos resultados se ven en 10 años, mucho después de la próxima elección. Entonces, a la hora de gobernar, los políticos prefieren construir carreteras, puentes o incluso escuelas —cosa que les permite salir en la foto de sus inauguraciones— que invertir en algo aparentemente intangible, difícil de plasmar en una imagen que pueda salir en televisión, y cuyos frutos se van a ver mucho tiempo después. Pero, tal como lo pude comprobar después, en Brasil el movimiento Todos por la Educación ha aunado a la sociedad civil para asegurar que la educación sea un tema prioritario en la agenda nacional, y lograr que sus metas sean continuadas a través de los sucesivos gobiernos. La manera en que lo hace es fascinante.

TODOS POR LA EDUCACIÓN

Según me contó Luis Norberto Pascoal, el presidente de DPaschoal, una de las principales cadenas de repuestos automotrices y neumáticos de Brasil, y uno de los fundadores de "Todos por la Educación", el movimiento se fundó oficialmente el 6 de septiembre de 2006, en São Paulo, en una ceremonia en la que estuvieron en primera fila varios de los principales empresarios del país, incluyendo los presidentes del Grupo Gerdau y de los bancos Itaú, Bradesco y Santander.

"La idea había nacido un tiempo antes, en 2005, cuando varios empresarios coincidimos en que la corrupción estaba hundiendo al país, y la única manera de combatir el problema sería mediante una mejor educación para todos —me dijo Pascoal—. Contratamos a un experto de Harvard para que nos ayudara a estudiar el problema, y luego salimos a hablar con todo el mundo. Al poco tiempo teníamos 70 empresas privadas interesadas en colaborar, y contratamos un pequeño *staff* de tres personas para que comenzaran a trabajar desde una oficina que nos prestó el Banco Itaú".[3] Gracias a la recomendación del conocido periodista Gilberto Dimenstein, el grupo decidió que para que el proyecto pudiera ser efectivo debía de tener metas claras y de cumplimiento verificable.

Luego de meses de consultas con expertos educativos y el ministro de Educación, se fijaron cinco objetivos concretos para ser logrados en 2022, el bicentenario de la independencia de Brasil:

- Que todos los niños de cuatro a 17 años estén en la escuela, lo que supondrá casi duplicar la tasa de escolaridad actual.
- Que todo niño de ocho años sepa leer y escribir.
- Que todo alumno aprenda lo que sea apropiado para su edad según estándares internacionales como el examen PISA.
- Que todos los alumnos terminen la enseñanza básica y media.
- Que la inversión en educación básica sea garantizada por el Estado.

Con estos cinco objetivos en mano se formó un directorio de 100 personas, la mayoría empresarios y algunos expertos en educación, y se juntaron 75 000 dólares, además de los espacios gratuitos concedidos por los medios de la educación, para poner en marcha el programa. Fundado oficialmente en 2007, el movimiento contaba con el decidido apoyo de los principales medios de comunicación del país —Rede Globo, Editora Abril, O Estado de São Paulo, entre otros— para la difusión masiva de sus campañas publicitarias. Con lemas como "Una Causa de Todos" y textos cantados a ritmo de bossa, el movimiento comenzó a bombardear a los televidentes con la idea de que sin una mejora en la educación pública no habrá una mayor reducción de la pobreza, y mensajes instando a la sociedad y al gobierno a cumplir las políticas educativas de la coalición. Bajo los reglamentos del grupo, no se aceptaron miembros del directorio que ocuparan cargos políticos, ni dineros del Estado, ni aportes mayores de 150 000 dólares de ninguna empresa en particular, para que el esfuerzo no terminara siendo manipulado políticamente a favor o en contra del gobierno, ni terminara siendo monopolizado por alguna de las grandes empresas que lo financiaban.

"EL GOBIERNO COPIÓ HASTA NUESTRO NOMBRE"

"Uno de los principales desafíos al principio fue convencer a los medios —recordó Pascoal—. Me reuní con muchos directores de periódicos y canales de televisión, y muchos eran escépticos sobre la idea de cubrir más temas educativos. Empezamos una cruzada para convencerlos de que la educación es la única manera de hacer crecer al país, y que la educación significa no sólo un mayor crecimiento económico, sino menos pobreza y menos criminalidad. Les dábamos el ejemplo de Corea del Sur, y les decíamos: todos los países que le han apostado a la educación están mejor que nosotros. Tenemos la opción de hacer lo mismo. Al final, todos terminaron apoyándonos. No te puedo mencionar ningún medio masivo brasileño que no esté colaborando. El tema educativo se ha convertido en un tema social, porque hay un convencimiento general de que no podemos crecer sostenidamente si no mejoramos la educación."

Tanta fue la presión social que al poco tiempo el gobierno de Luiz Inacio Lula da Silva se montó en la cresta de la ola y anunció en

2007 su propio “Compromiso Todos por la Educación”, que parecía una copia de las propuestas del movimiento Todos por la Educación. “Copiaron hasta nuestro nombre, y siguieron prácticamente todas nuestras recomendaciones —sonrió Pascoal al recordar el anuncio oficial—. Nosotros nos quedamos algo confundidos cuando escuchamos la noticia. Pero mi reacción fue: ‘Si el gobierno estaba haciendo lo que nosotros estábamos pidiendo, y si había fijado la misma meta que nosotros, el 2022, bienvenido’ ” La presión de la sociedad civil brasileña estaba empezando a dar resultados.

EL OBSERVATORIO EDUCATIVO

La presión social de Todos por La Educación no tardó en plasmarse en medidas concretas. En 2007, poco después del anuncio de las metas oficiales, el Ministerio de Educación firmó una carta compromiso con los 27 gobernadores de los estados del país y los prefectos de los 5600 municipios, para que todos estuvieran involucrados en las cinco metas para mejorar la calidad educativa, algo que era esencial en un país federativo en que las escuelas son manejadas por los municipios y las gobernaciones. Dos años después, el Congreso aprobó una enmienda constitucional extendiendo la escolaridad gratuita —que hasta entonces había sido de los siete a los 14 años— de los cuatro a los 17 años de edad, dándole rango constitucional a una de las principales metas del movimiento.

El otro gran logro concreto de Todos por la Educación fue crear un Observatorio Educativo, una base de datos con un *ranking* de calidad de todas las instituciones educativas de Brasil, desde las escuelas primarias hasta las universidades. Con base en los resultados de exámenes federales, estatales y municipales, un equipo técnico de Todos por la Educación da a conocer cada dos años el *ranking*, de manera que cualquier padre pueda ingresar en el sitio de internet del movimiento el nombre de la escuela donde piensa enviar a sus hijos, y ver cómo comparan los resultados académicos de esa escuela con otras de su barrio, su ciudad o el resto del país. Al mismo tiempo, el movimiento da a conocer un mapa en el que cada municipio del país está pintado de verde, amarillo o rojo, según el rendimiento académico de sus escuelas.

En 2010, Todos por la Educación ya era un movimiento consolidado, conocido, y con un impacto concreto en la agenda política brasileña. Tenía 5 000 estaciones de radio movilizadas, las seis cadenas de televisión más grandes del país, y 350 periodistas activamente involucrados en sus actividades. "La educación se ha convertido en una prioridad: lo puedes ver en todos lados, en los periódicos, en la televisión, en lo que hablan los políticos", me dijo Pascoal.

Las encuestas en Brasil lo estaban demostrando: un estudio de CNO/Ibope a fines de 2009 reveló que la educación había pasado a convertirse en la segunda mayor preocupación de los brasileños, después de la inseguridad. Era un cambio extraordinario en la mentalidad de los brasileños, ya que hasta hacía pocos años antes, la educación había ocupado como máximo el séptimo lugar entre los principales motivos de preocupación de la gente.[4]

LOS EMPRENDEDORES SOCIALES

Al igual que Todos por la Educación, Brasil tiene docenas de otras empresas sociales y organizaciones no gubernamentales dedicadas a impulsar la calidad educativa que, según Reimers, no tienen paralelo en otros países latinoamericanos. Una de las más reconocidas es el Centro para la Educación y Desarrollo de Acción Comunitaria (CEDAC), y su programa Escola que Vale (Escuela que Vale), dedicado a mejorar la formación de profesores en las ciudades más pobres del país. El CEDAC, que hoy día tiene un equipo profesional de 30 personas, comenzó en 1999 bajo la premisa que años más tarde sería aceptada casi unánimemente en la comunidad educativa internacional: que, tal como me lo había dicho la presidenta de Finlandia, la clave para mejorar la calidad de la educación es mejorar la calidad de los maestros.

La fundadora del CEDAC fue Beatriz Cardoso, hija del ex presidente Fernando Henrique Cardoso, y una de las pedagogas más admiradas de Brasil. Tras trabajar varios años como profesora e investigadora universitaria y publicar tres libros sobre la enseñanza de los niños más pequeños, Cardoso había llegado a la conclusión de que podía ser mucho más efectiva fuera del ámbito universitario y fuera de la órbita gubernamental. De manera que salió a buscar entre las grandes empresas brasileñas algunas que quisieran formar una compañía sin fines de lucro de capacitación de maestros para ofrecer sus servicios a las municipalidades, como lo haría cualquier empresa de consultoría externa. Su argumento era que uno de los principales problemas de Brasil era la desigualdad social causada por la disparidad de los sistemas educativos en las diversas zonas del país. En un país federativo, donde los estados estaban a cargo de sus sistemas educativos, los estados más pobres del país no tenían los maestros como para capacitar profesionalmente a sus docentes, y —sin ayuda externa— jamás saldrían del círculo vicioso creado por la falta de buen entrenamiento para sus maestros, decía. Al poco tiempo, Cardoso logró el patrocinio de Companhia Vale do Rio Doce, la empresa minera más grande de Brasil, y una de las más grandes del mundo.

Con su nuevo plantel de capacitadores docentes financiados por Vale, Cardoso comenzó a ofrecer los servicios de Escuela que Vale en algunas de la zonas más pobres del país. La condición de Escuela que Vale para entrar en un distrito era que la municipalidad firmara un contrato de formación profesional de cinco años, a fin de que hubiera tiempo suficiente para que se pudiera capacitar maestros locales capaces de formar nuevas generaciones de docentes en sus respectivos lugares, y que los programas no se interrumpieran por cambios políticos en los gobiernos municipales. Al poco tiempo, Escuela que Vale firmó acuerdos con los estados de Pará, Maranhao, Minas Gerais y Espíritu Santo.

LOS MAESTROS VIAJEROS

¿Pero cómo capacitan docentes en los lugares más remotos del país? ¿Les dan becas a los maestros rurales para que vengan a São Paulo y asistan a cursos en el CEDAC?, le pregunté a Cardoso. "No —respondió—. Nosotros tenemos un equipo muy preparado, de excelentes profesionales que quieren estar en la línea de batalla y que están dispuestos a viajar una vez por mes a estos lugares. Mandamos varios grupos de profesionales, porque no sólo nos ocupamos de la capacitación de maestros, sino también de la de directores de escuelas, administradores, etc. Durante una semana por mes, como mínimo, visitan estos lugares y tienen una agenda loca."[5]

¿Y los sindicatos de maestros no se oponen a que venga gente de afuera a enseñarles?, le pregunté. "En general, en estos lugares los profesores tienen muchas ganas de aprender —respondió Cardoso—. A ellos no les gusta tener que hacerles repetir de grado a sus estudiantes. No tenemos ningún problema con los sindicatos en estos lugares. Eso pasa en las grandes ciudades, pero no allí." Cuando el programa empezó, hace más de una década, había bastante resistencia de parte de las municipalidades, señaló Cardoso. "Pero ahora es al revés: hay más municipalidades que quieren que vayamos de las que podemos atender, porque los municipios vecinos ven lo que estamos haciendo y dicen: 'nosotros necesitamos lo mismo'. Nosotros no llegamos allí para vender nada, ni llegamos y decimos: 'aquí todo está mal, cambien todo esto'. Por el contrario, tratamos de construir una relación de confianza, inclusive con secretarios municipales horribles."

"LA INVERSIÓN SOCIAL ESTÁ DE MODA"

En 2010, el programa Escuela que Vale había crecido de seis municipios a 30 municipalidades en todo el país. Una evaluación externa contratada por Vale, y realizada por el Instituto IDECA de evaluación de proyectos sociales con un cuestionario a 480 maestros y 55 directores de escuelas de municipios donde estaba operando el programa, había encontrado resultados altamente satisfactorios. Un 85 por ciento de los maestros había indicado que estaba "muy de acuerdo" con la premisa de que "mi trabajo ha contribuido a la transformación de mi escuela en un lugar de aprendizaje efectivo", y los resultados de los exámenes de portugués de los niños habían mostrado una mejora notable desde el inicio del programa.

Cuando le pregunté a Cardoso si estaba de acuerdo con la observación de Reimers, en el sentido de que Brasil es el país donde se están produciendo las principales innovaciones educativas en Latinoamérica, me dijo que sí. "Estamos mucho mejor que en otros países, por muchos factores. El primero es que los empresarios se han dado cuenta de que a sus empleados y potenciales empleados les falta formación, que el nivel de la gente es bajo, y que eso les afecta económicamente. Segundo, porque la inversión social está de moda en Brasil, tanto entre las empresas multinacionales como entre las locales. Y tercero, porque Todos por la Educación ha jugado un rol muy importante para convertir a la educación en una prioridad nacional."

LOS EMPRESARIOS BRASILEÑOS: EN LA VANGUARDIA

Efectivamente, en Brasil las grandes empresas están más involucradas que en cualquiera de sus países vecinos en proyectos educativos con un efecto multiplicador, que van mucho más allá de la beneficencia. Entre los centenares de programas de todo tipo impulsados por empresas privadas están Educar para Crecer, un proyecto de la poderosa Editora Abril que, entre otras cosas, lanza campañas para estimular la movilización ciudadana por la educación; el Canal Futura de televisión educativa impulsado por la Fundación Roberto Marinho, de la Red de Televisión Globo; el programa televisivo *Globo Ciencia*, para desmitificar la ciencia y hacerla divertida para los jóvenes; los proyectos de la Fundación Odebrecht para ampliar las oportunidades laborales de adolescentes, y los proyectos de la Fundación Lemann para mejorar la evaluación de escuelas y la formación de directores de escuela.

Además de tener una multitud de fundaciones privadas y organizaciones civiles dedicadas a fomentar una cultura de la educación, Brasil se enorgullece de tener una relación de trabajo bastante constructiva entre estos grupos de presión social y el gobierno nacional. El joven ministro de Educación del gobierno de Lula, Fernando Haddad, había estado presente en la ceremonia de inauguración de Todos por la Educación, y al tomar la palabra —rodeado de algunos de los empresarios más poderosos del país— resaltó la presencia de ex ministros de Educación, líderes empresariales y dirigentes de la sociedad civil, y señaló que quienes mejor podían dar respuestas a las exigencias educativas del país "son ustedes, no yo".[6] Cuando lo entrevisté en 2010, Haddad seguía viendo a los movimientos de la sociedad civil como socios, y no como adversarios.

"Estos movimientos son una fuerza positiva", me señaló. Además de presionar a los gobiernos, al Congreso y a los políticos en general para poner la educación en el centro de la agenda nacional, la movilización de la sociedad civil ayudaba a concientizar a las familias brasileñas. "Varios estudios evidencian que los padres de familia representan 70 por ciento del éxito de la enseñanza. Entonces, la movilización social es crítica. Si no hay una conciencia en los hogares sobre la importancia de la educación, no vamos a poder lograr mucho", explicó.[7]

Otro aspecto importante de lo que está ocurriendo en Brasil a nivel educativo es que las metas fijadas por Todos por la Educación y adoptadas por el gobierno para ser alcanzadas en 2021 tienen parámetros de calidad internacionales. Según me explicó Haddad, las metas fijadas establecen que en 2021 deberá tener el mismo promedio en los exámenes PISA que los países industrializados de la Organización para la Cooperación y el Desarrollo Económicos (OCDE). Y para alcanzar ese objetivo el gobierno da a conocer periódicamente —al igual que Todos por la Educación— los progresos realizados por cada escuela del país en los exámenes estandarizados de sus alumnos. "Cada dos años divulgamos cuáles son los municipios y estados que estan cumpliendo las metas y cuáles no. Y cuando un municipio logra la meta le damos automáticamente más recursos", me señaló.

Hacia el final del gobierno de Lula, Brasil parecía encaminado a convertirse, junto con China y la India, en una de las nuevas potencias de un mundo multipolar. En un discurso en Rio Grande do Sul a fines de 2009, Lula dijo: "De aquí a 10 o 15 años, este país deberá ser la cuarta, la tercera o, si no tuviéramos suerte, la quinta economía del mundo".[8] La afirmación del presidente brasileño no fue vista como una fanfarronada en Wall Street ni en otros centros financieros mundiales. Desde que el banco de inversiones Goldman Sachs había pronosticado en 2001 que Brasil sería junto con China, la India y Rusia una de las nuevas potencias económicas del siglo XXI, eran cada vez menos los economistas internacionales que respondían con el viejo chiste que dice: "Brasil es el país del futuro… y siempre lo será".

Desde hacía más de una década, y especialmente tras el triunfo de Lula en 2002 y luego de la comprobación de los inversionistas de que un triunfo de la izquierda no llevaría a un populismo irresponsable, Brasil comenzó a ser tomado cada vez más en serio por la comunidad internacional. En 2007, cuando Brasil descubrió una de las reservas de petróleo más grandes del mundo en Tupi, y el país se convirtió de la noche a la mañana en un potencial megaexportador de petróleo, con reservas suficientes para los próximos 50 años, pasó a convertirse en el nuevo niño mimado de Wall Street. "Dios es Brasileño", proclamó Lula, eufórico, tras el anuncio del descubrimiento de las reservas petroleras de Tupi. Su jefa de gabinete y futura candidata presidencial, Dilma Roussef, agregó: "Esto ha cambiado nuestra realidad. Va a transformar la nación [y elevarla] a otro nivel".[9]

Y en medio de esa oleada de optimismo, Brasil se había adjudicado la celebración del Mundial de Futbol de 2014, y le había ganado a Estados Unidos la competencia por la sede de las Olimpiadas de 2016, cuando un humillado presidente Obama tuvo que regresar a Washington con las manos vacías luego de viajar especialmente a Copenhague para cabildear a favor de Chicago. Pero, tal como lo reconocía el propio Lula en el mismo discurso de Rio Grande do Sul en que había vaticinado que su país podría convertirse en la tercera potencia económica mundial, para que eso sucediera era necesario "mejorar definitivamente la calidad de la enseñanza". Lula agregó: "Lo que importa en el siglo XXI es exportar conocimiento, inteligencia. Eso es lo que cuenta definitivamente".[10]

UN GIGANTE TECNOLÓGICO CON PIES DE BARRO

¿Podrá Brasil convertirse en la tercera, cuarta o quinta economía del mundo, como lo vaticinó Lula? ¿Tendrá el país la base educativa para lograrlo? ¿Es realista el optimismo de Reimers? Lo cierto es que Brasil está muy por delante de prácticamente todos los países latinoamericanos en ciencia y tecnología, gracias a que tiene centros de excelencia de educación superior que producen la mayor cantidad de doctorados y publicaciones científicas de Latinoamérica. Sin embargo, la educación primaria y secundaria en el país todavía están muy por detrás de la media mundial. Brasil tiene el potencial de ser un gigante tecnológico, pero sus fundamentos están hechos de barro. "En lo que hace a la educación, Brasil muestra una situación bastante contradictoria —afirma un estudio del Instituto de Brasil del Centro Woodrow Wilson de Estudios Internacionales, de Washington—. Por un lado, sus estudios de posgrado están entre los mejores de Latinoamérica, con altas tasas de diplomas de posgrado, unas 30 000 maestrías y más de 10 000 doctorados por año... Por el otro lado, la educación primaria es extremadamente pobre."[11]

Según los principales medidores internacionales, la superioridad de Brasil respecto de otros países latinoamericanos en ciencia y tecnología es abrumadora. Más de 63 por ciento de toda la inversión latinoamericana en investigación y desarrollo tiene lugar en Brasil. "En materia de inversión en investigación y desarrollo en América Latina y el Caribe, la hegemonía de Brasil es absoluta, y se consolida con el tiempo", concluyó un estudio de la RICYT, organismo financiado por la Organización de Estados Iberoamericanos, el gobierno español y la Organización de Estados Américanos.[12]

Tal como me lo explicaron los funcionarios del gobierno de centroizquierda de Lula, gran parte de la ventaja tecnológica de Brasil se debe a que los gobiernos militares de los años sesenta y setenta decidieron impulsar industrias estratégicas y crearon centros de excelencia científica, como el Instituto Tecnológico de Aeronáutica (ITA), para apoyarlas. Al igual que la India en la misma época, cuando el gobierno de Jawaharlal Nehru creó los institutos de tecnología haciendo caso omiso a las críticas de que estaba creando instituciones elitistas en un país con enormes tasas de analfabetismo, Brasil invirtió fuertemente en unas pocas instituciones muy especializadas que pudieran impulsar las industrias que el gobierno consideraba más importantes para el desarrollo del país. Y, como en la India, el experimento dio sus frutos muchos años después. El ITA, creado a partir de la Escuela de Ingeniería de la Fuerza Aérea brasileña en São Jose dos Campos, fundada con la ayuda de profesores importados del Massachusetts Institute of Technology (MIT), se convirtió con los años en la escuela de ingeniería más prestigiosa de Brasil. Hasta el día de hoy, es la principal fuente de ingenieros para Embraer, la gigantesca empresa brasileña que se ha convertido en la tercera más grande del mundo —después de Boeing y Airbus— en la industria aeronáutica.

En la misma época se le dio un gran impulso a varios centros de investigación agrícola y geológica como Embrapa, el instituto de investigaciones agrícolas del gobierno; la Escuela de Agricultura de la Universidad de São Paulo, y la actual Universidad Federal de Vicosa, en Minas Gerais, que ayudaron a convertir al país en líder mundial en la producción de etanol y uno de los más eficientes del mundo en la producción de soja y varios otros cultivos. Y Brasil comenzó a enviar a Estados Unidos y Europa a miles de graduados en ciencias para que volvieran al país y se incorporaran a las industrias nacionales. "Lo que Chile está haciendo ahora en gran escala, Brasil lo hizo en la década de los cincuenta y sesenta", me dijo Leonardo Barchini, el jefe de prensa del ministro Haddad.

Al igual que otras grandes universidades estatales latinoamericanas, las universidades estatales brasileñas son gratuitas. Sin embargo, una de las mayores diferencias de las grandes universidades estatales brasileñas de sus pares en otros países del continente es que son mucho más exigentes a la hora de admitir a sus estudiantes. Sus exámenes de ingreso —el llamado vestibular— son más selectivos que en otros países de la región y mucho más difíciles que los de la mayoría de las universidades privadas en Brasil. Es precisamente por el alto nivel de selectividad de las grandes universidades estatales que sólo 25 por ciento de los estudiantes universitarios brasileños están en la universidad pública y 75 por ciento en las privadas. En Brasil, las universidades más prestigiosas suelen ser las públicas.

En la gigantesca Universidad Estatal de Campinas, más conocida como Unicamp, en el estado de São Paulo, con 31 000 estudiantes, sólo logran pasar el examen de ingreso 5 por ciento de los aspirantes. Y en algunas carreras, como medicina, sólo logra entrar 1 por ciento.

"En las buenas universidades públicas, el proceso de admisión es muy selectivo, y no hay ningún tipo de recomendaciones que sirvan para ingresar. Si el estudiante no saca el puntaje necesario en el vestibular, no hay llamada telefónica de ministro, presidente o rey que valga —me dijo Carlos H. Brito Cruz, director científico de la Fundación de Fomento a la Investigación del Estado de São Paulo (Fapesp) y ex rector de Unicamp—. Si mi hijo quisiera entrar en Unicamp, aunque yo haya sido rector de la universidad, no hay absolutamente nada que yo pudiera hacer para lograr que entre. El vestibular de las buenas universidades brasileñas es una de las pocas cosas de este país donde no hay privilegios y donde todos tienen las mismas oportunidades. Entran los mejores, y los que no pueden entrar en las universidades estatales, van a las privadas."[13]

Probablemente no haya una historia de éxito latinoamericana más visible a nivel mundial en el campo tecnológico que Embraer, la gigantesca empresa aeroespacial brasileña que se ha convertido en líder mundial en la producción de aviones medianos de entre 70 y 118 asientos, para vuelos regionales. Hoy día, Embraer tiene casi 17 000 empleados, y vende desde aviones de cabotaje para aerolíneas como Delta Airlines, Américan Airlines, Saudi Arabian Airlines, Royal Jordanian y Aeroméxico, hasta aviones militares para el Pentágono y las fuerzas aéreas de Bélgica, la India y México, con ventas totales de unos 3 800 millones de dólares anuales.

¿Cómo logró un país latinoamericano con enormes atrasos educativos convertirse en líder mundial en una industria tan sofisticada como la aeronáutica?, le pregunté a muchos brasileños. Según a quien uno consulte, la historia del éxito de Embraer se debe a la intervención estatal, o a la privatización de la empresa en 1994. Lo cierto es que Embraer era una empresa estatal que perdía millones de dólares anuales antes de su privatización, pero que al mismo tiempo jamás hubiera logrado llegar a lo que es actualmente sin la decisión gubernamental de comprar a la empresa todos los aviones estatales, sin las ventajas impositivas que recibió del gobierno y la existencia de centros de investigación de la fuerza aérea —como el ITA— que formaron a los ingenieros de los que se nutrió la compañía.

Cuando Embraer fue fundada, en 1969, el gobierno militar la creó como una empresa estratégica para que Brasil no dependiera de otros en su defensa aérea y para facilitar el transporte en el país, cuyo inmenso territorio contaba con pocas carreteras. Ubicada a menos de 100 kilómetros de São Paulo, junto al ITA y otros centros de investigación de la fuerza aérea, Embraer produjo en 1973 su primer éxito comercial, el avión Bandeirante, del que en poco tiempo vendió 500 unidades. De allí en adelante, además de desarrollar númerosos aviones de vuelos regionales, Embraer comenzó a vender al mundo aviones militares, como el Tucano; jets corporativos, como el Legacy, y de fumigación para agricultura, como el Ipanema. Sin embargo, al comenzar la década de los noventa, la empresa se había convertido en una enorme carga para el Estado.

Tras la privatización, la empresa despidió a casi 2000 empleados que ganaban los sueldos más altos y consiguió socios internacionales interesados en la combinación de ingenieros aeronáuticos de primer nivel con los bajos costos de mano de obra del país. Al poco tiempo, Embraer se convirtió en una empresa rentable, invirtió 6 por ciento de sus ingresos anuales en investigación y desarrollo de nuevos productos, comenzó a crecer nuevamente a pasos agigantados y en pocos años pasó de tener 3000 empleados a más de 17000.

LA REVOLUCIÓN DEL ETANOL

Brasil también es pionero mundial en el uso del etanol como sustituto de la gasolina para los automóviles, una tecnología que creó a partir del incremento de los precios del petróleo en los años setenta y que le permitió al país reducir su dependencia de las importaciones petroleras del 85 por ciento de su consumo energético en 1978 a cero en la actualidad. El plan de conversión al etanol comenzó en 1975, cuando el gobierno comenzó a invertir en investigación de energías alternativas y sacó al mercado un combustible para automóviles a base de una mezcla de etanol y gasolina. La idea era aprovechar la enorme extensión territorial de Brasil y sus cultivos de caña de azúcar para producir masivamente el etanol como un combustible sustituto de gasolina.

El plan gubernamental sufrió un enorme tropiezo en sus inicios, porque los automovilistas se encontraron con que sus carros no arrancaban fácilmente con el nuevo combustible. El proyecto hubiera pasado a la historia como un disparate del gobierno de turno si no fuera porque en 1979 se dispararon nuevamente los precios del petróleo. A Brasil no le quedó otra que invertir aún más en su plan de conversión automotriz y comenzó a producir carros nacionales que funcionaban exclusivamente con etanol. Gradualmente, Brasil comenzó a tener cada vez más automóviles con motores funcionan a base de etanol o con mezclas de etanol y gasolina, y perfeccionó la producción del etanol hasta convertirse en el productor más eficiente del mundo. En 2005 Brasil ya producía etanol a un costo menor a la mitad del promedio mundial, y lo hacía de una forma mucho más ecológicamente viable que los productores norteamericanos. Actualmente, Brasil utiliza apenas un litro de petróleo para generar nueve litros de etanol de caña de azúcar, mientras que los productores de etanol a partir del maíz en Estados Unidos utilizan 1.1 litros de petróleo para producir 1.6 litros de etanol.[14]

OBAMA: "PODRÍAMOS APRENDER DE BRASIL"

En 2007, hacia el final de la administración de Bush, Estados Unidos y el gobierno de Lula firmaron un convenio para cooperar en el desarrollo de combustibles a partir del etanol y compartir sus logros con países de Centroamérica y el Caribe. Y cuando el presidente Barack Obama lanzó su campaña para la presidencia de Estados Unidos, colocó el tema de la cooperación con Brasil para el desarrollo de energías alternativas entre las máximas prioridades de su política hacia América Latina. En las dos oportunidades en que entrevisté a Obama en los tramos finales de la campaña, el primer tema concreto que tocó fue el de Brasil y su desarrollo del etanol.

Cuando le pregunté a Obama en 2008 cuál sería su política exterior hacia Latinoamérica, el futuro presidente me dijo que, a diferencia del gobierno de Bush, su administración no trataría de imponer los temas de su agenda —como el narcotráfico y el acceso a nuevos mercados— a los países latinoamericanos, sino hablar "acerca de la manera en que podemos progresar de manera conjunta, y qué puede aprender Estados Unidos de América Latina. Te voy a dar un ejemplo específico: Brasil está haciendo un trabajo extraordinario en materia de energías alternativas. En nuestra condición de los mayores consumidores de combustibles fósiles del mundo, deberíamos ver qué podríamos aprender de ellos. Ése es el tipo de relación de respeto mutuo que me gustaría crear".[15]

Poco después, Obama anunciaría que su principal proyecto en la región sería crear una Sociedad Energética de las Américas para desarrollar conjuntamente energías alternativas, con lo que pretendía simultáneamente ayudar a resolver el problema energético estadounidense y convertir a Brasil en un aliado más estrecho de su país.

BRASIL: ¿POTENCIA NUCLEAR?

A fines de 2009, mientras Brasil continuaba escalando posiciones en el mundo emergente, una noticia estremeció a Latinoamérica: el vicepresidente José Alencar había declarado que su país debería tener derecho a las armas nucleares. Según Alencar, estas armas actuarían como un "factor disuasivo" y le darían a Brasil una mayor "respetabilidad" en el ámbito internacional. Esa declaración cayó como un balde de agua fría en las cancillerías de los países vecinos. Latinoamérica se había enorgullecido desde hacía mucho tiempo de ser la mayor región del mundo libre de armas nucleares, y las declaraciones de Alencar —como otras similares del presidente de Venezuela— ponían en duda el Tratado Latinoamericano de no Proliferación de Armas Nucleares. No era la primera vez que funcionarios brasileños sugerían un cambio en la materia: en 2007, el subsecretario de Asuntos Estratégicos y Relaciones Internacionales del Ministerio de Defensa, el general José Benedito de Barros Moreira, había hecho declaraciones muy similares.

Según Alencar, otras potencias regionales emergentes, como Pakistán, habían ganado posiciones en organismos internacionales "justamente por tener una bomba atómica". ¿Por qué no podía hacerlo Brasil?, preguntaba el vicepresidente. Funcionarios de varios países aclararon a los periodistas que, bajo los actuales tratados internacionales, Estados Unidos y Rusia se han comprometido a reducir sus respectivos arsenales nucleares en forma progresiva como parte de un acuerdo internacional de congelamiento de la producción de nuevas armas nucleares, y que —por lo tanto— cualquier nuevo país con armas nucleares pondría en peligro la reducción de éstas a nivel mundial. Ante la alarma generalizada, el gobierno de Lula aclaró que el vicepresidente, así como el general antes que él, habían hablado por cuenta propia, y que sus declaraciones no representaban la posición del gobierno.

En medio de la controversia, entrevisté al ministro de Defensa de Brasil, Nelson Jobim. ¿Están fabricando armas nucleares?, le pregunté en mi programa de televisión. "No, hay aquí una equivocación de parte del vicepresidente —dijo Jobim—. En Brasil está prohibido fabricar armas nucleares. La Constitución brasileña prohíbe el uso y la fabricación de armas nucleares, y por otra parte, [también] lo prohíben los acuerdos brasileños en el marco internacional", agregó.

Según Jobim, Brasil se propone desarrollar energía nuclear con fines pacíficos. Eso incluirá la fabricación de un submarino nuclear que será más rápido que los submarinos convencionales, "pero no estará equipado con armas nucleares", me dijo. Todo eso es permitido bajo los tratados internacionales, agregó. Cuando le pregunté por las declaraciones anteriores del general Barros Moreira, Jobim respondió que el general, al igual que el vicepresidente, había hablado por cuenta propia.

¿A quién creer, al ministro de Defensa o al vicepresidente?, les pregunté más tarde a varios académicos. Cristina Eguizábal, directora del Centro de Latinoamérica y el Caribe de la Universidad Internacional de Florida, me dijo que cree en la versión del ministro de Defensa. "El proyecto de política exterior de Brasil es un proyecto de potencia respetable, no de una potencia antisistema, y el hecho de desarrollar armas nucleares lo pondría un poco del lado de estados 'indeseables' como Irán o Corea del Norte", explicó. Además, Brasil tiene una cláusula constitucional que le prohíbe la fabricación de armas nucleares, y que sería muy difícil de enmendar, me dijo Paolo Sotero, director del Programa de Brasil del Centro Internacional Woodrow Wilson, de Washington.

José Azel, un investigador de la Universidad de Miami, señaló que las declaraciones de Alencar podrían deberse a que Brasil estaba buscando un escaño permanente en el Consejo de Seguridad de la ONU, y que "quizás ésta sea una manera de crear un cierto juego político para lograr esa posición". Otros especularon que Brasil podría estar poniéndose nervioso por el programa de cooperación nuclear entre Venezuela e Irán. Chávez había declarado poco antes que estaba construyendo una "aldea nuclear" con ayuda iraní, y había firmado un acuerdo de cooperación de tecnología nuclear con Irán el 13 de noviembre de 2008. Por más que Chávez e Irán insistieran en que su plan de cooperación bilateral tenía objetivos pacíficos, la noticia no sólo había inquietado a los militares brasileños, sino también a varios países vecinos de Venezuela. El presidente colombiano Álvaro Uribe dijo, poco después de conocerse las noticias de la cooperación nuclear venezolana-iraní, que "a nosotros nos preocupa mucho —y no puedo dejar de decirlo— que se lleven para nuestro vecindario la guerra nuclear. Eso es algo sumamente grave, sumamente preocupante".[16]

Tras entrevistar a varios académicos y diplomáticos que estaban siguiendo el caso, llegué a la conclusión de que lo más probable es que Brasil estuviera desarrollando un programa nuclear con fines pacíficos, porque —como decía Eguizábal— quiere seguir siendo un buen ciudadano global. Sin embargo, el acercamiento del propio Lula a Irán me dejaba una sombra de duda. En noviembre de 2009 Lula recibió al presidente autoritario de Irán, Mahmoud Ahmadinejad, en Brasil, dándole legitimidad a su teocracia autoritaria apenas unos pocos meses después de que se había robado las elecciones presidenciales de Irán, y mientras estaba fusilando a estudiantes iraníes que habían sido arrestados en protestas callejeras. ¿Por qué estaba apoyando Brasil a Ahmadinejad en momentos en que toda la comunidad internacional estaba condenando al régimen iraní? ¿Acaso era porque Irán estaba desafiando las sanciones de las Naciones Unidas que no le permitían desarrollar un programa de armas nucleares, y Brasil veía con buenos ojos que Irán sentara un precedente de ese tipo? ¿O pudiera ser que los militares brasileños estuvieran contemplando un plan B, de producción de armas nucleares, para no quedarse atrás si el imprevisible gobernante de Venezuela lograba hacerse de armas nucleares gracias a sus acuerdos con Irán? Aunque improbable, no podría descartarse que Brasil estuviera tratando de abrirse las puertas para poder convertirse en la primera potencia nuclear latinoamericana si las circunstancias lo ameritaban.

MUCHOS DOCTORADOS, POCAS PATENTES

A pesar de su enorme producción de doctorados y publicaciones científicas, de ser un país pionero en la producción de energías alternativas y de tener empresas como Embraer, Brasil tiene el mismo problema de sus vecinos: la enorme mayoría de su producción científica es académica y de poca aplicación en la economía real. Cuando uno mira el número de patentes registradas por Brasil en Estados Unidos y el resto del mundo, es mínima. Como señalábamos en las primeras páginas de este libro, Brasil registra apenas 100 patentes por año. Comparativamente, Estados Unidos registra 77 500 patentes, Japón 33 600, Corea del Sur 7 500, China 1 200, Israel 1 100, y la India 600.[17]

Haddad, el ministro de Educación, admitió que la baja producción de patentes de Brasil "es una preocupación grande para nosotros". Según me explicó, se debe a que "la sintonía entre el sector productivo y académico es baja en Brasil. No hay una gran vinculación entre la universidad y la industria". Según la RICYT, la participación del sector privado en investigación y desarrollo en Brasil es de apenas 27 por ciento, muy por debajo del 65 por ciento en Estados Unidos. Para tratar de incentivar una mayor inversión del sector privado, Brasil aprobó durante el gobierno de Lula una ley de incentivos a la investigación, que entre otras cosas permite a las empresas que colaboren con universidades en proyectos de investigación reducir hasta 35 por ciento sus pagos de impuestos, además de participar en la propiedad intelectual del proyecto. "Pero los resultados hasta ahora han sido muy modestos", admitió Haddad.

Cuando le pregunté por qué, el ministro dijo que "hay un problema cultural, de distancia entre la universidad y la industria, que precisa ser superado". La producción de patentes de Brasil se concentra en unas pocas universidades estatales y empresas e institutos de investigación con participación estatal, como la Universidad Estatal de Campinas, el gigante petrolero Petrobras, el centro de investigaciones del Ministerio de Agricultura, Embrapa, y la fundación de investigaciones especializada en vacunas y medicinas Fiucruz. Según me dijeron varios funcionarios brasileños, en la cultura científica de Brasil, como en muchos otros países latinoamericanos, la mayoría de los científicos ansían trabajar para los centros de investigación estatales, que son los más prestigiosos, y miran con cierto desdén la investigación aplicada para usos comerciales que hacen las empresas.

¿Qué hará Brasil para resolver este problema? Por lo pronto, el gobierno planea invertir más dinero en investigación y desarrollo, sobre todo en proyectos emanados del sector privado. En 2009 el gobierno de Lula anunció que elevaría su inversión en ciencia, tecnología e innovación al 1.5 por ciento del PIB brasileño en 2010. Eso significaría un aumento de 50 por ciento sobre su nivel de los últimos años, y casi tres veces más que la proporción de su PIB que invierten Argentina y México.

MÁS UNIVERSIDADES, PERO NO NECESARIAMENTE MEJORES

El gobierno de Lula, en un esfuerzo por ampliar la oferta laboral, se ufanó de haber creado 13 nuevas universidades y más de 200 escuelas técnicas de formación profesional, duplicando el número de estas últimas entre 2005 y 2010. Además, el gobierno creó un sistema de becas llamado Programa Universidad para Todos (Prouni), por el cual los estudiantes de bajos recursos reciben becas para estudiar en universidades privadas de todo el país. En 2010 ya había unos 400 000 jóvenes que estaban recibiendo estas becas, casi la mitad de ellos afrodescendientes. La opinión generalizada en el mundo académico es que estos y otros programas del gobierno de Lula han contribuido a democratizar la educación universitaria y a llevarla a los lugares más atrasados de país, pero no necesariamente a mejorar la calidad educativa.

Algunas de las nuevas universidades creadas por Lula, como la Universidad Federal de la Integración Latinoamericana (Unila), la Universidad de Integración Afro-Brasileña (Unilab) y la Universidad de Integración Amazónica (Uniam), tenían una finalidad más política que académica. Otras de las nuevas universidades no eran instituciones nuevas, sino una reunión de programas existentes, reunificados bajo un mismo techo bajo el nombre de "universidades". "El problema del bajo porcentaje de estudiantes universitarios no se va a resolver creando nuevas universidades, sino mejorando la calidad de las escuelas secundarias —me dijo Brito Cruz, director científico de la Fapesp y ex rector de Unicamp—. La principal restricción al desarrollo de la educación universitaria en Brasil es la escuela secundaria. Si no mejoramos eso, no vamos a llegar muy lejos."[18]

De hecho, aunque Lula tenía razón en que el número de estudiantes de educación terciaria había crecido a 5.4 millones de jóvenes bajo su mandato, la población universitaria estaba creciendo a un ritmo menor que en años anteriores. Según Brito Cruz, "la tasa de crecimiento de la población universitaria hoy día es menor que la de hace 10 años. A comienzos de la década de 2000 la población universitaria crecía a 5.5 por ciento anual, y la cifra ha caído a 3.5 por ciento anual en la actualidad. Esto se debe a que no hay suficientes jóvenes que salgan de la escuela secundaria con el conocimiento necesario para entrar en la universidad".

EL AISLAMIENTO UNIVERSITARIO BRASILEÑO

A diferencia de China y la India, los otros gigantes con quienes Brasil quiere codearse en el nuevo grupo de potencias mundiales emergentes, Brasil no ha cultivado vínculos estrechos con universidades extranjeras. Mientras que en China, la India y hasta la pequeña Singapur vi númerosas universidades extranjeras —a las cuales se les pide que no dejen de dar sus cursos en inglés y se les permite otorgar diplomas—, no observé el mismo fenómeno en Brasil. Cuando le pregunté al ministro de Educación, Haddad, si Brasil permitía universidades extranjeras como China, que ya tiene más de 170 instituciones de educación superior de otros países en territorio nacional, reaccionó entre sorprendido y a la defensiva.

"Bueno, hay grupos empresariales extranjeros que tienen operaciones en Brasil, o sea que compraron una institución en Brasil y operan en Brasil. Pero no hay casos de universidades extranjeras en Brasil", respondió. ¿Está prohibido que se instalen en Brasil?, le pregunté. "No hay una prohibición, pero no hay casos en Brasil", dijo. Hay varias universidades brasileñas que tienen programas de titulación doble, sobre todo con universidades europeas, pero hasta ahí se había llegado, agregó.

En lo que hace al porcentaje de universitarios brasileños que estudian en el exterior, es mucho menor que el de China, la India e incluso Sudáfrica. Según datos de la UNESCO, mientras que 3.1 por ciento de los universitarios de la India, 1.9 por ciento de los chinos y 0.8 por ciento de los sudafricanos estudian en el exterior, apenas 0.4 por ciento de los brasileños lo hacen.[19] En momentos de escribirse estas líneas hay 21 550 universitarios brasileños estudiando en el resto del mundo (7 200 en Estados Unidos, 2 580 en Francia, 2 200 en Portugal, 1 900 en Alemania y el resto repartidos por el mundo), mientras que hay 421 140 chinos y 153 300 indios en universidades en el exterior. Si Brasil quiere ser una de las cinco potencias económicas mundiales en los próximos cinco o 10 años, tendrá que formar una generación de universitarios globalizados como lo están haciendo las otras potencias emergentes.

LOS SUBSIDIOS ESCOLARES DE LULA

Ante la creciente presión social por una mejora educativa en la escuela primaria y secundaria, el gobierno de Lula lanzó númerosos planes sociales, que se convirtieron en la principal bandera de su partido en las elecciones presidenciales de 2010. Uno de los más conocidos fue el plan Bolsa Familia, un subsidio de un promedio de 50 dólares por mes a las familias más pobres del país, con un auxilio adicional llamado Bolsa Escuela condicionado a que los hijos de las familias beneficiadas fueran a la escuela. Desde el comienzo de su mandato, Lula le había dado un enorme impulso a estos programas, inspirados en parte en el programa Oportunidades —luego rebautizado Progresa— de México y en un programa social iniciado a nivel nacional en Brasil a fines del mandato del presidente Fernando Henrique Cardoso. Hacia el final del gobierno de Lula, 15.7 millones de jóvenes brasileños de entre seis y 17 años recibían beneficios del plan Bolsa Escuela.

¿Cómo funciona el plan Bolsa Escuela?, le pregunté al ministro de Desarrollo Social de Brasil, Patrus Ananias. El concepto es simple, dijo el ministro: las familias pobres cuyos hijos de seis a 15 años asisten regularmente a la escuela reciben un subsidio de 12 dólares por mes por niño, hasta un máximo de tres niños, lo que puede significar un ingreso adicional de hasta 36 dólares mensuales por familia. Asimismo, las familias pobres con hijos de 16 y 17 años que no hayan terminado su educación primaria y asistan a la escuela reciben un subsidio de 18 dólares por mes por hijo, hasta un máximo de dos hijos por grupo familiar.

¿Y cómo constata el gobierno que los niños asistan a clases?, le pregunté. Los críticos del gobierno y muchos expertos en educación decían que la condicionalidad de asistencia escolar del plan Bolsa Escuela era una fantasía. Según ellos, el programa no era más que un mecanismo de compra de votos del gobierno, que entregaba el dinero con los ojos cerrados, y de paso pretendía estar haciendo algo por mejorar la educación. Según Beatriz Cardoso, hija del ex presidente Cardoso y directora del Centro de Estudios y Documentación para la Acción Comunitaria (CEDAC), "la opinión general es que en Brasil todos viven de becas, y que muy pocas de las becas condicionales son monitoreadas eficazmente".[20] El ministro Ananias rechazó estas críticas, afirmando que las familias que reciben los pagos de Bolsa

Escuela deben mostrar certificados de asistencia escolar de sus hijos para seguir recibiendo el subsidio.

Cuestionado sobre cuántas becas de Bolsa Escuela son negadas actualmente por falta de cumplimiento de asistencia escolar, Ananias señaló que a fines de 2009 el gobierno suspendió por 30 días los pagos a 400 000 familias que no habían presentado certificados escolares, con la promesa de reanudar los pagos si mostraban dichas constancias. Algunos meses más tarde, en enero de 2010, el gobierno había cancelado 23 500 becas de familias que no habían presentado certificados escolares luego de repetidas advertencias del gobierno, agregó. A medida que se acercaba el final del mandato de Lula, su gobierno tomó medidas para desvirtuar las críticas.

BRASIL ESTÁ MAL, PERO VA BIEN

¿Logrará Brasil su meta —fijada por la sociedad civil y adoptada por el gobierno— de lograr resultados similares a los de los países desarrollados en el examen PISA en 2022? ¿O seguirá siendo un gigante con pies de barro? Los problemas educativos de Brasil son enormes y más complejos que en algunos de sus países vecinos por la enorme descentralización de su sistema educativo, en que cada municipio y estado tienen su propio sistema educativo. Para colmo, las diferencias geográficas son abismales: mientras que el estado de São Paulo tiene una producción de doctorados y publicaciones científicas internacionales propias del Primer Mundo, la mayor parte del resto de Brasil tiene niveles educativos cercanos a los de África.

Sin embargo, lo que Brasil tiene para enseñar a muchos países del mundo es haber convertido la educación en "una causa de todos", como lo dice uno de los eslóganes de Todos por la Educación. En mis viajes a Brasil encontré que la voluntad de mejorar la calidad educativa figura mucho más alto en la agenda nacional —incluida la del gobierno— que en la gran mayoría de sus países vecinos. Reimers, el académico de Harvard, había dado en el clavo: "En Brasil se ha dado una concurrencia de la sociedad civil y el gobierno, y del sector público y el sector privado, en donde todos están empeñados en mejorar la educación y en equiparar su nivel de desempeño con el de los países industrializados. Hay una creencia generalizada en Brasil de que la educación es una tarea de todos, y que hay que crear las condiciones que permitan la participación de diferentes sectores de la sociedad en el futuro educativo. Esto es imposible en México hoy en día, y también en Chile es muy difícil. Es un fenómeno que se da en Brasil y que no he visto en ningún otro país de la región", me dijo Reimers. En otras palabras, Brasil está mal, pero va por buen camino.

9

Argentina: el país de las oportunidades perdidas

De todos los países latinoamericanos, en materia educativa Argentina se distingue por tener uno de los pasados más gloriosos y uno de los presentes más penosos. Hoy sus gigantescas universidades públicas difícilmente podrían estar más alejadas del mercado laboral, de la investigación científica productiva y de la economía global. No siempre fue así. La Universidad de Buenos Aires (UBA), la mayor universidad estatal y tradicionalmente la de mayor prestigio del país, había tenido una época de oro durante el siglo pasado, y ha tenido como estudiantes o profesores a cinco ciudadanos argentinos galardonados con el premio Nobel: Carlos Saavedra Lamas (1936), Bernardo Houssay (1947), Luis Federico Leloir (1970), Adolfo Pérez Esquivel (1980) y César Milstein (1984).

Su momento de mayor prestigio había sido a mediados del siglo, desde la presidencia de Arturo Frondizi en 1958 hasta el golpe militar de 1966, cuando se crearon varias facultades y se le dio un gran impulso a la investigación científica. Pero de allí en adelante, sucesivas purgas ideológicas —primero desde la derecha, y en años más recientes desde la izquierda— hicieron que muchos docentes e investigadores fueran separados de sus puestos o emigraran, y el nivel académico cayó en picada. Hoy la que fuera una de las mejores universidades latinoamericanas es un monumento al estancamiento académico, el aislamiento internacional y la falta de innovación.

LA UBA SE CAYÓ DE LOS *RANKINGS*

A pesar de ser una de las universidades más grandes de Latinoamérica, con 321 000 estudiantes, y de tener un plantel de profesores y estudiantes de un nivel intelectual que a muchos países les gustaría tener, la UBA no aparece —o está abajo— en los principales *rankings* internacionales de las mejores universidades del mundo. El *ranking* del Suplemento de Educación Superior del *Times* de Londres no incluyó a la UBA en su listado de las mejores 200 universidades del mundo de 2009. Y el *ranking* de la Universidad de Shanghai, China, coloca a la UBA en el grupo de universidades que están en los puestos 150 y 200 en su *ranking.*

En muchos otros países, semejante dato sería motivo de un escándalo nacional, y la sociedad civil le estaría reclamando al gobierno airadamente que explique el bajo rendimiento del dinero de los contribuyentes para subvencionar a la mayor universidad del país. En Argentina, sin embargo, no se produjo un revuelo semejante, y el gobierno de la presidente Cristina Fernández de Kirchner reaccionó con soberbia: según el gobierno, la culpa es de los *rankings.*

No es broma: casi todos los funcionarios con quienes hablé en Argentina, desde el ministro de Educación para abajo, me dijeron que estos *rankings* son deficientes. Según ellos, es injusto medir las universidades con base en parámetros como su cantidad de premios Nobel en ciencias, el número de citas de sus investigadores en publicaciones académicas internacionales escritas en inglés y el número de estudiantes internacionales que van a estudiar a sus aulas. Según el gobierno argentino, estos medidores tienden a perjudicar a las universidades argentinas porque no valoran lo suficiente la labor académica en las ciencias sociales y humanas, o los trabajos científicos que no están escritos en inglés, o a las instituciones de educación superior que no se han ocupado demasiado de promover los intercambios estudiantiles con el exterior.

SEGÚN EL MINISTRO, LA CULPA ES DE LOS *RANKINGS*

En una entrevista emitida en mi programa de televisión, el ministro de Educación, Juan Carlos Tedesco, quien ocupó el cargo hasta mediados de 2009, descalificó olímpicamente el *ranking* del Suplemento de Educación Superior del *Times* y el de la Universidad de Shanghai, que —para bien o para mal— son los más reconocidos internacionalmente. "Francamente, lo primero que quiero decir es que dudo mucho de estos *rankings* —me dijo el ministro—. Dudo de la validez que pueda tener estar comparando instituciones tan diferentes de países tan diferentes, que tienen realidades sociales, culturales tan distintas."

—Pero, señor ministro, cuando usted dice que los *rankings* están mal hechos, ¿no está echándole la culpa a los de afuera? —le pregunté—. Hay muchísimas universidades de India, de China, de Singapur, de Taiwán, que están muy por encima de las latinoamericanas en estos *rankings*...

—Mire, no es echarle la culpa a nadie. Es analizar el problema en toda su complejidad. Porque tampoco sería justo echarle la culpa a la universidad de esto. Usted sabe, en América Latina las universidades han vivido procesos históricos que han acompañado las luchas políticas, sociales y han estado siempre muy disociadas del desarrollo productivo. Eso tiene que ver con el modelo de crecimiento económico que hubo en América Latina, que nunca estuvo basado en la incorporación del progreso técnico a la producción. Nuestras economías crecieron con una competitividad bastante espuria, basada, ya sea, en la depredación de recursos naturales, en los bajos salarios, en inflación, y nunca en la ciencia y en la tecnología.

—¿Pero acaso estos *rankings* no incluyen datos concretos que permiten medir la calidad educativa, como el porcentaje de docentes con doctorados? —le pregunté—. Por ejemplo, los *rankings* toman en cuenta datos del Banco Mundial sobre el porcentaje de profesores universitarios con doctorados, según los cuales en Gran Bretaña el 40 por ciento de los profesores universitarios tienen doctorado; en Brasil, el 30 por ciento; en Argentina y en Chile, el 12 por ciento;

en Venezuela, 6 por ciento; en México, 3 por ciento, y en Colombia, el 2 por ciento. Y hay otros datos aún más escandalosos —le señalé—: según la prensa argentina, una buena parte de los profesores de la UBA trabajan gratis, porque la universidad más prestigiosa de la Argentina no puede pagarles un sueldo. Según un reciente artículo en el diario *Clarín*, más de la mitad de los profesores de la UBA no están cobrando sus sueldos, porque no hay presupuesto para pagarles.[1] Entonces, ¿acaso no hay datos objetivos que avalan lo que dicen estos *rankings*?

—No es cierto que tantos docentes de la Universidad de Buenos Aires trabajen gratis. No es verdad. Es apenas el 5 por ciento, y lo estamos resolviendo. No es cierto que tengamos esos déficit tan tremendos. Y si tenemos tan pocos doctorados, esto no es sólo y principalmente culpa de la universidad en sí misma. Se debe a que nuestras clases dirigentes en el pasado nunca creyeron en el papel de la ciencia y la tecnología para el crecimiento productivo.

Al terminar la entrevista, no pude menos que pensar en lo que me había dicho Bill Gates sobre la necesidad de que los países empiecen por asumir su problema educativo con humildad, como lo hacía China, y como lo había hecho anteriormente Estados Unidos. El gobierno argentino, por el contrario, vivía en la negación, culpando al resto del mundo o a la historia, y afrontaba las malas calificaciones internacionales con una megalomanía pueblerina que no hacía más que fomentar la complacencia y la inacción. Como hicieron España y Francia, Argentina haría mucho mejor en utilizar estos *rankings* como un factor de movilización social para mejorar la calidad de sus universidades.

LA UBA NO REGISTRA PATENTES

En otro de los parámetros usados por los *rankings* de las universidades, el registro de patentes internacionales, la UBA ni aparece en el mapa. Según datos del registro de patentes internacionales de Estados Unidos, las principales universidades —tanto de los países ricos como del mundo en desarrollo— están patentando cada vez más productos, no sólo para elevar sus respectivas contribuciones a la economía nacional sino también para aumentar sus respectivos ingresos. La Universidad de California registró 237 patentes en 2008; la Universidad Tsinghua, de China, 34; la Universidad de Tel Aviv, Israel, 13; la Universidad Nacional de Seúl, Corea del Sur, 11; la Universidad Nacional de Singapur, 10. Comparativamente, la UBA no registró ni una sola patente.[2] Si en lugar de considerar las patentes registradas ese año en particular tomamos el total de patentes registradas entre 2004 y 2008, la Universidad Nacional de Singapur y la Universidad Hebrea de Jerusalén registraron 84 patentes cada una, la Universidad Nacional de Seúl 37 y la UBA ninguna, o menos de las cinco requeridas para figurar en la lista.[3]

Para muchas de las universidades de todo el mundo, sus patentes registradas son una significativa fuente de ingresos para contratar mejores profesores nacionales y extranjeros, crear nuevas escuelas e invertir en investigación. La Universidad de la Florida, por ejemplo, inventó en 1965 un producto contra la deshidratación —el Gatorade— que patentó en su momento y hasta el día de hoy le reporta millonarios ingresos a esa casa de estudios, especialmente después de que el producto se convirtió en la bebida oficial de la Liga de Futbol Nacional de Estados Unidos y la marca fue adquirida por PepsiCo.

¿Cómo puede ser que la principal universidad de Singapur, un país con apenas 4.6 millones de habitantes, que antes de su independencia en 1965 tenía menos de la mitad del PIB de Argentina, o la Universidad de Seúl de Corea del Sur, otro país con un pasado con mucho mayor pobreza que Argentina, registren tantas más patentes que la UBA?, le pregunté a varios expertos en educación superior. Hay varios motivos, incluyendo el hecho de que las universidades argentinas no tienen una cultura de investigación aplicada, ni mecanismos eficientes para inventar productos comercializables. Sin embargo, la mayoría de quienes consulté me señalaron un motivo mucho más sencillo: la UBA, al igual que las demás universidades estatales argentinas, destina una gran parte de los recursos que le da el Estado —unos 400 millones de dólares por año— a carreras que son muy interesantes, pero no muy productivas para sus estudiantes, profesores o investigadores.

LA UNIVERSIDAD: ¿UNA FÁBRICA DE PSICÓLOGOS?

En un país que necesita desesperadamente ingenieros, agrónomos y geólogos para desarrollar sus industrias, las universidades estatales argentinas están produciendo principalmente psicólogos, sociólogos y graduados en humanidades. No es casual que Argentina sea el país que tiene la mayor cantidad de psicólogos per cápita del mundo, y que una zona muy popular de Buenos Aires lleve el nombre de "Villa Freud". El país tiene 145 psicólogos por cada 100 000 habitantes, comparado con 85 psicólogos en Dinamarca y 31 en Estados Unidos, según datos de la Organización Mundial de la Salud.[4]

En la UBA, se gradúan 1 500 psicólogos y apenas 500 ingenieros por año, según datos oficiales de esa casa de estudios. Un verdadero disparate. Y si se consideran algunas carreras de ingeniería en particular, como ingeniería industrial, donde se reciben apenas 150 graduados por año, la mayor universidad argentina está produciendo nada menos que 10 psicólogos para ponerle las ideas en orden a cada ingeniero industrial.[5]

Y tampoco se trata de un fenómeno exclusivo de la UBA. A nivel nacional, contadas todas las universidades públicas y privadas del país, Argentina produce alrededor de 4 600 psicólogos y apenas 146 licenciados en ciencias del suelo por año.[6] Es un dato aterrador, considerando que el país tiene una gran cantidad de industrias petroleras y mineras que constantemente requieren nuevos geólogos, y con mejor formación que los que están disponibles. Según datos de la UNESCO, mientras la cifra de estudiantes universitarios que cursan carreras de ciencias, ingeniería o manufacturas es de 40 por ciento en Corea del Sur, 38 por ciento en Finlandia, 33 por ciento en Venezuela, 31 por ciento en México, 28 por ciento en Chile y 23 por ciento en Costa Rica y Honduras, en Argentina es sólo de 19 por ciento.[7]

¿No es un disparate tener tantos jóvenes estudiando psicología con dinero del Estado, pagado por los contribuyentes?, le pregunté a Lino Barañao, el ministro de Ciencia, Tecnología e Innovación Productiva, en una entrevista en su despacho. Barañao, uno de los pocos funcionarios argentinos que me dieron la impresión de estar más o menos al tanto de lo que está ocurriendo en el resto del mundo, sonrió, y asintió con la cabeza. Señalando que la UBA tiene 27 000 estudiantes de psicología y las empresas argentinas requerirán unos 19 000 graduados en computación en los próximos cinco años, Barañao bromeó que "una universidad que forma 27 000 psicólogos y tiene un déficit de 19 000 programadores de computación en los próximos cinco años, probablemente necesite 27 000 psicólogos". En otras palabras, el país tiene un serio trastorno psicológico.

Curioso de saber si realmente existe en Argentina una fuerte demanda de programadores de computación, visité al director del Departamento de Computación de la Facultad de Ciencias Exactas de la UBA, Hugo Scolnik. El académico, un científico graduado en la Universidad de Zurich que ha enseñado en todo el mundo, me recibió en su despacho, un cuarto pequeño, con techo de madera, y una *laptop* Toshiba —la suya particular— sobre su modesto escritorio. Era, tal cual como me lo había imaginado, el prototipo del científico, o del profesor distraído: tenía unos kilos de más, barba, no llevaba corbata, y tenía una buena dosis de chispa y simpatía, aunque era un hombre que sin duda se sentía más a gusto hablando sobre logaritmos que sobre políticas universitarias.

Tras las presentaciones de rigor, le pregunté cómo se puede explicar que haya tantos estudiantes de psicología y sociología que tienen grandes posibilidades de no encontrar trabajo, si —tal como me habían dicho el ministro Barañao y varios empresarios argentinos— era un secreto a voces que había escasez de programadores de computación, ingenieros y geólogos. ¿Es cierto que en su departamento consiguen trabajo todos los graduados?, le pregunté. Scolnik confirmó lo que me había dicho el ministro: "Consiguen trabajo mucho antes de graduarse. En segundo año ya trabajan".[8]

¿Y si es así, por que hay tan pocos jóvenes estudiando ciencias de la computación?, le pregunté, notando que en su carrera estudian sólo 600 estudiantes. Scolnik respondió que "la gente le tiene mucho miedo a lo que son las ciencias exactas, las matemáticas y todos estos tipos de cosas. Son más fáciles otras carreras, como literatura, filosofía y abogacía. El tema es cómo convencer a nuestra sociedad de que hay otras oportunidades que no pasan por ser médico o abogado. Acá, en nuestra facultad, tienen una profesión con una salida laboral espectacular, excelentes sueldos...Y bueno, no se deciden. Les cuesta mucho. Lo ven muy difícil".[9]

"EL DRAMA SON LAS ESCUELAS SECUNDARIAS"

Casi todos los funcionarios universitarios y académicos que entrevisté en Argentina coincidieron en que uno de los principales motivos del poco interés de los alumnos por la computación, la ingeniería, la ciencia y la tecnología es la pobre educación que reciben en la escuela secundaria. "El gran drama son las escuelas secundarias: en este país es el cáncer. La secundaria es tan terrible en Argentina, tan mala, que realmente no entiendo cómo a alguien le puede gustar la matemática —me aseguró Scolnik—. Si un profesor no sabe para qué sirve lo que enseña, es muy difícil que pueda enseñar. Los profesores no tienen la menor idea. Si uno habla en general con profesores secundarios, maltratados por el sistema, con sueldos muy bajos, se da cuenta de eso. Y en segundo lugar, el problema está en la escuela primaria." En un país en que hay maestros que ganan menos que los barrenderos, los profesores deben correr de un trabajo a otro, y no tienen ni tiempo ni energías para capacitarse, señaló.

Scolnik, cuyo pasatiempo es jugar al "Go" en torneos internacionales, me relató que se había impresionado al conocer en una reciente competencia en Japón a un profesor de matemáticas de la escuela secundaria de Luxemburgo, quien le había contado que daba clases por la mañana y que por la tarde debía cursar clases de matemáticas en la universidad como requisito para estar actualizado. "Le pagan un salario fabuloso, pero él tiene que rendir por año una cantidad de materias de perfeccionamiento. Si no va a la universidad y no hace todo eso, pierde el puesto de profesor. Acá, tienen que correr de una escuela a otra para tratar de ver si a fin de mes pueden pagar la cuenta del gas."

Sin embargo, los bajos sueldos de los profesores son apenas una parte del problema, dijo. Gran parte de las trabas para una mejor educación en la escuela secundaria "son los profesores, que defienden el *statu quo*", señaló. Cada vez que un gobierno, bajo presión de la sociedad, intenta introducir algo nuevo, los profesores se niegan, porque "aceptarlo implica una pérdida de poder", continuó. Por ejemplo, los profesores suelen oponerse a la introducción de computadoras en las escuelas "porque se encuentran rápidamente que los chicos saben mucho más que ellos. Y a partir de ahí se terminó su poder".[10]

EL PAPELÓN ARGENTINO EN LA FERIA MUNDIAL DE CIENCIAS

Aunque la deficiente educación en matemáticas y ciencias en las escuelas secundarias no es un problema nuevo en Argentina, el gobierno de Fernández de Kirchner no hizo mucho por mejorarlo. Por el contrario, sus políticas educativas a menudo parecían ir a contramano del énfasis internacional en promover las ciencias "duras". Un ejemplo ilustrativo —que hasta ahora no había salido a la luz— fue lo que ocurrió en 2009 en la Feria Internacional de Ciencias y Educación (ISEF). Se trata de uno de los eventos internacionales más prestigiosos de su tipo, en que todos los países presentan los mejores trabajos científicos de sus estudiantes secundarios, con millones de dólares en premios y becas a los premiados.

En 2009, la Feria Internacional de Ciencias, cuyos principales patrocinadores son Intel, Shell y otras multinacionales, se realizó en Reno, Nevada. Acudieron unos 1 500 estudiantes de secundaria de 50 países, cuyos trabajos habían sido seleccionados por jurados nacionales, por lo general convocados por sus respectivos ministerios de Educación. Como todos los años, los estudiantes premiados viajaron con todos los gastos pagados, y había una gran expectación por quienes ganarían los principales premios: había cuatro millones de dólares en premios, además de las becas para los estudiantes ganadores. Estados Unidos y China tenían la mayor cantidad de trabajos seleccionados, pero había una significativa presencia latinoamericana, con trabajos de jóvenes de Argentina, Brasil, Chile, Colombia, Costa Rica, México y Uruguay.

La inmensa mayoría de los concursantes presentaron trabajos altamente especializados en biología, química, física y computación. Por ejemplo, Samantha Kay Welu, una joven de 14 años de Minnesota, presentó el trabajo titulado "El aislamiento del *Staphylococcus hylcus* y el *Streptococcus equisimilis* y el uso de los aislantes para desarrollar anticuerpos para la prevención de la mastitis porcina". Sabrina Lakshmi Prabakaran, una estudiante de 18 años de la escuela secundaria de Fort Myers, Florida, presentó un estudio sobre "El rol de las células CD34+ y CD14+ en las enfermedades diabético-vasculares". Li Xue, un joven de 16 años de Sichuan, China, presentó un trabajo sobre "La transferencia de datos interfase por medio de sistemas multitáctiles heurísticos".[11]

¿Y qué trabajos presentó la delegación argentina? No fue de extrañar que los ocho trabajos argentinos no ganaron ningún premio importante: casi todos eran ensayos de ciencias sociales, como "Los argentinos somos derechos y humanos", un estudio sobre las violaciones a los derechos humanos durante la dictadura militar argentina de los años setenta, escrito por Marcia N. Galarza y Diana P. Borda, estudiantes de 18 años de la provincia del Chaco. El día de la votación, el jurado escogió para los tres primeros lugares del certamen —ganadores de 50 000 dólares cada uno— a Tara Anjali Adiseshan, la joven de 14 años de Virginia que había escrito sobre "La interacción entre las abejas sudadoras y los nemátodos"; Olivia Catherine Schwob, una joven de 16 años de Boston que había escrito un ensayo titulado

"Cómo aprenden las lombrices, Parte III: Las expresiones genéticas de los mamíferos y los condicionamientos asociativos en *Caenorhabditis elegans*", y Li Sallou Boynton, una joven de 17 años de Texas que había escrito sobre "El uso de las bacterias bioluminiscentes para detectar contaminantes ambientales". Mientras los estudiantes de secundaria de Estados Unidos, China y la India habían sido motivados a enviar trabajos científicos sobre cómo curar el cáncer o crear nuevos pesticidas ecológicos para mejorar los cultivos, los jóvenes argentinos habían participado en un certamen de ciencias con ensayos históricos o de temas sociales.[12]

Comentando sobre la representación argentina en la feria, el ejecutivo de una de las empresas auspiciantes me dijo —horrorizado— que seguramente un funcionario argentino había escogido los derechos humanos por ser un tema favorito del gobierno del matrimonio Kirchner, y los demás miembros del jurado no se habían atrevido a vetarlo. El proceso de selección de trabajos había estado a cargo del Ministerio de Educacion y del Ministerio de Ciencia, Tecnología e Innovación Productiva, me explicó.

"LA UNIVERSIDAD ES UNA PLAYA DE ESTACIONAMIENTO"

Hacia el final de mi visita al Departamento de Computación de la UBA, Scolnik admitió que aunque la preferencia de los jóvenes por las humanidades por sobre las ciencias es un problema en la mayoría de los países occidentales, incluyendo Estados Unidos, en Argentina el problema es aún mayor. Al tener una universidad gratuita, los estudiantes que terminan la enseñanza secundaria se inscriben casi automáticamente a la universidad, aunque muy pocos de ellos terminen graduándose, señaló. No obstante que Argentina se enorgullece de tener un alto porcentaje de estudiantes universitarios comparados con otros países, lo cierto es que la mayoría de sus 1 270 000 estudiantes en universidades públicas —incluidos los 322 000 de la Universidad de Buenos Aires y los 296 000 de sus universidades privadas— son jóvenes que deambulan por las aulas, pero nunca se gradúan.[13] "La universidad se transforma en una playa de estacionamiento. Los jóvenes se anotan en una carrera, 'y después veo qué hago'. Y al poco tiempo, frustrados por la complejidad de materias para las cuales nunca fueron preparados adecuadamente, abandonan", señaló Scolnik.

Para colmo, a diferencia de las universidades de casi todo el mundo, las grandes universidades estatales argentinas no tienen examen de ingreso. En su lugar, tienen un año de ciclo básico, que los alumnos deben cursar, y que actúa como una especie de preparatoria para quienes llegan con menores conocimientos de la escuela secundaria. En lugar de existir un filtro para entrar en la universidad, como ocurre en otros países que ofrecen educación terciaria gratuita, como Finlandia, Chile y Uruguay, en Argentina el proceso de selección natural de los estudiantes ocurre a lo largo de la carrera, con un enorme costo para la sociedad. Y en lugar de que el Estado ponga límite a la admisión a las carreras universitarias, como ocurre en Finlandia, en Argentina todos los jóvenes pueden ingresar en cualquier carrera, lo que explica el elevado número de estudiantes de psicología, sociología y comunicación.

DE CADA DIEZ ESTUDIANTES UNIVERSITARIOS SE RECIBEN DOS

Según datos oficiales, las universidades estatales argentinas admiten todos los años unos 272 100 estudiantes, y gradúan a unos 63 000.[14] El porcentaje de graduación universitaria es de alrededor de 23 por ciento. En las universidades privadas la cifra no es muy diferente: entran unos 90 000 estudiantes por año y se gradúan 24 000.[15] La enorme mayoría de los jóvenes se quedan en el camino.

¿No es un despilfarro monumental de dinero que el Estado subvencione a una mayoría de estudiantes que nunca se van a graduar?, le pregunté al rector de la Universidad de Buenos Aires, Rubén Hallú, en otra entrevista televisada. ¿Acaso es justo que los contribuyentes argentinos paguen más de 400 millones de dólares anuales a la UBA para que la universidad produzca un número tan reducido de graduados, y para colmo muchos de ellos en carreras que no tienen salida laboral? Le comenté al rector que en los parques de estacionamiento de la Facultad de Ciencias Exactas de la UBA había visto miles de automóviles de estudiantes de clase media, que obviamente podrían pagar parte de sus estudios. ¿No se les podría cobrar a ellos, y usar ese dinero para pagar mejor a los profesores, mejorar la infraestructura de la universidad y becar a los estudiantes de bajos recursos?

Anticipando que el rector me contestaría que el cobro de aranceles sentaría un precedente peligroso, que podría terminar afectando a quienes no pueden pagar, le señalé que ese argumento ha quedado desfasado en la era de las computadoras. En la actualidad, a diferencia de lo que ocurría cuando se instituyó la universidad gratuita en el siglo pasado, las autoridades impositivas de cualquier país pueden saber el nivel de ingresos de cada familia, le señalé. ¿No es absurdo regalarle la educación universitaria a los ricos cuando incluso en China, un país comunista, los estudiantes pagan —y mucho— por estudiar en las universidades estatales?, le pregunté al rector.

RECTOR HALLÚ: "SOY UN DEFENSOR DE LA UNIVERSIDAD GRATUITA"

Hallú, tal como me imaginaba, salió a defender a capa y espada el sistema argentino de educación universitaria gratuita. "Yo quiero aclarar que soy un defensor de la universidad gratuita", comenzó diciendo. Su argumento: el Estado recauda impuestos para pagar la universidad, y como los ricos son quienes más pagan impuestos, de alguna manera ellos están subvencionando la universidad. "El gobierno, a través de las leyes nacionales, ha declarado que la producción de profesionales es un bien social. O sea que todos pagan, y los que más tienen, más pagan. El que no tiene, no paga impuestos. Ésa es una forma indirecta de solventar la universidad, que compartimos."[16]

Hmmm. Su explicación no me convenció. En primer lugar, toda la sociedad paga impuestos al valor agregado, y no solamente los más ricos, de manera que tanto ricos como pobres están subvencionando a los jóvenes de clase media alta que van manejando sus automóviles a la universidad. En segundo lugar, a diferencia de otros servicios básicos, como la policía o el alumbrado público, que son en beneficio de todos, la universidad es utilizada por un pequeño sector de la sociedad. Y en tercer lugar, y más importante, habría que cobrarles a quienes pueden pagar y usar ese dinero para ofrecerles becas completas a los estudiantes que trabajan tiempo completo, y que muchas veces terminan desertando de la universidad.

—¿No es un subsidio a los ricos? —le volví a preguntar a Hallú—.

—No —respondió contundentemente—. En nuestro país, más allá de ser gratuita la universidad, hay becas. O sea que se les dan becas a los alumnos [de menos recursos] para que estudien, y especialmente las becas actuales están orientadas a las carreras prioritarias que hacen al desarrollo de nuestro país.[17]

Efectivamente, el gobierno argentino acababa de anunciar en 2009 una partida de 30000 becas por año —que comenzaban con unos 150 dólares mensuales para los estudiantes de primer año, y aumentaban progresivamente hasta llegar a más de 350 dólares mensuales al quinto año de estudios— para ayudar a los estudiantes de menos recursos a estudiar carreras científicas y técnicas. Aunque sin duda el programa —denominado Becas Centenario— era meritorio, la cantidad de becas era minúscula si se considera que cubrían a poco más de 10 por ciento de los estudiantes que entran en las universidades públicas argentinas todos los años, y a 4 por ciento de los 1270000 estudiantes en las mismas.

CASI 80 POR CIENTO DE LOS EGRESADOS, DE CLASE MEDIA

¿Era una impresión mía que una buena parte de los estudiantes de la Universidad de Buenos Aires son de clase media, y podrían pagar cuotas para subvencionar a sus compañeros de menores recursos? ¿Los varios miles de automóviles que había visto estacionados en las inmediaciones de la Facultad de Ciencias Exactas eran un dato anecdótico o representaban una realidad? La mayoría eran autos relativamente baratos, pero nuevos. Obviamente, muchos de ellos pertenecían a los propios estudiantes. Tal como logré averiguar después, los datos estadísticos avalaban mis primeras impresiones.

Según la UNESCO, 78 por ciento de los egresados universitarios argentinos pertenecen a los sectores medio y alto de la sociedad, y apenas 22 por ciento provienen de los sectores de menores recursos.[18] O sea, gran parte de los estudiantes de bajos recursos en las universidades estatales argentinas terminan desertando, porque no hay suficientes becas y no pueden sostener el esfuerzo de trabajar y estudiar simultáneamente. En lugar de hacer que los jóvenes de clase media y alta paguen sus estudios, o que paguen una vez graduados, Argentina subsidia a sus estudiantes más adinerados y castiga a los más pobres. Y todo eso —irónicamente— en nombre de la justicia social.

Aún más significativo es que 55 por ciento de los estudiantes que estudian en la UBA egresaron de escuelas secundarias privadas, según datos oficiales de la propia universidad.[19] Considerando que la UBA requiere que los estudiantes presenten sus títulos de la escuela secundaria para inscribirse en la universidad, ¿por qué no pedir a quienes provienen de escuelas privadas que paguen una cuota, ya sea mientras estudien o cuando se gradúan? Después de escuchar todos los argumentos a favor y en contra de la universidad gratuita no pude sino concluir que usar los impuestos de toda la sociedad para que se gradúen unos pocos estudiantes, y que éstos pocos sean de los sectores más pudientes, equivale a robarle a los pobres para subvencionar a los ricos.

"EL INGLÉS NO ES OBLIGATORIO"

Otro síntoma alarmante de la ceguera periférica de las universidades públicas argentinas es que sus alumnos pueden graduarse en la mayoría de las carreras de licenciatura sin saber inglés, la lengua franca del comercio, la ciencia y la tecnología mundiales. Para mi sorpresa, cuando visité la Facultad de Ciencias Económicas de la UBA y entrevisté en su despacho al decano Alberto Barbieri, me confesó que el inglés "no es una materia obligatoria" para los 58 000 estudiantes de su institución. Según me dijo Barbieri, la enorme mayoría de los estudiantes de su facultad hablan o leen inglés porque lo aprendieron en colegios privados o gracias a cursos de "extensión universitaria" ofrecidos por la universidad a quienes lo desean. "Pero los cursos de inglés no son exigibles para graduarse" en las licenciaturas, señaló, agregando que el inglés es obligatorio para las maestrías y doctorados, donde buena parte de la bibliografía es en ese idioma. ¿Y se dan cursos en inglés, como en la Universidad de Chile?, le pregunté. "No. Si viene un profesor invitado, hacemos la traducción simultánea", respondió.

Al salir del despacho del decano, bajé las escaleras del majestuoso edificio de la facultad —el edificio data de 1908, y en una época había sido la Morgue Judicial— y busqué el aula donde enseñaba un profesor amigo, con la intención de averiguar hasta que punto era cierto que la mayoría de los estudiantes dominan el inglés. Tras localizar el aula, y luego de que el joven profesor me presentara a sus 17 estudiantes, les pregunté cuántos de ellos dominaban el inglés. Prácticamente todos levantaron la mano, lo que no debería haberme sorprendido tanto, considerando que una alta proporción de estudiantes de ciencias económicas de la universidad estatal viene de escuelas privadas, donde se enseña inglés. Acto seguido, les pregunté a los estudiantes donde habían estudiado inglés. Nuevamente, casi todos me dijeron que en institutos, o en sus escuelas secundarias privadas.

¿Y han tenido alguna clase en inglés aquí?, les pregunté. Los estudiantes menearon la cabeza negativamente. Una joven contó, con una mezcla de diversión y vergüenza ajena, que había cursado recientemente una materia optativa —Creatividad— en que la profesora les había dado a los estudiantes un artículo en inglés como parte de la bibliografía. "Los chicos se quejaron, y la profesora tuvo que retirar la bibliografía en inglés antes de que la cosa llegara al Consejo Estudiantil. El argumento de los que se quejaban era que leer en inglés no estaba dentro de los requerimientos académicos, y que por lo tanto era injusto." Salí de la clase un tanto deprimido. ¿Cómo puede ser que mientras en casi todos los países —desde China a Chile— las universidades estatales están dando cursos en inglés, en Argentina algunos profesores no pueden siquiera dar materiales de lectura en inglés a sus estudiantes?, me pregunté

"HAY RESISTENCIA A LAS EVALUACIONES EXTERNAS"

Mientras que la tendencia mundial es que las universidades sean acreditadas mediante evaluaciones externas que incluyan jurados extranjeros —lo que ocurre hasta en países con altas cargas impositivas que todavía mantienen sus sistemas de universidad gratuita, como Finlandia—, en Argentina buena parte de las carreras de grado de la UBA se niegan hasta a la evaluación externa de sus propios connacionales. "Cuando empezamos a acreditar a las universidades, la UBA decidió no acreditar. Apeló [en los tribunales] —me dijo el entonces ministro de Educación Daniel Filmus en 2005—. El argumento es que la UBA tiene un nivel tal, que no hay quien la acredite, y que atenta contra la autonomía universitaria que un organismo externo a la universidad la acredite. Hicieron un juicio contra el Ministerio de Educación."[20]

Cuatro años después, la UBA estaba sometiéndose a regañadientes a la evaluación externa de algunas carreras, pero estaba arrastrando los pies en otras. En 2009 la UBA había acreditado tres carreras de grado —farmacia, agronomía y veterinaria— ante la Comisión Nacional de Evaluación y Acreditación Universitaria Argentina (Coneau). Las demás carreras se negaban a la evaluación externa, o estaban "en proceso" de hacer los trámites necesarios para someterse a la misma.

"PREFERIMOS LA AUTOEVALUACIÓN"

Edith Litwin, secretaria de Asuntos Académicos de la Universidad de Buenos Aires, respondió con evasivas cuando le pedí su opinión sobre las evaluaciones externas. Pero al final quedó claro que no le gustan mucho. En una entrevista en su despacho me dijo que no es justo evaluar universidades de distintas características. "Yo creo que es fundamental que nosotros podamos hacer una mirada interna, rica, de valor, para poder contemplar todas nuestras fallas, nuestras debilidades y nuestras potencias. Pero esto tiene que ser del interior de la UBA. Este proceso de evaluación tiene que ser generado por sus propios protagonistas", dijo.

Hmmm. Cuando salí a la calle, leyendo el último número de la revista *Encrucijadas*, de la UBA, que Litwin gentilmente me había obsequiado, leí un artículo escrito por ella que proponía la "autoevaluación". Decía que "la autoevaluación, como propuesta de información permanente, nos permitiría señalar con claridad cuáles son las propuestas de calidad, cuáles las fortalezas y cuales las debilidades que deberíamos enmendar".[21] Claro, pensé para mis adentros, si uno escoge la evaluación a su medida, siempre va a salir mucho mejor parado que si compite con los demás, incluso dentro de su propio país. Entre la competitividad y la complacencia, la UBA se estaba amparando en la complacencia, y se estaba quedando cada vez más atrás del resto del mundo.

CHILE DA 2 400 BECAS DE POSGRADO EN EL EXTERIOR, ARGENTINA 60

Después de un viaje a Chile, donde me enteré de que el gobierno de ese país creó un fondo de 6 000 millones de dólares para otorgar 6 500 becas de posgrado por año a partir de 2012 para que los estudiantes chilenos hagan maestrías y doctorados en Estados Unidos, Europa, Nueva Zelanda y Australia, le pregunté a funcionarios argentinos cuántas becas estaba otorgando Argentina para que sus estudiantes hicieran posgrados en el exterior. La cifra que me dieron es escalofriante: 60 becas.[22] O sea que Chile, un país con menos de la mitad de la población de Argentina, ya está enviando a hacer sus posgrados al exterior a más de 40 graduados universitarios por cada uno que envía Argentina. Y a partir de 2012 la proporción será de más de 100 a uno.

A nivel de licenciaturas, Argentina es uno de los países latinoamericanos con menos estudiantes cursando parte de sus estudios en el exterior. Según datos de la UNESCO, sólo 0.4 por ciento de los estudiantes universitarios argentinos hacen parte de sus carreras de licenciatura en otros países, comparado con el 1 por ciento de los estudiantes mexicanos y chilenos, y 1.5 por ciento de los de Costa Rica.[23] Aunque se puede argumentar que los países con mejores universidades tienen menor necesidad de enviar a sus estudiantes al exterior —Honduras tiene un porcentaje mucho más alto de estudiantes en el extranjero que Argentina—, también es cierto que países con buenas universidades están enviando porcentajes mucho más altos de universitarios al exterior. Corea del Sur tiene 3 por ciento de su población universitaria cursando estudios en el exterior, China 2 por ciento, Japón 1.4 por ciento y la India 1.1 por ciento, según datos de la UNESCO.[24]

¿POR QUÉ NO ESTÁ HARVARD EN ARGENTINA?

Y los estudiantes argentinos tampoco pueden recibir una instrucción de universidades extranjeras en su país, porque Argentina pone todo tipo de trabas para que universidades extranjeras puedan establecerse y otorgar títulos en el país. La única universidad extranjera autorizada para operar en Argentina en momentos de escribirse estas líneas es la Universidad de Boloña. Y las actividades de la institución italiana en Argentina están en un limbo legal, porque la Coneau todavía no ha acreditado ninguna de sus carreras. Según me dijo Néstor Pan, director de la Coneau, "tenemos a la Universidad de Boloña en *stand-by*, porque no tenemos ningún papel presentado por ellos para la acreditación de carreras."[25]

¿Por qué Harvard, Stanford, Oxford u otras de las mejores universidades del mundo no han abierto sucursales en Argentina, o carreras conjuntas con instituciones argentinas?, le pregunté a varios funcionarios argentinos. Según me explicaron, los requisitos para la acreditación de universidades en el país son tan exigentes que la acreditación es difícil hasta para las instituciones nacionales. Según Pan, "de todas las instituciones [nacionales y extranjeras] que se han presentado ante la Coneau, sólo un 13 por ciento han recibido la autorizacion para funcionar como universidad. No solamente frenamos a quienes no reúnen los requisitos, sino que inhibimos a que otros se presenten". Como resultado, mientras que en Brasil —donde no hay criterios de selección tan exigentes— hay 2850 instituciones expendedoras de títulos universitarios, en Argentina hay sólo 107, según el director del ente evaluador argentino.

Otros funcionarios me explicaron que muchas universidades norteamericanas y europeas se acercaron a la Coneau para pedir informes, pero salieron corriendo al enterarse de los requisitos económicos y laborales para recibir la acreditación. Entonces, ante la disyuntiva de invertir en edificios, programas académicos y profesores inamovibles de sus puestos en Argentina o hacerlo en otros países más estables o con un mercado estudiantil más grande, la mayoría había archivado la idea de establecerse en Argentina. China, la India, Corea del Sur, Singapur y otros países habían cambiado leyes similares, permitiendo que las mejores universidades del resto del mundo se instalaran en su territorio. Argentina les seguía cerrando las puertas.[26]

"LA UBA, SIN ACUERDOS DE TITULACIÓN INTERNACIONALES"

El aislamiento internacional de la UBA es tal, que en 2010 la principal universidad argentina todavía no tenía ni un solo acuerdo de diplomaturas conjuntas internacionales a nivel de licenciaturas, ni de maestrías, según me corroboraron funcionarios de la UBA. La gigantesca universidad estatal sólo tiene un acuerdo de maestrías con la Facultad de Medicina de la Universidad de Friburgo, Alemania, bajo una modalidad en que los estudiantes deben completar sus estudios en Alemania, y un convenio de doctorados con Francia bajo el cual los estudiantes argentinos pueden completar sus estudios y rendir exámenes en Francia bajo acuerdos específicos para cada estudiante, me señaló Daniel Sordelli, secretario de Asuntos Académicos de Posgrado de la UBA.[27]

A nivel de las universidades privadas argentinas, el panorama es más alentador. La Universidad de Belgrano tiene 21 acuerdos internacionales de doble titulación, la Universidad de El Salvador tiene nueve, la Universidad Torcuato Di Tella tiene cuatro y la Universidad Argentina de la Empresa tiene tres, según un trabajo del ex ministro, político y escritor Rodolfo Terragno. Sin embargo, el hecho de que la principal universidad del país no tenga convenios de doble titulación con el extranjero es un síntoma de la ceguera periférica del país.

"INTRODUCIR CUALQUIER CAMBIO ES TREMENDAMENTE DIFÍCIL"

Muchos altos funcionarios argentinos habían tratado de modernizar y globalizar a la UBA, y se habían estrellado contra la pared. Juan Llach, ministro de Educación durante el gobierno de Fernando de la Rúa en 1999 y 2000, me dijo que al asumir su cargo había propuesto en reuniones internas del gobierno introducir el arancelamiento en las universidades nacionales una vez que los estudiantes se graduaran, como en Uruguay. Pero que fue "políticamente imposible" hacerlo, "porque vi que no tenía el apoyo del Poder Ejecutivo", señaló.[28]

Entonces, Llach optó por sugerir una segunda opción. "Propuse que ya que la educación universitaria era gratuita, fuera un requisito curricular el servicio social solidario. Por ejemplo, si eran estudiantes de ingeniería, que como una materia fueran a enseñar computación a las escuelas. Si eran estudiantes de abogacía, que atendieran consultorios jurídicos en barrios populares. Si eran médicos, que fueran a ayudar a los hospitales, etc. Creo que eso hubiera tenido un valor pedagógico, además del valor por el servicio que hubieran prestado. Se empezó a discutir, pero fue muy fría la reacción de la enorme mayoría de las universidades. Me decían que no se podía imponer hacerlo obligatoriamente, que había que hacerlo voluntario, que era absurdo..."[29]

Algo parecido había pasado cuando Llach inició una encuesta de salida laboral como una herramienta para informar al estudiantado sobre las posibilidades de encontrar trabajo al graduarse de cada carrera. "Yo hice una encuesta sobre salida laboral de 35 carreras, para que todos supieran cuál era la tasa de desempleo en cada carrera. El resultado era que la tasa de desempleo de las maestras jardineras era del 23 por ciento, y la de los ingenieros mecánicos era de 1 por ciento. La idea era publicar esta encuesta todos los años, para informar a los chicos. Pero muchos rectores reaccionaron de manera negativa, diciendo que eso era 'mercantilizar la educación'. Y la encuesta tuvo que dejar de hacerse. Como resultado de esa falta de información, hay un sobredimensionamiento de las facultades de psicología, sociología y otras, y la universidad se convierte en una fábrica de frustraciones."[30]

Llach concluyó: "Introducir cualquier cambio es tremendamente difícil". Y aunque veía como un signo muy alentador el surgimiento de universidades privadas y estatales —sobre todo en la provincia de Buenos Aires, como la Universidad de Quilmes— que le estaban haciendo cada vez más competencia a la UBA, con algunas escuelas de buen nivel académico, el principal problema para una modernización total de las universidades nacionales radicaba en que no había ningún sector que la estuviera reclamando. "Sencillamente, no está en la agenda política del país", señaló Llach.[31]

LA PRESIDENTA HABÍA EMPEZADO BIEN

Para ser justos, la presidenta Fernández de Kirchner —aunque sólo fuera para diferenciar en algo su gobierno del de su marido, Néstor Kirchner— empezó su gestión prometiendo un fuerte respaldo a la educación, la ciencia y la tecnología. Uno de sus primeros actos de gobierno fue crear el Ministerio de Ciencia, Tecnología e Innovación Productiva para sacar esa área de la órbita del Ministerio de Educación y darle más poder dentro del Estado. Como encargado del nuevo ministerio colocó a Barañao, un químico destacado que había recibido premios por sus trabajos en biología reproductiva en el campo de la clonación de vacas, y que estaba más relacionado que la mayoría de sus colegas con lo que se estaba haciendo en el resto del mundo. Asimismo, el gobierno, a través del Ministerio de Educación, comenzó a estudiar la posibilidad de comprar 250 000 computadoras *laptops* de bajo costo para todos los estudiantes de 1 156 escuelas secundarias técnicas, cosa que finalmente se anunció dos años después.

Al comienzo de su gobierno, según me contaron algunos de sus colaboradores más cercanos, Fernández de Kirchner estaba decidida a darle una marca personal a su gestión y a tratar de volver a insertar al país en el mundo. Sin embargo, dos traumáticos sucesos políticos a poco de asumir el poder acabaron con el proyecto inicial de la presidenta de globalizar al país e impulsar un salto tecnológico. El primero fue un enfrentamiento directo con los sectores rurales por la decisión del gobierno de aumentar retenciones a las exportaciones de soja; segundo fue el Caso Antonini, el escándalo que explotó cuando una desprevenida agente de aduanas en el aeropuerto de Buenos Aires confiscó una maleta con 800 000 dólares que traía un empresario allegado al gobierno venezolano, y que grabaciones posteriores del FBI sugirieron que estaban destinados a la campaña presidencial de 2007. Estos dos conflictos llevaron a Fernández de Kirchner a refugiarse cada vez más en su marido, que pronto se convirtió en el verdadero poder detrás del trono. "Las dos crisis del comienzo de su mandato la llevaron a un estado de paranoia total. Ella nos decía que ni siquiera nosotros, sus colaboradores, la estábamos apoyando, y que el único que la defendía era Néstor Kirchner. De allí en más, sus iniciativas personales quedaron cada vez más opacadas por las prioridades de Néstor", me dijo un ex asesor de la presidenta. Otro de los principales colaboradores de la presidenta, su ex jefe de gabinete Alberto Fernández, me confirmó que "es cierto que el conflicto del campo fue un golpe tremendo para Cristina, y que a partir de ahí el gobierno tendió a encerrarse mucho. Y en ese encierro, se dejaron de hacer muchas cosas".[32]

Sin embargo, el nuevo gobierno dio algunos pasos positivos. La creación de 30 000 Becas Centenario para incentivar a los alumnos a seguir carreras científicas y técnicas en el país, aunque cubrían un porcentaje minúsculo del universo estudiantil universitario, habían tenido una auspiciosa acogida. En 2009, la inscripción en carreras de ciencias "duras" en las universidades estatales argentinas había subido 10 por ciento, lo que era un buen síntoma de que las tendencias se estaban empezando a revertir, según me dijo Barañao.[33]

GOBIERNOS LOCALES LIDERAN LA MODERNIZACIÓN

Gran parte de los avances en el campo educativo, científico y técnico de Argentina están ocurriendo fuera de la órbita del gobierno nacional, en el ámbito local, en la ciudad de Buenos Aires y en provincias como San Luis y La Rioja. En la ciudad de Buenos Aires, el gobierno municipal, a cargo del opositor Mauricio Macri, implementó un plan para enseñar inglés en todas las primarias de la ciudad a partir del primer grado. Según el ministro de Educación de la ciudad, Esteban Bullrich, bajo cuya jurisdicción están las 1 050 escuelas públicas y las 1 400 privadas de la capital, el gobierno municipal estaba dictando clases de inglés de entre tres y cinco horas por semana a todos los niños de primer grado de la ciudad, y estaba poniendo en marcha un plan de contratación de docentes para cubrir a todos los alumnos de los primeros tres grados de primaria para 2011.

"La idea que tenemos no es enseñar inglés como si fuera una materia más, sino instalar el inglés como enseñanza bilingüe; o sea, que los niños empiecen a aprender matemáticas e historia en inglés", me dijo Bullrich.[34] Hasta hacía poco, el inglés había sido una materia que se enseñaba a partir de cuarto grado en la ciudad, explicó. Como parte del plan de expansión de la enseñanza del inglés, el gobierno municipal empezó a distribuir gratuitamente textos escolares en inglés a todos los niños de primer grado de primaria. El libro *My first English book* venía en una atractiva caja de cartón amarilla, con el sello del gobierno de la ciudad, que obviamente no quería perder el rédito electoral del programa.

Y, simultáneamente, el gobierno municipal comenzó un plan piloto para enseñar varias materias de ciencias en inglés en algunas escuelas secundarias. Al principio, muchos maestros se habían opuesto a la idea de dar clases de ciencias en inglés en la secundaria. Si no se hacía eso ni en la UBA, ¿cómo se le podía exigir semejante esfuerzo a los chicos de secundaria?, decían. Otra crítica, más atendible, era que si los jóvenes no podían aprender matemáticas en español, ¿cómo podrían hacerlo en inglés? El gobierno municipal había respondido que, gracias a un acuerdo con el British Council, se daría capacitación a los maestros antes de lanzarlos a enseñar estas materias en inglés. Y el programa sería gradual, empezando con un plan piloto de 40 profesores.

Muchos políticos de la vieja izquierda afines al kirchnerismo, previsiblemente, habían salido a criticar a las autoridades de la capital por "vendidas al imperio" norteamericano. El antecesor de Bullrich en el Ministerio de Educación de la ciudad, Mariano Narodowski, quien había iniciado el programa piloto de inglés en las escuelas secundarias, había sido objeto de muchas de estas críticas. Sin embargo, los gremios docentes de izquierda combativa no habían arremetido contra el programa de enseñar inglés desde primer grado. "CTERA, que es el sindicato más duro, no solamente no se opuso —ellos se oponen a casi todo lo que hacemos nosotros—, sino que los dirigentes vinieron a decirme: 'Mira, la verdad, con esto la pegastes'. No son tontos: son papás de hijos que van a las escuelas públicas, y están viendo que cada alumno de primer grado recibió un kit con libros de aprender inglés y un CD con música en inglés", recordó Narodowski.[35]

BUENOS AIRES COMPRA *LAPTOPS* Y ABRE ESCUELAS TÉCNICAS

Al tiempo que avanzaba con sus planes de extender la enseñanza de inglés, el gobierno de la ciudad de Buenos Aires también afirmó haber conectado todas las escuelas de la ciudad a internet, y anunció la compra de 180 000 computadoras *laptop* para niños de la escuela primaria, y unas 20 000 para los maestros, que según el ministro Bullrich debían ser entregadas en 2011. Además, anunció un programa de creación de 10 institutos politécnicos —o escuelas vocacionales, como los *community colleges* de Estados Unidos— que también debían inaugurarse en 2011.

Bullrich, que había seguido de cerca el proceso de entrega de *laptops* en Uruguay, me dijo que planeaba seguir el mismo camino: empezar a distribuir las máquinas en las zonas más pobres —las "villas miseria" de la zona sur de la ciudad de Buenos Aires— y luego avanzar progresivamente hacia las zonas más ricas de la ciudad. "Le vamos a dar una computadora a cada niño para que se la lleve a su casa, y vamos a incluir a chicos pobres que van a escuelas parroquiales, mal llamadas privadas. La idea no es sólo que cada niño tenga su computadora, sino que logremos transformar la dinámica de la enseñanza: que el docente deje de ser un simple canal de información, y sea una especie de orientador respecto de cuál información es relevante, y generar en el chico un pensamiento crítico", dijo Bullrich.[36]

EN SAN LUIS, CONEXIÓN A INTERNET GRATIS PARA TODOS

Otro ejemplo de progreso tecnológico fuera de la órbita del gobierno nacional en Argentina es el impulso a la tecnología digital dado por la provincia de San Luis, una localidad con apenas el 1 por ciento de la población total del país, y gobernada como un feudo por la familia Rodríguez Saá desde hacía varias décadas. Allí, una entusiasta propulsora de las tecnologías de internet, Alicia Bañuelos, logró convencer a los Rodríguez Saá de que se podría convertir a la provincia en un parque tecnológico de primera línea que atrajera a empresas de computación de todo el mundo. Las empresas tecnológicas se instalaban donde podían encontrar gente con una buena educación técnica, y la provincia podía ponerse a la vanguardia de la educación técnica en el país, sostenía Bañuelos.

Rodríguez Saá, un hombre con ambiciones de poder nacionales, adoptó la idea, y en 2007 lanzó una serie de iniciativas que pronto se convirtieron en noticia. Entre otras cosas, el gobernador inició un programa para lograr la conectividad gratuita a internet por Wi-Fi en toda la provincia para 2010 —al escribirse estas líneas, el plan ya cubría 80 por ciento de la población con computadoras en la provincia— y ofreció créditos para cualquier persona que quisiera comprar una computadora, reduciendo el precio de las máquinas a la mitad. En pocos meses se vendieron más de 27 000 computadoras subsidiadas por el gobierno provincial. Simultáneamente, la provincia lanzó media docena de programas escolares para incentivar el interés de los niños por la tecnología, la computación y las ciencias, y un programa masivo de entrenamiento de docentes para que utilicen internet como herramienta de apoyo en sus aulas.

"Es una verdadera revolución. Hay que verla", me dijo Bañuelos, la Ministra del Progreso de San Luis y rectora de la Universidad de la Punta, institución que dependía del gobierno provincial y actuaba como motor de la mayoría de los planes tecnológicos de la provincia. "Este proyecto no es repartir computadoras. Eso sería lo más fácil. Estamos avanzando a medida que tenemos técnicos y académicos que puedan apoyar a todos los chicos que van a tener computadoras."[37]

Todos estos programas —y la adecuación de los programas de estudio de la Universidad de la Punta a sus necesidades específicas— en poco tiempo lograron atraer a San Luis a 11 empresas de software, incluidas Mercado Libre, Unitec y la española Indra. Otras 11 empresas estaban en línea para ocupar un segundo edificio en 2009, y el gobierno provincial estaba planeando crear un tercer edificio para albergar a más empresas que quisieran abrir subsidiaras en la provincia en 2010. "Vamos a ser dentro de poco el parque tecnológico más grande de Argentina",[38] aseguraba Bañuelos.

LAS EMPRESAS GLOBALES DE INTERNET

En Argentina, la innovación se está dando principalmente en el sector privado, y donde uno menos lo espera. Cuando conocí en una conferencia en Buenos Aires a Alec Oxenford —un emprendedor argentino que había hecho una maestría en administración de empresas en Harvard— y me dijo que su empresa de internet OLX, con sede en Buenos Aires, operaba en 40 idiomas en 80 países, y que desde la capital argentina daba servicios al cliente en ruso, polaco, filipino, francés, y pronto lo haría en rumano y húngaro, lo miré con incredulidad. Oxenford, que a los 29 años había sido uno de los cofundadores del sitio www.deremate.com, y que a los 37 años había reunido 28 millones de dólares de un inversionista en Nueva York y varios fondos internacionales para lanzar www.olx.com —u Online Exchange, un sitio de avisos clasificados electrónicos gratuitos en cualquier país—, me aseguró que en su oficina tenía jóvenes de todas las nacionalidades, y que millones de usuarios del sitio en Rusia o Polonia estaban siendo atendidos por *e-mail* en su idioma desde Argentina, a pocas cuadras de donde estábamos. Lo que es más, continuó diciendo con un entusiasmo desbordante, su sitio ya tenía 90 millones de visitas por mes, y acababa de comprar una compañía en China, con 22 empleados, y otra en la India, para conquistar los mercados de esos países.

Intrigado, le dije que tenía una hora libre antes de mi próxima cita, y lo desafié a que me llevara a su oficina de inmediato para verlo con mis propios ojos. Oxenford tomó su celular, hizo una llamada y —mientras yo le decía, muerto de risa, que seguramente estaba pidiéndole a su socio que hiciera una redada de cuantos jóvenes rusos o polacos encontrara en Buenos Aires en los próximos 10 minutos— me respondió: "Vamos!" Pocos minutos después, no pude menos que quedarme asombrado de lo que vi. En un edificio nada espectacular, había un centenar de jóvenes apretujados frente a computadoras. La mayoría no tenían más de 23 años, y tal como me lo había advertido Oxenford, muchos de ellos eran extranjeros.

Caminando por entre las mesas donde estaban sentados los jóvenes, Oxenford me los iba presentado: Ana era una joven polaca, que vivía en Argentina desde hacía dos años. Yula era una joven rusa, que también había llegado al país recientemente. Iokepa venía de Hawaii, Estados Unidos, y otros venían de países europeos. ¿De donde los sacan?, le pregunté a Oxenford. El turismo a Argentina había aumentado en los últimos años, pero seguía siendo raro encontrarse con un joven ruso, polaco o hawaiano allí. Oxenford se negó repetidamente a contestar mi pregunta, diciendo que no quería dar esa información a sus competidores, y no me dejó un segundo solo para preguntárselo a sus empleados. Lo más que pude averiguar hablando con Ana, la joven polaca, fue que había encontrado el trabajo por internet ya estando en Buenos Aires, mientras que Iokepa me dijo que había llegado a Argentina para estudiar español.

¿Y qué hacen específicamente los jóvenes empleados en las oficinas de Buenos Aires?, le pregunté a Oxenford. La mayoría de ellos trabajaban en lo que en la jerga de internet se denomina "control del sitio": en otras palabras, limpiar constantemente las páginas para evitar que los *hackers* pongan material pornográfico, o bromas, o avisos de venta de drogas. Ana, por ejemplo, revisaba la página polaca del sitio, como si estuviera en Varsovia. Y un número menor de empleados eran programadores que resolvían problemas técnicos de las páginas en todos los idiomas.

Oxenford no había exagerado. OXL estaba compitiendo en las grandes ligas por capturar el negocio de los avisos clasificados en todo el mundo salvo Estados Unidos, donde la primera empresa de ese tipo —www.Craigslist.org— había copado el mercado. "Argentina representa apenas el 4 por ciento de nuestro tráfico y el 2.5 por ciento de nuestros ingresos. El foco de nuestra empresa es el resto del mundo", concluyó Oxenford al final de nuestra visita. Aunque muy pocos lo sabían, un edificio anónimo de un barrio de Buenos Aires albergaba una torre de babel de jóvenes trabajando para una empresa que tenía como meta conquistar a los internautas chinos, indios y de docenas de otros países en sus propios idiomas.

LA HISTORIA DE MERCADOLIBRE.COM

Pero la mayor historia de éxito de Argentina en el mundo de internet era Mercado Libre, una empresa pública cotizada en Wall Street, cuyo valor de mercado al escribirse estas líneas es de 1 050 millones de dólares. Con 43 millones de usuarios registrados en una docena de países latinoamericanos, Mercado Libre (www.mercadolibre.com) es la empresa de comercio por internet más grande de América Latina, y facturó nada menos que 2750 millones de dólares en 2009. La empresa nació en 1999 como una réplica del portal de subastas estadounidense eBay, y luego se convirtió en un portal principalmente dedicado a la venta de productos nuevos —incluyendo ropa, computadoras y automóviles— a precio fijo. De sus 1 400 empleados, 700 trabajaban en su sede central de Buenos Aires, aunque Brasil era de lejos la principal fuente de ingresos de la compañía.

Marcos Galperín, fundador y presidente de Mercado Libre, creó la empresa cuando estudiaba administración de empresas en la Universidad de Stanford, en Palo Alto, California, la meca de la industria de internet. Galperín le había hablado a su profesor de finanzas, Jack McDonald, sobre su idea de replicar eBay en América Latina. En ese momento eBay tenía una penetración de apenas 3 por ciento del mercado latinoamericano. McDonald había encontrado interesante el proyecto, y le dio a su estudiante algunas ideas sobre cómo buscar potenciales inversionistas. Poco después, cuando McDonald invitó como orador a su clase a John Muse, el cofundador del fondo de inversiones Hicks Muse, el profesor le ofreció al conferencista invitado que uno de sus alumnos lo llevaría al aeropuerto, donde lo esperaba su avión privado una vez finalizada la clase. El joven argentino hizo de chofer, y supo aprovechar su momento de suerte: en el camino, le contó a Muse sobre su proyecto, y le esbozó su plan de negocios. A fines de 1999 Mercado Libre recibió 7.6 millones de dólares de Hicks Muse, JP Morgan y otros fondos de inversión. Al año siguiente la empresa recibió otra inyección de capital de 46.7 millones de dólares de los mismos y otros inversionistas. A fines de 2001 la propia eBay compró casi 20 por ciento de la empresa, y Mercado Libre se convirtió en su socio exclusivo en Latinoamérica, y mucho más.

Según me dijo Galperín, Mercado Libre pasó de ser una copia de eBay a una compañía innovadora en el sector. "Empezamos en 1999 imitando a eBay, y desde 2006 eBay está tratando de imitarnos a nosotros", me dijo, señalando que eBay estaba dejando cada vez más de ser un sitio de remates para convertirse en un lugar de ventas a precio fijo y de cosas nuevas. Además, dijo, eBay está adoptando modelos de navegación diferente para avisos clasificados de automóviles y propiedades inmobiliarias, tal como lo había venido haciendo Mercado Libre.[39]

Galperín, quien se había mudado a Uruguay en 2003 "por razones de calidad de vida", me dijo que es optimista sobre el futuro tecnológico de Argentina, y de América Latina en general. "Si tuviera que volver a instalar la empresa en algún lado, lo haría nuevamente en Argentina", me señaló, agregando que su empresa tiene un centro de investigación en la Universidad de la Punta de San Luis, y que todavía puede contratar excelentes ingenieros de la Universidad Tecnológica Nacional (UTN), que describió como la mejor del país en el ramo. "Hay muchos países que están haciendo las cosas mucho mejor en materia educativa, como Chile, México, Colombia, Brasil, Uruguay, casi diría que todos menos Venezuela, Bolivia y Ecuador. En 20 años, cuando empiecen a dar frutos las inversiones educativas de países como Chile, la cosa va a ser diferente. Pero hoy por hoy, volvería a empezar en Argentina."

¿En qué basa su optimismo sobre el futuro tecnológico de Latinoamérica? "Si miro a Europa, en términos relativos veo a América Latina mucho mejor. No conozco ninguna empresa de internet europea que pueda acercase a Mercado Libre. Los europeos no pueden competir con Estados Unidos ni en las redes sociales de internet, ni en sistemas de pagos, ni hablar de sitios de búsquedas o *e-mail.* No pueden competir en ninguna de esas áreas. Entonces, creo que América Latina está en un lugar interesante."

"SOY OPTIMISTA PORQUE HAY UN 'EFECTO *UNDERGROUND*'"

Wenceslao Casares, otro de los jóvenes empresarios más exitosos de Argentina, que fundó Patagon.com —la empresa de transacciones bursátiles por internet— a los 22 años en 1997 para venderla tres años después al Banco Santander por 585 millones de dólares, era igualmente optimista sobre las posibilidades de la región de convertirse en un centro tecnológico. Casares esuvo un año en Pennsylvania, a los 17 años, como parte de un intercambio estudiantil, y luego regresó a Argentina para estudiar en la escuela de negocios de la Universidad de San Andrés. Al igual que Bill Gates, había interrumpido sus estudios universitarios para crear su empresa, y desde entonces no había parado de iniciar nuevos emprendimientos en varios países. Ahora vivía en Palo Alto, California, donde fundó Bling Nation, una compañía de pagos instantáneos con teléfonos celulares.

Le pregunté a Casares si los frecuentes artículos periodísticos en Argentina sobre las supuestas ventajas del país en el campo de internet no eran propaganda oficial o de las grandes compañías de internet de Estados Unidos, cuyos ejecutivos en Argentina frecuentemente disfrazaban la inauguración de centros de ventas de sus productos en el país como "centros de investigación y desarrollo". Casares coincidió en que eso ocurría con frecuencia, pero no invalidaba su optimismo sobre Argentina y sobre el resto de la región.

"Soy optimista porque hay una especie de 'efecto *underground*' que se está dando en América Latina y que no tiene nada que ver con las políticas de los gobiernos ni con los anuncios de las grandes compañías —me dijo Casares—. Tiene que ver con la cantidad de chicos de entre 15 y 25 años que están más *wired* [conectados al ciberespacio] que los chicos de muchos países desarrollados, en su forma de usar la tecnología, sobre todo los celulares. Y cuando comparas el uso de [la red social] Facebook, por ejemplo, ves que los chicos la usan más horas en América Latina que en Estados Unidos, y están conectados con más gente."[40]

Según Casares, no sería raro que en algún país latinoamericano se esté gestando una megacompañía global de internet. "No me sorprendería ver en los próximos cinco años una compañía como Skype, o Hotmail, que salga de América Latina. Cuando tenés tantos usuarios nuevos que están en la frontera de cómo se usan estas tecnologías, es muy probable que encuentren nuevos usos para esas tecnologías", señaló Casares. ¿Pero van a tener acceso a fondos de inversión quienes no tengan la suerte de estudiar en Stanford, como Galperín, y de poder llevar al aeropuerto al fundador de un fondo de inversiones multinacionales?, le pregunté. Casares respondió afirmativamente. "Hace 20 años, para hacer una empresa como Microsoft necesitabas un par de millones de dólares. Pero hoy podés hacer Twitter con prácticamente nada: lo más importante es identificar una necesidad en el mercado. Hay que ser muy digital para darte cuenta de esa necesidad, y de esos chicos digitales hay millones en América Latina. Millones de tipos en la región están exprimiendo la tecnología. Puede que no tengan conexión de internet en su casa, pero hacen milagros con el Facebook en el cibercafé, y al celular lo hacen bailar."[41]

"¿QUIÉN DIJO QUE TENEMOS QUE COMPETIR CON LA INDIA?"

Acto seguido, le comenté a Casares lo que me había dicho Subramanian Ramadorai, el presidente de la multinacional india Tata Consulting Services, en el sentido de que un país como Argentina difícilmente podrá competir con la India por el sencillo hecho de que no tiene empresas de software suficientemente grandes como para poder prestar servicios a grandes multinacionales norteamericanas o europeas que requieren cientos de ingenieros en software para resolver problemas de un día para otro. Argentina tiene unas 3000 empresas pequeñas de software, pero la mayoría de ellas de sólo 15 o 20 programadores, y si un cliente grande de Estados Unidos necesita con urgencia 400 programadores, es demasiado trabajoso —y legalmente complicado— hacerlo en Argentina, me había dicho el ejecutivo indio. Casares respondió que lo que los indios tienen en cantidad, los Argentinos lo pueden tener en creatividad.

"Si me dijeran que uno podría apretar un botón y hacer que Argentina compita con Bangalore, diría que sería mejor no hacerlo", dijo Casares. Se trata de dos modelos de desarrollo tecnológico diferentes, explicó. Tata Consulting, Infosys y otras gigantescas empresas de servicios de tecnología de la información de la India ofrecen servicios de programadores para solucionar problemas de empresas; o sea, reciben un pedido de servicio y lo cumplen. Pero eso es un servicio que se paga por hora de trabajo, cuyo valor agregado es relativamente pequeño, añadió. En lugar de ofrecer esos servicios, un país como Argentina, con sus múltiples empresas pequeñas, puede producir videojuegos u otros productos creativos, y vender propiedad intelectual, cuyo valor es mucho más alto. "Nosotros vendimos Guanaco.com, con 20 chicos en Chile, en 10 millones de dólares. Eso es mucho más de lo que se ganaría vendiendo servicios de programación a distancia", señaló.

"LOS ARGENTINOS SE DESTACAN POR SU CREATIVIDAD"

Claudio Muruzabal, presidente de Neoris, una empresa de servicios de tecnología informática de 3000 empleados con operaciones en México, Brasil y Argentina, coincidió con Casares en que hay un nicho importante para Argentina —y Latinoamérica en general— en la industria informática.

"Tenemos una ventaja comparativa con la India: el programador o analista argentino, mexicano o brasileño, comparado con el programador de la india, claramente tiene más creatividad, productividad y flexibilidad —me dijo Muruzabal—. Ahora, cuando estás hablando de empresas indias como Tata Consulting o Infosys, ya no estás hablando de fábricas de software en la India. Estás hablando de empresas de tamaño impresionante, donde mezclan consultores de la India con consultores en todo el mundo, en que todos hacen de todo."[42]

¿Y cómo ve a Argentina comparada con otros países latinoamericanos?, le pregunté. Muruzabal dijo que hay varias universidades argentinas que están produciendo graduados con una formación técnica de primera calidad, como el Instituto Tecnológico de Buenos Aires (ITBA) en carreras de ingeniería informática, y la Universidad

San Andrés y la Universidad Di Tella en carreras relacionadas con la formación de negocios. "Los argentinos se destacan por su creatividad, productividad y motor propio. Lo que les falta es una mayor conexión con el mundo", agregó.[43]

LA CREATIVIDAD POR SÍ SOLA NO ALCANZA

Muruzabal había acertado. Obviamente, Argentina tiene una enorme oferta de talento con sus chicos que hacen "bailar" —metafóricamente hablando— a sus teléfonos celulares y sus ingenieros de gran creatividad y productividad. Pero también es cierto que el aislamiento internacional de sus universidades le está costando al país no estar entre los centros emergentes de innovación mundiales.

Por lo que pude observar en mis viajes y entrevistas con empresarios y académicos en Argentina, el común denominador de la mayoría de los empresarios argentinos que han sido exitosos en el mercado global es el haber sido la excepción a la regla, y haber estudiado o vivido en el exterior. Oxenford había hecho su maestría en Harvard y Galperín en Stanford, y Casares había hecho su último año de secundaria en Estados Unidos, y había estudiado en una de las universidades privadas más internacionalizadas de Argentina. Y lo mismo ocurre en otros ámbitos: el director de *El secreto de sus ojos*, la película argentina premiada con un Oscar en 2010, Juan José Campanella, había hecho su maestría en bellas artes en la Universidad de Nueva York, y había dirigido varios capítulos de series de televisión de Hollywood, incluyendo las muy premiadas *Law & Order* y *House*, en inglés.

¿Podrían todos ellos haber hecho lo que hicieron si no hubieran manejado bien el inglés? ¿Y podrían haberlo hecho si no hubieran aprendido a hacer un plan de negocios o una propuesta de la manera en que la quieren los fondos de inversión o los grandes estudios estadounidenses? Sin duda, estudiar en el exterior no es un requisito para tener éxito a nivel global: muchos podrían adquirir los mismos conocimientos en Argentina, si el país admitiera universidades extranjeras, como China o Singapur, o lograra que las universidades estatales argentinas tuvieran más programas de licenciaturas conjuntas con sus pares del mundo desarrollado, como en la India, o si las universidades argentinas se sometieran a evaluaciones internacionales para estar al día con los últimos adelantos de las ciencias, como Finlandia. Pero si Argentina no sale de su cascarón y abre su sistema educativo al mundo, podrá tener algunos casos aislados de empresarios exitosos a nivel global, pero serán sólo eso, casos aislados. La creatividad, por sí sola, no alcanza. Si Argentina no se inserta en el mundo, el país seguirá postergando su despegue económico, y —parafraseando la broma de su propio ministro de Ciencia, Tecnología e Innovación Productiva— necesitará todavía más psicólogos para aliviar las frustraciones de sus ciudadanos.

10

Uruguay y Perú: Una Computadora para cada Niño

A mediados de su mandato, el entonces presidente uruguayo Tabaré Vázquez anunció eufóricamente que para fines del 2009 todos los niños y todos los maestros de las escuelas públicas de su país tendrían una computadora. "No saben con qué alegría, con qué satisfacción, con qué reconfortado espíritu me siento en este momento, cuando vamos a poner en conocimiento de toda la población el lanzamiento de este programa", dijo Vázquez, un médico oncólogo que había ganado las elecciones como el primer presidente de izquierda de la historia reciente del país, al anunciar el proyecto el 14 de diciembre de 2006. "Les puedo decir que en lo que va de nuestro gobierno, y en lo que nos quede en el mismo, difícilmente encontremos una satisfacción mayor que la que vamos a encontrar hoy cuando estemos hablando de este proyecto."[1]

Acto seguido, Vázquez pasó a los pormenores: el Proyecto Ceibal era una idea del Laboratorio de Medios del Massachusetts Institute of Technology (MIT), cuyo director, Nicholas Negroponte, estaba revolucionando la educación en todo el mundo. Se trataba de una computadora portátil que una vez vendida masivamente costaría apenas 100 dólares, estaba diseñada para los niños en edad escolar y fabricada con un plástico difícil de romper. Además, la computadora era resistente al agua, operaba con energía solar y les permitía a los niños acceso directo a internet, explicó el presidente. Pero lo más novedoso del la *laptop* del MIT, conocida como OLPC-XO —One *Laptop* Per Child XO—, era que la máquina no estaba destinada a ser de las escuelas, sino propiedad personal de cada uno de los niños. Vázquez prometió que todos los niños uruguayos recibirían una *laptop* que se podrían llevar a su casa, y que Uruguay se convertiría en el primer país del mundo en tener a todos sus niños de la escuela primaria conectados a internet.

La idea era que los niños aprendieran por sí mismos, mediante la experimentación activa. Según cada vez más investigaciones en el campo de la educación, la autoenseñanza con computadoras era la forma más eficiente de aprender. Los investigadores del MIT habían concluido que el "aprender-haciendo" no sólo ayudaba a los niños a estudiar mejor, sino que mejoraba enormemente su capacidad de concentración y su potencial creativo. "Realmente es una maravilla", continuó diciendo el presidente. Muy pronto, los niños de los pueblos más remotos del país estarían haciendo sus tareas escolares con sus *laptops* en sus casas, conectados a internet, aunque vivieran en lugares a los que todavía no llegaba la energía eléctrica.

"EL PRESIDENTE AGARRÓ EL PROYECTO ENSEGUIDA"

Todo había empezado en 2005, cuando Miguel Brechner, director del Laboratorio del Uruguay, había escuchado sobre el proyecto de Negroponte en el Foro Económico Mundial de Davos. Brechner, un ingeniero en telecomunicaciones que había estudiado en el Imperial College de Londres, había sido designado como director del laboratorio con la llegada del nuevo gobierno de izquierda uruguayo y se había interesado de inmediato en el proyecto de computadoras escolares de 100 dólares de Negroponte. Sin embargo, sus primeros acercamientos al laboratorio del MIT no habían sido exitosos.

"En 2005 empecé a perseguir a Negroponte, pero no pude llegar a él. Ellos estaban buscando países más grandes, como Colombia. Me dijeron que Uruguay era muy chico", recuerda Brechner.[2] Poco después, Brechner conoció a Negroponte personalmente en una reunión del Banco Interamericano de Desarrollo y lo convenció de que visitara Uruguay. El presidente Vázquez se entusiasmó de entrada con el proyecto, viéndolo como una herramienta de equidad social y progreso que encajaba a la perfección con su agenda política de izquierda moderna. "Desde el primer día, dijo: '¡Vamos! ¡Lo hacemos!' No hubo un minuto de discusión", recuerda Brechner.[3]

En mayo de 2007 Uruguay hizo el primer *test* con 200 máquinas regaladas por Negroponte. El gobierno tomó un pueblito de 1 500 habitantes, Villa Cardal, y les dio computadoras a todos los niños. "Fue una revolución", recuerda Brechner. Muy pronto, las fotografías de niños uruguayos llegando a la escuela a caballo con sus *laptops* bajo el brazo, o sentados bajo un árbol tecleando sus computadoras, dieron la vuelta al mundo. A fines de 2007, tras una licitación en que la computadora del MIT había ganado una cerrada lucha de precios con su rival de Intel, Uruguay solicitó 100 000 computadoras para ese año. En 2008 haría una segunda orden por 150 000, incluyendo 25 000 que Negroponte regalaría al país. A fines de 2009, pocas semanas antes de dejar el poder, Vázquez había cumplido con su promesa: los 380 000 niños de las escuelas primarias públicas del país, hasta en los lugares más remotos, tenían su computadora *laptop* y su conexión gratuita a internet, y Uruguay se convertía en el primer país del mundo en alcanzar ese logro.

"LOS MAESTROS PUSIERON EL GRITO EN EL CIELO"

Como era de esperar, los sindicatos de maestros se opusieron en un principio al proyecto. Y los primeros meses de distribución masiva de las *laptops* fueron algo caóticos, porque Uruguay no tenía ninguna experiencia en planes de este tipo, ni ejemplo alguno a seguir.

Los sindicatos de maestros "pusieron el grito en el cielo", recuerda Brechner. Para hacerlos más partícipes del proyecto, el gobierno decidió que fueran los propios maestros —y no funcionarios del gobierno— quienes entregaran las computadoras a los niños y vieran por sí mismos las caras de felicidad de los niños al recibirlas.

"A medida que vieron la felicidad de los niños al recibir las computadoras se redujo el nivel de resistencia."

Y, al mismo tiempo, el gobierno comunicó a los maestros que gozarían de flexibilidad para incorporar las máquinas a sus planes de enseñanza. "Nuestra estrategia fue decir que no habría cambios dramáticos, que la computadora apenas era una herramienta más de ayuda en la clase, y que el propósito no era cambiarlo todo", recordó Brechner.[4] Así, los maestros en un principio siguieron haciendo sus dictados en forma tradicional, leyendo sus textos para que los niños los escribieran a mano en sus cuadernos escolares, y luego los niños copiaban lo que habían escrito a mano en sus computadoras. Cuando pulsaban una tecla y la computadora les decía cuantas faltas habían cometido, los niños no podían con su asombro, y explotaban en carcajadas. A las pocas semanas cada vez más niños migraban por sí solos a escribir sus dictados directamente en la máquina. Muy pronto la aceptación social del Proyecto Ceibal fue tan grande que los maestros no pudieron sino acoplarse al mismo. Las primeras encuestas mostraban que 80 por ciento de los uruguayos apoyaban el Proyecto Ceibal, al punto de que hasta los propios líderes de oposición aplaudían públicamente el plan, y aseguraban que lo continuarían si ganaban las elecciones.

¿Hicieron algún *test* para ver si las computadoras están mejorando el aprendizaje de los niños?, le pregunté a Brechner. "Hemos visto claramente que hay mucho mayor asistencia a clase de la que había antes, y por encuestas que hemos hecho con los padres sabemos que los niños ven menos televisión que antes. Además, los niños están buscando información ellos mismos, y cambian toda la dinámica familiar, porque en los hogares más humildes les están ayudando a los padres con información que los ayuda en sus trabajos o actividades comerciales."[5] Según una encuesta oficial de hogares realizada casi tres años después de iniciado el proyecto, 47 por ciento de las madres de los hogares más pobres dijeron que sus hijos estaban más motivados que antes para ir a la escuela, y que varios miembros de su familia estaban usando las OLPC-XO cuando sus niños las traían de la escuela.[6]

Aunque todas las personas con las que hablé en Uruguay coincidían en que el Proyecto Ceibal fue un acierto, y que colocó al país en el mapa de las naciones con el potencial de insertarse en la economía del conocimiento del siglo XXI, varios conocedores del tema me advirtieron que el plan tiene limitaciones que podrían afectar su éxito a largo plazo. Según me dijeron, el Plan Ceibal era sin duda un éxito político, pero estaba por verse si sería un éxito pedagógico.

Una de las principales críticas es que el gobierno uruguayo invirtió casi la totalidad del presupuesto del plan en comprar máquinas, en lugar de invertirlo en la capacitación de los docentes. Otra es que se pidió a los maestros comenzar a enseñar con las computadoras sin cambiar los planes docentes, y sin darles incentivos a los profesores para que enseñen con las computadoras. Mientras el único factor que determina el progreso profesional de un profesor siga siendo la antigüedad, y no el mérito profesional, los profesores no van a estar suficientemente motivados para hacer un óptimo uso de las computadoras una vez que pase la novedad, argumentan los educadores que no comparten la euforia oficial sobre las *laptops* escolares.

"Éste es un proyecto innovador desde el punto de vista social, porque logró atravesar el escepticismo tradicional uruguayo y hacer algo nuevo —me dijo Jorge Grunberg, rector de la Universidad ORT, una de las más prestigiosas del país—. Pero para garantizar la sostenibilidad de este proyecto en el largo plazo va a haber que hacer cambios estratégicos en la asignación de recursos: en lugar de gastar el 90 por ciento de los recursos en máquinas, habría que gastarlos en la capacitación docente en el uso educativo de la informática y en la restructuración de la carrera docente, para que existan premios e incentivos a la innovación. O sea, que el docente progrese en su carrera por lo innovador que sea, y por el nivel de aprendizaje efectivo que logre en sus alumnos, y no por la antigüedad."

Grunberg me recordó que muchos proyectos de entrega masiva de computadoras en Gran Bretaña, Francia y varios estados de Estados

Unidos fracasaron precisamente porque los profesores no pudieron acompañar adecuadamente la enseñanza con las computadoras, y cuando pasó la novedad las computadoras pasaron al olvido. La única manera de que el Proyecto Ceibal sea efectivo y que no termine convirtiendo a Uruguay en "un cementerio de computadoras" es que los docentes entiendan la tecnología, la utilicen en su vida diaria, y vean que su carrera futura depende de cómo y cuanto la usan, dijo Grunberg. "Existe el peligro de que si no se rediseña la carrera docente para recompensar la actitud innovadora de los maestros y profesores, el Proyecto Ceibal termine como un fuego artificial: una gran luz que le gusta a todo el mundo, y luego se acaba", agregó.

¿SE ESTÁ LLEVANDO PORNOGRAFÍA A LOS NIÑOS?

Algunos expertos uruguayos me dijeron que temen impactos culturales negativos, y quizás hasta peligrosos, por la avalancha de computadoras. "Hoy por hoy, el Plan Ceibal es una vaca sagrada. Pero hay un lado oscuro del proyecto que va a hacerse visible en uno o dos años debido a que decenas de miles de jóvenes no tienen ningún contexto cultural que los oriente, porque vienen de padres no educados, sin libros en la casa, que no tienen bibliotecas al alcance, y que van a tener acceso a un medio con mucho contenido de odio, de violencia, de pornografía", me dijo un académico uruguayo. De hecho, la encuesta oficial de hogares realizada tres años después de iniciado el plan mostraba que aunque 94 por ciento de las madres uruguayas aprueban del Plan Ceibal, 48 por ciento no conoce el mecanismo para saber en qué páginas de internet estuvieron navegando sus hijos.[7]

"Los hijos de la clase media pueden filtrar estos contenidos a través de los contrapesos culturales que hay en su casa. Si encuentran una página nazi, o una página que alienta el consumo de drogas, pueden hablar con su padre y escuchar que los negros o los judíos no son una raza inferior, o que las drogas son dañinas. Pero los niños de hogares carenciados tienen un gran déficit de contrapesos culturales en sus propias casas. ¿Qué va a pasar con ellos?", se preguntaba el académico.

"TENEMOS FILTROS CONTRA LA PORNOGRAFÍA"

¿No son válidos estos temores? ¿No hay un peligro real de que los niños se pasen más tiempo buscando sitios de pornografía o de violencia que de geografía o historia en internet?, le pregunté a Rodrigo Arboleda, presidente para Ibero América del proyecto Una Computadora para cada Niño del MIT. Arboleda respondió que las *laptops* escolares vienen con filtros normales para impedir el acceso a sitios pornográficos, y además tienen un registro que permite a padres y maestros ver qué sitios de internet han visitado los niños. "Todos los sitios visitados quedan grabados, minuto a minuto. Si el niño logra entrar en una página de *Playboy*, queda registrado en su *laptop*", señaló. Y si los padres no conocen el mecanismo para revisar qué están viendo sus hijos, los maestros pueden y deben hacerlo, agregó.

En cuanto a la asignación de recursos, señaló que 90 por ciento del gasto en las máquinas mencionado por Grunberg fue inicial: la fabricación masiva de estas *laptops* pronto hará bajar tanto su precio, que los gobiernos podrán dedicar más recursos a la capacitación de maestros. En esta primera etapa lo importante era lograr que los maestros le perdieran el miedo a las computadoras, y que los niños las acogieran con entusiasmo. Y ambas metas habían sido logradas con creces, señaló.

"UNA MISIÓN, MÁS QUE UN PROYECTO"

Para Arboleda, lo que estaba haciendo Uruguay al convertirse en el primer país del mundo en darle una computadora a cada niño era "una revolución educativa" que haría historia. Arboleda, un colombiano que estudió arquitectura en el MIT junto con Negroponte, fundador del proyecto, promovía el plan de Una Computadora para cada Niño con un fervor casi religioso. Tras haber conocido a Negroponte en una clase del MIT, ambos se hicieron amigos y siguieron en contacto a través de los años. En 1982, durante una visita a Boston, Negroponte le comentó que se mudaba a París a trabajar en un nuevo Centro Mundial de Informática apoyado por el presidente Francois Mitterrand y dirigido por el escritor Jean-Jacques Servan-Shreiber, que entre otras cosas investigaría el uso de las computadoras como herramienta educativa. Al poco tiempo, Arboleda atrajo el interés del presidente colombiano Misael Pastrana sobre el proyecto, y Colombia consiguió la corresponsalía para iniciar el proyecto de educación digital del Centro Mundial de Informática en el país, que comenzó con la introducción de computadoras en 14 escuelas de Bogotá.[8] Arboleda había liderado el proyecto en Colombia sin cobrar un centavo, como una obra de bien.

En ese momento de su vida, una tragedia personal lo incentivó a dedicar cada vez más tiempo al plan: sus tres hijas —de entre dos y cinco años de edad— murieron, una tras otra víctimas de una rara enfermedad congénita cardiaca. Mientras su mujer, Cecilia, una reconocida fotógrafa artística, se volcó a aconsejar gratuitamente a personas que sufrían tragedias personales de semejante magnitud, Arboleda dedicó cada vez más tiempo y entusiasmo al proyecto de educación digital. Durante casi 28 años trabajaría gratis —y con un entusiasmo difícil de emular— en la propagación de la educación digital en Latinoamérica.

"NOSOTROS NO VENDEMOS COMPUTADORAS"

"Nosotros no vendemos computadoras. Hacemos esto porque creemos que es una misión, más que un proyecto", me dijo Arboleda en una entrevista, señalando que Una Computadora para cada Niño es un proyecto educativo sin fines de lucro, y que Negroponte —que había ganado mucho dinero con otros emprendimientos tecnológicos— no ganaba un centavo con el plan.[9] Tal como lo señalaba su carta constitutiva, la fundación tenía como misión darles oportunidades educativas sin precedentes a los niños más pobres del mundo, proporcionándoles computadoras diseñadas especialmente para que pudieran aprender solos, jugando y experimentando. La idea estaba basada en las enseñanzas del pedagogo Jean Piaget, y proponía que los niños se iniciaran en la era digital muy temprano, incluso antes de aprender a leer y escribir, y potenciaran así sus habilidades creativas.

"Estamos absolutamente convencidos de que a menos que hagamos algo de esta magnitud, los países del Tercer Mundo no vamos a poder competir con los países más avanzados tecnológicamente, y nos vamos a quedar cada vez más atrás —me dijo Arboleda—. La riqueza más importante del siglo XXI es la propiedad intelectual. Y si no preparamos el cerebro de los niños latinoamericanos desde pequeños para moldearlos de manera que estén más orientados a poder producir propiedad intelectual, no vamos a poder sacar nuestros países adelante."[10]

Según Arboleda, el momento clave para incentivar la creatividad en la mente de los niños no es en la secundaria, y mucho menos en la universidad, sino a los cuatro años de edad. "Tenemos que lograr imprimir esa formación del cerebro desde la edad del *kindergarten*, y prolongar ese ambiente de aprendizaje basado en la experimentación activa a lo largo de toda su vida. Así como el cerebro de los niños absorbe los idiomas mucho más fácilmente que el de los adultos, el cerebro de los niños es mucho más fácilmente moldeable para crear inventores-innovadores."[11]

LOS MAESTROS "DESBORDADOS"

José "Pepe" Mujica, un ex guerrillero de la misma coalición de izquierda que Vázquez, ganó las elecciones de 2009 cómodamente, en parte gracias a la imagen de modernidad que proyectó el gobierno saliente con su programa de una *laptop* para cada niño. En cuanto tomó el poder en 2010 anunció que seguiría adelante con el proyecto, con planes de ampliarlo a la escuela secundaria. De hecho, durante su reunión con la secretaria de Estado de Estados Unidos, Hillary Clinton, el día de su inauguración, ambos dedicaron buena parte de su conversación al Plan Ceibal, y los resultados que estaba obteniendo, según diplomáticos de ambos gobiernos. Ahora que todas las escuelas primarias públicas ya tenían una *laptop* por niño, y tras invertir unos 130 millones de dólares en el proyecto, Uruguay se preparaba para entregar otras 100 000 *laptops* a estudiantes de primer y segundo año de secundaria en 2010.

"Esto ya no es un proyecto de un gobierno, sino un proyecto de Estado —me señaló Arboleda—. A medida que los chicos de primaria entran en la escuela secundaria y llevan sus *laptops*, los chicos de grados superiores de la secundaria dicen: ¿Y por qué ellos tienen computadoras y nosotros no? Se está produciendo un efecto cascada, sumamente positivo."

Sin embargo, la avalancha de *laptops* había provocado un "*shock* tecnológico" que no fue fácil de absorber para Uruguay. Aunque durante un viaje a Uruguay a principios de 2010 encontré una aceptación generalizada del proyecto —incluso los políticos opositores me aseguraron que estaba funcionando relativamente bien—, muchos maestros se sentían desbordados por sus estudiantes. El diario uruguayo *El País*, refiriéndose a la encuesta de hogares realizada por el gobierno tres años después de iniciado el proyecto, señaló que "muchos maestros se sienten avasallados por las búsquedas e inquietudes de los niños con las OLPC-XO... Además, muchos niños enseñaron el uso de algunas aplicaciones de las OLPC-XO a los docentes, por lo cual el rol del maestro se modifica por la sola presencia de las OLPC-XO en la clase".[12]

Asimismo, el Ministerio de Educación se había visto "desbordado" por los llamados por roturas de máquinas, aunque después resultó que la mayoría de ellos eran de niños cuyas máquinas se habían bloqueado durante las vacaciones por falta de uso, y que no habían podido desbloquear al regresar a la escuela, reportó el periódico. Sin embargo, el periódico agregaba que —tal como me había dicho Brechner— la encuesta de hogares mostraba que 35 por ciento de las madres decían que sus niños estaban mirando menos televisión que antes, y que 80 por ciento de los niños decían que les gustaba más estudiar con las computadoras. El consenso generalizado en Uruguay era que, además de haber sido una estrategia política formidable del gobierno, el Plan Ceibal estaba modernizando dramáticamente la educación en el país.[13] Y si los maestros se sentían desbordados por los conocimientos o la curiosidad intelectual de los niños, en buena hora: era mejor tener maestros exigidos, que tener docentes estancados en rutinas pedagógicas del siglo pasado.

LOS PRIMEROS PASOS EN PERÚ

En Perú, el gobierno de Alan García, viendo lo que estaba sucediendo en Uruguay, no se quiso quedar atrás. En octubre de 2007 García anunció la creación de un fondo especial de 6.5 millones de dólares para comprar las primeras 44000 computadoras escolares en un futuro próximo, además de becas de 150 dólares a los maestros para ayudarlos a comprar sus propios equipos. Al mismo tiempo, al igual que Uruguay, Perú empezó a experimentar con las *laptops* en un pequeño pueblo, Arahuay, un caserío de unos 200 campesinos a unos 2600 metros sobre el nivel del mar, no muy lejos de Lima. Funcionarios del Ministerio de Educación entregaron las máquinas OLPC-XO a 50 niños y tres profesoras de la escuela local, quienes en su mayoría jamás habían tocado una computadora.

Al poco tiempo, la directora de la escuela, Patricia Peña, declaraba que las computadoras habían cambiado la vida de los niños: "Ellos no solían participar en la clase: eran sumamente tímidos. Pero las *laptops* los han hecho más abiertos, más involucrados en lo que están haciendo. Socializan más. Aprenden unos de otros. Comparten".[14] Alentado por los resultados de Arahuay, el gobierno peruano ordenó nuevas partidas de decenas de miles de *laptops* del MIT en 2008 y las distribuyó en los pueblos más humildes, mientras una campaña de propaganda oficial proclamaba con orgullo: "¡El Perú avanza!" Aunque sólo tres por ciento de las computadoras escolares distribuidas por el gobierno podían usar internet, porque los pueblos en que se entregaban no tenían acceso a servidores, el gobierno resaltaba que las máquinas venían con más de 300 programas escolares, de los cuales el Ministerio de Educación había escogido 24 para ser utilizados en el país, que ayudarían enormemente a democratizar la educación. Para 2010, Perú ya había destinado casi 100 millones de dólares para la compra de 595 000 *laptops* OLPC-XO, que —aunque superaban en número a las de Uruguay— no capturaron tanta atención internacional porque todavía estaban lejos de cubrir la totalidad de los tres millones de niños de primaria en Perú.

¿COMPUTADORAS PARA NIÑOS DESNUTRIDOS?

Pero en Perú, con más niños viviendo en la pobreza que Uruguay, las resistencias fueron mayores. Muchos educadores señalaron que se trataba de una apuesta muy arriesgada, con tecnología que aún no había sido puesta a prueba durante el tiempo suficiente como para saber su efectividad. Patricia Arregui, una socióloga en Lima, señaló que antes de regalar computadoras el gobierno debería asegurarse de que "los niños estén bien alimentados, que no vayan a la escuela sin haber tomado el desayuno, y que tengan caminos para llegar a la escuela y seguros de salud para que no se enfermen en escuelas en que no hay agua potable ni electricidad".[15] Según los críticos, era fácil para un gobierno lanzar un programa de alta tecnología que hiciera sentir bien a todo el mundo, pero era mucho más difícil hacer algo para mejorar las condiciones básicas que afectan el aprendizaje.

Cuando le pregunté al responsable de tecnologías educativas del Ministerio de Educación de Perú, Óscar Becerra, sobre las críticas al programa, respondió que son parcialmente válidas, pero plantean un falso dilema. "No se trata de ofrecerles desayunos o computadoras a los niños pobres: hay que darles las dos cosas", dijo Becerra, un físico que había trabajado por más de dos décadas para IBM, llegando a ser director regional del sector educación de la empresa antes de integrarse al gobierno. "Como dijo [el ex presidente costarricense] Óscar Arias cuando empezaron el programa de computación educativa en Costa Rica, 'no podemos esperar que todos los costarricenses tengan zapatos para empezar a construir carreteras'. También hay que tener en cuenta que aunque es cierto que un niño mal alimentado tiene menores oportunidades de desarrollo que un niño bien nutrido, también es cierto que un niño motivado, aun mal nutrido, puede aprender más que uno bien nutrido pero sin motivación."

Según Becerra, los primeros estudios preliminares del programa en Perú mostraban que "los resultados son de buenos a excelentes". Según las primeras evaluaciones, "los problemas de ausentismo escolar y de disciplina prácticamente han desaparecido en las escuelas donde tenemos las computadoras. Es más, en algunas escuelas están regresando niños que habían desertado, y que ahora han empezado a ir", señaló. En cuanto al rendimiento escolar, una evaluación de la comprensión lectora en el pueblo de Arahuay, donde se había iniciado el programa, había mostrado resultados asombrosos, afirmó. Después de meses de trabajar con las computadoras, el nivel de comprensión lectora de los niños había subido de prácticamente cero al 27 por ciento, señaló, aunque reconoció que se trataba de una muestra limitada, y realizada por el propio Ministerio de Educación.

En cuanto a los temores de que los países que habían comprado cientos de miles de *laptops* escolares terminarían siendo "cementerios de computadoras" por falta de manutención, roturas o robos, no habían resultado ciertos, aseguró. "Un 95 por ciento de las máquinas están funcionando. Es sorprendente lo resistentes que son", dijo.

UN *SHOCK* POSITIVO AL SISTEMA

En 2010, tres años después de su introducción en Uruguay, los programas de una *laptop* por niño se estaban expandiendo a ritmo vertiginoso en toda Latinoamérica, en buena medida porque muchos gobiernos habían visto el rédito político de la entrega masiva de computadoras gratuitas. Además de Uruguay y Perú, el gobierno de Brasil anunció la compra de 1.5 millones de *laptops* para niños de primaria, el gobierno de Argentina compró 250 000 computadoras Classmate de Intel para escuelas técnicas secundarias, y la ciudad de Buenos

Aires había ordenado 180 000 computadoras para escuelas primarias, sumándose a provincias argentinas como San Luis y La Rioja que ya estaban llevando adelante sus propios proyectos. Mientras tanto, fundaciones privadas en Nicaragua, Paraguay, Haití y otros países estaban comenzando a distribuir masivamente computadoras escolares. Arboleda, que para entonces ya había sido ascendido a encargado de las operaciones del programa del MIT a nivel global, me dijo que Latinoamérica ya estaba muy por encima de Asia, África y otras regiones del mundo en cuanto a la distribución de *laptops* escolares gratuitas.

Según proyecciones del Banco Interamericano de Desarrollo (BID), el número de niños cubiertos por programas de una computadora por niño en Latinoamérica se dispararía de 1.5 millones de niños en 2010 a 30 millones de niños en 2015. "Esto es una tendencia imparable, nos guste o no nos guste", me dijo Eugenio Severin, el experto del BID encargado de la evaluación de los programas de una *laptop* por niño en Uruguay, Perú y otros países latinoamericanos. "Me cuesta imaginar un aula dentro de 10 años en que todos los niños no tengan una computadora."[16]

Pero, a tres años de los primeros programas piloto en Uruguay y Perú, ¿cuál es la evaluación generalizada sobre la eficacia de estos programas?, le pregunté a Severin. ¿Está probado que aumentan la capacidad de aprendizaje de los niños?

Según me contó Severin, los evaluadores del gobierno uruguayo habían concluido, tal como lo habían advertido muchos de sus críticos, que era necesaria la capacitación de los maestros para que los programas funcionaran, y a partir de 2009 las autoridades uruguayas habían enfocado todas sus energías en eso. "Uruguay se dio cuenta que sólo poniendo máquinas no cambia nada en las escuelas. Cuando sólo pones máquinas, en tres meses la experiencia es totalmente asimilada, y el alumno usa la *laptop* para tomar nota de las mismas cosas que antes tomaba nota en su cuaderno. Entonces, el alumno hace el mismo trabajo, y no ganamos mucho. Para que el programa realmente tenga el impacto deseado, hay que hacer cambios disruptivos en la forma en que se enseña. El profesor tiene que cambiar su metodología, y para eso hace falta entrenamiento", dijo Severin.

Entonces, ¿fueron apresurados estos programas? ¿Se gastaron cientos de millones de dólares sin haber hecho los estudios necesarios? ¿Tienen razón quienes dicen que Uruguay y Perú lanzaron estos programas como una estrategia electoral?, le pregunté. Severin respondió que la introducción de las computadoras en las clases no sólo era una tendencia imparable, sino que estaba siendo positiva, independientemente de los problemas que los gobiernos encontraban en el camino. "La máquina es una oportunidad tremenda de sacudir sistemas educativos que hace rato no han encontrado respuestas al problema de la calidad educativa. El consenso es que una vez que la introducción de máquinas se complemente con la capacitación de profesores, estos esfuerzos van a haber valido la pena."[17]

Efectivamente, con todos sus problemas, los programas iniciados en Uruguay y Perú tienen un enorme mérito: han sido un *shock* positivo al sistema, porque rompieron la inercia educativa y derrumbaron el mito de que en nuestros países no se puede hacer nada nuevo en materia educativa, ya sea por los sindicatos de maestros, la idiosincrasia nacional o los vaivenes políticos. Las imágenes de cientos de miles de niños de todas las clases sociales yendo a la escuela con sus *laptops* y navegando horas en internet han creado una dinámica propia que será difícil de cambiar por futuros gobiernos. Y todo parece indicar que, con el nuevo énfasis en la capacitación docente, las *laptops* empezarán a cambiar la dinámica dentro de las escuelas, convirtiendo el aprendizaje en una tarea centrada en el alumno —como debe ser— y no en los maestros. Con todos sus problemas, se trató de un enorme paso adelante, que quizá sea recordado dentro de dos o tres décadas como uno de los factores que ayudaron a varios países latinoamericanos dar un salto tecnológico e insertarse en la economía del conocimiento del siglo XXI.

11

México: el reino de "la maestra"

Si la presidenta de Finlandia estaba en lo cierto cuando me dijo que los tres secretos para lograr el éxito educativo son "los maestros, los maestros y los maestros", México está fregado. En México el magisterio está controlado por un sindicato todopoderoso con 1.7 millones de afiliados, el Sindicato Nacional de Trabajadores de la Educación (SNTE), que según el "Informe de la Competitividad de México 2009", del Foro Económico Mundial, y otros estudios bloquea cualquier intento serio por modernizar el arcaico sistema educativo mexicano.[1] En México, por increíble que parezca, muchos maestros pueden comprar sus puestos vitalicios por unos 10 000 dólares o heredarlos de sus padres, sin tener la menor capacitación para estar al frente de un aula. Y a pesar de que oficialmente debe haber 200 días de clase obligatorios por año, en muchos estados —como Morelos, Oaxaca y Zacatecas— los días efectivos de clase no llegan a 160 debido a huelgas, reuniones docentes y ausencias de maestros. O sea, México tiene una gran cantidad de maestros que no están capacitados para enseñar, y para colmo en muchos casos enseñan poco.

Y al frente del SNTE —de lejos la mayor organización sindical de América Latina— está la legendaria figura que todo el mundo en México conoce simplemente como "la maestra". Se trata de Elba Esther Gordillo, la lideresa del SNTE desde hace casi cuatro décadas, y sin lugar a dudas la mujer más poderosa del país. Gordillo, la presidenta vitalicia del sindicato, controla un presupuesto que hasta ahora ha sido un secreto de Estado —el SNTE nunca ha dado a conocer su estado financiero— pero que funcionarios del gobierno y académicos que han investigado el tema afirman que podría alcanzar la cifra estratosférica de 4 700 millones de dólares anuales, incluyendo todos los apoyos económicos del gobierno federal y los gobiernos estatales, y a los propios negocios del sindicato, que maneja hoteles y centros de convenciones en todo el país. El presupuesto del SNTE sirve, entre otras cosas, para pagar a un ejército de hasta 10 000 funcionarios sindicales que figuran en la nómina estatal como maestros, pero que según ex funcionarios de la Secretaría de Educación Pública jamás pisan un aula, y constituyen una poderosa fuerza de movilización política.[2]

Según los medios mexicanos, "la maestra" pasa la mayor parte del año en su mansión de San Diego, California, valorada en más de cuatro millones de dólares; viaja en un Lear Jet matrícula XB-DZT con capacidad para seis pasajeros más tripulación o, para viajes cortos, en su helicóptero particular, y posee "una fortuna inmobiliaria que en zonas residenciales del Distrito Federal alcanza los 6.5 millones de dólares", según publicó el diario *Reforma.*[3] Pero el principal poder de Gordillo viene del peculiar lugar que ocupa en el sistema político mexicano. México no es el único país con un sindicato de maestros poderoso, pero es uno de los pocos en que el sindicato docente tiene su propio partido político, con 12 diputados y dos senadoras propios, y más de una docena de legisladores aliados de diversos partidos, además de gobernadores y funcionarios en puestos clave del gobierno. Y es el caso más claro que conozco de cómo un sindicato puede inclinar la balanza de las elecciones presidenciales, y ejercer un poder impresionante sobre los presidentes que ayuda a elegir.

¿Son exageradas las historias sobre el poderío de "la maestra" que aparecen en los periódicos mexicanos?, me preguntaba cuando empecé a trabajar en este libro. Yo había conocido a "la maestra" hacía más de 10 años, cuando había escrito mi libro *En la frontera del caos*, sobre la historia reciente de México, cuando Gordillo ya era una sindicalista poderosa pero aún militaba en las filas del entonces gobernante Partido Revolucionario Institucional (PRI). No la había vuelto a ver hasta ahora. Tenía curiosidad de saber hasta dónde llegaba su poder de movilización y su riqueza, y hasta dónde el mito, y hasta qué punto era el principal obstáculo para que México se convirtiera en un país competitivo.

POR QUÉ MEXICO NO CRECE

El "Informe de la Competitividad de México 2009", del Foro Económico Mundial, del que hablamos al comienzo del libro, no sólo había concluido que lo que le faltaba al país era una educación de mejor calidad, sino que también había señalado —con nombre y apellido— el principal factor que a juicio de sus autores estaba imposiblitando la modernización educativa del país: el sindicato de maestros.

"El poderoso sindicato de maestros SNTE, el sindicato de trabajadores más grande de Latinoamérica, ha sido en gran parte responsable del bloqueo de las reformas que hubieran mejorado la eficacia del gasto educativo y ayudado a asegurar la igualdad de acceso a la educación. La baja calidad de los maestros y de los resultados educativos están ligados a las leyes laborales que resultan de los acuerdos colectivos del gobierno con el SNTE",[4] decía.

"IMPOSIBLE DESPEDIR UN MAESTRO, POR PÉSIMO QUE SEA"

Efectivamente, los acuerdos colectivos de los maestros son un obstáculo formidable para cualquier reforma educativa. Tal como me lo relataron varios maestros en varias ciudades mexicanas, la afiliación al megasindicato de maestros es automática: apenas un maestro es nombrado en su cargo, o lo compra, o lo hereda, se le empiezan a descontar de su sueldo las cuotas del SNTE. Y una vez que empieza a dar clases, el maestro no puede ser despedido, por más malo que sea, porque el sindicato lo defiende a capa y espada. En el peor de los casos, si un maestro o una maestra son escandalosamente malos en su desempeño y el director de la escuela puede demostrarlo, el SNTE negocia su traslado a otra escuela, donde el maestro reanuda sus labores como si nada, me dijeron muchos maestros.

Y como más de 99 por ciento de los maestros mexicanos que están frente a un aula nunca tuvieron que rendir un examen para conseguir sus cargos —la práctica apenas empezó de manera limitada en 2008—, no es de extrañar que los alumnos de las escuelas públicas mexicanas salgan pésimamente mal parados en los *tests* comparativos internacionales. En la prueba PISA, que mide los conocimientos y la capacidad de solución de problemas de matemáticas, ciencias y lenguaje de los estudiantes de 15 años en todo el mundo, los estudiantes mexicanos están entre los últimos puestos. En la prueba de matemáticas del PISA, por ejemplo, sólo 3 de cada 1 000 estudiantes mexicanos sacan el promedio más alto, comparado con 182 estudiantes en Corea del Sur, 94 en la República de Eslovaquia, 65 en Estados Unidos y 15 en Tailandia. "De los dos millones de jóvenes de 15 años que hay en México, los que alcanzan las calificaciones más altas [en el *test* PISA] podrían caber en un pequeño auditorio", señalaba el informe del Foro Económico Mundial.[5] ¿Cómo logrará México competir con países como Corea del Sur, cuando sólo produce unos cuantos cientos de estudiantes con buena formación en matemáticas por año, contra 124 000 estudiantes de Corea del Sur?, se preguntaban los autores del estudio.

En la Olimpiada Internacional de Matemáticas, otra prueba que se celebra todos los años entre los mejores estudiantes de cada país, los competidores mexicanos sólo respondieron un tercio de las preguntas que lograron responder los estudiantes chinos, y menos de la mitad de las preguntas que lograron contestar los estudiantes de la India.[6] Y el problema es que al tener poblaciones escolares tanto más grandes que la de México, países como China y la India tienen una masa de cerebros brillantes mucho mayor, que ingresan en sus mercados laborales todos los años y les permiten ofrecer servicios de ingeniería y tecnología mucho más competitivos. La conclusión del estudio era que por más acertadas que sean sus políticas económicas, México no podrá competir con China, la India, Corea del Sur y otros países mientras no mejore su sistema educativo.

LA ALIANZA EDUCATIVA: UNA ESPERANZA DE CAMBIO

El presidente Felipe Calderón, consciente del problema educativo de México, trató desde el comienzo de su mandato, a fines de 2006, de tomar el toro por los cuernos y negociar con el SNTE una reforma que por lo menos comenzara a erradicar la práctica de venta y herencia de plazas de maestros. Calderón se propuso ofrecer incentivos económicos a los maestros para que no sólo fueran recompensados por su antigüedad, sino también por sus méritos profesionales. Así fue como encomendó a su secretaria de Educación, Josefina Vázquez Mota, funcionaria durante el gobierno de Vicente Fox, que negociara con "la maestra" un acuerdo por el cual el sindicato aceptara someter a los aspirantes a maestros a exámenes y ofrecer incentivos salariales a los docentes según su desempeño, a cambio de la promesa del gobierno de mejorar la infraestructura y el equipamiento de unas 40 000 escuelas que estaban en malas condiciones.

Luego de arduas negociaciones, el acuerdo educativo se firmó con bombo y platillo el 15 de mayo —el día del maestro— de 2008, y muchos lo vimos como un parteaguas en la historia de México. Pocos meses después, en agosto de ese año, el gobierno mexicano logró que el sindicato accediera a que por primera vez se hiciera un examen a 81 000 docentes que se postulaban para ocupar plazas de maestros, para ver si tenían la preparación básica necesaria para ser educadores. Los resultados de ese examen causaron consternación en el país: casi 70 por ciento de los egresados de escuelas para docentes no lo aprobaron.

Mientras muchos en México reaccionarion con horror ante los resultados del examen, yo aplaudí la iniciativa en su momento. En una columna titulada "Los maestros rinden examen" dije que "lo que está ocurriendo en México podría tratarse de una de las tendencias más esperanzadoras —y menos conocidas— que están teniendo lugar en Latinoamérica. Por primera vez, México ha empezado a exigir que todos los maestros que se postulan para enseñar en las escuelas públicas aprueben un examen nacional [...] En vez de lamentarnos de que tantos maestros reprobaron el examen, deberíamos celebrar el hecho de que por primera vez México y otros países latinoamericanos están tomando conciencia de la baja calidad de sus sistemas educativos, y están empezando a hacer algo al respecto". México estaba haciendo algo fundamental, porque si no se reconocía el problema y se hacía público, nunca habría una reforma educativa. Al igual que en los 12 pasos de Alcohólicos Anónimos para quienes buscan una cura al alcoholismo, el primer paso para resolver el problema educativo en Mexico era reconocer que existía, y que le estaba causando un enorme daño al país.

LA SECRETARIA *VS.* LA MAESTRA

Pero lo cierto es que, tras de bambalinas, la Alianza Educativa había empezado mal, en buena parte porque Vázquez Mota y "la maestra" Gordillo habían chocado de entrada. Cuestión de personalidades, se dijo en su momento. Vázquez Mota era una política en ascenso, con ambiciones presidenciales, y desde el primer momento tuvo una relación espinosa con Gordillo. Según me relató un testigo presencial, al finalizar el primer encuentro entre ambas funcionarias, la secretaria de Educación le tomó el brazo a Gordillo y le dijo, "Gracias, Elba Esther". La maestra respondió: "De nada, licenciada". El mensaje era claro: Gordillo no estaba dispuesta a permitir que una secretaria de Educación la tratara de igual a igual.

Un año después de firmada la Alianza, el pacto entre el gobierno y el sindicato estaba en un limbo político y legal. Se había logrado sentar el precedente de exámenes para los aspirantes a ejercer la docencia, que había resultado en el otorgamiento de 6 275 plazas por concurso en 2008, y otras 30 000 que se planeaban otorgar en 2009.[7] Sin embargo, no se había logrado implementar lo que quizás era la parte más importante del acuerdo: la introducción de un sistema de incentivos materiales para recompensar a los maestros más capaces. El sindicato, aunque había firmado el pacto, estaba arrastrando los pies a la hora de implementarlo.

En abril de 2009, en medio de crecientes dudas sobre la sobrevivencia de la Alianza, Calderón le pidió la renuncia a Vázquez Mota, para presentarla como diputada del partido gubernamental Acción Nacional para las elecciones legislativas del 5 de julio de ese año, y la remplazó por Alonso Lujambio, un politólogo que prometía una relación de mucho mayor armonía con la maestra. Según me relataron varios colaboradores de Vázquez Mota, el presidente había matado tres pájaros de un tiro: el gobierno había logrado evitar un posible aumento de las tensiones con el sindicato en momentos en que el país estaba enfrascado en una ofensiva contra los cárteles del narcotráfico, se había quitado de en medio a una secretaria de Educación cuyos roces con "la maestra" ya eran públicamente conocidos y tenían paralizada a la Alianza, y al mismo tiempo había sumado una candidata formidable para darle un muy necesario impulso a la campaña del partido del gobierno para las elecciones legislativas.

El diputado Julio Castellanos, ex oficial mayor —o tesorero— de la Secretaría de Educación Pública durante el mandato de Vázquez Mota, me señaló: "Yo siento que la sacaron por presiones de la maestra. Había muchos frentes en el país: el tema de la seguridad, el tema de las finanzas públicas, el tema del narcotráfico. Abrir un tema de distanciamiento con un sindicato tan poderoso no era una opción para el gobierno".[8] Según Castellanos, Vázquez Mota y Gordillo "tenían una relación respetuosa, pero por los antecedentes de la relación [de poder] de la líder del sindicato con los anteriores secretarios de Educación, allí no había sino una de dos alternativas: o asumirse como pares de la líder del sindicato, o asumirse como subordinados. Y Josefina nunca aceptó ser subordinada de la maestra".

Las relaciones entre la secretaria y la maestra comenzaron a caer en picada a fines de 2008, a raíz de una broma inocente de Vázquez Mota que enfureció a la maestra y la llevó a quejarse airadamente ante el presidente Calderón. Poco después de que el periódico *Reforma* publicara una información que causó un escándalo nacional —la noticia de que Gordillo les había regalado a dirigentes del SNTE 59 camionetas Hummer modelo H3 importadas de Estados Unidos—, el entonces oficial mayor de la Secretaría de Educación Pública, Castellanos, había comprado cuatro camionetas Hummer de juguete en una tienda Sanborns de la ciudad de México, y le había regalado una a su jefa, Vázquez Mota. Divertida por la ocurrencia, Vázquez Mota llevó su Hummer de juguete esa noche a una cena que tenía agendada con el presidente del comité de educación de la Cámara de Diputados, Tonatiuh Bravo Padilla, y se la regaló. La broma no hubiera salido a la luz si no fuera porque al día siguiente Castellanos le regaló otra de las Hummers de juguete a Sonia del Valle, una de las periodistas de *Reforma* que había destapado el escándalo de los regalos de las camionetas de lujo a los dirigentes del SNTE.[9] Posteriormente, el periódico publicó una foto de la Hummer de juguete, con una leyenda que decía que funcionarios de la Secretaría de Educación estaban regalando las camionetas de miniatura a periodistas.

Al ver el periódico, Gordillo montó en cólera, y —según me confirmó tiempo después la propia líder del SNTE— se quejó ante el mismísimo presidente de la República de que funcionarios de la Secretaría de Educación estuvieran manchando de esa manera la reputación del sindicato. Según recuerda Castellanos, "el presidente se enojó, y pidió que se investigara quién estaba dando las Hummers de juguete a los periodistas. Fue una travesura mía, pero yo no le dije a nadie que había sido yo, ni siquiera a mi jefa."[10] Vázquez Mota permanecería en su cargo algunos meses más, pero su suerte estaba echada.[11]

¿No claudicó Calderón al pedirle la renuncia a la primera secretaria de Educación en la historia reciente del país que le había dado pelea al poderoso sindicato de maestros? ¿No fue el equivalente a rendirse ante el poder del SNTE, sacrificando la modernización del sistema educativo mexicano? Pocas semanas después de su dimisión le hice estas y otras preguntas a la propia Vázquez Mota en una larga entrevista en la ciudad de México.

Vázquez Mota —ya en campaña para ayudar a Calderón en las elecciones legislativas— me respondió con una sonrisa que no supe de inmediato si era de asombro o de picardía política cuando le pregunté si el presidente había retrocedido en su apoyo inicial a la Alianza Educativa.

—¿Ésa es tu impresión? —me preguntó.

—Sí, y la de mucha otra gente —le respondí.

—Mira, yo tengo la convicción de que el presidente está absolutamente comprometido con esta agenda y con esta Alianza. Nunca tuve ni la percepción, ni mucho menos la conclusión de que el presidente no la estimara. Sabíamos desde el principio que era una reforma que requiere de una gran energía política, mediática, y que íbamos a tener resistencias importantes, como fue el caso de Morelos, o en un tiempo también el de Quintana Roo, por la venta de las plazas. Y probablemente esa impresión que se construyó tiene que ver con que el presidente ha dedicado gran parte de su tiempo y su atención a la agenda de seguridad. Yo pasé muchísimas horas con el presidente en la oficina trabajando. Él personalmente revisó cada punto de la Alianza —dijo Vázquez Mota.

¿Y Gordillo? ¿Había sido un muro de contención a todo esfuerzo de modernización educativa, como señalaba el estudio del Foro Económico Mundial? Vázquez Mota respondió que "ella tenía un reconocimiento de que realmente el modelo educativo mexicano había llegado a su fin, que estaba absolutamente devastado. Lo conversamos primero entre nosotras, y fue un trabajo largo, fue una negociación que nos llevó un buen número de meses".

¿Qué falló, entonces?, le pregunté. La ex secretaria siguió con su libreto de acentuar lo positivo. Obviamente, tenía toda la intención de no criticar frontalmente a Gordillo, quizás porque tal cosa podría entorpecer los acuerdos políticos de Calderón con el sindicato de maestros. La maestra Gordillo había estado de acuerdo en la necesidad de eliminar la práctica de venta de plazas de maestros, dijo Vázquez Mota. Las mayores resistencias no habían venido de ella, sino de los propios maestros, añadió.

Pero a pesar de sus aparentes elogios a Gordillo, Vázquez Mota dijo al final de la entrevista que "para mí, el mayor desafío fue construir una relación de carácter institucional de pares con la líderesa del SNTE". Cuando le pedí que fuera más explícita, como lo había sido su ex oficial mayor Castellanos, me respondió con una sonrisa, y cambió el tema. Pocos días después, otros funcionarios cercanos a Vázquez Mota me explicaron más en detalle lo que probablemente había querido decir la ex secretaria de Educación.

"LA SECRETARÍA ESTÁ TOMADA POR EL SINDICATO"

El problema de fondo entre la secretaria y la maestra no había sido de personalidades ni de celos, como muchos decían, sino puramente político, señalaron el ex oficial mayor Castellanos y otros tres ex colaboradores de Vázquez Mota en entrevistas separadas. La líderesa del sindicato estaba acostumbrada a tratar a los secretarios de Educación Pública como empleados suyos, y Vázquez Mota no había estado dispuesta a asumir ese rol. El poder de la maestra sobre los anteriores secretarios de Educación Pública había sido tan grande que cuando el antecesor de Vázquez Mota —Reyes Tamez Guerra— había terminado su mandato al concluir el gobierno de Vicente Fox, se convirtió en candidato a diputado por el partido político de Gordillo, Nueva Alianza, en las elecciones legislativas de 2009. Ahora era el líder de la bancada de Nueva Alianza y estaba a las órdenes de la maestra. Gordillo estaba acostumbrada a tener a los secretarios de Educación bajo sus órdenes, y Tamez Guerra no había sido la excepción a la regla.

¿Y por qué Vázquez Mota no había usado el poder de su puesto de secretaria de Estado para negociar desde una posición de fuerza?, les pregunté a varios funcionarios afines a la ex secretaria.

"Porque en realidad la Secretaría de Educación Pública está tomada por el sindicato", me respondió un alto funcionario de la secretaría que simpatizaba con la línea de Vázquez Mota. "Lo que hay *de facto* en la Secretaría de Educación es un cogobierno entre el secretario de turno y el SNTE, y en esa relación el sindicato es el que tiene más poder. La secretaría está totalmente penetrada por el SNTE."

Casi todos los puestos claves de la Secretaría de Educación estaban a cargo de incondicionales de "la maestra". El caso más claro era la Subsecretaría de Educación Básica, de lejos la más importante, que tenía a su cargo el 80 por ciento de los alumnos y el principal presupuesto dentro de la Secretaría de Educación Pública, y que estaba dirigida por Fernando González, el yerno y operador político de Gordillo. González tenía a su cargo la atención de 25.6 millones de estudiantes, mientras que los otros subsecretarios de Educación Media Superior y Superior, juntos, tenían a su cargo 6.5 millones de alumnos. El yerno de Gordillo no sólo tenía una megasubsecretaría, sino que era la voz de "la maestra", que le decía al secretario de Educación de turno cuáles medidas serían aceptadas por el sindicato y cuáles no.

¿Y acaso Vázquez Mota, o su sucesor, Lujambio, no podían despedir a González?, pregunté.

"Imposible", me dijo uno de los entrevistados, dirigiéndome una mirada casi piadosa, como asombrado por mi ingenuidad. "Josefina [Vázquez Mota] siempre estuvo acotada, porque la relación con el sindicato no pasa por la Secretaría de Educación, sino por [la residencia presidencial de] Los Pinos. Y mientras exista esa alianza política entre Calderón y la maestra, difícilmente va a haber un secretario de Educación que pueda hacer algo."

Efectivamente, Calderón había ganado las elecciones presidenciales de 2006 —por estrechísimo margen— gracias a "la maestra", según me señalaron varios colaboradores del presidente y —como veremos en las páginas siguientes— me corroboró meses después la propia líderesa sindical. El candidato opositor de izquierda, Andrés Manuel López Obrador, había llevado una cómoda ventaja en las encuestas hasta las últimas semanas antes de las elecciones. Sin embargo, en el tramo final de la campaña, Gordillo —que había roto públicamente con el candidato del PRI, Roberto Madrazo— había organizado cinco actos públicos para presentar a Calderón a los maestros, dándole una plataforma privilegiada para llegar a sus afiliados, y había puesto a disposición del candidato del PAN toda la maquinaria sindical de los maestros para actuar como observadores en las casillas de las regiones más recónditas del país, donde el partido de Calderón no tenía mucha presencia.

Lo que fue aún más importante, en los últimos días antes de las elecciones del 2 de julio de ese año, Gordillo hizo correr la voz entre los afiliados del sindicato de que a los maestros les convenía que Calderón ganara la presidencia. Según allegados a la maestra, la "sugerencia" de Gordillo fue que los maestros dividieran su voto, escogiendo a Calderón para presidente, los candidatos de Nueva Alianza —el partido del SNTE— para diputados, y a quien quisieran para el Senado.

Cuando Calderón ganó la elección por 0.58 por ciento de los votos, López Obrador adujo que había sido víctima de un fraude electoral, diciendo que el partido político de Gordillo, Nueva Alianza, le había traspasado ilegalmente a Calderón los votos para presidente que había obtenido en casillas donde el partido de López Obrador no tenía observadores, y sólo había cuidadores de casilla del SNTE. Los defensores de Gordillo se encogieron de hombros, diciendo que semejantes argumentos eran acusaciones infundadas, y que los maestros habían seguido las "sugerencias" de Gordillo de dividir sus votos. Al margen de quién tuviera razón, lo cierto es que —de una manera u otra— Calderón le debió su victoria electoral a Gordillo.[12]

Y en los años siguientes, Calderón mantuvo viva su alianza con Gordillo por motivos de gobernabilidad. Calderón se había enfrascado en una batalla frontal contra los cárteles del narcotráfico y no quería abrirse nuevos frentes. En medio de la lucha contra los cárteles y la crisis económica mundial que había causado la peor caída de la economía mexicana en muchos años, el presidente no quiso arriesgarse a que cientos de miles de maestros tomaran las calles. Sabía que los maestros tenían la capacidad de paralizar el país, y no quería correr ese riesgo en momentos en que varios medios internacionales estaban debatiendo si la violencia del narcotráfico ya había convertido a México en un "Estado fallido".

Calderón había llegado a la conclusión de que no tenía más remedio que entenderse con el SNTE, y que —en esas circunstancias— lo mejor era tratar de tener a Gordillo como aliada en el proceso de modernizar el sistema educativo y convencer a los sectores más reaccionarios de su sindicato para que aceptaran algunas reformas básicas. Según me dijo un miembro del gabinete de Calderón, "la maestra" actuaba como un muro de contención contra los sectores de la izquierda radical entre los docentes.

"Contrariamente a lo que muchos piensan, la maestra tiene un liderazgo débil", me dijo el funcionario del gabinete nacional. "El SNTE tiene 57 secciones, de las cuales dos, Oaxaca y Michoacán, están en manos de la disidencia radical de izquierda, y el resto de las secciones le responden en mayor o menor medida. Ella está convencida de que hay que hacer las reformas, pero no le es fácil arrastrar el sindicato consigo. Entonces, lo que hace ella es avanzar y retroceder, según se lo permitan sus bases."

GONZÁLEZ: "NO HAY RESISTENCIA DE LOS MAESTROS"

Cuando me reuní para comer en el restaurante del Hotel Camino Real de la ciudad de México con Fernando González, el poderoso subsecretario de Educación Básica y yerno de Gordillo, le pregunté de plano si hay venta de plazas de maestros en México o si semejantes aseveraciones son un mito.

"No, no es un mito. Existe. Hay venta de plazas en México, y hay que asumirlo y atacarlo", respondió. Agregó, sin embargo, que "no es un fenómeno generalizado", sino "acciones individuales que tienden a ser más claras en algunas entidades del país".[13]

¿Y la herencia de plazas, existe tambien?, le pregunté. González asintió con la cabeza.

"La herencia de plazas es un fenómeno más bien de tradición de los sindicatos, de todos los gremios de México, donde los oficios se heredan de padres a hijos, y que resulta del hecho de que muchos maestros envían a sus hijos a las escuelas normales para que sean también maestros —dijo—. Pero yo creo que es una práctica que hay que ir sustituyendo por algo más equitativo, más contemporáneo, que tenga un referente más en el mérito personal de las personas, y no en la relación familiar, política o sindical. Que sólo el mérito hable por la persona, no importa de dónde venga."[14]

¿Y entonces por qué los maestros se oponen a las reformas para modernizar la educación?, le pregunté.

"Yo creo que el problema es multifactorial —respondió el super-subsecretario—. Yo no he encontrado resistencia ni en los maestros ni en el sindicato, ni a la evaluación ni a la modernización del sistema. Hemos inculcado reformas, cambios en los programas, y yo he encontrado una gran colaboración en las secciones sindicales de los estados." Entre otras cosas, los maestros habían aceptado someterse a exámenes de evaluación y realizar el *test* internacional PISA a todos los jóvenes de 15 años, algo que muchos países latinoamericanos no se habían animado a hacer, agregó.

¿Pero acaso no se han opuesto a los incentivos salariales al mérito de los maestros? ¿No es por eso que está atorado el acuerdo de la Alianza por la Calidad de la Educación?, le pregunté. González respondió que la objeción de los maestros no era a los incentivos materiales por mérito, sino a la forma en que se pensaba medir la capacidad de los maestros. México es un país muy disímil, explicó, donde hay estados que tienen un nivel socioeconómico cercano al Primer Mundo, y otros que están en la más absoluta pobreza. Entonces, es injusto aplicar el mismo examen para todos los maestros, señaló.

Según González, la solución estaba en la creación de políticas educativas acordes a las necesidades de cada estado del país. Lo que hay que hacer es "focalizar la educación", dijo. "Yo quiero hacer 32 planes educativos, porque tengo 32 estados que son como 32 países en términos de sus diferencias."

LA EDUCACIÓN SECUNDARIA: EN EL LIMBO

Antes de hablar con Gordillo, quise averiguar más sobre otros dos grandes factores que, según me habían dicho, impiden el progreso de México: la enorme deserción a nivel de la escuela secundaria y el mal desempeño de sus universidades. En México, 40 por ciento de los jóvenes no terminan el bachillerato. En 2009, el entonces encargado de educación media superior de la Secretaría de Educación, el subsecretario Miguel Székely, me dijo que se habían hecho dos encuestas para entender el fenómeno de la deserción, y que ambas mostraron que "el primer motivo por el que desertan es que la escuela no les gusta, no les interesa, no le ven ninguna utilidad. A nosotros nos sorprendió, porque pensábamos que el primer motivo sería económico".[15]

Székely me dio varias explicaciones de los posibles motivos para explicar la falta de interés de los jóvenes en terminar la secundaria y de lo complejo que era modernizar la enseñanza media superior en un sistema en que el gobierno federal compartía con los gobiernos estatales el control de casi la mitad de las secundarias. Pero lo que me pareció más interesante fue su explicación política sobre por qué las secundarias están en crisis no sólo en México sino en toda América Latina: la educación secundaria —a diferencia de la primaria y la universitaria— carece de grupos de interés poderosos o influencias políticas importantes para asegurarle un presupuesto acorde a su importancia.

"En la educación básica, o primaria, generalmente tienes un grupo de interés, que son los sindicatos, que ejercen una gran presión social para los presupuestos —dijo Székeli—. Y en el otro extremo tienes las universidades, muchas de ellas autónomas, y con un gran poder político. En México, los rectores son como vicegobernadores en muchos estados, son virreyes en un entorno en donde, por la autonomía universitaria, no te puedes meter como gobierno. Y la educación media se queda en la mitad, en el limbo."[16]

Las pruebas estaban a la vista, señaló Székely: el bachillerato en México tiene el doble de estudiantes que las universidades, y sin embargo cuenta con menos de la mitad del presupuesto de éstas. Mientras que la educación superior tiene un presupuesto de unos 6 000 millones de dólares para un universo de casi dos millones de alumnos, el bachillerato cuentan unos 2 600 millones de dólares para casi 4 millones de estudiantes, señaló. Algo parecido estaba pasando en muchos países latinoamericanos.

El relato de Székely me trajo a la memoria lo que me había dicho Bill Gates, en el sentido de que la gran ventaja que había tenido sobre otros jóvenes de su edad en otras partes del mundo era que había recibido una excelente educación secundaria, en que le habían despertado el interés por la ciencia y la tecnología. En México, con un escaso presupuesto para la escuela secundaria y el lastre de un sistema que toleraba la venta y herencia de plazas de maestros, se hacía difícil que los bachilleratos produjeran un Bill Gates.

¿QUÉ PASÓ CON ENCICLOMEDIA?

Antes de la Alianza Educativa, el gran proyecto de México para modernizar la educación había sido Enciclomedia, un programa de educación visual de 2 000 millones de dólares lanzado por el gobierno de Vicente Fox. El plan consistía en dotar de pizarras electrónicas interactivas a todas las aulas del país e ingresar a todos los estudiantes en la era digital desde muy temprana edad. Yo había visto una demostración de Enciclomedia en Mexico en 2006, y me había quedado maravillado. La pizarra electrónica reproducía la página del libro de texto que el estudiante tenía en su pupitre, y permitía al profesor, o a los estudiantes, seleccionar palabras clave en la pizarra y ver un video que ilustraba el texto. Por ejemplo, si se trataba de una lección sobre las ruinas mayas, el estudiante podía presionar la palabra "ruinas mayas" y ver un cortometraje de las ruinas a las que se refería el texto.

El plan se había puesto en práctica en las 150 000 aulas de quinto y sexto grado del país hacia finales del gobierno de Fox y —tal como ocurriría más tarde en Uruguay con el programa de las *laptops* para todos los estudiantes— había sido mostrado por el partido del gobierno como uno de sus principales logros en la campaña electoral de 2006.

Según estaba previsto, la segunda etapa del plan Enciclomedia debía comenzar en 2007 con la instalación de las pizarras interactivas en 42 000 secundarias. Sin embargo, una vez instalado el nuevo gobierno de Calderón, se decidió suspender la expansión de Enciclomedia a la escuela secundaria, tras varias denuncias periodísticas sobre irregularidades en los contratos y críticas de que se trataba de un gasto injustificado considerando que todavía existían númerosas escuelas que tenían serios problemas de infraestructura, ya que en algunas zonas rurales ni siquiera había electricidad para activar las pizarras. Asimismo, la prensa mexicana le había dado gran difusión a un estudio de un grupo de investigadores de Harvard, según el cual era necesario invertir en la capacitación de los maestros en el manejo de las pizarras, porque en muchos casos no sabían cómo utilizarlas. Intrigado, llamé a la coordinadora del estudio, la profesora Ilona Holland, para que me dijera si en efecto había desaconsejado el plan de expandir Enciclomedia a la escuela secundaria. Holland, midiendo muy bien sus palabras, me dijo que "el entrenamiento de maestros tiene que ser mejorado. Pero el programa de Enciclomedia por sí mismo tiene gran potencial, y puede incrementar sustancialmente los logros del estudiantes". No era, precisamente, una descalificación de Enciclomedia.

Una tarde, durante una de mis visitas a México, fui a una escuela en la ciudad de México —escogida al azar— para ver en qué había quedado el proyecto Enciclomedia. Fui a la escuela 383, Ángel Salas Bonilla, en la colonia Avante, una zona de clase media donde también vive mucha gente de pocos recursos, y le pregunté a varias maestras si estaban usando el programa de educación visual.

Según me contaron las maestras, la escuela había recibido cinco equipos de Enciclomedia años atrás, pero nunca se les había dado entrenamiento a los profesores, de manera que sólo dos maestros —que eran hábiles para la tecnología— habían podido usarlos. Hilda Ruiz, maestra de la escuela, me dijo que "recién ahora, tres años después de llegados los equipos, nos están dando una capacitación multimedia". Y con el transcurso del tiempo, los estudiantes se habían robado los altavoces, y éstos nunca habían sido repuestos. Ahora, los maestros estaban esperando los nuevos altavoces. Irónicamente, antes habían tenido los equipos pero no sabían cómo usarlos, y ahora que estaban a punto de saber cómo aprovecharlos, no tenían los equipos. "De los cinco equipos que nos dieron, hoy día no estamos usando ninguno", se lamentó Ruiz.

"LO DEJARON MORIR; ES UNA LÁSTIMA"

Desde el carro que me conducía de regreso de la escuela que acababa de visitar, llamé a Felipe Bracho, creador de Enciclomedia, quien me había mostrado el sistema pocos años atrás en su computadora *laptop*. Lo escuché con la voz cansada, parecía frustrado por el curso que había tomado su gran proyecto educativo.

Bracho, un matemático de formación, había ofrecido el programa a la Secretaría de Educación Pública en 2001 en forma gratuita para su uso en el país, reservándose los derechos mundiales. Tras la puesta en marcha del proyecto en todas las aulas de quinto y sexto grado del país, el programa había atraído la atención de la prensa en todo el mundo. Expertos de Egipto, Brasil y otros países habían ido a México para estudiar el nuevo sistema de educación interactiva. Aunque el sistema ya existía en algunos países ricos, su aplicación en países en desarrollo era una novedad.

Según Bracho, la cancelación de la expansión de Enciclomedia a la escuela secundaria lo había tomado por sorpresa, porque en un principio Calderón había elogiado a Enciclomedia. Pero cuando salieron denuncias periodísticas de que varias escuelas estaban pagando por el mantenimiento de pizarras electrónicas que no funcionaban, y de que los maestros no estaban suficientemente entrenados para enseñar con la nueva tecnología, el gobierno había dado marcha atrás. Según Bracho, lo que vino después fue una "cacería de brujas" en que se hicieron más de 30 auditorías sin que se encontraran irregularidades significativas.

"Yo no digo que todo estaba perfecto: es difícil que en un programa de 150 000 aulas no haya ninguna irregularidad —me dijo Bracho—. Pero, típico mexicano, en lugar de seguir con el programa y castigar a los culpables, abandonaron el programa. Lo han dejado morir. Es una lástima."[17]

¿Usted dejó morir Enciclomedia?, le pregunté a Vázquez Mota. "No se ha abandonado, en absoluto —respondió ella—. Enciclomedia sigue perfectamente en la primaria. Lo que estaba en discusión era hacer una inversión tan grande para extenderlo a la escuela secundaria. Y concluimos que lo mejor en la escuela secundaria era tener una computadora por alumno."[18]

SÓLO 24 POR CIENTO DE LOS JÓVENES EN LA UNIVERSIDAD

El Informe de la Competitividad de México de 2009, del Foro Económico Mundial, señalaba también que otro de los mayores obstáculos para aumentar la competitividad del país son sus universidades. Como vimos en las primeras páginas de este libro, México tiene una sola universidad entre las 200 mejores del mundo del *ranking* del Suplemento de Educación Superior del *Times* de Londres. Se trata de la gigantesca Universidad Nacional Autónoma de México (UNAM), que está en el puesto 190.[19]

Y lo que es más alarmante aún, el porcentaje de jóvenes mexicanos que entran en la universidad es mínimo: apenas 24 o 25 por ciento, según la OCDE y el Banco Mundial, respectivamente. En comparación, 93 por ciento de los jóvenes de Corea del Sur y 47 por ciento de los jóvenes chilenos entran en la universidad, según datos del Banco Mundial.[20] "Los países que aparecen a través del tiempo en los primeros lugares del *ranking* de competitividad del Foro Económico Mundial, como Estados Unidos, los países del norte de Europa, y naciones más pequeñas, como Israel y Singapur, tienen en común en la historia de su desarrollo reciente un enorme énfasis en su educación universitaria", dice el estudio del Foro Económico Mundial. Y México dista mucho de tener uniniversidades buenas, dice el estudio.

LA UNAM: MAL, PERO MUCHO MEJOR

Cuando entré en el despacho del rector de la UNAM, José Narro Robles, pensé que escucharía un discurso triunfalista de parte del principal directivo de la universidad de casi 300 000 alumnos y 34 000 profesores. Desde que Narro había asumido la rectoría de la UNAM en 2007, la gigantesca universidad estatal mexicana había sido galardonada en 2009 con el prestigioso Premio Príncipe de Asturias por "su oferta académica y de investigación" y su "firme compromiso con la difusión cultural, el humanismo y las nuevas tecnologías".

Supuse que Narro me restregaría estos logros en la cara, y me reprocharía por el subcapítulo sumamente crítico que le dediqué a la UNAM en mi último libro, *Cuentos chinos*, que había titulado "La UNAM: modelo de ineficiencia". En ese tramo del libro señalé que la UNAM se estaba llevando 30 por ciento del presupuesto nacional para la educación terciaria —unos 1500 millones de dólares anuales—, y a pesar de eso estaba mostrando pobrísimos resultados. México era una de las economías más grandes del mundo y su principal universidad estatal estaba en los últimos puestos de los *rankings* de las 200 mejores universidades del mundo. Además, había escrito que la UNAM se estaba quedando atrás de otras universidades mexicanas: mientras 66 por ciento de las universidades públicas y privadas mexicanas habían aceptado ser evaluadas en 2005 por el instituto acreditador de México, Ceneval, la mayoría de las carreras de la UNAM se negaban tenazmente a ser evaluadas, y permanecían sin acreditación. La Universidad de Tlaxcala, por ejemplo, tenía 100 por ciento de sus carreras de licenciatura acreditadas en ese año, mientras que la UNAM apenas tenía 22 por ciento de sus carreras en esa situación.

Sin embargo, a diferencia de su antecesor, el ex rector Juan Ramón de la Fuente —que a veces parecía más interesado en promocionar su imagen para una carrera política que en mejorar la calidad de la universidad—, Narro no salió a defender ciegamente todo lo que hacía la UNAM. El nuevo rector, un médico cirujano que se había desempeñado anteriormente como director de la Facultad de Medicina de la UNAM, parecía genuinamente decidido a identificar aquellas áreas en que la universidad debía mejorar, y a modernizarla. Y, según me enteré después por varios expertos del mundo educativo —incluyendo la ex secretaria Vázquez Mota—, se había ganado la reputación de tener un pensamiento moderno dentro de la cultura setentista de la gigantesca universidad estatal.

Cuando le pregunté sobre el estudio del equipo de economistas de Harvard y su veredicto sobre la eduación superior en México, Narro me contestó sin tapujos: "Nos va mal. Estamos en este país cojeando. Estamos mal en cobertura, y en la calidad de la educación superior. Lo que tenemos no es suficiente, ni en cantidad ni tampoco en la calidad que se requiere". En cuanto a la UNAM, Narro me dijo que aunque se estaban haciendo muchos progresos —el número de carreras acreditadas de la UNAM había subido de 22 a 85 por ciento desde mi última visita a la universidad hacía cuatro años—, la suya era una universidad gigantesca "que, como algunas universidades grandes, tiene problemas". Por ejemplo, señaló, "tenemos que fortalecer la enseñanza de las ciencias físico-matemáticas y de las ingenierías. Eso es muy importante".[21]

El porcentaje de estudiantes que se incribe en las carreras de ciencias en la UNAM sigue siendo bajísimo, me dijo Narro. Mientras 51.5 por ciento de sus estudiantes cursan carreras de ciencias sociales o humanísticas, 29 por ciento estudia medicina y biología, y sólo 19.5 por ciento ciencias físico-matemáticas e ingeniería. Para incentivar a que más estudiantes sigan carreras científicas o de ingeniería, la UNAM estaba invirtiendo cada vez más tiempo y dinero en programas de difusión entre los 100 000 estudiantes de bachillerato que están bajo la órbita de la universidad. Pero la UNAM todavía está muy lejos de tener un porcentaje de estudiantes de ciencias e ingeniería como los de Corea del Sur u otros países más competitivos, señaló. El rector me impresionó muy favorablemente: estaba siendo sincero, reconociendo los problemas de la UNAM, y buscándoles soluciones.

SECRETARIO ACADÉMICO: "HEMOS ESTADO FUERA DE FOCO"

¿No es ridículo que la UNAM tenga más convenios con universidades de Cuba, que ni siquiera aparecen en los *rankings* internacionales, que con las de Estados Unidos?, le pregunté en una entrevista separada a Sergio Alcocer, secretario académico de la UNAM.

Alcocer me mostró, ante mi requerimiento, los últimos datos sobre los intercambios de profesores de la UNAM con otras universidades del resto del mundo, y sobre el número de titulaciones conjuntas con universidades extranjeras. Las cifras mostraban que la UNAM tiene tres veces más profesores visitantes de Cuba —que no tiene ninguna universidad en el *ranking* de las 200 mejores del mundo— que de Gran Bretaña, que tiene 25 universidades en esa lista, incluidas cuatro de las 10 mejores del mundo. Lo que es más, la UNAM sólo tiene convenios de posgrados conjuntos con ocho universidades extranjeras, de las cuales ninguna es de Estados Unidos.[22]

"Hemos estado fuera de foco —reconoció Alcocer—. Tenemos que definir mejor el foco de la internacionalización de la UNAM. Por un lado, debemos mantener una estrecha relación con las universidades iberoamericanas. Pero los principales desarrollos en materia del conocimiento se están dando en las universidades norteamericanas, inglesas y asiáticas. Es con ellas con quienes debemos tener una mayor vinculación, que se traduzca en una mayor movilidad de alumnos, una mayor movilidad de profesores, y el desarrollo de proyectos conjuntos, incluidas las carreras de grado conjuntas."[23]

Para lograr esa meta, el equipo de Narro estaba identificando las mejores universidades del mundo para cada especialidad, para iniciar acercamientos con ellas, me dijo Alcocer. "La idea sería que para finales del 2011 tengamos convenios con las mejores 30 universidades del mundo. Ya estamos hablando con la Universidad de California en Los Ángeles, Stanford, y la Universidad de Arizona. Con ellos vamos a empezar", agregó.[24]

NARRO: "NO TENEMOS UNA CULTURA DEL PATENTAMIENTO"

El aislamiento internacional heredado por las autoridades de la UNAM se traducía, entre otras cosas, en un pobrísimo desempeño en investigación y desarrollo de nuevas patentes comerciales, una de las grandes fuentes de ingresos de las mejores universidades del mundo y el motor económico de varios países. Narro acababa de crear un departamento dentro de la UNAM —la Coordinación de Innovación y Desarrollo— dedicado exclusivamente a aumentar el número de patentes que pudieran tener una salida comercial. La nueva oficina ofrecía ayuda a los profesores para hacer los engorrosos trámites burocráticos requeridos para registrar una patente. El problema era que los académicos de la UNAM veían el desarrollo comercial de nuevos productos como algo ajeno, indigno de su condicion de intelectuales, reconoció el rector.

"No hay una cultura del patentamiento, no la tenemos", me dijo Narro. La mayoría de los profesores de la UNAM ve el patentamiento y desarrollo comercial de nuevos productos como el equivalente a "venderse" a empresas con ánimo de lucro. "Ellos dicen que están para producir ciencia básica. A ellos les interesa más un artículo que una patente", señaló.[25] En el último año, la UNAM había registrado sólo una patente en Estados Unidos, según el registro de patentes de ese país.

Eso hace que ustedes se pierdan de una fuente de ingresos impresionante, ¿no?, le pregunté.

"Brutal", respondió el rector.

Y eso está contribuyendo a que México sea uno de los países de ingresos medios que registra menos patentes, retrasando enormemente su desarrollo económico, según varios estudios. Las cifras son preocupantes: México registra apenas 0.5 patentes por millón de habitantes, mientras que Taiwán registra 270, Israel 158, y Corea del Sur 130.[26] Narro señaló que esperaba que la nueva oficina de la UNAM ayudara a revertir la tendencia. "Estamos ofreciéndoles hacernos cargo de la tramitología, que es complicada [...] Y luego encontrarle salida comercial [...] Lo que necesitamos no es que alguien se quede con una patente para su currículum, sino que encuentre la salida con el sector empresarial", dijo Narro.[27]

EL 99 POR CIENTO DE LAS PATENTES EN MÉXICO, DE EXTRANJEROS

El director de la nueva Coordinación de Innovación y Desarrollo de la UNAM, Jaime Martuscelli, me recibió con un listado de estadísticas que señalaban —entre otras cosas— que la gran mayoría de las 15 000 patentes por año en México son solicitadas por empresas o particulares extranjeros. Y de las que son aprobadas y terminan inscritas en el registro de propiedad intelectual de México, 98.6 por ciento son de extranjeros.[28] De las pocas solicitudes de patentes presentadas por mexicanos, la mayor parte corresponde al Tecnológico de Monterrey. La UNAM, con todos sus recursos, sólo había logrado registrar cuatro patentes en 2008, según el registro de propiedad intelectual de México.

"Con toda nuestra enorme fortaleza académica, deberíamos tener cinco veces más patentes concedidas —reconoció Martuscelli—. Y esas cuatro que tenemos no sirven para nada si no se logran licenciar para la producción comercial. Si no tienen salida comercial, sólo sirven para la 'Egoteca'."[29]

Parte del problema de México —además del poco interés histórico de los profesores por el patentamiento de invenciones— es la falta de inversión estatal y empresarial en innovación, y el casi total divorcio entre la universidad estatal y la empresa privada, que dificulta la identificación de productos con salida comercial, y su posterior desarrollo, señaló Martuscelli.

¿UNIVERSIDAD GRATUITA O SUBSIDIO A LOS RICOS?

¿Cómo puede competir la UNAM con las mejores universidades del mundo cuando tiene un presupuesto anual de 1 500 millones de dólares para 300 000 alumnos, mientras que Harvard tiene un presupuesto anual de 3 500 millones de dólares para menos de 20 000 alumnos?, le pregunté a varios defensores de la universidad gratuita en México. Harvard gasta 180 000 dólares anuales por alumno, mientras que la UNAM invierte sólo 5 000 dólares por alumno. Ambas universidades están a años luz de distancia, les señalé. ¿No es ridículo que la UNAM no cobre matrícula a quienes pueden pagar, para aumentar su presupuesto y poder brindar una mejor eduación?

El Banco Mundial, en un estudio confidencial que recomendaba a los países convertir sus subsidios universales en subsidios focalizados, señaló el caso de la UNAM como un ejemplo típico de subsidios que benefician a los ricos. Según el estudio, 50 por ciento del presupuesto anual de la UNAM beneficia a estudiantes pertenecientes al 20 por ciento más rico de la población, debido a la alta concentración de estudiantes de clase media alta y clase media en la universidad. Paradójicamente, considerando que la idea detrás de la universidad gratuita es ayudar a los pobres, sólo 1 por ciento del presupuesto anual de la UNAM beneficia al 20 por ciento más pobre de la población, dice el estudio.[30]

¿No sería mucho más lógico cobrarle a los estudiantes que pueden pagar, y darles becas completas y subsidios adicionales a quienes no pueden hacerlo?, pregunté. Las autoridades de la UNAM y de otras universidades estatales me respondieron que hay númerosos motivos para mantener la educación universitaria gratuita. En primer lugar, señalaron que la educación terciaria es una inversión a mediano y largo plazo. Por ejemplo, Finlandia, Noruega y varios otros países le apostaron a subsidiar la educación universitaria gratuita y les ha ido muy bien, señalaron. En segundo lugar, argumentaron que el porcentaje de estudiantes con pocos recursos en universidades estatales como la UNAM es mayor que el señalado por el Banco Mundial. En promedio, más de 25 por ciento de los estudiantes de la UNAM —o sea 75 000 jovenes— vienen de familias con pocos recursos económicos. En tercer lugar, y lo más importante, introducir el arancelamiento sentaría un precedente que podría conducir a un sistema de cobro universal a todos los estudiantes, que podría perjudicar aún más a los sectores más pobres de la población, me dijeron.

UNA SOLUCIÓN: COBRARLE A LOS EGRESADOS

Los argumentos eran atendibles, pero no me convencieron. En primer lugar, el argumento de que Finlandia, Suecia y otros países escandinavos habían tenido experiencias muy exitosas con la universidad gratuita era tramposo, porque se trata de países en los que —a diferencia de los latinoamericanos— los contribuyentes pagan impuestos por hasta 55 por ciento de sus ingresos. En segundo lugar, si había 25 por ciento de estudiantes de familias pobres en la universidad, ¿por qué no cobrarle al 75 por ciento restante, que podía pagar, o hacer lo que hacen países como Chile y Australia, que no les cobran a los estudiantes universitarios mientras estudian, pero les exigen empezar a pagar un pequeño porcentaje de su salario a la universidad una vez que se gradúan y consiguen empleos?

A diferencia de lo que ocurría hace medio siglo, cuando los países no contaban con información detallada sobre los ingresos familiares, hoy las cosas han cambiado gracias a la revolución tecnológica: los gobiernos tienen información que les permite establecer fácilmente quienes son los estudiantes que, tras graduarse, ganan sueldos que les permitirían pagar una parte de sus estudios universitarios con retraoactividad.

Si países tan disímiles como la dictadura de derecha de Singapur, la dictadura comunista de China, y países capitalistas como Estados Unidos y Australia, o social-democracias como España y Chile cobran aranceles a sus estudiantes universitarios o graduados, y utilizan los fondos para mejorar la eduación general y becar a los más necesitados, me cuesta no ver el sistema de educación universitaria gratuita de México como un subsidio a los ricos, que además priva de subsidios económicos a los pobres y al mismo tiempo empobrece a las universidades.

De todos modos, salí de mi visita a la UNAM mucho más esperanzado de lo que había estado tras mi visita anterior años atrás. Considerando que seguía fresca la memoria de la huelga estudiantil de la UNAM que paralizó la universidad durante el gobierno del presidente Ernesto Zedillo, cuando se propuso el sistema de cuotas, no era de extrañar que siguiera siendo un tema tabú para las autoridades universitarias mexicanas. Aunque ésa seguía siendo una asignatura pendiente, la UNAM se estaba poniendo al día en varios otros frentes, tomando medidas para dejar de merecer el mote de "modelo de ineficiencia" que le había endilgado en mi libro anterior.

BRASIL PRODUCE 10 000 DOCTORADOS POR AÑO, MÉXICO 2 500

Cuando le pregunté al director del Consejo Nacional de Ciencia y Tecnología (Conacyt), Juan Carlos Romero Hicks, cuales eran los ejemplos más destacados en materia de innovación en México, se quedó pensando durante varios segundos, y prometió mandarme un correo con la información que le estaba pidiendo. No era que no supiera de ninguno —más tarde en la conversación recordó un avión no tripulado de reconocimiento y espionaje desarrollado en Guanajuato que era más barato que los israelíes—, pero lo que más me llamó la atención es que ninguno le viniera a la mente de inmediato. Probablemente no era por ignorancia, sino porque, a diferencia de Brasil —donde la fábrica de aviones Embraer se ha convertido en la tercera más grande del mundo de la industria aeronáutica, después de la Boeing y la Airbus—, México no tiene muchas industrias de punta que sean reconocidas internacionalmente como líderes en innovación.

Más tarde en la entrevista, Romero Hicks me señaló que científicos mexicanos están trabajando con bastantes posibilidades de éxito en una vacuna contra la influenza H1N1, otros están muy avanzados en estudios del genoma del maíz, y en varios campos de la nanotecnología. Sin embargo, el funcionario —ex gobernador de Guanajuato y ex rector de la Universidad de Guanajuato— reconoció que México tiene un serio problema en materia de innovación: el Estado no sólo invierte menos de la mitad de lo que invierte Brasil en investigación y desarrollo como porcentaje de su PIB, sino también produce muchos menos investigadores y científicos. "Brasil está produciendo unos 10 000 doctorados por año, mientras que México produce unos 2 500", señaló.

EL NUEVO SECRETARIO DE EDUCACIÓN

En medio de todos estos problemas con los maestros, la educación media y las universidades, el nuevo secretario de Educación Pública, Alonso Lujambio, había sido nombrado para su cargo en abril de 2009 con la misión prioritaria de "recuperar la interlocución" con "la maestra". Para los defensores de Vázquez Mota eso equivalía a una orden de claudicación. Para los seguidores del nuevo secretario, en cambio, era un llamado al pragmatismo, y a redoblar el esfuerzo por lograr que el sindicato de maestros implementara los acuerdos de la Alianza. Tal como me lo senaló un funcionario del entorno cercano de Lujambio, en las actuales circunstancias de México, en las que el presidente Calderón había redoblado su lucha contra los cárteles del narcotráfico, "una batalla frontal contra el sindicato [de maestros] sería suicida". Los maestros paralizarían las principales ciudades y pondrían en jaque la gobernabilidad del país. No quedaba otra que negociar con el sindicato y tratar de trabajar con sus dirigentes más iluminados, afirmaban los colaboradores de Lujambio.

En una entrevista en su despacho, le pregunté a Lujambio por la Alianza por la Calidad de la Educación. Hay una precepción muy difundida en México de que la Alianza se desinfló, en buena parte porque el sindicato no la está implementando, le comenté a manera de pregunta. "Yo creo que en los últimos meses entró en un *impasse*, que estamos rompiendo", respondió Lujambio.

"ÉSA ES UNA LECTURA MUY NEGRA DE LO QUE ESTÁ PASANDO"

Según el secretario, en 2009 se iban a ocupar por concurso unas 30 000 plazas de maestros que se abrían ese año, o sea tres veces más que el año anterior. Aunque los concursos se estaban haciendo sólo para cubrir vacantes, y México se demoraría dos décadas, si no más, en cubrir todas sus plazas de maestros por concursos, se había quebrado la inercia, y los nuevos maestros tenían que pasar un examen, agregó.

¿Y qué pasó con la parte de la Alianza que contemplaba los estímulos económicos para los maestros?, le pregunté. "La política de estímulos de la Alianza ha entrado en un *impasse*, hay que reconocerlo —contestó Lujambio—. El presidente insistió en que los buenos maestros deben ser premiados para generar un incentivo para mejorar la calidad de la educación. Ahora, ¿cómo vamos a definir lo que es un buen maestro? Aquí nos estamos enfrentando con un problema natural con el sindicato. El sindicato, con cierta razón, dice que si tú llevas a un maestro bien capacitado de [una ciudad rica como] Monterrey a una zona de clase media baja de Chiapas o Oaxaca, el resultado de su acción educativa va a ser distinto. Entonces, con la información socioeconómica del censo, estamos tratando de analizar con todo cuidado cuáles son las escuelas que se parecen en términos socioculturales, y a partir de ahí generar una comparación sistemática."[31] En otras palabras, el gobierno se acomodaría a la exigencia del SNTE de que no hubiera un estandar nacional para medir la efectividad de los maestros en el aula.

¿No hubiera funcionado mejor la Alianza si el presidente Calderón hubiera invertido más capital político en ella?, le pregunté al secretario. Lujambio no aceptó la premisa. "Creo que ésa es una lectura muy negra de lo que está pasando —dijo el secretario—. El presupuesto para educación ha ido en alza en el gobierno de Calderón, o sea que no es que se trate de un tema que él haya descuidado. Y la Alianza por la Calidad de la Educación es tambien una expresión de ese interés especial. Creo que ésa es una lectura equivocada."[32]

¿UN SECRETARIO DE EDUCACIÓN *PART-TIME*?

Si a mediados de su mandato Calderón comenzó a postergar sus compromisos con la reforma educativa, a medida que transcurría el tiempo prácticamente los abandonó por completo. A principios de 2010 Lujambio se inscribió oficialmente como miembro del partido del gobierno, el PAN, y comenzó a ser paseado por el país por Calderón como su secretario estrella, adquiriendo un rol de virtual vocero político del presidente. Los medios mexicanos pronto concluyeron que el gobierno estaba preparando a Lujambio para ser su candidato presidencial en 2012. "El secretario de Educación Pública, Alonso Lujambio, aseguró que defenderá la reforma política del presidente Calderón al mismo tiempo que atenderá el sector educativo", decía un artículo del diario *Reforma* el 23 de febrero de 2010. El reportaje citaba a Lujambio señalando: "Que quede muy claro, yo soy secretario de Educación todo el tiempo, pero tambien soy parte de un gabinete y de un gobierno que está impulsando una agenda de reforma política para perfeccionar nuestra democracia".

En rigor, era injusto culpar a Lujambio por tener ambiciones políticas. Pero las críticas se centraban en que Lujambio estaba siendo un secretario de Educación *part-time*, y en que si quería ser el próximo presidente de México, necesitaría de "la maestra" más que nunca, y su subordinación al sindicato sería casi absoluta.

Cuando regresé a México en abril de 2010 y llamé a Székely, el subsecretario de Educación Media a quien había entrevistado en su despacho casi un año antes, me enteré de que ya no estaba en su cargo, y había regresado al mundo académico. ¿Qué pasó?, le pregunté. "Desde muy temprano, a las dos o tres semanas, Lujambio empezó con la idea de que podría aspirar a una candidatura en 2012, y eso cambió las prioridades y los objetivos de la Secretaría —me respondió Székely—. Se empezaron a hacer concesiones que no se habían hecho en el pasado. Empezó a haber una mayor injerencia del sindicato en los contenidos educativos, en los libros escolares, en la formación de docentes, en todo. Cambió todo el enfoque de la Secretaría."[33]

GORDILLO: "SOY LA MÁXIMA IMPULSORA DEL CAMBIO EDUCATIVO"

Pocas semanas antes de entregar este libro, entrevisté a Gordillo en su *penthouse* del piso 12 de su casa en la calle Galileo número 7 de la colonia Polanco, una de las zonas más exclusivas de la capital mexicana. La maestra me invitó a desayunar a su casa, recién regresada a México después de pasar casi un año en su casa de San Diego. Allí, había enfrentado problemas de salud propios y de su hija, que según me dijo la habían mantenido bastante al margen de sus tareas sindicales y políticas en los últimos meses. Pero ahora estaba mejor, dijo. Y efectivamente se veía bastante recuperada, con bastantes energías, y lista para el combate político.

Tal como lo pude comprobar personalmente, Gordillo no esconde el lujoso apartamento en que vive. Al igual que en mi caso, suele invitar a su casa a políticos y dirigentes sindicales, aunque muchas veces prefiere recibir a los periodistas en el café del Hotel Presidente, a media cuadra de su casa. En la antesala de su piso, hay una escultura de un buda, y al subir unas escaleras hacia un espacioso salón-comedor, decorado con muebles modernos, sobre un fondo de paredes de mármol blanco, se ve una pequeña escultura de un caballito de Fernando Botero, y cuadros de algunos de los grandes maestros mexicanos, como Rodolfo Morales y Rafael Coronel. Según había declarado la maestra en varias oportunidades en que le preguntaron públicamente sobre su apartamento en la calle Galileo, era fruto de una herencia que había recibido de un abuelo en Chiapas, que —junto con el fruto de su trabajo— le había permitido vivir con cierta comodidad.

—¿Qué opinión le merecen las acusaciones de que usted y el SNTE son los principales obstáculos a la mejora de la calidad educativa en México? —le pregunté.

—No es cierto, en absoluto. La mayor impulsora del cambio educativo en México se llama Elba Esther Gordillo —respondió.[34]

—Pero el Informe de Competitividad de México de 2009, del Foro Económico Mundial, dice que usted es el principal obstáculo —insistí.

—Yo creo que están mal informados. El SNTE decidió desde 1992 —no sólo por un asunto de vocación, sino de supervivencia— que si queremos que el sindicato se fortalezca, lo más imporante es elevar la calidad de la educación. O sea, mejorar nuestra materia de trabajo, preocuparnos por tener propuestas, comprometernos con ellas, y junto con el gobierno y los padres de familia, elevar la calidad de la educación.

¿Por qué dicen eso sus críticos, entonces?, le pregunté. No sólo el estudio del Foro Económico Mundial, sino otro informe del relator especial de las Naciones Unidas para la Educación, Vernor Muñoz Villalobos, había dicho que existía una relación "atípica" entre el gobierno y el SNTE que estaba perjudicando al país, señalé.

Gordillo respondió, en aparente referencia a los autores del Informe del Foro Económico Mundial, que no se habían tomado el trabajo de entrevistarse con ella, o con el sindicato, para conocer el tema a fondo. Si lo hubieran hecho, se habrían dado cuenta de que "hemos presentado propuestas muy claras, muy bien estructuradas", que el gobierno nunca había implementado. "Dijeron que no queríamos la evaluación de los maestros. Yo tengo pruebas, y pueden preguntarle a los secretarios de Educación, al ex secretario Reyes Tamez, a la propia ex secretaria Josefina, a todos ellos, si no fuimos nosotros los que promovimos y estuvimos de acuerdo con el Instituto de Evaluación Educativo." El instituto estaba formado, pero el proyecto estaba paralizado por la ineficiencia del gobierno, afirmó. La maestra citó otros ejemplos de reformas para mejorar la calidad educativa, como la retribución por mérito de los maestros, la carrera magisterial, la obligatoriedad de 200 días de clase por año, que según ella habían sido impulsadas por el sindicato de maestros. ¿Entonces, todo es culpa de la Secretaría de Educación Pública?, pregunté. "Tan simple y llano como eso", respondió Gordillo.

Cuando poco después comenté lo que me había dicho la maestra con varios de los críticos del SNTE, sonrieron, y me recordaron lo que me habían señalado anteriormente: Gordillo era sumamente astuta, y el SNTE siempre se pronunciaba públicamente a favor de reformas educativas, y a veces hasta las proponía, pero luego las saboteaba por debajo, o las implementaba de tal forma que nunca lograban cambiar las cosas, dijeron.

EL PODER, EL DINERO Y LA CORRUPCIÓN

¿Es usted la mujer más poderosa de México?, le pregunté. Gordillo trató de responder con humildad, diciendo que eso dependía de la perspectiva con que se mirara, y que nadie era tan poderosa como "una ama de casa que tiene hijos y los educa bien, los ama y los atiende". Pero cuando le pregunté qué mujer tenía más poder desde el punto de vista político, contestó: "En el escenario político, con fuerza real, yo. Lo digo con objetividad. Pero lo importante es para qué quiero eso, y cómo lo ejerzo".

—¿Es cierto que usted fue un factor decisivo para que Calderón ganara la elección? —pregunté.

—Creo que soy un factor importante, sí. No decisivo.

—¿Cómo?

—Fue la ciudadanía la que decidió. Pero sí, contribuimos. Y no hay rubor en decirlo... Ayudando en la infraestructura, sí. Invitamos a otros candidatos, y el único que aceptó fue Calderón. Lo apoyamos por sus compromisos para elevar la calidad de la educación y mejorar las prestaciones de los trabajadores de la educación. Entonces, hicimos un arreglo político para promover la participacion de los maestros y de las familias de los maestros en favor del candidato Calderón.

—Bueno, hablemos del poder económico —le dije—. Muchos medios de prensa mexicanos han criticado su avión, su helicóptero, hasta escuché hablar de un yate. ¿Son del SNTE o son suyos?

—El avión lo tiene el SNTE.

—¿El Lear Jet?

—Ése.

—¿Lo del helicóptero es un invento?

—Es un invento. No hay.

—¿El yate es un invento también?

—¿Un yate? No.

—¿La casa de San Diego?

—Está la casa de San Diego, sí. Pero habría que ver cuanto tiempo tiene esa casa, casi 40 años.

Gordillo reiteró que había comprado sus propiedades gracias a la herencia de su abuelo, en Chiapas, "y a mi trabajo también. Yo he trabajado de muchas cosas". Agregó que "aquí hay toda una campaña de destrucción de muchos años", promovida en parte por un sector del PRI que nunca le había perdonado sus posturas a favor del cambio, y que había terminado expulsándola del partido. "Yo luché mucho por los cambios del PRI. Luché por cambios de fondo, luché por la reforma", dijo. ¿Y veía la posibilidad de volver al PRI en las elecciones de 2012?, pregunté. "Todo dependerá. No me veo descalificando ni a unos candidatos ni a otros."

Y en cuanto a la corrupción dentro del SNTE, ¿que hay de los 10 000 funcionarios del sindicato conocidos como "maestros comisionados", que cobran sueldos de maestros, pagados por el Estado, sin jamás pisar un aula?, le pregunté. Gordillo respondió que "no hay que olvidar que se federalizó la educación", agregando que tanto los gobernadores como la Secretaría de Educación Pública nacional nombraban a muchos maestros comisionados, y luego se los atribuían al sindicato. "Los nuestros son muy pocos", aseguró. Cuando le comenté que ex funcionarios de la Secretaría de Educación Pública a cargo del pago de sueldos a los maestros me habían dicho que unos 10000 funcionarios del SNTE cobraban como maestros comisionados, Gordillo respondió: "No. En el SNTE debemos tener aproximadamente 400 o 500 comisionados. Nada más ésos, de 1750000 afiliados".

—¿Y cuánto dinero maneja el SNTE? ¿Por qué es un secreto de Estado el presupuesto anual del SNTE? —pregunté.

—No tengo el dato. No lo hemos podido tener. El día que saquen lo que tenemos de dinero, se van a espantar. Porque creen que somos muy ricos. Pero no tenemos dinero ni para una huelga, por lo que estamos haciendo un fondo de resistencia —respondió.

—¿Nos vamos a espantar por lo mucho que tienen, o por lo poco? —pregunté.

—Por lo poco. Yo te mando la cifra y la vas a ver.

—Pero ustedes reciben las cuotas de los afiliados, dineros del Estado, y como si eso fuera poco ganancias de los hoteles y centros de convenciones que son propiedad del sindicato… —le señalé.

—Eso, en lugar de ayudarte, eso te genera un desgaste. No es una inversión, es un gasto. Porque son hoteles donde no va mucha gente. Son hoteles donde tienes que pagar porque se roban las sábanas. Yo le propuse al presidente que el SNTE donara todos esos hoteles, e hiciéramos centros para la gente de tercera edad, donde hubiera medicina geriátrica. Le propuse regalarlos, dárselos al gobierno.

—¿Pero cómo pueden ustedes quejarse de campañas mediáticas para desprestigiarlos si son tan poco transparentes que ni siquiera dan a conocer su presupuesto anual? —insistí.

—Yo creo que ésa ha sido una de las fallas enormes que hemos tenido. Hoy, el SNTE es un colegiado, y he batallado mucho [para hacerlo más transparente]. Pero te consigo el dato. Te lo prometo.

Tal como habíamos quedado, a los pocos días le envié un mensaje de texto a Gordillo a su teléfono celular, recordándole que por favor no se olvidara de enviarme el dato prometido. Gordillo me respondió: "Discúlpame, a la mayor brevedad te haré llegar los datos. Estoy con exceso de trabajo. Gracias".[35] A los dos días recibí un correo electrónico de una asistente de la líderesa sindical titulado "Tarjeta informativa para el Sr. Oppenheimer". Tenía 17 páginas con una enorme cantidad de datos, como el número de estudiantes de educación primaria, secundaria y terciaria en México, las metas de la Alianza Educativa, etc., y los nombres de todas las autoridades educativas del país. O sea, todo, menos el dato sobre los recursos financieros del SNTE que me había prometido. Reiteré mi pedido a "la maestra" al cerrar este libro, pero nunca obtuve respuesta.

¿PODRÁ MÉXICO CONTRA EL REINADO DE LA MAESTRA?

¿Debería el gobierno de Calderón, o su sucesor, arremeter con todo contra el SNTE y desbaratarlo, o sería un proyecto políticamente imposible por el poder electoral y el potencial de desorden público del poderoso sindicato? El Informe del Foro Económico Mundial no respondía este interrogante, de manera que llamé a Lant Pritchett, uno de los miembros del equipo de Harvard que había realizado el estudio que mejor conocía México, y le hice la pregunta del millón de dólares: ¿Qué tendría que hacer el gobierno con "la maestra"?

Sorprendentemente, Pritchett no sugirió tratar de meterla presa, tal como gobiernos anteriores habían hecho con otros poderosos líderes sindicales tras acusarlos de actos de corrupción, ni tratar de aniquilar el sindicato. "Un enfrentamiento frontal con los sindicatos no ha funcionado como estrategia de reforma educativa en ningún lado —me dijo el profesor—. Yo he trabajado en Bolivia, en Paraguay y en varios otros países latinoamericanos, y viví tres años en la India, y los sindicatos de maestros son una fuerza con la que hay que convivir en todas partes del mundo. Adoptar una postura antisindical no conduce a nada."[36] Y el sindicato de maestros de México, comparado con otros, no era tan malo, porque estaba abierto a realizar algunas reformas, señaló. "En la India, los maestros de primaria tienen una tasa de ausentismo del 26 por ciento, y el sindicato es aún más poderoso que el de México. De manera que desde una perspectiva global, México no está tan mal. Comparado con India o Bolivia, donde los sindicatos son aún más intransigentes en su rechazo a propuestas para mejorar la calidad de la educación, soy relativamente optimista sobre las posibilidades de México", agregó.

Me pareció interesante la perspectiva de Pritchett. Sin embargo, mi conclusión tras varios viajes a México es que la única vía realista para sacar al país de su mediocridad educativa y económica será una guerra indirecta contra el SNTE mediante un movimiento de la sociedad civil que presione al sindicato a realizar más reformas y a implementarlas. Pritchett probablemente tenga razón en que una guerra frontal contra el sindicato podría ser contraproducente o políticamente imposible. Sin embargo, México necesita un movimiento conjunto de empresarios, medios de prensa, artistas y deportistas —semejante a los de Brasil e Israel— para crear la presión social que lleve al SNTE a hacer más concesiones a fin de mejorar la calidad de la educación. Por lo que pude apreciar en mis entrevistas con los dirigentes del sindicato de maestros y los propios docentes mexicanos, no son nada inmunes a la crítica social. Al contrario, en muchos casos me dio la impresión de que les duele en el alma ser pintados como enemigos de la calidad educativa. Aprovechando eso, los empresarios, las organizaciones no gubernamentales, los medios de prensa y otros miembros de la sociedad civil deberían iniciar una campaña por la mejora de la calidad de la educación y poner al SNTE y al gobierno en el banquillo de los acusados. Sin eso, la educación en México seguirá a la deriva, y el futuro del país —no importa quién gane las elecciones de 2012— será tan mediocre como su presente.

12

Venezuela y Colombia: caminos opuestos

¡Qué ironía! Mientras que Colombia, a pesar de enfrentar un conflicto armado interno que consume buena parte de sus recursos, presenta unas 68 solicitudes de patentes internacionales anuales, su vecina Venezuela —con una capacidad de inversión en investigación mucho mayor gracias a su bonanza petrolera de la última década— apenas presenta 2 solicitudes de patentes internacionales por año.[1] ¿Cómo se explica semejante disparidad entre dos países que, por el tamaño de sus economías, deberían estar más o menos parejos en materia de innovación? ¿Y cómo puede haber tal ventaja de Colombia, cuando Venezuela tradicionalmente había estado por encima en investigación, ciencia y tecnología?

Cuando les hice estas preguntas a algunos de los principales científicos venezolanos, varios me señalaron que Colombia hace una inversión insuficiente pero sostenida para aumentar la innovación, mientras que el presidente de Venezuela, Hugo Chávez, ha dilapidado miles de millones de dólares en ayudas a otros países para promover su imagen internacional, descuidando la inversión en investigación en su país. Según cálculos basados en anuncios oficiales, Chávez destina un promedio de 14 500 millones de dólares por año a donaciones políticas a otros países, incluyendo subsidios petroleros a Cuba, Nicaragua, El Salvador y zonas pobres de Estados Unidos, sin contar con los regalos no declarados como la maleta llena de efectivo descubierta en Argentina en 2007 en manos de una delegación oficial venezolana.[2]

El gobierno de Chávez afirma que ha aumentado enormemente la inversión en innovación a una cifra récord de 2.7 por ciento del PIB. Sin embargo, ex funcionarios chavistas y académicos de la Universidad Central de Venezuela (UCV) dicen que los datos oficiales son un invento, porque los presupuestos para la investigación científica se han ido recortando bajo su mandato, y la producción científica venezolana ha caído vertiginosamente.[3] De hecho, los organismos internacionales que evalúan los datos oficiales no toman en serio el dato oficial venezolano sobre el aumento de la inversión en investigación y desarrollo: en su publicación anual Indicadores de Desarrollo Mundial, el Banco Mundial no reproduce la cifra oficial, sino que deja un enigmático espacio en blanco en el renglón de Venezuela en su tabla internacional de inversión en investigación.[4]

"Tan solo en 2009 nos cortaron más del 20 por ciento de los fondos para investigación de la universidad, lo que nos obligó a reducir nuestras convocatorias a proyectos científicos de 400 ese año a unas 80 en 2010", me dijo Félix Tapia, coordinador del Consejo de Desarrollo Científico y Humanístico de la UCV, que con 1 900 investigadores es el principal centro de investigación científica del país.[5] Agregó que "el gobierno anda diciendo de que invierte el 2.7 por ciento del producto bruto en investigación, pero cuando lleva esas cifras a eventos internacionales, la gente se ríe de esas cifras, que son más altas que las de Brasil, India y otros de los países en desarrollo más avanzados en investigación".

¿Y cómo pueden inventar esas cifras?, le pregunté. "Muy fácil: incluyen en ellas las ambulancias que compran los hospitales, los satélites que compran en China, y mil cosas más", respondió. Tapia concluyó que "nosotros siempre fuimos los quintos productores de ciencias en América Latina, después de Brasil, Argentina, México y Chile. En 2009, por primera vez, Colombia nos superó en los índices del Institute for Scientific Information. O sea que ahora estamos en el sexto lugar. La tendencia es muy preocupante, porque estamos cada vez peor."

Lo cierto es que desde que el presidente Chávez llegó al poder en 1999, su política en materia educativa se centró en aumentar el número de estudiantes a costa de un rápido deterioro de la calidad educativa, la investigación y la innovación. El declive de la investigación científica en Venezuela se ve reflejado en las propias cifras oficiales: tras 10 años de gobierno de Chávez, el número de patentes registradas a nivel nacional —dentro de Venezuela— se desplomó de 794 en 1998 a 98 en 2008, según la Red de Indicadores de Ciencia y Tecnología Iberoamericana, basada en datos oficiales del gobierno venezolano.[6]

Venezuela no sólo ha sido superada por Colombia en el campo de la investigación, sino que se ha quedado atrás incluso de sus propios aliados en el mundo socialista, como China, en el campo mucho más amplio de la educación primaria, secundaria y universitaria. Mientras que China está eliminando casi todos los vestigios ideológicos de su sistema educativo, adoptando el estudio obligatorio del inglés en todas las escuelas primarias, alentando a sus universidades a firmar acuerdos académicos con las mejores universidades de Estados Unidos y Europa, e incentivando la ciencia, la tecnología y la innovación, el gobierno venezolano está fomentado la educación "revolucionaria" y "bolivariana".

Chávez ha hecho que niños venezolanos desfilen con pañuelos colorados coreando su lema "patria, socialismo o muerte!", y su gobierno ha creado nuevas universidades "proletarias" dedicadas a promover una "educación universitaria bolivariana y socialista".[7] La estrategia del gobierno, según me explicaron investigadores y académicos de las principales universidades del país, es poner los recursos educativos del Estado a disposición de las nuevas universidades "bolivarianas", y al mismo tiempo estrangular financieramente a las universidades públicas tradicionales del país.

Según Luis Ugalde, rector de la Universidad Católica Andrés Bello, una de las principales universidades privadas de Venezuela, el descalabro de la innovación y la calidad educativa es producto del ahorcamiento económico de las universidades estatales más prestigiosas del país, como la UCV. "En estos años de abundancia petrolera, los presupuestos de las universidades para los investigadores han sufrido de un empobrecimiento sistemático. Eso tiene una explicación ideológica: en muchas de esas universidades autónomas, las elecciones estudiantiles y de profesores son ganadas por la oposición por un margen del 80 por ciento contra el 20 por ciento. Entonces, hay un cerco gubernamental a esas universidades", me dijo Ugalde.[8]

Simultáneamente, Chávez ha creado nuevas universidades, como la Universidad Bolivariana de Venezuela (UBV) y la Universidad Nacional de las Fuerzas Armadas (UNEFA), que están recibiendo enormes recursos estatales y se están expandiendo "como hongos", dijo Ugalde. Según funcionarios oficiales, la UBV ya tiene más de 100 000 estudiantes, y la UNEFA tiene 224 000, mucho más que las universidades estatales tradicionales. La inscripción masiva de jóvenes en estas nuevas universidades "chavistas" le ha permitido al gobierno ufanarse de que el número de estudiantes universitarios venezolanos casi se duplicó durante la primera década del gobierno de Chávez, para llegar a 1.6 millones de estudiantes. Y según los simpatizantes del gobierno, el número de egresados anuales se incrementó 143 por ciento en el mismo lapso.[9] Sin embargo, es difícil encontrar académicos independientes o investigadores que avalen esas cifras. "Los 224 000 estudiantes de la UNEFA que tanto menciona el presidente Chávez no existen", dijo Luis Fuenmayor Toro, el ex director de la Oficina de Planificación del Sector Universitario (OPSU) y otrora entusiasta funcionario chavista. De acuerdo con el ex funcionario de la OPSU, "ni la Universidad Bolivariana ni la Universidad de las Fuerzas Armadas presentan sus matrículas al organismo [...] Son cifras infladas".[10]

Aunque las cifras oficiales venezolanas sean exageradas, no hay duda de que la matrícula universitaria ha crecido significativamente durante los primeros 10 años de Chávez en el poder. Eso, en sí, es un avance. Sin embargo, según Ugalde, la creación de estas nuevas universidades sin requerimientos académicos mínimos, ni exámenes de ingreso, y muchas carreras de dos años de duración, le ha permitido al gobierno ostentar el crecimiento numérico en la educación terciaria como uno de los grandes logros de la Revolución Bolivariana. "Pero lamentablemente el afán de llegar a grandes números ha llevado a que estas universidades sean peores que la peor universidad privada. Son universidades enormemente deficientes: allí enseñan el pensamiento de Chávez, del Che Guevara, como materias obligatorias", señaló Ugalde.

¿Pero eso qué tiene de malo si es el precio a pagar por extender la educación universitaria a cientos de miles de estudiantes que antes no accedían a la educación terciaria?, le pregunté a Ugalde. El rector respondió que el gobierno de Chávez creó estas universidades altamente ideologizadas —además de para poder decir que aumentó la matrícula universitaria— para crear un ejército de "cuadros" o empleados públicos alineados con su proyecto político. "Varios funcionarios del gobierno han dicho públicamente que las escuelas públicas sólo admitirán a maestros graduados de la Universidad Bolivariana de Venezuela. Y la presidenta del Poder Judicial dijo que el Poder Judicial sólo va a admitir a egresados de la Universidad Bolivariana. Eso es muy grave", concluyó Ugalde.

"LA UBV ES UNA FÁBRICA DE EMPLEADOS PÚBLICOS"

Cuando uno entra en la página de internet de la UBV, es recibido con una canción cuya letra comienza así: "Orgulloso de estar entre el proletariado". La Universidad Bolivariana fue creada en 2003 por el presidente Chávez "como una alternativa al sistema educativo tradicional".

Pero Carlos Fernando Calatrava, profesor de la Escuela de Educación de la Universidad Católica Andrés Bello, me dijo que la UBV ni siquiera tiene carreras que ofrezcan títulos que les permitan a los jóvenes encontrar empleos en el sector privado. "La Universidad Bolivariana de Venezuela no tiene una escuela de derecho: tiene un programa de formación de grado en 'estudios jurídicos', que otorga el título de 'licenciado en estudios jurídicos' —me explicó—. En medicina, mientras que las demás universidades venezolanas dan el título de médico cirujano, la Universidad Bolivariana de Venezuela da títulos de 'médico integral comunitario', y no hacen sus pasantías en hospitales sino en los módulos de la 'Misión Barrio Adentro', donde los médicos cubanos principalmente toman la presión y hacen revisaciones elementales. Uno no sabe si los 'médicos integrales comunitarios' pueden operar o atender un parto."[11]

Según Calatrava, la carrera de educación de la UBV es tan mala, que a pesar de que el gobierno ha ordenado contratar principalmente a los maestros egresados de esa universidad, en la práctica no puede hacerlo. "Me da lástima, porque estos muchachos de los sectores más pobres del país, cuando egresan, tienen un título, y tienen la esperanza de que con su graduación universitaria van a tener una buena profesión. Pero lo que está ocurriendo en la práctica es que el Ministerio de Educación absorbe a los egresados de la Universidad Bolivariana, y luego el propio Ministerio de Educación los pone como auxiliares de maestros, ni siquiera como maestros, porque no tienen la menor capacidad para estar frente a un aula", me dijo Calatrava. El académico concluyó: "La idea del gobierno es convertir a la Universidad Bolivariana de Venezuela en una gran fábrica de funcionarios públicos. Pero la realidad es que estos muchachos sólo van a conseguir trabajo mientras dure este gobierno. ¿Qué van a hacer el día que Chávez ya no esté en el poder y tengan que salir a buscar un empleo?"[12]

LA INVESTIGACIÓN EN LAS UNIVERSIDADES BOLIVARIANAS

En materia de investigación, en las nuevas universidades "bolivarianas" creadas por Chávez prácticamente no existen los investigadores.

Según datos oficiales publicados por el Programa de Promoción del Investigador (PPI) de Venezuela, el organismo estatal que financia a los investigadores del país, la UBV y la UNEFA tienen 33 investigadores cada una. Comparativamente, hay 1 900 investigadores en la UCV y casi 1 800 en la Universidad del Zulia.

"Y lo peor es que de los 33 investigadores que tienen la Universidad Bolivariana y la UNEFA, ninguno tiene categoría tres o cuatro, que son los niveles más altos, mientras que en la Universidad Central hay unos 1 800 investigadores en categoría tres y cuatro", me dijo Jaime Requena, profesor de biología de la UCV. "Para hacer investigación, tienes que estar en los niveles tres y cuatro, porque los del primer nivel son muchachitos que recién empiezan."[13]

DIPLOMAS UNIVERSITARIOS PARA TODO EL MUNDO

El desmantelamiento del sistema académico universitario de Venezuela se aceleró a partir del 24 de marzo de 2009, cuando Chávez creó Misión Alma Mater, un programa estatal de subvención de nuevas universidades —Red de Universidades Alma Mater— destinadas a "desarrollar y transformar la educación universitaria en función del fortalecimiento del Poder Popular y la construcción de una sociedad socialista".[14] La nueva red de universidades consistía en la "transformación" de 29 institutos de formación vocacional en "Universidades Nacionales", así como la creación de la Universidad Bolivariana de Trabajadores Jesús Rivero y la Universidad Nacional Experimental de los Pueblos del Sur. Según cifras oficiales, todas estas nuevas instituciones sumaban 185 000 estudiantes al momento de su creación, y ofrecían diplomas tras carreras de entre dos y cuatro años de estudios.

Algunas de estas nuevas "universidades" lo son sólo de nombre, bajo cualquier parámetro académico internacional. Según el documento oficial de creación de la Red de Universidades Alma Mater, la flamante Universidad Bolivariana de Trabajadores Jesús Rivero es un nuevo modelo de universidad "que se realiza directamente en los centros de trabajo, bajo la conducción de las y los trabajadores, reconociendo los saberes y la experiencia adquiridos y cultivados en la práctica laboral, y fortaleciendo la conciencia de clase, en función de la construcción del nuevo modelo de producción socialista".[15] En otras palabras, los trabajadores reciben cursos de "conciencia de clase" en sus centros de trabajo, luego reciben un diploma universitario, y Chávez puede viajar por el mundo citando la casi duplicación de la matrícula universitaria como uno de los grandes logros de la "Revolución bolivariana".

LA RESISTENCIA DE LA UNIVERSIDAD CENTRAL DE VENEZUELA

La UCV, fundada en 1721, es la más antigua de Venezuela, y la de mayor prestigio en el país. Al igual que la UNAM de México, o la UBA de Argentina, ha sido la cuna académica de buena parte de la dirigencia política del país, y tiene a su cargo —según sus propias cifras—70 por ciento de la investigación que se realiza en Venezuela. Y al principio del gobierno de Chávez todo parecía indicar que la UCV se convertiría muy pronto en un bastión del nuevo gobierno bolivariano: la principal universidad del país no sólo tenía un profesorado y estudiantado abrumadoramente de izquierda, sino que le podía proveer a Chávez los cuadros que necesitaba para gobernar el país. No fue casualidad que Chávez escogiera el aula magna de la UCV para el acto simbólico más importante de su proyecto político: la instalación de la Asamblea constituyente que redactaría la nueva Carta Magna con la que se "refundaría" el país.

Sin embargo, Chávez no tardó en tener su primeros encontronazos con la UCV, cuando trató de repetir la experiencia nacional a nivel universitario, intentando formar una Asamblea constituyente universitaria para "refundar" la UCV bajo el molde de su proyecto político. En lugar de abrazar la idea, la UCV comenzó a defender su autonomía a capa y espada. Poco después, las relaciones se agriaron aún más cuando dos profesores de la UCV resultaron muertos durante la marcha opositora de más de 1.5 millones de personas el 11 de abril de 2002 para pedir la renuncia de Chávez, en la que agentes gubernamentales iniciaron tiroteos que dejaron un saldo de 18 muertos y decenas de heridos.

Luis Bravo Jáuregui, un profesor de la Escuela de Educación de la UCV que militó en el Partido Comunista, recuerda que "ahí se rompió la magia del chavismo en la Universidad Central".[16]

A partir de ese momento, el gobierno comenzó a aplicar una especie de "operación pinza" en contra de la UCV y las demás universidades autónomas: por un lado, mantuvo prácticamente congelado el presupuesto para las universidades autónomas a pesar de que la inflación en Venezuela estaba creciendo al 30 por ciento anual, y por otro lado inició un proceso de acoso interno por parte de los sindicatos obreros progubernamentales de la universidad y grupos de encapuchados violentos que comenzaron a hostigar a la comunidad universitaria, señaló Bravo Jáuregui.

"Los gremios obreros oficialistas de la universidad comenzaron a crear conflictos a diario, y estuvieron de paro casi todo ese año. Yo tenía mi oficina al lado de la biblioteca, y estuvieron durante todo el año con un papelito que decía 'Paro', o 'Asamblea'. Y los encapuchados, sectores de ultraizquierda 'guevarista' que son chavistas, periódicamente hacen agresiones, disparan, acosan y amedrentan", explicó el profesor. Entre 2008 y 2010 hubo nada menos que 30 ataques de grupos encapuchados, señaló.

Y además de congelar el presupuesto de la UCV, el gobierno está bloqueando prácticamente todos los fondos de investigación del PPI, que es un pago adicional a los académicos de la universidad que realizan labores de investigación, me dijo Bravo Jáuregui. "Es el programa más importante de estímulo a la investigación, pero hace tres trimestres que no nos pagan. El año pasado nos pagaron porque Dios es muy grande, pero ahora hace casi un año que no nos pagan", concluyó.

No es casual, entonces, que según los propios datos oficiales el número de patentes solicitadas en Venezuela se haya desmoronado en los últimos años. Según datos de la RICYT, el número de artículos científicos arbitrados de Venezuela en publicaciones internacionales cayó de 0.11 por ciento del total mundial en 1999 a 0.09 por ciento en 2008. Y el contenido de la investigación que se realiza en Venezuela se ha alejado cada vez más de las ciencias "duras": mientras que en 1999 el 22 por ciento de toda la investigación en el país era en ciencias naturales como la física, la química y la biología, y 19 por ciento era en ciencias sociales, en 2008 la investigación en ciencias naturales había caído a 14 por ciento, y la investigación en ciencias sociales había crecido a 33 por ciento.[17]

"LA EDUCACIÓN, UN GRAN LOGRO DE LA REVOLUCIÓN"

El 17 de noviembre de 2003, en el Teatro Teresa Carreño de Caracas, un Chávez más eufórico que de costumbre anunció al país los resultados en materia educativa de los primeros cuatro años de su gobierno. Dijo que en Venezuela se había producido "un milagro de Cristo y de Dios" en el campo de la educación.[18] Ante un público que incluyó unos 2000 estudiantes de la Misión Ribas —la campaña nacional para reincorporar a la escuela a los estudiantes que abandonaron la secundaria—, Chávez aseguró que la cobertura real de la educación en Venezuela había subido de 80 por ciento de los niños en 1998, al 92 en 2003. "Uno de los grandes logros de esta revolución es decirle al mundo que hemos colocado a la educación en el primer lugar de nuestro esfuerzo, y el día de hoy vemos un feliz resultado", dijo Chávez.[19]

En 2010, el gobierno anunciaba que la tasa de escolaridad había crecido a 93.2 por ciento, y que para el 2012 Venezuela alcanzaría tres años antes de lo proyectado la Meta del Milenio de las Naciones Unidas referida a la universalización de la educación básica. Tras 11 años de la Revolución bolivariana, "el gobierno ha cumplido" con su misión de aumentar dramáticamente el acceso a la educación en todos los niveles, según un artículo de la agencia oficial de noticias ABN.[20]

¿Era cierta la expansión de escolaridad de la que se vanagloriaba el gobierno? En las universidades, sí, gracias a la creación de las nuevas instituciones "para el proletariado" que había creado Chávez, y que los críticos calificaban de cursos de adoctrinamiento político disfrazados de estudios universitarios. En las escuelas, sin embargo, las cifras del propio Ministerio de Educación dejaban grandes dudas. Bravo Jáuregui, el profesor de educación de la UCV que lleva un registro minucioso de las cifras oficiales, me dijo que "aunque el crecimiento de la población de Venezuela es de alrededor de 1.8 por ciento anual, la inscripción en primer grado en el país tiene una tendencia a la baja. No se entiende bien por qué, pero las propias estadísticas del Ministerio de Educación contradicen lo que dicen los funcionarios del gobierno".[21] En efecto, Bravo Jáuregui me mostró las tablas de escolaridad de primero a sexto grado del Ministerio de Educación, según las cuales la matrícula total —en escuelas públicas y privadas— llegó a 3.5 millones de alumnos en 2001, para bajar a 3.4 millones de alumnos en 2008, el último año del que se contaban cifras. A pesar de que la población venezolana había crecido, el número de niños inscritos en primer grado de primaria había bajado.[22]

¿Cómo se explica eso?, le pregunté a Bravo Jáuregui. "No se sabe, pero yo tengo una hipótesis", me dijo. Según el académico, durante el gobierno de Chávez —que coincidió con el alza de los precios mundiales del petróleo— hubo una migración masiva del interior del país a las grandes ciudades, alentada en parte por un clima que favoreció las invasiones de tierra y expropiaciones en los cinturones de Caracas. "Yo tengo la sospecha de que la disminución se debe a que en esos nuevos poblamientos es donde está creciendo la población. Y esos son precisamente los lugares donde no hay cobertura de escuelas."[23] Basta viajar por la carretera entre Caracas y Los Teques para ver que las colinas que antes estaban desocupadas hoy están repletas de nuevas poblaciones, fruto de las recientes invasiones de tierras, me señaló. Las invasiones de tierra habían superado la capacidad de gestión de un gobierno de por sí incompetente, y eso explicaba el menor número de inscritos en primer grado, agregó.

EL ÉXODO A LAS ESCUELAS PRIVADAS

Las cifras oficiales del Ministerio de Educación venezolano muestran que durante la primera década del gobierno chavista se ha producido un éxodo de las escuelas públicas a las escuelas privadas. Quizás por la caída de la calidad educativa o por los temores al adoctrinamiento socialista creció el número de padres que decidieron enviar a sus hijos a la escuela privada. Según las estadísticas oficiales de la educación primaria, en 2004 había 2.9 millones de alumnos de primero a sexto en escuelas públicas y 486 000 alumnos en escuelas privadas, mientras que en 2008 había 2.8 millones en escuelas públicas y 586 000 en escuelas privadas.[24] La población escolar en escuelas públicas cayó, y unos 100 000 alumnos migraron a escuelas privadas.

LA HIJA DE CHÁVEZ VA A LA ESCUELA PRIVADA

Según los críticos del gobierno, hay una gran hipocresía de parte de Chávez y sus ministros al alardear sobre los logros de la Revolución bolivariana en la educación pública, porque todos ellos —incluyendo al presidente— envían a sus hijos a escuelas privadas. "Empezando por el presidente Chávez, todos los altos funcionarios del gobierno, sin excepción, tienen a sus hijos en escuelas primarias privadas. Ninguno de los ministros manda a sus hijos a la Universidad Bolivariana. Yo he dicho esto públicamente mil veces, y nunca ha salido el presidente o uno de sus ministros a decirme: usted miente", me dijo Ugalde, rector de la Universidad Católica Andrés Bello.[25]

Intrigado por saber si esto era cierto, llamé a Marisabel Rodríguez, ex esposa de Chávez y ex primera dama del país, y madre de la hija más pequeña de Chávez, la única de sus cuatro hijos que todavía está en la escuela. Rodríguez me confirmó que su hija con el presidente, Rosinés Chávez Rodríguez, va a una escuela privada. Rosinés es la única hija del presidente que comenzó la escuela cuando su padre ya estaba en el poder. El presidente había tenido otros tres hijos —Rosa Virginia, María Gabriela y Hugo *Huguito* Chávez Colmenares—, de su primer matrimonio, con Nancy Colmenares. Según fuentes cercanas a la familia, los tres se criaron cuando Chávez vivía de su magro sueldo de suboficial del ejército, y cursaron la mayor parte de sus estudios en escuelas públicas. Pero una vez en la presidencia, Rosinés fue enviada a una escuela privada en Barquisimeto, donde vive con su madre, según me corroboró Rodríguez.

Cuando hablé con Rodríguez a mediados de 2010, la ex primera dama de Venezuela había hecho las paces con su ex marido luego de un ruidoso divorcio. Chávez y Rodríguez se habían separado en 2002, y la ex primera dama se había sumado a la oposición en la campaña por el "no" a una nueva reforma constitucional chavista en el referéndum del 2 de diciembre de 2007. Sin embargo, poco tiempo después, Rodríguez había caído enferma de cáncer. Cuando la entrevisté telefónicamente luego de varios años de no hablar con ella, me dijo que había librado una batalla muy dura contra su enfermedad, y que ahora se había "reconciliado con la vida" y había hecho las paces con su ex marido. Cuestionada sobre su relación actual con el presidente, me dijo que "tenemos que tener paz con nosotros mismos y los demás, y en mi caso no puedo vivir enfrentada con el padre de mi hija".[26] Rodríguez estaba trabajando ahora como promotora deportiva, buscando apoyos gubernamentales para promover el deporte en las barriadas más pobres de Barquisimeto.

"Ciertamente, no puedo negarlo, mi hija está en un colegio privado. Es un colegio bilingüe", me dijo Rodríguez, refiriéndose a Rosinés. Agregó que la decisión de enviarla a esa escuela había sido suya. "Él no la mandó a ninguna escuela: va a un colegio privado que yo he escogido, por razones de seguridad", me dijo.[27] Cuando le pregunté por los demás hijos de Chávez de su matrimonio anterior, me dijo que *Huguito* Chávez Colmenares también había ido a una escuela secundaria privada, pero que las hijas mayores del presidente habían ido a escuelas públicas cuando Chávez era oficial de las fuerzas armadas en Barinas. Como para enfatizar que tenía un alto concepto de la escuela pública, Rodríguez me insistió que "aquí ha habido una gran apertura en materia de educación, porque aunque le cueste creerlo a muchos, mucha gente que antes estaba excluida y no podía estudiar, ahora está estudiando en las escuelas públicas".[28] Puede ser, pensé para mis adentros. Pero el hecho de que su única hija con el presidente estuviera en un colegio privado, de educación bilingüe, hablaba por sí mismo.

UNESCO: "TERRITORIO LIBRE DE ANALFABETISMO", UN ERROR

El 28 de octubre de 2005, en un discurso ante la funcionaria de la UNESCO María Luisa Jáuregui, Chávez declaró a Venezuela "territorio libre de analfabetismo". De allí en adelante, el gobierno interpretó el silencio de la funcionaria como un certificado de alfabetización plena de la UNESCO, y el tema se convirtió en una de las mayores banderas políticas de Chávez. La campaña masiva de alfabetización, que el gobierno bautizó como Misión Robinson, se había iniciado dos años antes con la ayuda de maestros y asesores cubanos. Según Chávez, la Misión Robinson —que era su tercer plan sucesivo de alfabetización— le dio un nuevo aire a su gobierno en uno de sus momentos más difíciles, y fue uno de los mayores logros de su revolución. "En 2003 me dieron una noticia bomba: si el referéndum fuera ahorita, usted lo perdería", recordaría Chávez tiempo después, en un discurso en el Teatro de la Academia Militar. "Fue entonces cuando empezamos a trabajar en las misiones y empecé a pedirle apoyo a Fidel. Me dijo: 'Si algo sé yo, es de eso'. Y empezamos a inventar las misiones."[29]

Varios años después, la agencia de noticias oficial ABN señalaba que "la erradicación del analfabetismo y el acceso a la educación son los pilares en 11 años de Revolución". El artículo agregaba que "gracias al método 'Yo sí puedo', creado en Cuba y adaptado en Venezuela, se han alfabetizado 1.6 millones de personas para que Venezuela fuera declarada 'Territorio libre de analfabetismo' de acuerdo con los criterios de la UNESCO".[30] La ABN agregaba que la UNESCO declara libre de analfabetismo a los países que tienen tasas menores de 4 por ciento de analfabetos, y Venezuela "superó la meta exigida con creces al ubicar su tasa en 0.10 por ciento".

¿Era cierto lo que decía el gobierno? Según me dijeron funcionarios de la UNESCO y otros organismos de las Naciones Unidas, el método de alfabetización cubano —consistente en lograr que los vecinos se organicen y realicen un censo sobre las personas que no saben leer, para que el gobierno luego les envíe una misión alfabetizadora— ha dado buenos resultados en Cuba. Pero en Venezuela, donde la Misión Robinson agregó becas de 75 dólares por mes para incentivar a los analfabetos a educarse, el plan cubano simplemente continuó con la tendencia histórica hacia la reducción del analfabetismo que venía de gobiernos anteriores. Según la UNESCO, la tasa de analfabetismo del país cayó de 10 por ciento en 1990 a 5 por ciento en 2007.[31] El alarde de Chávez de que Venezuela se había convertido en "territorio libre de analfabetismo" había sido probablemente un exceso de euforia de Chávez durante un discurso, al que él y sus subalternos se aferraron en los años siguientes, y que probablemente había sido influido por declaraciones de funcionarios de la UNESCO felicitando a Venezuela por haber aplicado el método cubano de alfabetización, me dijeron funcionarios de las Naciones Unidas.

Sin embargo, tal como me aseguraron altos funcionarios de las Naciones Unidas y de la propia UNESCO, la organización jamás declaró a Venezuela "territorio libre de analfabetismo". Venezuela "no es un territorio libre de analfabetismo", me dijo Francisco Rodríguez, jefe del Departamento de Investigación sobre Desarrollo Humano del Programa de las Naciones Unidas para el Desarrollo (PNUD), que utiliza las cifras oficiales de analfabetismo de la UNESCO. "La tasa de analfabetismo se mantiene en 5 por ciento. De hecho, ninguna institución internacional ha producido una estimación oficial menor a 5 por ciento. Por lo tanto, es incorrecto decir que esta erradicación del analfabetismo ha sido certificada por la UNESCO."[32]

Juan Cruz Perusia, responsable de estadísticas para América Latina del Instituto de Estadísticas de la UNESCO, me corroboró la información, agregando que no existe tal cosa como un umbral de 4 por ciento para declarar a un país libre de analfabetismo. Según Perusia, en 2007 la tasa de alfabetización en Venezuela era de 95.15

por ciento de la población, lo que equivale a casi 5 por ciento de analfabetismo. ¿Y qué hay de lo de "territorio libre de analfabetismo", le pregunté. "Ése es uno de los malentendidos mayores que tenemos en la región. No existe para la UNESCO el concepto de un 'país libre de analfabetismo'. La posición oficial de la UNESCO es que esa declaración no es válida", respondió el funcionario de la UNESCO.[33]

COLOMBIA TRIPLICÓ PATENTES EN CUATRO AÑOS

Mientras Venezuela veía caer en picada sus peticiones de patentes, Colombia casi triplicó su número de solicitudes de patentes internacionales entre 2005 y 2009, según la Organización Mundial de la Propiedad Intelectual (OMPI). El número de solicitudes de patentes internacionales pedidas por Colombia llegó a 68 en 2009, comparadas con las patéticas dos patentes internacionales solicitadas ese año por Venezuela.[34]

¿Qué está haciendo Colombia que no hace Venezuela?, le pregunté a Juan Francisco Miranda, director de Colciencias, instituto gubernamental colombiano encargado de promover la investigación y desarrollo en su país. Según Miranda, Colombia empezó tarde su proceso de inversión estatal en innovación, y lo descuidó significativamente en la década de los noventa, pero en los últimos años se dedicó a recuperar el tiempo perdido. El gobierno colombiano aumentó su presupuesto para la investigación de 150 millones de dólares en 2002 a 550 millones en 2009. "La inversión de Colombia en investigación todavía es muy baja: apenas creció del 0.28 por ciento del producto bruto en 2002 al 0.4 por ciento en 2009. Eso es inmensamente bajo, pero hemos crecido mucho en los últimos años. Llegamos tarde, pero estamos apretando la marcha", me señaló.[35]

Además de darle a Colciencias un nivel casi ministerial, el gobierno del ex presidente Álvaro Uribe aumentó enormemente los grupos de investigación en las universidades, que según cifras oficiales pasaron de 800 al principio de su mandato a 3500 en 2010, y se incrementaron los fondos de becas para doctorados, que pasaron de 100 por año a comienzos de la década pasada a 500 en 2010. De esas 500 becas anuales para doctorados, unas 200 son para estudios en el exterior, según Colciencias. O sea, Colombia no tiene un plan como el de Chile de enviar miles de estudiantes a las mejores universidades del mundo para que cursen maestrías y doctorados, pero las 200 becas anuales de Colciencias para doctorados en el exterior representan más de lo que están enviando otros países latinoamericanos de similar tamaño.

MIRANDA: "LA TEORÍA DEL MERCADO FUE UNA TRAMPA"

¿Por qué empezó tarde Colombia?, le pregunté al ministro. Miranda me dijo que, como muchos países latinoamericanos, Colombia inició sus primeros programas de ciencia y tecnología en los años setenta. Y al igual que sus pares en países vecinos, los institutos de investigación gubernamentales se dedicaron a hacer "ingeniería de reversa", para reproducir en el país productos manufacturados en el extranjero. Luego, en los años noventa, cuando intentaron pasar a la etapa más avanzada, que es la producción de patentes, el proceso se interrumpió por una pérdida de apoyo estatal a la investigación "debida a la falsa creencia de que la innovación debía venir del sector privado", dijo Miranda.

"Nos equivocamos —señaló—. "Nos pasó como a muchos países: caímos en la trampa de la teoría económica de que los problemas los resuelve el mercado, y que los estados no debían intervenir generando subsidios. La idea era que no había que hacer planeación, que la investigación se movía de acuerdo a lo que los mercados demandaban, y entonces cayó la inversión estatal en ciencia y tecnología. Hoy sabemos que eso fue una equivocación. Quienes planearon, Corea del Sur, China, Brasil y el propio Estados Unidos, avanzaron mucho más."[36] En todos esos países, el Estado había financiado grandes centros de investigación, o les dio enormes fondos a las universidades para que hicieran investigación, y luego estimuló al sector privado con ventajas impositivas y subsidios de todo tipo para que acudiera a estos centros y desarrollara productos requeridos por el mercado, explicó.

"En las primeras etapas del conocimiento, éste no es comercializable: no puedes coger estas ideas de ciencia básica y patentarlas y venderlas para sacar dinero. Tiene que pasar un periodo de maduración, y una vez que tienes buenos laboratorios y gente bien formada, entonces a la industria le interesa, y entonces la empresa empieza a invertir en investigación. En Estados Unidos, la mayor parte de los fondos para la investigación de las universidades sale de instituciones como el Instituto Nacional de la Salud, la Fundación Nacional de la Ciencia, o la NASA, que dan dinero a las universidades para que investiguen. O sea, el Estado financia a las universidades o a los centros de investigación, y en una etapa posterior los estados financian a las empresas con facilidades impositivas y otras formas de financiamiento",[37] señaló.

¿Cuál es la receta, entonces?, le pregunté. La receta es una combinación de apoyo estatal para la investigación, e incentivos a las empresas del sector privado, señaló. "Y a nivel general, el secreto es hacer decisiones políticas y sostenerlas a largo plazo", concluyó.[38] Y en esto último, Colombia estaba dando un ejemplo.

UNA MINISTRA QUE DURÓ OCHO AÑOS

Mientras Venezuela ha tenido un nuevo ministro de Educación cada año y medio desde que Chávez asumió el poder, Colombia tuvo una sola ministra de Educación durante los ocho años de la presidencia de Uribe. Se trata de Cecilia María Vélez White, una economista con estudios de posgrado en la Universidad de Lovaina, Bélgica, y el MIT, de Estados Unidos, que antes de ser designada ministra había sido secretaria de Educación de la ciudad de Bogotá. Al igual que en Venezuela, la ministra concentró sus esfuerzos en aumentar la cobertura escolar y universitaria de su país, pero al mismo tiempo introdujo medidas para mejorar dramáticamente la calidad educativa. Durante sus ocho años en el ministerio, la educación primaria se universalizó, se aumentó el número de estudiantes secundarios de 410 000 a 700 000 estudiantes, y la matrícula de la educación superior pasó de 24 a 36 por ciento de la población en edad universitaria, de 1 a 1.5 millones de estudiantes.[39]

Sin embargo, el mayor mérito de la ministra, según varios de sus seguidores, fue lograr que el aumento de la matrícula estuviera acompañado de una mejora en la calidad educativa. A nivel de la escuela primaria, se amplió la participación del país en los exámenes internacionales de estudiantes y se inició un sistema de estímulos económicos para los maestros que obtengan las mejores evaluaciones. A nivel universitario, se estimuló un sistema de acreditación para fomentar una competencia por excelencia entre las alrededor de 200 universidades del país. Lo más importante, según me dijo la ministra, fue que Colombia se lanzó a competir sin complejos en la carrera internacional por la calidad educativa, a sabiendas de que estaba arrancando de muy atrás.

"ESTAMOS COMPITIENDO EN TODOS LOS *TESTS* INTERNACIONALES"

Colombia participa regularmente en los cinco principales exámenes internacionales —incluyendo el PISA, especializado en la comprensión de problemas de matemáticas, ciencia y lenguaje; el TIMSS, más centrado en el rendimiento académico en matemáticas y ciencias, y el PIRLS, enfocado en la lectura—, y lo hace con más regularidad que la mayoría de los países de la región, me dijo la ministra poco antes de dejar su cargo.

Los resultados del PISA no fueron buenos. En el examen PISA de matemáticas y comprensión de lectura de 2007, Colombia salió en el grupo de países "por debajo del promedio", casi al fondo de la lista, por debajo de Chile y México, pero junto con Brasil y Argentina.[40] Sin embargo, en varios de los otros exámenes, Colombia está gradualmente escalando puestos. "En el TIMSS tuvimos un avance importante, porque los promedios en matemáticas y ciencias aumentaron 20 puntos. Fuimos el segundo país de los que se presentan regularmente que más subió en términos comparativos, después de Lituania. Ya no somos el penúltimo, sino que somos el número cinco de abajo para arriba. Todavía estamos en el último grupo, pero en una tendencia ascendente", dijo la ministra. El resultado final no era para enorgullecerse, pero mientras Venezuela no se presentaba en ninguno de los exámenes internacionales más exigentes, Colombia lo estaba haciendo en todos, y la calidad de su educación estaba mejorando.

"LOS SINDICATOS NO MOVILIZAN POR SU IDEOLOGÍA"

Hacia el término de su mandato, Vélez White inició un sistema de remuneración a los maestros acorde con sus evaluaciones. En un primer paso, por primera vez en la historia de la educación en Colombia, más de 33 000 maestros participaron voluntariamente en evaluaciones para recibir aumentos salariales, me dijo la ministra. Como era de esperar, los sindicatos de maestros se opusieron a la medida, por temor a que esto constituyera un antecedente para gradualmente desfasar el pago por antigüedad y experiencia en el cargo.

¿Y cómo logró superar la oposición de los sindicatos?, le pregunté. "Una experiencia muy importante nuestra es que no hay que creer que los sindicatos son los voceros de los maestros en todas las cosas. Los sindicatos no movilizan a los maestros por su ideología, sino por los problemas que tienen los maestros para que les paguen bien, y les paguen a tiempo", me dijo la ministra. Vélez White me contó que uno de los problemas tradicionales de la educación en Colombia habían sido los retrasos en los pagos a los maestros, que a veces llevaban meses y hasta años de sueldos adeudados. A medida que el gobierno regularizó los pagos, pudo empezar a diseñar políticas educativas pasando por encima del sindicato. "Hay que tener muy claro que la discusión sobre la educación no debe hacerse sólo con el sindicato: hay que hacerlo con la sociedad, a través del Congreso. ¿Qué pasaba en Colombia? El ministerio se sentaba a negociar con el sindicato, y luego el Congreso pasaba leyes acordadas con el sindicato. Yo dije: la política educativa no se negocia con el sindicato, se negocia en el Congreso. Y en la medida en que tú les pagues a los maestros, los maestros no se dejan movilizar por los sindicatos."[41]

PRESIDENTE SANTOS: "NECESITAMOS CARRERAS TÉCNICAS"

Cuanto entrevisté a Juan Manuel Santos pocas semanas antes de asumir la presidencia en 2010, me comentó que una de sus principales prioridades en materia educativa sería impulsar la formación técnica, para ofrecerles una salida laboral a millones de jóvenes que no encuentran empleos tras cursar estudios en la secundaria. El desempleo entre los jóvenes de entre 18 y 24 años en Colombia es uno de los más altos de América Latina, y es más del doble del desempleo general en Colombia. Entonces, según Santos, una de sus prioridades sería deshacer el cuello de botella que existe en el ingreso a la educación superior, "porque son miles y miles de bachilleres que quieren entrar en la educación superior y no encuentran espacio, y muchos de los que encuentran espacio no tienen cómo financiar sus estudios. Eso nos ayudaría a bajar el desempleo juvenil, y eso nos ayudaría a bajar la delincuencia, porque esos muchachos que no entran en educación superior no encuentran empleo, y son carne de cañón para las bandas criminales y para la droga".[42]

¿Y cómo piensa solucionar ese problema?, le pregunté. Santos dijo que la solución está en ofrecer el aprendizaje de oficios en los últimos dos años de la secundaria y crear carreras cortas técnicas a nivel universitario. "En la escuela secundaria, habría que hacer una reforma en los últimos dos años, porque el bachiller que sale de la escuela hoy no sabe trabajar, y habría que darle por lo menos instrumentos para defenderse. Y en la educación superior lo importante es ampliar la base y cambiar la relación que existe en Colombia: hoy tenemos 70 por ciento de educación universitaria y 30 por ciento de educación técnica. Lo que se requiere es lo contrario: 70 por ciento de educación técnica y 30 por ciento de educación universitaria. Porque en Colombia tenemos exceso de economistas, exceso de abogados, pero un déficit de gente para hacer trabajos técnicos", me dijo Santos.[43]

Asimismo, Santos se proponía "imponer el bilingüismo en la educación colombiana" para llevar a la primaria la enseñanza del inglés y dotar a las escuelas con "un computador por cada pupitre". Al final del día, me aseguró, mejorar la calidad de la educación "es la única forma de defenderse uno en un mundo cada vez más competitivo y cada vez más globalizado".

13

Las 12 claves del progreso

En una fiesta de cumpleaños del ex presidente uruguayo Julio María Sanguinetti a la que fui invitado durante una reciente visita a Uruguay, me tocó presenciar un excelente espectáculo de magia. Era una fiesta familiar, con alrededor de 30 familiares del ex mandatario, muchos de ellos jóvenes, y unos pocos políticos amigos del homenajeado. Aunque no suelo ir a fiestas familiares de políticos, acudí con gusto: Sanguinetti, además de haber sido dos veces presidente de su país, es un periodista y académico que siempre tiene puntos de vista interesantes sobre la realidad latinoamericana, y no quería perderme la oportunidad de conversar con él. Después de los postres, y del anuncio de que como en todo buen cumpleaños habría un mago, apareció un joven de traje negro, chistera y bastón, y procedió a hacer su acto de magia. Muy pronto, todos estábamos boquiabiertos ante las hazañas del mago, que hacía desaparecer periódicos, vasos y otros objetos de entre sus manos. "Buenísimo!", "Increíble!", nos decíamos unos a otros al final de cada truco de magia. Uno de los comensales, dirigiéndose a Sanguinetti, bromeó: "Deberías haberlo nombrado ministro de Economía!" Todos estallamos en una carcajada. Sanguinetti, muerto de risa, movió la cabeza negativamente y respondió: "No; debería haberlo nombrado ministro de Educación!"

La reacción de Sanguinetti, que fue seguida de una segunda carcajada general, me llamó la atención. No habíamos estado hablando sobre educación. Obviamente, Sanguinetti, después de dos mandatos presidenciales, había llegado a la misma conclusión que algunos de los políticos más iluminados de todo el mundo: la clave de la reducción de la pobreza y el desarrollo sostenible no era la economía, sino la educación. Mientras todos seguimos pendientes de lo que dicen los ministros de Economía, los que tienen en sus manos el futuro de nuestros países son los ministros de Educación. Ahí, como lo había señalado Sanguinetti con su broma, es donde nos hacen faltan los magos.

¿Qué trucos podrían sacar del sombrero los gobiernos o la sociedad civil de nuestros países para mejorar la educación? He aquí 12 ideas que recogí a lo largo de mis viajes durante la investigación para este libro, o que se me ocurrieron en el camino. Son ideas relativamente simples, que podrían ayudar a colocar a nuestros países rápidamente en la senda del progreso.

MIREMOS MÁS HACIA ADELANTE

La obsesión iberoamericana con la historia nos está robando tiempo y energías para concentrarnos en el futuro. Hay que aprender de China, la India y otros países asiáticos, que a pesar de recordar con orgullo sus historias milenarias viven obsesionados con el futuro. Como dijo el ex presidente y premio Nobel costarricense Óscar Arias en su discurso de despedida a los presidentes latinoamericanos en la cumbre en Playa del Carmen, México —ante Chávez, Morales, Correa y otros presidentes que acababan de pronunciar encendidos discursos evocando sus respectivas versiones de la historia para justificar sus proyectos políticos—, "ni el colonialismo español, ni la falta de recursos naturales, ni la hegemonía de Estados Unidos, ni ninguna otra teoría producto de la victimización eterna de América Latina explican el hecho de que nos rehusemos a aumentar nuestro gasto en innovación, a cobrarle impuestos a los ricos, a graduar profesionales en ingenierías y ciencias exactas, a promover la competencia, a construir infraestructura o a brindar seguridad jurídica a las empresas. Es hora de que cada palo aguante la vela de su propio progreso".[1]

¿Y cómo hacer para comenzar a mirar al futuro? Muy fácil: observando lo que hacen los países que más éxito han tenido en reducir la pobreza y aumentar el bienestar de toda su gente, y copiando aquello que merezca ser copiado. En otras palabras, romper nuestra ceguera periférica, y mirar menos al espejo y más por la ventana.

Algunos países ya lo están haciendo. Recuerdo mi sorpresa cuando, en una entrevista con el entonces canciller del gobierno socialista de Chile, Alejandro Foxley, en 2008, le comenté que estaba recorriendo varios países para escribir un libro sobre lo que están haciendo las naciones exitosas en materia de educación, ciencia y tecnología. Foxley me miró algo extrañado, como si estuviera hablando con alguien que acababa de descubrir el agua tibia, y me dijo: "Nosotros acabamos de escribir ese libro".[2] Efectivamente, el canciller de la presidenta Michelle Bachelet había enviado equipos de economistas a ocho países exitosos que tenían algunas cosas en común con Chile —Corea del Sur, Irlanda, Finlandia, Noruega, Nueva Zelandia, Australia y España— para estudiar qué podía copiar Chile de las industrias más exitosas. El resultado había sido un libro de 700 páginas titulado *Caminos al desarrollo: Lecciones de países afines*.

La propia presidenta Bachelet, aunque menos entusiasmada por la globalización que su sucesor, Sebastian Piñera, tenía muy presente la parábola del pescador que le había contado el primer ministro de Vietnam, según la cual un pescador que se quedaba en la costa iba a sacar peces mucho más pequeños que uno que se aventuraba a pescar más lejos. Según la presidenta, el récord chileno de 54 tratados de libre comercio firmados con países de todo el mundo —desde Estados Unidos hasta China— era un resultado directo del hábito chileno de salir a pescar peces grandes. Chile se dedicó a ver qué estaban haciendo mejor otros países, y salió a pescar mar adentro. Y le ha ido muy bien.

HAGAMOS DE LA EDUCACIÓN "UNA TAREA DE TODOS"

La mejora de la calidad educativa difícilmente saldrá de los gobiernos: los políticos siempre van a preferir construir obras públicas, que puedan estar a la vista de todos antes de las próximas elecciones, a invertir en mejoras educativas, que no producen resultados visibles sino hasta dentro de cinco, 10 o 20 años. Para que los gobiernos inviertan más y mejor en educación, es necesario que surjan coaliciones de organizaciones no gubernamentales, grandes empresas, medios de prensa, artistas, deportistas y otras figuras mediáticas, que fijen metas concretas de rendimiento académico y exijan su cumplimiento.

No hay que inventar el agua tibia: Brasil e Israel ya lo están haciendo, cada uno a su manera, exitosamente. En ambos países han surgido poderosos movimientos ciudadanos, apoyados por grandes empresarios y medios de comunicación, que se han sentado con los ministros de Educación para fijar metas concretas y medibles periódicamente. En Brasil, el movimiento Todos por la Educación obtuvo el respaldo activo de los principales medios de comunicación del país, artistas y deportistas, y logró que el gobierno adoptara casi al detalle sus cinco objetivos concretos para mejorar la educación para el 2022, con metas medibles anualmente. En Israel, el movimiento La Educación es Todo lleva la presión social a un nivel aún más alto, haciendo que unas 200 figuras públicas de gran alcance mediático —incluyendo ganadores del premio Nobel, actores y escritores famosos— encabecen protestas públicas cuando el Ministerio de Educación no cumple con metas previamente acordadas y medidas trimestralmente. Y cuando el gobierno no cumple con las metas, como me dijo con una sonrisa pícara el fundador del movimiento, Dov Lautman, "descargamos toda nuestra artillería mediática sobre ellos".

INVENTEMOS UN "PIB EDUCATIVO"

Cada vez más economistas están llegando a la conclusión de que el crecimiento económico por sí solo nunca va a erradicar la pobreza, a menos que vaya acompañado de una mejora en la calidad educativa. Si no se mejora la educación de los sectores marginados de la sociedad, como lo han hecho los países asiáticos, los latinoamericanos que viven en la pobreza nunca van a poder salir de vender baratijas en las calles y acceder a buenos empleos, por más que crezca la economía. En el siglo XXI la educación es el gran programa de lucha contra la pobreza. Por eso es hora de cambiar la forma en que medimos el progreso de nuestros países: como decíamos al comienzo de este libro, en lugar de seguir midiendo el progreso de nuestros países exclusivamente mediante el porcentaje de crecimiento o disminución del PIB de la economía, hay que crear también un PIB educativo.

¿Es posible medir el estado de la educación y su progreso anual? Por supuesto que sí. La forma más simple sería partir de una combinación de dos mediciones que ya están disponibles, y que miden la cantidad y la calidad de la educación: la tasa de escolaridad de cada país, que oscila entre los seis años de escuela en los países pobres y 16 años en los países desarrollados, y los resultados que los países obtienen en los exámenes internacionales de matemáticas, ciencias y lenguas, como el PISA. Con base en estas dos mediciones, se podría computar el porcentaje de progreso, o regresión, de cada país anualmente. En cuanto a la creación de una medida más científica, como un PIB educativo medido en dólares, todavía no se ha hecho, pero, según me dicen algunos reconocidos economistas internacionales, es absolutamente factible.

Cuando le pregunté a Marcelo Giugale, director del Departamento de Políticas Económicas y Programas Antipobreza para Latinoamérica del Banco Mundial, si era posible crear un PIB educativo medido en dólares, semejante al PIB de la economía, me dijo que en principio la idea le parecía buena, y me pidió unos días para reunirse con su equipo de economistas para poder darme una respuesta más fundamentada. A los pocos días, Giugale me respondió: "La idea es muy buena". Entre otras cosas, señaló que la medición "nos permitiría comparar el gasto anual que hacen los gobiernos en educación con el producto bruto educativo; esto es, comparar el valor de los insumos que ponemos en nuestra fábrica educativa con el valor que tiene el producto que sale de esa fábrica. ¡Imagínate si el valor del producto final fuera menor que el valor de los insumos! La gente entendería entonces que tenemos un problema serio en nuestro sistema educativo. Sería un mensaje aún más poderoso que el que dan las comparaciones de resultados en exámenes internacionales, como el PISA, o de estudiantes de América Latina con estudiantes de Singapur".

Bueno, ¿pero se puede medir un PIB educativo con la misma seriedad con que se mide el PIB de la economía?, pregunté. Giugale dijo que sería posible, mediante una compleja serie de mediciones. Habría que sumar el beneficio privado de la educación —o sea, el aumento salarial que paga el mercado a un trabajador por haber egresado de la escuela— con los beneficios que el resto de la sociedad obtiene cuando un individuo termina la escuela. El primer cálculo sería relativamente fácil, porque las cifras están a la mano. El segundo sería más complicado, pero factible. De la misma manera en que hoy podemos calcular el costo de la epidemia de fiebre aviar con base en el detrimento en el salario causado por la pérdida de productividad por el contagio de una persona a otra, se podría también computar el beneficio social —o "contagio educativo"— que produce educar a un individuo en relación con los que interactúa, dijo Giugale. "Con una computadora suficientemente poderosa y algo de programación avanzada se puede hacer", concluyó.

INVIRTAMOS EN EDUCACIÓN PREESCOLAR

Hoy, a pesar de que existen cada vez más evidencias de que la mejor inversión gubernamental en educación es la que se hace en los niños más pequeños, desde su nacimiento hasta los seis años, la mayoría de los países latinoamericanos invierte el grueso de su presupuesto educacional en las universidades. El motivo es simple: las universidades estatales latinoamericanas tienen un enorme peso político y constituyen un grupo de presión formidable a la hora de pedir dinero del Estado, mientras que la educación preescolar prácticamente no tiene abanderados. La falta de subvención estatal a la educación preescolar es un error garrafal, porque —tal como lo demuestran los estudios del premio Nobel de economía James Heckman— termina costándole mucho más caro a los países, porque deben compensar posteriormente el rezago educativo con el que los niños entran en la primaria.

"El cerebro de un niño se duplica en tamaño en el primer año de vida. Es como una esponja que está dispuesta a absorber información si uno la provee de la estimulación adecuada —me dijo Isaac Prilleltensky, decano de la Escuela de Educación de la Universidad de Miami—. La educación a esa edad es una ventana de oportunidad: si la perdemos, es muy difícil y muy costoso recuperarla luego."[3]

¿Qué porcentaje del presupuesto educacional tendrían que invertir los países en la educación preescolar?, le pregunté. "Yo diría que por lo menos un 30 por ciento", respondió Prilleltensky. ¿Pero qué pueden hacer los gobiernos con un niño que está en pañales, en su casa? El Estado puede mejorar la nutrición de las madres cuando los niños están en el vientre y educar a las familias —y a quienes cuidan a los niños— sobre cómo estimular su mente, explicó. Todo eso constituye una mucho mejor inversión de los fondos del Estado que tratar de recuperar el rezago escolar en la primaria o secundaria, agregó.

¿Pero de donde sacar el dinero?, le pregunté a Prilleltensky y a varios otros expertos. ¿Habría que sacar dinero de las universidades para invertirlo en educación temprana?[4] Casi todos coincidieron en que, igual que en China, la India y prácticamente todos los países desarrollados, las universidades estatales latinoamericanas tienen que empezar a generar recursos propios —ya sea de la venta de patentes, la contratación externa de servicios profesionales de sus profesores, o el pago de cuotas por los estudiantes que puedan pagar— para reducir una parte de los subsidios que reciben del Estado. Los nuevos ingresos de las universidades ayudarían a financiar los programas de salud y educación preescolar, señalaron.

CONCENTRÉMONOS EN FORMAR BUENOS MAESTROS

Tal como me lo señaló la presidenta de Finlandia, Tarja Halonen, la receta para que los jóvenes sobresalgan en los exámenes internacionales de matemáticas, ciencias e idioma, es tener buenos maestros. En el sistema de meritocracia educativa de Finlandia, sólo 10 por ciento de los graduados de la escuela secundaria con los mejores promedios pueden aspirar a la carrera universitaria de maestros, y los docentes necesitan por lo menos un grado de licenciatura para poder ser maestros de jardín de infantes, y una maestría para poder enseñar en primer grado.

Prácticamente todos los estudios internacionales sobre los avances educativos están llegado a la misma conclusión: lo fundamental para mejorar la calidad educativa no es cambiar los planes de estudios, ni aumentar indiscriminadamente los sueldos de los maestros, ni siquiera reducir el porcentaje de estudiantes por maestro, sino elevar la calidad de los maestros.

Un estudio comparativo de la consultora McKinsey, titulado "Cómo los mejores sistemas educativos del mundo logran llegar a los primeros puestos", basado en visitas a más de dos docenas de países y considerado como uno de los más importantes de los últimos tiempos, concluyó que "la evidencia disponible sugiere que el principal motivo de las variantes en el aprendizaje de los estudiantes es la calidad de los maestros".[5] Como ejemplo, señala que un seguimiento realizado en las escuelas de Tennessee mostró que si dos niños de ocho años tenían diferentes maestras —una de ellas de excelente formación, y la otra de mala formación—, al cabo de tres años el niño con la mejor maestra estaba por encima del 90 por ciento de los alumnos de su clase en nivel académico, mientras que el otro niño estaba apenas encima del 37 por ciento. O sea, la calidad de la maestra producía una diferencia de 53 puntos porcentuales en el rendimiento académico de los alumnos. Comparativamente, reducir el número de alumnos por clase de 23 a 15 niños sólo había producido una diferencia de 8 puntos porcentuales en el rendimiento académico en el mismo periodo de tiempo.

"El impacto negativo de los maestros de bajo rendimiento es enorme, especialmente durante los primeros años de aprendizaje. En la escuela primaria, los estudiantes que tienen maestros de bajo rendimiento durante varios años seguidos sufren pérdidas educacionales que son prácticamente irreversibles",[6] afirma el estudio.

¿Y cuál es el secreto para tener buenos maestros? Según el estudio de McKinsey, la selectividad. Los países que obtienen los mejores resultados en los exámenes internacionales estandarizados tienen en común ser muy selectivos a la hora de decidir quién puede ser maestro. "Los sistemas educativos de mayor rendimiento que hemos estudiado reclutan a los maestros del 30 por ciento de los graduados con más altos puntajes de sus sistemas escolares: el 5 por ciento de los mejores estudiantes en Corea del Sur, el 10 por ciento de los mejores estudiantes en Finlandia y el 30 por ciento de los mejores estudiantes en Singapur y Hong Kong", dice el estudio.

DÉMOSLES ESTATUS SOCIAL A LOS DOCENTES

¿Cómo convencer a los mejores estudiantes de que sigan carreras docentes en países donde los maestros no tienen el estatus social de otros profesionales y ganan salarios de hambre? Según el estudio de McKinsey, varios países lo han logrado en un plazo relativamente corto. "Inglaterra ha convertido la docencia en la profesión más popular entre los graduados universitarios en apenas cinco años", dice el estudio. Los ingleses se convencieron de que cada nombramiento de un mal profesor tiene consecuencias dramáticas para el país, porque puede resultar en hasta 40 años de educación de mala calidad para miles de estudiantes. Entonces, Inglaterra estableció un sistema de selección de maestras basado en principios básicos usados por la empresa privada para seleccionar su personal: un alto nivel de conocimiento en matemáticas y lectura, buena comunicación con los niños, ganas de aprender y motivación para enseñar.

Hay dos sistemas de selección de maestros, dice el estudio: el primero los selecciona antes de que ingresen a las universidades para estudiar la carrera de docentes, como en Finlandia, y el segundo deja el proceso de selección para después de que se gradúan de sus respectivas carreras universitarias de docentes. "Mientras que casi todos los sistemas escolares del mundo utilizan la segunda opción, la mayoría de los países de mayor rendimiento educativo utiliza variantes de la primera —señala el estudio—. El no controlar el ingreso a las carreras docentes [en la universidad] invariablemente lleva a una sobreoferta de candidatos a maestros que, a su vez, tiene un significativo impacto negativo sobre la calidad de los maestros. La segunda opción [seleccionar a los maestros después de egresados del magisterio] tiende a que la formación de maestros se convierta en un programa universitario de menor estatus, que a su vez convierte a la docencia en una profesión de menor estatus. Una vez que se permite que esto ocurra, la docencia entra en un espiral descendente."[7]

En cuanto a los sueldos, el estudio de McKinsey señala que la clave no radica en dar aumentos generales a todos los maestros, sino en ofrecer mejores sueldos iniciales a quienes ingresan en la profesión, para atraer a las mentes más privilegiadas. "Un buen salario no es necesariamente la principal ni la única motivación de los maestros. Las investigaciones muestran que la mayoría de la gente que entra en el magisterio lo hace por varios motivos, principalmente el deseo de ayudar a las nuevas generaciones a triunfar [...] Sin embargo, las mismas investigaciones muestran que a menos que los sistemas escolares ofrezcan salarios parecidos a los de otros graduados universitarios, la misma gente no entra en la profesión docente", afirma el estudio. Finlandia, Holanda, Nueva Zelanda, Australia e Inglaterra están ofreciendo buenos salarios iniciales a sus maestros, colocando el grueso de sus recursos en el comienzo de la profesión docente, para atraer a los mejores candidatos, y proporcionando aumentos relativamente pequeños en los años posteriores, según su desempeño.

Curiosamente, cuando muchos de esos países no tenían suficientes recursos para aumentar los salarios iniciales de los maestros, redujeron el porcentaje de maestros por aula, y les fue bien. "Corea del Sur y Singapur tienen menos maestros que otros países, lo que les permite gastar más dinero por maestro. Los dos países reconocen que mientras que el tamaño de las clases tiene un impacto relativamente menor en la calidad del aprendizaje de los estudiantes, la calidad de los maestros tiene un impacto mucho mayor. El tamaño de las clases es de 30 alumnos por profesor, contra el promedio de 17 alumnos por profesor en los países desarrollados, lo que les permite duplicar los salarios de los maestros destinando el mismo porcentaje de recursos que los países [industrializados] de la OCDE", dice el estudio. En otras palabras, Corea del Sur le ha apostado a tener menos maestros, y bien remunerados, y a convertir la profesión en una de las más codiciadas. "Una vez que la docencia se convirtió en una profesión de gran estatus social, cada vez más gente talentosa se convirtió en docente, aumentando el estatus social de la profesión aún más", concluye el estudio.

OFREZCAMOS INCENTIVOS SALARIALES

Aunque la victoria política más conocida de los primeros años del presidente Barack Obama en la Casa Blanca fue su reforma al sistema de salud de Estados Unidos, puede ser que la que termine teniendo el mayor impacto a nivel nacional e internacional sea su reforma educativa. En efecto, Obama está revolucionando el sistema educativo de Estados Unidos con su programa de estímulos salariales Carrera hacia la Cima, que consiste en dar estímulos salariales a los maestros según los resultados que obtengan sus alumnos en los exámenes estandarizados internacionales. Con relativamente poco dinero —4 300 millones de dólares, que representan menos del 1 por ciento del gasto nacional en educación—, Obama ha podido sacudir el sistema educativo del país, y logró que los poderosos sindicatos de maestros aceptaran sin batallas socialmente traumáticas los cambios a los que se habían opuesto anteriormente.

¿Cómo lo logró? Ofreciendo 4 300 millones de dólares en fondos adicionales a aquellos estados que cambien sus leyes en materia educativa y adopten medidas como basar parte de las evaluaciones de sus maestros en el rendimiento académico de sus alumnos. El gobierno de Obama creó una escala de 500 puntos para medir la magnitud de las reformas que estaba dispuesto a hacer cada estado, de los cuales

138 puntos estaban destinados a los que eliminaran de sus leyes la seguridad laboral vitalicia de los maestros y los salarios de los docentes basados exclusivamente en la antigüedad en el cargo. Para poder aspirar a los nuevos fondos federales, los estados debían demostrar que sus reglamentos de compensación salarial incluían aumentos basados en el rendimiento de los estudiantes en el aula.

Pocas semanas antes de la fecha límite para que los estados se presentaran al concurso, se produjo una carrera desbocada en todo el país, en la que —según relató *The New York Times*— "gobernadores, legisladores estatales y burócratas se lanzaron a considerar reformas que podrían aumentar sus posibilidades. Cuarenta estados y el Distrito de Columbia participaron en el primer concurso. Quince de ellos, incluyendo algunos bastiones de los sindicatos de docentes, como California, Ohio y Michigan, aprobaron nuevas leyes o cambiaron regulaciones para mejorar su puntaje. Antes de que el secretario de Educación [Arne] Duncan desembolsara un dólar, el país había visto más reformas educativas de las que había visto en décadas".[8] En el segundo concurso del programa, a principios de 2010, ya estaban participando 46 estados.

Como era de esperar, los sindicatos de maestros, agrupados en la poderosa Asociación Nacional de Educación y la Federación Américana de Maestros, que conjuntamente tienen 4.6 millones de afiliados y constituyen la base política del Partido Demócrata de Obama, se resistieron al principio. Sin embargo, el incentivo de nuevos fondos federales en un momento de crisis en que los estados estaban despidiendo maestros, y la presión social de padres y de la sociedad en general, lograron convencer a los sindicatos a dar su visto bueno al nuevo programa gubernamental. Para Duncan, secretario de Educación, un hombre que antes de su nombramiento se había destacado por su trabajo en las escuelas públicas de los barrios más pobres de Chicago, la reforma educativa de Obama era "el equivalente al cohete a la Luna de nuestra generación: es una obra [...] que debe ser emprendida en el siglo XXI con la misma pasión y concentración con que se realizó la carrera espacial en el siglo XX".[9]

¿Sería posible adoptar una variante de la Carrera hacia la Cima en América Latina? Probablemente sería más difícil que en Estados Unidos, porque en la mayoría de los países latinoamericanos los sindicatos son más poderosos, me dijo Jeffrey Puryear, experto en educación internacional del Diálogo Interamericano, un centro de estudios en Washington. En muchos países latinoamericanos los sindicatos pueden negocian los convenios salariales de los maestros a nivel nacional, y pueden convocar paros nacionales, mientras que en Estados Unidos los sindicatos generalmente negocian sus contratos a nivel estatal. "Sin embargo, sería una buena idea que los gobiernos les digan a los estados: 'yo te doy este dinero adicional si comienzas a tomar en consideración el rendimiento de los maestros en el aula', sobre todo en países con sistemas federales como México, Argentina y Brasil", dijo Puryear.

HAGAMOS PACTOS NACIONALES

De todas las tareas políticas pendientes en las Américas, desde Alaska hasta la Patagonia, una de las más urgentes es hacer pactos nacionales entre los principales partidos políticos para realizar reformas educativas a largo plazo. A diferencia de lo que ocurre en la economía, o en la seguridad, las mejoras educativas suelen tardar 20 años en dar resultados visibles. Por lo tanto, para evitar que cada nuevo gobierno deshaga los avances educativos de su antecesor, o que los gobiernos le quiten recursos a la educación para adjudicarlos a otras prioridades en las que pueden obtener resultados más inmediatos, los pactos educativos son clave. ¿Por qué no exigir que nuestros políticos lleguen a acuerdos básicos en materia educativa?

Tal como lo muestran las recientes experiencias de España, Chile y Estados Unidos, donde en el momento de escribirse estas líneas se están debatiendo pactos nacionales en materia educativa, no es tarea fácil. En España, el Partido Socialista y el Partido Popular, que prácticamente no se juntan para otra cosa que no sea ladrarse mutuamente, estaban tratando de firmar un pacto nacional que fijara la política educativa por muchos años, incluido el escabroso tema de la enseñanza de las lenguas de las varias regiones del país en las escuelas. En Estados Unidos, Obama estaba tratando de hacer un pacto nacional disfrazado, al tratar de unificar los sistemas educativos de los 50 estados del país, gobernados por demócratas y republicanos, con su programa Carrera hacia la Cima.

El programa de Obama, además de ofrecer incentivos salariales con base en los resultados académicos, le daba un puntaje adicional a los estados que cambiaran sus leyes para permitir cerrar escuelas de bajo rendimiento. En 2010, Duncan aplaudió la decisión de las autoridades escolares de Rhode Island de despedir a los 93 profesores de la Central Falls High School, una escuela secundaria de una zona de alta pobreza, donde sólo 10 por ciento de los alumnos cumplían con las metas nacionales en los exámenes de matemáticas. La decisión "muestra la valentía" y "es lo mejor para los niños", dijo Duncan. La postura del gobierno de Obama —bastante atípica para un gobierno aliado de los sindicatos de trabajadores— significaba que estaba dispuesto a apoyar las políticas populistas de otros sindicatos, pero no en materia educativa, donde se estaba jugando el futuro del país.

FORJEMOS UNA CULTURA FAMILIAR DE LA EDUCACIÓN

Los asiáticos llevan la cultura de la educación en la sangre. Las familias chinas, indias y de otras partes de Asia no vacilan en invertir todo su dinero y todo su tiempo en la educación de sus hijos, como hemos visto en capítulos anteriores. Nosotros, en Estados Unidos, Europa y Latinoamérica, tenemos que crear esa cultura de la educación, o recrearla en aquellos lugares donde la hemos tenido. No se trata de una tarea imposible: puede ser instalada gradualmente en la sociedad con buenas campañas mediáticas que glorifiquen a los estudiantes exitosos de la misma manera en que hoy se glorifica a los deportistas exitosos. Cuando un equipo de futbol gana el campeonato nacional, es inmediatamente recibido por el presidente, a sus jugadores les llueven patrocinios de grandes empresas y los medios se disputan por obtener las primeras entrevistas. ¿Por qué no convencer a los medios de comunicación de que hagan lo mismo cuando un joven gana un concurso de ciencias o un maestro es nombrado el mejor docente de su país, su estado o su escuela? ¿Por qué no pedir a los gobiernos y a las grandes empresas que comiencen a dar premios que no sean simbólicos a los jóvenes que ganan concursos académicos para convertirlos en celebridades? Muchos piensan que sería imposible convertir a un joven ganador de una olimpiada de matemáticas en una celebridad, pero bastaría un premio anual de 100 000 dólares para poner a esos jóvenes en las primeras planas de los periódicos y crear un efecto multiplicador que haga que otros miles traten de seguir su ejemplo.

Emulando lo que Corea del Sur venía haciendo hacía años, Obama anunció en 2010 una ceremonia anual con los ganadores de todas las competencias nacionales en ciencia y tecnología. "Si tú ganas el campeonato de futbol, eres invitado a la Casa Blanca. Bueno, si tú eres un joven que ha producido el mejor experimento o diseño, el mejor programa de computación, tendrías que obtener un reconocimiento similar. Los científicos y los ingenieros deberían estar a la par de los deportistas y de los artistas como ejemplos para la juventud, y aquí en la Casa Blanca vamos a liderar con el ejemplo", dijo.[10]

"Y para eso no son sólo importantes los estudiantes, sino tambien los padres —agregó Obama—. Recientemente estuve en Asia, y en un almuerzo con el presidente de Corea del Sur, el presidente Lee, le manifesté mi interés acerca de la política educativa de su país, porque han crecido enormemente en los últimos 40 años. Y le pregunté cual era su principal desafío en materia educativa. Y me dijo que su principal problema era que los padres coreanos son demasiado exigentes con sus hijos [...] ¡Imagínense, ése era el principal problema que tenía: la insistencia y la exigencia de los padres por tener escuelas excelentes! Y lo mismo ocurrió cuando fui a China. Estaba hablando con el alcalde de Shanghai, y le pregunté cómo les estaba yendo con el reclutamiento de buenos maestros, considerando que tienen nada menos que 25 millones de personas en esa ciudad. Y me dijo: 'No tenemos problemas en reclutar maestros, porque la profesión docente es muy reverenciada, y los salarios de los maestros son comparables a los de los doctores y otros profesionales'. Eso les da una idea de lo que está ocurriendo alrededor del mundo".[11]

Al poco tiempo, Obama anunció una campaña llamada Educar para Innovar para ayudar a crear una cultura de la educación científica y tecnológica en los jóvenes. La campaña convenció a buena parte de los productores de programas infantiles de televisión, como *Plaza Sésamo*, para que de ahora en adelate conviertan a la ciencia y la tecnología en algo divertido, y a muchas otras empresas y organizaciones gubernamentales para que otorguen cada vez más —y más importantes— premios en ciencia y tecnología. Estados Unidos se estaba convenciendo de que si no creaba una cultura de la educación y de la innovación, sería alcanzado y superado muy pronto por sus competidores asiáticos.

ROMPAMOS EL AISLAMIENTO EDUCATIVO

Aunque no sería realista pedirle a nuestros países que envíen a sus alumnos al exterior en viajes educativos desde la escuela primaria, como se hace en Singapur, donde —como hemos visto— el gobierno intenta que por lo menos la mitad de los niños de primaria hagan viajes al exterior como parte de sus programas de estudios para 2014, lo menos que podemos hacer es acabar con nuestro aislamiento a nivel universitario y empezar a ponernos a la par del resto del mundo. ¿Cómo puede ser que en China el inglés sea un idioma obligatorio desde tercero de primaria, y en Argentina no sea un idioma obligatorio en la Universidad de Buenos Aires, la mayor y más conocida del país? ¿Cómo puede ser que China y la India tengan decenas de las mejores universidades del mundo enseñando en su territorio, y entregando diplomas válidos, mientras que la mayoría de los países latinoamericanos impiden que universidades extranjeras operen como tales en el territorio nacional? ¿Cómo puede ser que cuando las nuevas autoridades de la Universidad Nacional Autónoma de México, la más importante del país, tomaron sus cargos, se encontraran con que sólo tenían acuerdos de titulación conjunta con Cuba, Bolivia y Guatemala, cuyas universidades no figuran ni por asomo en los *rankings* de las 200 mejores universidades del mundo, y que la institución no tenía ningún acuerdo con universidades de Estados Unidos, Francia, Alemania o Gran Bretaña? ¿Cómo puede ser que la gigantesca Universidad de Buenos Aires no tenga un solo programa de doble titulación internacional en sus carreras de licenciatura? ¿Cómo puede ser que un país comunista que está empezando a salir de la miseria como Vietnam envíe a casi 2 por ciento de sus universitarios a estudiar en Estados Unidos y Europa, mientras Argentina envía sólo 0.4 por ciento de sus universitarios al exterior, México 1 por ciento, Perú 1.2 por ciento y Colombia 1.3 por ciento?[12] ¿Y cómo puede ser que la Unión Europea, con más de dos docenas de idiomas diferentes, tenga un programa Erasmus desde hace más de dos décadas que ha permitido que más de un millón de estudiantes hayan hecho parte de sus estudios en otros países, mientras que en Latinoamérica apenas se están empezando a planear programas de intercambio masivos para aumentar la movilidad estudiantil?

¿Y cómo puede ser que mientras que todas las carreras de las principales universidades estatales de Finlandia, Suecia, Singapur, Corea del Sur e Israel son evaluadas periódicamente por comités de expertos extranjeros, la mayoría de las universidades estatales latinoamericanas no permiten evaluaciones externas? Tal como me hizo notar Alan Adelman, director para Latinoamérica del Instituto de Educación Internacional, la mayoría de las grandes universidades estatales latinoamericanas ni siquiera escogen a sus rectores por concursos abiertos a todo el mundo: "Los rectores de la mayoría de las grandes universidades estatales son elegidos desde adentro de esas instituciones, en lugar de ser escogidos en concursos donde se presentan candidatos de todos lados. En las universidades de Estados Unidos el concurso es abierto para elegir al mejor candidato". Hoy, los países que no fomenten los intercambios estudiantiles y programas académicos conjuntos con las mejores universidades de Estados Unidos, China y Europa se quedarán cada vez más aislados en la nueva economía global del conocimiento.

ATRAIGAMOS INVERSIONES DE ALTA TECNOLOGÍA

El avance tecnológico no se produce espontáneamente, ni siquiera en países que tienen buenos sistemas educativos: es también producto de políticas gubernamentales que hacen atractivas las inversiones extranjeras en industrias de alta tecnología. En China y otros países asiáticos, cada vez más inversiones extranjeras están yendo a laboratorios de investigación y fábricas de alta tecnología. En Latinoamérica, según un estudio de las Naciones Unidas, sólo 8 por ciento de las inversiones extranjeras van a industrias de alta tecnología, mientras que 16 por ciento va a industrias de tecnología media, como plantas automotrices, y 76 por ciento va a industrias de tecnología media-baja y baja, tales como fábricas de alimentos, bebidas y textiles.[13]

"¡Es poquísimo!", me dijo Mario Cimoli, director del estudio de la Comisión Económica para América Latina y el Caribe de las Naciones Unidas (CEPAL), refiriéndose al 8 por ciento de inversión extranjera en empresas de alta tecnología. "Equivale a apenas 50 proyectos en toda América Latina por año. Casi nada", agregó. Cimoli señaló que China y otros países asiáticos han creado "un ambiente" propicio para las inversiones extranjeras en industrias avanzadas, y eso les permitió ingresar más rápidamente que Latinoamérica en la economía del conocimiento. ¿Y qué significa "crear un ambiente" propicio?, le pregunté. "Los países necesitan crear un ambiente precompetitivo para que esas inversiones lleguen, porque nadie te va a regalar nada", contestó. Eso significa invertir en educación, en instituciones que sostengan la ciencia y la tecnología, hacer que las universidades estimulen las ciencias aplicadas para que la innovación se desborde al sistema productivo, y ofrecer estímulos al sector privado para que se involucre más en la innovación y la exportación de productos de alto valor agregado, explicó. "Si seguimos haciendo tecnología en las universidades como antes, pero no creamos un contexto para crear empresas, no vamos a llegar muy lejos. Si creamos un buen ingeniero pero no le damos la posibilidad de crédito, no le damos el apoyo de universidades para que pueda tener apoyo científico para su proyecto, no le damos el apoyo de incubadoras para desarrollar su producto, y no le damos facilidades impositivas o premios para poder descontar gastos en tecnología para que pueda exportar productos de alto valor agregado, va a terminar manejando un taxi", dijo Cimoli.[14]

FORMEMOS "EDUCACIÓN INTERNACIONAL"

Hace falta crear una organización internacional no gubernamental para presionar a los gobiernos en materia educativa. Amnistía Internacional, con más de dos millones de miembros en todo el mundo, investiga si los gobiernos cumplen con sus obligaciones de respetar los derechos humanos, registra los abusos gubernamentales y organiza campañas para darlos a conocer. Transparencia Internacional hace lo mismo en materia de corrupción, elaborando un *ranking* mundial de percepción de corrupción que da a conocer todos los años, presionando así a los gobiernos más corruptos del mundo. ¿Por qué no hacer lo mismo con la educación, y crear Educación Internacional, una organización mundial que haga un *ranking* de la calidad educativa de los países y ponga en la picota a los gobiernos que no están cumpliendo con sus compromisos en materia educativa?

Hoy, salvo algunos parámetros internacionales específicos como el examen PISA para jóvenes de 15 años, no existe un mecanismo independiente de medición general de la calidad de la educación. Las estadísticas comparativas de la UNESCO y otras organizaciones internacionales son sospechosas, porque en general están sujetas a la información suministrada por los gobiernos, y están presentadas en un lenguaje burocrático que nadie entiende. Y aunque hay grupos internacionales muy meritorios de la sociedad civil —como la Fundación Alas, creada entre otros por el magnate mexicano Carlos Slim y que cuenta como una de sus principales voceras a la cantante Shakira—, por lo general no tienen dientes. Se dedican a concientizar a los gobiernos y las sociedades sobre la necesidad de mejorar la educación, pero no a evaluar el desempeño de los gobiernos, ni a denunciar a los que no cumplen sus promesas. Un movimiento mundial que evaluara la calidad de la educación preescolar, primaria, secundaria y universitaria de cada país, así como los sistemas de formación de maestros y las remuneraciones de los docentes, serviría para ayudar a los países a compararse con otras naciones en una vasta gama de categorías y ayudaría a crear un clima de urgencia en torno de la necesidad de mejorar la calidad educativa.

¡ABAJO LA COMPLACIENCIA, ARRIBA LA PARANOIA!

Este libro termina donde empieza: desde Alaska hasta la Patagonia, debemos tener esa dosis de humildad de la que hablaba Bill Gates para reconocer que nos estamos quedando atrás respecto de los países asiáticos, y adoptar esa paranoia constructiva de la que hablamos en capítulos anteriores. Por cómico que parezca, la paranoia es una de las características más comunes de los países más innovadores. Algunos de estos últimos, como Corea del Sur, Israel o Singapur, tienen un sentimiento de inseguridad permanente derivado de tener vecinos que constituyen una amenaza potencial o real. Otros, como China y Estados Unidos, tienen un permanente temor —a veces real, y a veces exagerado— a ser dejados atrás por otros. Paradójicamente, mientras varios presidentes latinoamericanos presumen de un supuesto progreso educativo en sus países, y la encuesta Gallup de 40 000 personas encargada por el Banco Interamericano de Desarrollo de la que hablábamos en las primeras páginas de este libro muestra que la enorme mayoría de los latinoamericanos están satisfechos con sus sistemas educativos, el presidente Obama tiene un discurso mucho más alarmista sobre el estado de la educación en su país.

En un discurso al país desde la Casa Blanca, Obama dijo que "la dura verdad es que, por varias décadas, nos hemos estado quedando atrás. Un examen internacional muestra que los jóvenes estadounidenses están en el puesto 21 en ciencias y en el puesto 25 en matemáticas en comparación con sus pares en todo el mundo. Y, sin embargo, esto no es motivo de grandes titulares. Hemos visto este tipo de estadísticas preocupantes durante años, y una y otra vez hemos permitido que intereses partidistas y rencillas ridículas frenen el progreso [...] Es hora de que todos nosotros, en Washington y en todo el país, asumamos la responsabilidad de nuestro futuro".[15]

¿No sería bueno que todos los presidentes comiencen por reconocer el rezago educativo de sus países y lo conviertan en un factor de unidad para la acción como lo hacen los presidentes de Estados Unidos, China y otros países líderes en innovación? ¿Y no sería bueno que los empresarios, los medios de comunicación, las organizaciones no gubernamentales, las estrellas deportivas y del mundo del espectáculo se unan en movimientos para mejorar la calidad educativa, como se está haciendo en países tan disímiles como Brasil e Israel?

Como dijimos anteriormente, la educación es algo demasiado importante como para ser dejada en manos de los gobiernos. No hace falta esperar que llegue un mago al ministerio de Educación, como bromeaba Sanguinetti en su fiesta de cumpleaños. Hace falta que todos nosotros —empresarios, profesionales, periodistas, intelectuales, artistas, deportistas y padres de familia de todos los rincones de la sociedad— nos metamos de lleno en la construcción de una cultura de la educación, y que fundemos organizaciones civiles pluripartidistas que presionen a los gobiernos para mejorar la calidad educativa. No hay ninguna tarea más urgente para el futuro de nuestros países y de nosotros mismos. Todo lo demás son historias.

Notas

1. HAY QUE MIRAR PARA ADELANTE

[1] Entrevista del autor con Bill Gates, en Miami, 4 de abril de 2008.

[2] *Idem.*

[3] *Idem.*

[4] "Latin Américans satisfied with education, despite quality challenges", comunicado de prensa del Banco Interamericano de Desarrollo, 27 de octubre de 2008.

[5] Entrevista del autor con Eduardo Lora, 3 de diciembre de 2008.

[6] Times Higher Education — QS World Universities Ranking, 2008, Top 200 World Universities.

[7] 2008 Academic Ranking of World Universities, Shanghai Jiao Tong University.

[8] *El estado de la ciencia, 2008*, publicación de la Organización de Estados Iberoamericanos para la Educación, la Ciencia y la Cultura, gráfica 26.

[9] *Anuario de Estadísticas Universitarias 2006*, Ministerio de Educación, Ciencia y Tecnología.

[10] *Agenda Estadística 2007*, UNAM, pp. 57-61.

[11] *Educational Statistics Yearbook of China*, People's Education Press, Beijing, p. 32.

[12] El Estado de la Ciencia, Red Iberoamericana de Indicadores de Ciencia y Tecnología (RICYT) y Observatorio Iberoamericano de Ciencia, Tecnología e Innovación, de la Organización de Estados Iberoamericanos para la Educación, la Ciencia y la Cultura (OEI), 25 de noviembre de 2008.

[13] *Idem.*

[14] OCDE Reviews of Tertiary Education, México, p. 50.

[15] Education, Science and Technology in Latin América and The Caribbean, Inter-Américan Development Bank, 2006, pp. 104-109.

[16] Entrevista por correo electrónico del autor con un ejecutivo de Microsoft, que pidió permanecer en el anonimato, 1° de mayo de 2008.

[17] Entrevista del autor con John Gage, jefe de investigaciones de Sun Microsystems, Miami, 4 de abril de 2008.

[18] GDP per cápita 1965, NATIONMASTER.COM, y WORLD FACTBOOK, CIA. 2009.

[19] U.S. Patent and Trademark Office, 2008.

[20] IFI Patent Intelligence, 2009, www.ificlaims.com

[21] World Intellectual Property Indicators 2009, World Intellectual Property Organization, WIPO, diciembre de 2009.

[22] "Outliers: The Story of Success", Malcolm Gladwell, Little, Brown, 2008, pp. 51-52.

[23] Entrevista del autor con el Premio Nobel de Economía Joseph Stiglitz desde Nueva York para el programa de televisión *Oppenheimer presenta*, 3 de agosto de 2009.

[24] Education, Science and Technology in Latin América and the Caribbean, Banco Interamericano de Desarrollo, 2006.

[25] El promedio de escolaridad es de 4.6 años en Brasil, 5.1 en Colombia, 6.6 en Venezuela, 7.3 en Chile y México, 7.5 en Perú y 8.7 años en Argentina. Mientras sólo 65 por ciento de los estudiantes latinoamericanos y caribeños se inscriben en una escuela secundaria, en Japón el promedio es de 100 por ciento, en Finlandia 95 por ciento y en Corea del Sur 87 por ciento.

[26] "Educación, un derecho vulnerado", Bernardo Kliksberg, diario *La Nación*, Argentina, 28 de julio de 2009.

[27] Entrevista telefónica del autor con Marcelo Cabrol, del Banco Interamericano de Desarrollo, 17 de marzo de 2009.

[28] "El desafío de revertir el declive de la educación", diario *Clarín*, Argentina, 31 de diciembre de 2009, p. 32, y "Argentina tiene menos días de clase que Brasil, Chile y México", Valeria Vera, diario *La Nación*, Argentina, 7 de agosto de 2009.

[29] *Outliers: The Story of Success*, por Malcolm Gladwell, p. 259.

[30] "La obsesión con el pasado", Andrés Oppenheimer, *El Nuevo Herald*, octubre de 2006.

[31] "The New Asian Hemisphere: The irresistible shift of global power to the East", Kishore Mahbubani, *Public Affairs*, p. 19.

[32] "Restos de Eloy Alfaro llegan en 10 días", diario *Hoy*, Ecuador, 6 de noviembre de 2007.

[33] Associated Press, 22 de julio de 2009.

[34] U.S.-China Educational Exchange: Perspectives on a Growing Partnership, Institute for International Education/AIFS Foundation, Shepherd Laughlin, p 1.

[35] Foreign Providers of Foreign Education in India, K. B. Powar y Veena Bhalla, Dr. D.Y. Patil University y Edupro Foundation, diciembre de 2006.

[36] Entrevista del autor con el secretario académico de la UNAM Sergio Alcocer en la ciudad de México, 3 de julio de 2009.

[37] Entrevista del autor con Alan Adelman, 23 de junio de 2009.

[38] En Singapur, por el contrario, hay una fuerte intervención del Estado para enviar a los jóvenes a estudiar fuera.

[39] *Open Doors* (Puertas Abiertas), Institute of International Education, 2009.

[40] "Latin América sends few students to U.S.", Andrés Oppenheimer, *The Miami Herald*, 19 de noviembre de 2009.

[41] Entrevista del autor con el ministro de Educación y segundo ministro de Defensa Ng Eng Hen en Singapur, 20 de agosto de 2009.

[42] The World Factbook, Central Intelligence Agency, 2010, www.cia.gov

[43] *Idem.*

[44] The Mexico Competitiveness Report 2009, World Economic Forum, p. 32.

[45] Entrevista telefónica del autor con Ricardo Hausmann, 21 de julio de 2009.

[46] Obviamente, hay países latinoamericanos como Venezuela, Bolivia y Ecuador, donde el principal obstáculo al desarrollo es la falta de seguridad jurídica, o presidentes que ahuyentan las inversiones. Sin embargo, el caso de México ilustra el hecho de que aun si se vencen estos obstáculos, los países no pueden ser competitivos si no tienen una educación de calidad.

[47] Entrevista del autor con el ex presidente de Colombia y ex secretario general de la OEA César Gaviria en Dubai, Emiratos Árabes Unidos, 21 de noviembre de 2009.

2. FINLANDIA: LOS CAMPEONES DEL MUNDO

[1] En Finlandia, como en los demás países de la Unión Europea regidos por el Sistema de Bolonia, una licenciatura requiere tres años de estudios universitarios, y una maestría requiere dos adicionales.

[2] The Top 200 World Universities, World University *Rankings* 2010, Times Higher Education Supplement, http://www.timeshighereducation.co.uk.

[3] *A Whole New Mind: Why right-brainers will rule the future*, Daniel H. Pink, p. 34.

[4] *Ibid.*, p. 50.

[5] Entrevista del autor con Esko Aho, Helsinki, 27 de agosto de 2008.

[6] "Innovation gives Finland a firm grasp on its future", Robert G. Kaiser, *The Washington Post*, 14 de julio de 2005.

[7] Entrevista del autor con Esko Aho, Helsinki, 27 de agosto de 2008.

[8] Entrevista del autor con Arja Souminen, vicepresidenta de Comunicaciones Corporativas de Nokia, Helsinki, 26 de agosto de 2008.

[9] *Idem.*

[10] Muchos críticos señalan que siempre existió una relación incestuosa entre Nokia y los gobiernos de Finlandia. El primer director de la agencia estatal Tekes, doctor Juhani Kuusi, fue nombrado director del Centro de Investigación de Nokia en 1995. Durante mi entrevista con el ex primer ministro y director de Sitra, Esko Aho, me enteré de que en pocas semanas dejaría su puesto como director de la agencia estatal porque había aceptado un alto puesto corporativo en Nokia.

[11] "Perspectiva económica de Finlandia", Patricio Meller y Andrés Liberman, enero de 2008.

[12] An Ambiguous Sucess, estudio patrocinado por Sitra y realizado por Anna Lee Saxenian y Charles Sabel, pp. 86 y 108.

3. SINGAPUR: EL PAÍS MÁS GLOBALIZADO

[1] CIA WORLD FACT BOOK, 2009https://www.cia.gov/library/publications/the-world-factbook

[2] Datos de World Development Indicators, World Bank, 2009, gráfico 2.10, p. 84, y Ministerio de Educación de Singapur.

[3] Entrevista del autor con Tan Chorh Chuan, rector de la Universidad Nacional de Singapur, en su despacho, el 17 de agosto de 2009.

[4] CIA Factbook, www.cia.gov

[5] Entrevista del autor con el ministro de Educación y segundo ministro de Defensa, Ng Eng Hen, en su despacho, Singapur, 20 de agosto de 2009.

[6] Entrevista del autor con Lin Swee Nian, vicedirector de Ciencia, Tecnología e Investigación, en su despacho, Singapur, 19 de agosto de 2009.

[7] Entrevista del autor con Lee Sue-Ann, Singapur, 20 de agosto de 2009.

[8] *Idem.*

[9] *Idem*, y discurso de Ng ante el debate del Comité de Presupuesto, 2009.

[10] Entrevista del autor con Cheryl Foo Lih Jong, directora de la escuela primaria Rulang, Singapur, 17 de agosto de 2009.

[11] *Idem.*

[12] Entrevista del autor con Goh Chim Khim, presidente del Centro de Tutoría CACD, Singapur, 21 de agosto de 2009.

[13] *Idem.*

[14] Entrevista del autor con Bruce Poh Geok Huat, el director del Instituto de Educación Técnica, Singapur, 18 de agosto de 2009.

[15] Entrevista del autor con Chan Lee Mun, presidente del Instituto Politécnico Nanyang, 18 de agosto de 2009.

[16] *Idem.*

[17] *Idem.*

[18] Entrevista del autor con Tan Chorh Chuan, presidente de la Universidad Nacional de Singapur, en su despacho, 17 de agosto de 2009.

[19] *Idem.*

[20] *Idem.*

[21] *Idem.*

[22] Special: Singapore advancing the frontiers of Science, publicación de A*Star, 18 de octubre de 2008, p. 1.

[23] Entrevista del autor con Martina Quintanar, en Singapur, 19 de agosto de 2009.

[24] *Idem.*

[25] Country Reports on Human Rights Practices for 2007, U.S. Department of State, 11 de marzo de 2008.

4. INDIA: ¿LA NUEVA SUPERPOTENCIA MUNDIAL?

[1] *The Times of India*, 11 de enero de 2007, p. 9.

[2] Una de las cosas más graciosas que vi en India en materia de animales en lugares públicos fue encontrarme con una jauría de monos en los

corredores del Ministerio de Relaciones Exteriores, mientras esperaba una entrevista con el director del Departamento de América Latina. El funcionario luego me explicó que los monos vivían allí, y a menudo se metían en los despachos. Como nadie podía sacarlos a la fuerza —la religión hindú lo prohíbe— el ministerio a menudo ordenaba a los guardias que trajeran un mono mucho más grande de la calle para ahuyentar los monos más pequeños y hacer que salieran corriendo del edificio. Pero a los pocos días, los monos más pequeños volvían a entrar en el ministerio, y había que repetir la operación, me señaló el funcionario con la naturalidad de quien explica un fenómeno de lo más común.

[3] *Idem.*

[4] *Open Doors*, Institute of International Education, Atlas of Student Mobility, 2008.

[5] Entrevista telefónica del autor con Allan Goodman, presidente del Institute of International Education, 19 de noviembre de 2008.

[6] Entrevista telefónica del autor con Alan Adelman, director de la oficina latinoamericana del Instituto Internacional de Educación, 19 de noviembre de 2008.

[7] Entrevista del autor con M.N. Vidyashankar, ministro de Tecnología de la Información del estado de Karnataka, en Bangalore, 12 de enero de 2007.

[8] *Idem.*

[9] *Idem.*

[10] *Idem.*

[11] Entrevista del autor con Subramanian Ramadorai, Miami, 24 de octubre de 2008.

[12] *Idem.*

[13] *Idem.*

[14] World Bank, World Development Indicators 2008, tabla 2.10, p. 76.

[15] Entrevista del autor con Raj Cherubal, experto en educación del Centro para la Sociedad Civil, Nueva Delhi, 11 de enero de 2007.

[16] *Idem.*

[17] *Idem.*

[18] Times Higher Education World University *Rankings*, Technology, 2008.

[19] Entrevista del autor con Surendra Prasad, rector del Instituto Tecnológico de Nueva Delhi en su despacho, Nueva Delhi, enero de 2007.

[20] Entrevista del autor con Tarun Soni, estudiante del Instituto Indio de Tecnología, Nueva Delhi.

[21] Según el *Times of India* y otros medios de prensa de la India, los críticos de los "matrimonios arreglados" argumentaban que las estadísticas de divorcio escondían el hecho de que las mujeres que se casaban por "matrimonios arreglados" pasaban a formar parte de la familia extendida del novio, y a ser virtuales esclavas de sus suegras, por lo que rara vez tenían la independencia psicológica y económica para pedir un divorcio.

[22] Entrevista telefónica del autor con Sam Pitroda, presidente de la Comision Nacional del Conocimiento de la India, 17 de noviembre de 2008.

[23] *Idem.*

[24] El gobierno comunista de Vietnam tampoco se ha quedado atrás. A fines de 2008, el Ministerio de Educación anunció que planea incorporar el inglés como asignatura obligatoria en todas las escuelas públicas a partir de 2010.

[25] National Knowledge Commission, Compilation of Recommendations on Education, diciembre de 2007, p. 28.

[26] World Economic Indicators 2008, World Bank, pp. 80-82.

[27] Entrevista del autor con Montek Singh Ahluwalia, ministro de Planeamiento de la India.

[28] *Idem.*

[29] *Idem.*

[30] *Idem.*

5. CUANDO CHINA ENSEÑA CAPITALISMO

[1] Entrevista telefónica con Rolf D. Cremer desde Shanghai, 26 de febrero de 2009.

[2] *Idem.*

[3] From Poor Areas to Poor People: China's evolving poverty reduction agenda, World Bank, 2009.

[4] CEPAL, Panorama Social 2008, p. 4.

[5] From Poor Areas to Poor People: China's evolving poverty reduction agenda, World Bank, 2009.

[6] OECD Reviews of Tertiary Education, China, 2009, p. 92.

[7] U.S.-China Educational Exchange: Perspectives on a Growing Partnership, Institute for International Education/AIFS Foundation, por Shepherd Laughlin, p. 1.

[8] Entrevista del autor con Joan Remington, decana interina de la Escuela de Hotelería y Turismo de la Universidad Internacional de la Florida, 22 de junio de 2009.

[9] Entrevista del autor a Daniel Obst, director de educación terciaria del Instituto de Educación Internacional, 16 de junio de 2009.

[10] OECD Reviews of Tertiary Education, China, 2009, p. 105.

[11] UNESCO: Global Education Digest 2008, p. 122.

[12] OECD Reviews of Tertiary Education, China, 2009, pie de p. 84.

[13] Entrevista del autor con Xue Shang Jie, Beijing, 1° de febrero de 2005.

[14] "Stressful times for Chinese Students", por Benjamin Siegel, revista *Time*, 12 de junio de 2007.

[15] OECD Reviews of Tertiary Education, China, 2009, pie de p. 84.

[16] "Yahoo to open global R&D Center in Beijing, China Daily, 9 de junio de 2009.

[17] Microsoft to Increase R&D spending in China, *Shanghai Daily*, 30 de octubre de 2008.

[18] OECD Reviews of Tertiary Education, China, 2009, Appendix 4, p. 126.

[19] www.nationmaster.com

[20] CIA, the World Factbook, www.cia.gov

[21] U.S. Patent and Trademark Office, Patents by Country, State and Year, December, 2008.

[22] Elite Korean Schools, Forging Ivy League Skills. por Sam Dillon, *The New York Times*, 27 de abril de 2008.

[23] *Idem.*

[24] *Idem.*

[25] "Caminos al Desarrollo: Lecciones de países afines exitosos", tomo II, Gobierno de Chile y Banco Inter-Américano de Desarrollo, 2009, pie de página 57.

[26] On College Day Exam, all of South Korea is put to the *test*, por Sungha Park, *The Wall Street Journal*, 12 de noviembre de 2008.

[27] *Idem.*

[28] Embajador de Chile en Corea del Sur: "Las claves del éxito educativo coreano son la familia, el establecimiento educacional y el profesor", por David Azocar, Biblioteca del Congreso Nacional de Chile, BCN Asia Pacifico, www.asiapacifico, bcn.cl

[29] *Idem.*

[30] "Caminos al desarrollo: Lecciones de países afines exitosos", tomo I, Gobierno de Chile y Banco Inter-Américano de Desarrollo, 2009, p. 254.

[31] Entrevista del autor con Chung-in Moon, Dubai, 21 de noviembre de 2009.

[32] El 81 por ciento de estudiantes en las universidades coreanas incluye tanto a los que entran en universidades como los que ingresan en otras instituciones de educación terciaria, como escuelas técnicas y vocacionales con carreras de dos o tres años. Thematic Review of Tertiary Education, Korea, Country Note, julio de 2006, p. 7.

[33] *Idem.*

6. ISRAEL: EL PAÍS DE LAS *START-UPS*

[1] "Start-Up Nation: The story of Israel's economic miracle", por Dan Senor y Saul Singer, p. 11.

[2] World Development Indicators 2009, World Bank, gráfica 5.12, p. 314.

[3] Entrevista del autor con el ministro de Ciencia y Tecnología de Israel, Daniel Hershkowitz, Tel Aviv, 26 de noviembre de 2009.

[4] *Idem.* Intrigado por su doble función de ministro de Ciencia y Tecnología y rabino, le pregunté a Hershkowitz si sus creencias religiosas no eran un obstáculo para apoyar investigaciones científicas como las de células madres. Algo asombrado, me respondió: "Para nada. No sólo que no estoy en contra de la investigación de células madres, sino que estoy muy a favor. Es un tipo de investigación que puede ser beneficiosa para la humanidad. No tratamos de ser Dios. Tratamos de entender las leyes de la naturaleza creada por Dios, y si logramos entenderlas, podremos usar nuestros conocimientos para ayudar al mundo".

[5] Start-Up Nation, p. 209, citando el United Nations Arab Human Development Report.

[6] The Tel Aviv Cluster, by David Brooks, *The New York Times*, 12 de enero de 2010.

[7] *Idem.*

[8] El presidente del Technion es un ejemplo vivo del involucramiento de científicos israelíes y sus universidades en emprendimientos comerciales. Según me dijo con orgullo, Lavie ha creado cuatro empresas. A fines de los noventa, tras destacarse como investigador en enfermedades del sueño y mientras era decano de la Facultad de Medicina del Technion, Lavie fue cofundador en nombre del Technion de una cadena de "Clínicas de

enfermedades del sueño" en Estados Unidos. Hoy día, la empresa, afiliada a la Universidad de Harvard, tiene 25 clínicas en Estados Unidos, y parte de sus ganancias vuelven al Technion.

[9] Entrevista del autor con Oded Shmueli, director de investigacion del Technion, en Haifa, Israel.

[10] Entrevista del autor con Marcelo Ehrlich enla Universidad de Tel Aviv, 24 de noviembre de 2009.

[11] Entrevista del autor con Miguel Weil en la Universidad de Tel Aviv, 24 de noviembre de 2009.

[12] Entrevista del autor con Orna Berry, en Tel Aviv, 26 de noviembre de 2009.

[13] *Idem.*

[14] Entrevista del autor con Tuto Bigio, en Tel Aviv, 27 de noviembre de 2009.

[15] *Idem.*

[16] Entrevista del autor con Dov Lautman, en Tel Aviv, 23 de noviembre de 2009.

[17] *Idem.*

[18] *Idem.*

[19] *Idem.*

[20] Startup Nation, por Dan Senor y Saul Singer, Council of Foreign Relations, p. 212.

[21] *Idem.*

7. CHILE: RUMBO AL PRIMER MUNDO

[1] Entrevista del autor con Bill Gates, Miami, 4 de abril de 2008.

[2] The Global Information Technology Report, 2008, World Economic Forum, Network Readiness Index Rankings.

[3] Entrevista del autor con Alejandro Foxley en Miami, 2 de junio de 2008.

[4] *Idem.*

[5] *Mercados universitarios, el nuevo escenario de la educación superior,* José Joaquín Brunner y Daniel Uribe, Ediciones Universidad Diego Portales, p. 268.

[6] Entrevista telefónica del autor con Eduardo Bitrán, 5 de mayo de 2008.

[7] *Idem.*

[8] *Idem*; y *The New York Times*, 14 de agosto de 1988.

[9] Entrevista del autor con César Barros, Miami, 22 de mayo de 2008.

[10] *Business Week*, Chile: An Innovative Incubator, 3 de octubre de 2003.

[11] Entrevista telefónica del autor con Eduardo Bitrán, 5 de mayo de 2008.

[12] Entrevista telefónica del autor con Ricardo Lagos, 14 de mayo de 2008.

[13] *Idem.*

[14] Entrevista telefónica del autor con Claudia Bobadilla, 29 de abril de 2008.

[15] Entrevista del autor con Raúl Rivera Andueza, fundador del Foro Innovación, Miami, 24 de febrero de 2010.

[16] Entrevista del autor con la presidenta Michelle Bachelet en Ciudad de Guatemala, 19 de marzo de 2007.

[17] *Idem.*

[18] *Idem.*

[19] *La Nación*, Chile, 4 de diciembre de 2007.

[20] Entrevista del autor con el presidente electo Sebastián Piñera, 10 de febrero de 2010.

[21] *Idem.*

[22] Entrevista del autor con Gustavo Sorgente en el programa *Oppenheimer Presenta*, Miami, 21 de abril de 2008.

8. BRASIL: UNA CAUSA DE TODOS

[1] PISA, The Program for International Student Assessment, OCDE, 2006.

[2] Entrevista del autor con Fernando Reimers, director del Programa de Políticas Educativas Internacionales de la Universidad de Harvard, Dubai, 20 de noviembre de 2009.

[3] Entrevista telefónica del autor con Luis Norberto Pascoal, 1° de febrero de 2010.

[4] "Educaçao Entra na Agenda dos Candidatos", por Gilberto Dimenstein, *Folha de São Paulo*, 7 de diciembre de 2009.

[5] *Idem.*

[6] "A vez da educaçao", por Milu Villela, *Folha de São Paulo,* 21 de marzo de 2007.

[7] Entrevista telefónica del autor con el ministro de Educación de Brasil, Fernando Haddad, 4 de febrero de 2010.

[8] Diario *O Globo,* 18 de septiembre de 2009.

[9] "Brasil, la nueva potencia petrolera", por Andrés Oppenheimer, *El Nuevo Herald,* 25 de noviembre de 2007.

[10] "Lula prevé que Brasil será a 5ª economía do mundo em 15 años", OGlobo.com, 18 de septiembre de 2009.

[11] *Innovation in Brazil,* por Ricardo Sennes, Woodrow Wilson International Center for Scholars, junio de 2009, p. 29.

[12] *Idem.*

[13] Entrevista telefónica del autor con Carlos H. Brito Cruz, director científico de la Fundación de Fomento a la Investigación del Estado de São Paulo (Fapesp), y ex rector de Unicamp, 20 de febrero de 2010. Carlos H. Brito Cruz agregó que Brasil tiene universidades privadas de excelente calidad, como la Fundacion Getulio Vargas y la Universidad Católica de Rio de Janeiro, pero que son la excepción a la regla.

[14] OCDE Report on Innovation Policies in Brazil, Carlos H. Brito Cruz, 17 de abril de 2006.

[15] Entrevista del autor con el entonces candidato presidencial Barack Obama, Miami, 22 de mayo de 2008.

[16] Agencia France Press, 26 de septiembre de 2009.

[17] U.S. Patent and Trademark Office, Patents by country, state and year, 2008.

[18] Entrevista telefónica del autor con Carlos H. Brito Cruz, director científico de la Fundación de Fomento a la Investigación del Estado de São Paulo, y ex rector de Unicamp, 20 de febrero de 2010.

[19] UNESCO Institute of Statistics, Global Education Digest 2009, Comparing Education Statisitcs Across the World, p. 144.

[20] Entrevista del autor con Beatriz Cardoso, desde Barcelona, España, 2 de febrero de 2010.

9. ARGENTINA: EL PAÍS DE LAS OPORTUNIDADES PERDIDAS

[1] "En la UBA, más de la mitad de los profesores trabaja gratis", por Juan Pablo Casas, *Clarín,* 2 de mayo de 2007.

[2] U.S. Patent and Trademark Office, Patenting by Geographic Region, Breakout by Organization, 2004-2008, http://www.uspto.gov/web/offices/ac/ido/oeip/taf/asgstc/regions.htm

[3] *Idem.*

[4] "Its GDP is depressed, but Argentina leads the world in shrinks per capita", *The Wall Street Journal*, 19 de octubre de 2009.

[5] Sistema Puerto UBA, agosto de 2008.

[6] Anuario Estadístico 2007, capítulo 1, "Datos Generales del sistema universitario", p. 38.

[7] Human Development Report 2007/2008, UNDP, citando datos de la UNESCO, p. 285. La falta de estudiantes de ingeniería y ciencias también es un problema acuciante en Estados Unidos. Según datos de la UNESCO, sólo 16 por ciento de los estudiantes en Estados Unidos, Noruega e Islandia cursan estas carreras. Sin embargo, estos datos son algo engañosos, porque sólo tienen en cuenta las licenciaturas, y en Estados Unidos y otros países desarrollados los estudiantes tienden a hacer sus licenciaturas de cuatro años en carreras no científicas, para luego hacer maestrías en ciencias "duras", ingeniería o administración de negocios.

[8] Entrevista del autor con Hugo Scolnik, Facultad de Ciencias Exactas, Buenos Aires, 4 de mayo de 2009.

[9] *Idem.*

[10] *Idem.*

[11] Intel ISEF 2009, Finalist Directory, International Science and Engineering Fair, www.societyforscience.org/isef/finaldir.pdf)

[12] El único trabajo argentino que logró un premio entre los 1 500 preseleccionados por el jurado fue un ensayo de Estefanía Aranda y Cristhian Emmanuel Fink, dos estudiantes de la Escuela de Comercio de Concordia, Entre Ríos, sobre el "Síndrome de agotamiento en la escuela", que recibió un premio de 500 dólares.

[13] Anuario Estadístico 2007, Capítulo 1, "Datos generales del sistema universitario", p. 38.

[14] *Idem.*

[15] *Idem.*

[16] Entrevista con Rubén Hallú, rector de la Universidad de Buenos Aires, en el programa de televisión *Oppenheimer Presenta,* grabado el 10 de marzo de 2009.

[17] *Idem.*

[18] Datos del Sistema de Información de Tendencias Educativas en América Latina (Siteal), UNESCO, citados en el artículo "En Argentina, los

pobres están muy lejos de la universidad", por Raquel San Martín, diario *La Nación*, 14 de julio de 2005.

[19] "Trabaja el 60 por ciento de los alumnos de la UBA", por Raquel San Martín, diario *La Nación*, 17 de marzo de 2005.

[20] Entrevista del autor con el ministro de Educación Daniel Filmus, Buenos Aires, 20 de abril de 2005.

[21] "La UBA y los desafíos académicos", por Edith Litwin, *Encrucijadas*, revista de la UBA, núm. 46, marzo de 2009, p. 79.

[22] Entrevista del autor con Lino Barañao, ministro de Ciencia, Tecnología e Innovación Productiva, Buenos Aires, 8 de mayo de 2009. Dato corroborado con el Departamento de Becas del Consejo Nacional de Investigaciones Científicas y Técnicas (Conicet), 26 de mayo de 2009.

[23] Global Education Digest 2008, UNESCO Institute for Statistics, pp. 123 y 124.

[24] *Idem.*

[25] Entrevista telefónica del autor con Nestor Pan, director de la Comisión Nacional de Evaluación y Acreditación Universitaria, 26 de mayo de 2009.

[26] Varias universidades argentinas tienen acuerdos de doble titulación con universidades extranjeras, pero en su gran mayoría con instituciones privadas, como la Universidad de Belgrano, la Universidad del Salvador y la Universidad Argentina de la Empresa.

[27] Entrevista del autor con Daniel Sordelli, secretario de Asuntos Académicos de Posgrados de la UBA, 4 de agosto de 2010.

[28] Entrevista telefónica del autor con el ex ministro de Educación Juan Llach, 17 de junio de 2009.

[29] *Idem.*

[30] *Idem.*

[31] *Idem.*

[32] Entrevista telefónica del autor con Alberto Fernández, ex jefe de gabinete de la presidenta Cristina Fernández de Kirchner, 21 de junio de 2010.

[33] Entrevista del autor con Lino Barañao, ministro de Ciencia, Tecnología e Innovación Productiva, Buenos Aires, 8 de mayo de 2009.

[34] Entrevista telefónica del autor con el ministro de Educación de la ciudad de Buenos Aires, 25 de marzo de 2010.

[35] Entrevista del autor con el ministro de Educación de la ciudad de Buenos Aires, Mariano Narodowski, Buenos Aires, 5 de mayo de 2009.

[36] *Idem.*

[37] Entrevista telefónica del autor con Alicia Bañuelos, rectora de la Universidad de la Punta, 14 de mayo de 2009.

[38] *Idem.*

[39] Entrevista telefónica del autor con Marcos Galperín, 2 de junio de 2009.

[40] Entrevista telefónica del autor con Wenceslao Casares, 2 de junio de 2009.

[41] *Idem.*

[42] Entrevista del autor con Claudio Muruzabal, presidente de Neoris, Miami, 29 de marzo de 2010.

[43] *Idem.*

10. URUGUAY Y PERÚ: UNA COMPUTADORA PARA CADA NIÑO

[1] Entrevista telefónica del autor con Miguel Brechner, director del Laboratorio del Uruguay, 18 de mayo de 2009.

[2] *Idem.*

[3] *Idem.*

[4] *Idem.*

[5] "Monitoreo y evaluación del impacto social del Plan Ceibal: Metodología y primeros resultados a nivel nacional", coordinado por Ana Laura Martínez, Área de Evaluación del Plan Ceibal, 2009.

[6] *Idem.*

[7] *Idem.*

[8] El proyecto de educación digital abortó al poco tiempo de iniciado, cuando el presidente Misael Pastrana terminó su mandato y el nuevo gobierno de Virgilio Barco canceló el plan de su antecesor.

[9] Entrevista del autor con Rodrigo Arboleda, presidente del proyecto Una Computadora para cada Niño, 2 de junio de 2009.

[10] *Idem.*

[11] *Idem.*

[12] "La hora de los maestros", por P. Besada y R. Mernies, *El País*, Uruguay, 14 de marzo de 2010.

[13] *Idem.*

[14] "Laptops may change the way rural Peru learns", por Larry Abramson, National Public Radio, 13 de diciembre de 2008.

[15] *Idem.*

[16] Entrevista del autor con Eugenio Severin, especialista en educación del Banco Interamericano de Desarrollo, 16 de marzo de 2010.

[17] *Idem.*

[1] La cifra de 1.7 millones de afiliados incluye maestros y personal administrativo, y fue citada por la lideresa del SNTE, Elba Esther Gordillo, en una entrevista con el autor en la ciudad de México, 16 de abril de 2010.

[2] Los estimados de 4700 millones de dólares de dineros manejados por el SNTE y de los 10000 funcionarios del SNTE que cobran sin dar clases son del diputado Julio Castellanos, ex oficial mayor encargado de las finanzas de la Secretaría de Educación Pública entre 2006 y 2009, en una entrevista con el autor en la ciudad de México, 15 de abril de 2010.

[3] *Doña Perpetua*, Arturo Cano y Alberto Aguirre, Grijalbo, pp. 240 y 262.

[4] The Mexico Competitiveness Report 2009, World Economic Forum, p. 15.

[5] *Idem*, p. 73.

[6] *Idem*, p. 74.

[7] Datos entregados por el secretario de Educación Pública, Alonso Lujambio, al autor, 9 de julio de 2009.

[8] Entrevista del autor con Julio Castellanos en la ciudad de México, 15 de abril de 2010.

[9] *Idem*.

[10] Elba Esther Gordillo me dijo en una entrevista el 16 de abril de 2010 que "es cierto" que se había enojado, y que "de una manera muy correcta le dije al presidente que eso no estaba bien, que era una broma impropia de un secretario", pero negó que hubiera pedido el despido de Josefina Vázquez Mota. "Jamás le pedí eso al presidente", dijo.

[11] *Doña Perpetua: El poder y opulencia de Elba Esther Gordillo*, Arturo Cano y Alberto Aguirre, Grijalbo, 2007, p. 169.

[12] *Idem*.

[13] Entrevista del autor con el subsecretario de Educación Básica, José Fernando González Sánchez, ciudad de México, 1º de julio de 2009.

[14] *Idem*.

[15] Entrevista del autor con el subsecretario de Educación Media Superior, Miguel Székely, ciudad de México, 1º de julio de 2009.

[16] *Idem*.

[17] Entrevista telefónica del autor con Felipe Bracho, director del Instituto Latinoamericano de la Comunicación Educativa, ciudad de Mexico, 30 de junio de 2009.

[18] Entrevista del autor con la ex secretaria de Educación Josefina Vázquez Mota, ciudad de México, 30 de junio de 2009.

[19] El Tecnológico de Monterrey es más reconocido que la UNAM en varios de sus programas de enseñanza, pero carece de los fondos gubernamentales para investigación que recibe la UNAM, y que constituyen un factor decisivo para figurar en los *rankings* internacionales de las mejores universidades del mundo.

[20] World Development Indicators, 2009, Banco Mundial, pp. 84 y 85.

[21] Entrevista del autor con el rector de la UNAM, José Narro Robles, en su despacho, 30 de junio de 2009.

[22] La UNAM tiene convenios de posgrados colaborativos o conjuntos con la Universidad de La Habana, Cuba; la Universidad Mayor de San Andrés, Bolivia; tres facultades de la Universidad Técnica Particular de Loja, Ecuador; la Universidad de San Carlos, Guatemala; la Universidad Politécnica de Madrid, y la Universidad del País Vasco, España.

[23] Entrevista del autor con el secretario académico de la UNAM, Sergio Alcocer, en su despacho en la ciudad de México, 3 de julio de 2009.

[24] *Idem.*

[25] Entrevista del autor con el rector de la UNAM, José Narro Robles, en su despacho, 30 de junio de 2009.

[26] The Mexico Competitiveness Report 2009, World Economic Forum, p. 23.

[27] *Idem.*

[28] Datos de la Coordinación de Innovación y Desarrollo, UNAM, 2009.

[29] Entrevista del autor con el director de la Coordinación de Innovación y Desarrollo de la UNAM, Jaime Martuscelli, 3 de julio de 2009.

[30] Selected Regressive Subsidies in Latin Américan countries, informe interno de la Oficina de Política Económica y Reducción de la Pobreza, Banco Mundial, 8 de diciembre de 2008.

[31] Entrevista del autor con el secretario de Educación de México. Alonso Lujambio, ciudad de México, 1° de julio de 2009.

[32] *Idem.*

[33] Entrevista telefónica del autor con Miguel Székely, ciudad de México, 15 de abril de 2010.

[34] Entrevista del autor con la lideresa del SNTE, Elba Esther Gordillo, en su casa de la ciudad de México, 16 de abril de 2010.

[35] Mensaje de texto de Elba Esther Gordillo, 20 de abril de 2010.

[36] Entrevista telefónica con Lant Pritchett, profesor de Desarrollo Internacional de la Universidad de Harvard, 10 de agosto de 2009.

[1] World Intellectual Property Organization, PCT International Applications by Residence of First Applicant, 2009 Estimate, 8 de febrero de 2010.

[2] Dato del partido Primero Justicia, basado en informaciones oficiales de Venezuela, citado en "El dinero, el amor, y Chávez", por Andrés Oppenheimer, *El Nuevo Heraldo* y *El País,* España, 15 de diciembre de 2009.

[3] La cifra fue dada por el ministro del Poder Popular de Ciencia y Tecnología Jesse Chacón-Escamillo, en una carta a la revista *Science,* publicada el 30 de julio de 2009.

[4] World Development Indicators 2010, p. 342.

[5] Entrevista telefónica del autor con Félix Tapia, coordinador del Consejo de Desarrollo Científico y Humanístico de la Universidad Central de Venezuela, 7 de junio de 2010.

[6] Red de Indicadores de Ciencia y Tecnología Iberoamericana, Patentes otorgadas en Venezuela, www.ricyt.org

[7] Misión Alma Mater, Educación Universitaria Bolivariana y Socialista, documento del Ministerio del Poder Popular para la Educación Universitaria, 24 de marzo de 2009, Gaceta Oficial núm. 39.148.

[8] Entrevista del autor con Luis Ugalde, rector de la Universidad Católica Andrés Bello, 30 de marzo de 2010.

[9] Agencia de Noticias Aprorrea, artículo de Julio Mosquera, 21 de mayo de 2008.

[10] "Luis Fuenmayor acusa a la UNEFA de fraude", diario *Tal Cual,* Caracas, Venezuela, 27 de abril de 2010.

[11] Entrevista del autor con Carlos Fernando Calatrava, profesor de la Escuela de Educación de la Universidad Católica Andrés Bello, 1º de abril de 2010.

[12] *Idem.*

[13] Entrevista del autor con Jaime Requena, profesor de la Universidad Central del Venezuela y autor de "Science Meltdown in Venezuela", *Revista Interciencia,* junio de 2010.

[14] Misión Alma Mater, Educación Universitaria Bolivariana y Socialista, Ministerio del Poder Popular para la Educación Universitaria y Socialista, Decreto 6.650 publicado en la Gaceta Oficial núm. 39.148, 27 de marzo de 2009, p. 3.

[15] *Idem,* p. 11.

[16] Entrevista del autor con Luis Bravo Jáuregui, profesor de la Escuela de Educación de la Universidad Central de Venezuela, 4 de mayo de 2010.

[17] Red de Indicadores de Ciencia y Tecnología Iberoamericana, Indicadores por País, Venezuela, www.ricyt.org

[18] Agencia de noticias Venpres, 17 de noviembre de 2003.

[19] *Idem.*

[20] "El gobierno revolucionario ha cumplido con la educación del pueblo", Agencia Bolivariana de Noticias, 2 de febrero de 2010.

[21] Entrevista del autor con Luis Bravo Jáuregui, profesor de la Escuela de Educación de la Universidad Central de Venezuela, 4 de mayo de 2010.

[22] Ministerio del Poder Popular para la Educación, Memoria y Cuenta, cuadro 1.1, publicado en febrero de 2010.

[23] *Idem.*

[24] Ministerio del Poder Popular para la Educación, Memoria y Cuenta, cuadro 1.1, publicado en febrero de 2010.

[25] Entrevista del autor con Luis Ugalde, rector de la Universidad Católica Andrés Bello, 30 de marzo de 2010.

[26] Entrevista del autor con la ex primera dama de Venezuela María Isabel Rodríguez, desde su casa en Barquisimeto, 11 de mayo de 2010.

[27] *Idem.*

[28] *Idem.*

[29] Discurso del presidente Hugo Chávez, Teatro de la Academia Militar, 12 de noviembre de 2004.

[30] "La erradicación del analfabetismo y el acceso a la educación son los pilares en 11 años de revolución", Agencia de Noticias Bolivariana, 2 de febrero de 2010.

[31] Entrevista del autor con Juan Cruz Perusia, responsable de estadística para América Latina del Instituto de Estadísticas de la UNESCO, 10 de mayo de 2010.

[32] Entrevista del autor con Francisco Rodríguez, jefe del Departamento de Investigación sobre Desarrollo Humano del Programa de las Naciones Unidas para el Desarrollo, 10 de mayo de 2010.

[33] Entrevista del autor con Juan Cruz Perusia, responsable para América Latina del Instituto de Estadísticas de la UNESCO, 10 de mayo de 2010.

[34] La disparidad entre las cifras de patentes de la OMPI y las de la Oficina de Patentes de Estados Unidos, también citadas a lo largo de este libro, se debe a que hay quienes sólo registran sus patentes en Estados Unidos, y

otros que las registran en varios países. En general, ambos registros son útiles para reflejar el estado de la innovación de cada país.

[35] Entrevista telefónica del autor con Juan Francisco Miranda, director de Colciencias, 25 de mayo de 2010.

[36] *Idem.*

[37] *Idem.*

[38] *Idem.*

[39] Entrevista del autor con la ministra de Educación María Cecilia Vélez White, 1º de junio de 2010.

[40] Cuba, y Venezuela no se presentan en el *test* PISA, considerado el más importante de su tipo.

[41] *Idem.*

[42] Entrevista del autor con el entonces candidato presidencial Juan Manuel Santos, 30 de marzo de 2010.

[43] *Idem.*

13. LAS 12 CLAVES DEL PROGRESO

[1] Discurso del presidente Óscar Arias ante la cumbre de Unidad de América Latina y el Caribe en Playa del Carmen, México, 22 de febrero de 2010.

[2] Entrevista del autor con Alejandro Foxley en Miami, 2 de junio de 2008.

[3] Entrevista del autor con Isaac Prilleltensky, decano de la Escuela de Educación de la Universidad de Miami, 12 de marzo de 2010.

[4] Hice esta pregunta en un programa de televisión a Prilleltensky, Emiliana Vegas, experta en educación del Banco Mundial, y a Marcelo Cabrol, experto en educación del Banco Interamericano de Desarrollo. Los tres coincidieron en que en muchos países habría que derivar fondos estatales de la educación superior a la preescolar.

[5] How the world's best-performing school systems come out on top", McKinsey & Company, septiembre de 2007, p. 12.

[6] *Idem.*

[7] *Ibidem*, p. 18.

[8] "The Teachers' Union Last Stand", por Steven Brill, *The New York Times*, 17 de mayo de 2010.

[9] Discurso del secretario de Educación, Arne Duncan, ante el Consejo de Relaciones Internacionales, 26 de marzo de 2010.

[10] *Idem.*

[11] *Idem.*

[12] UNESCO, Global Education Digest, Comparing Education Statistics Across the World, 2009, pp. 144-145.

[13] "La inversión extranjera directa en América Latina y el Caribe", CEPAL, 5 de mayo de 2010, con datos de entrevista del autor con el autor del informe, Mario Cimoli, el 5 de mayo de 2010.

[14] Entrevista del autor con Mario Cimoli, autor del estudio "La inversión extranjera directa en América Latina y el Caribe" de la CEPAL, 5 de mayo de 2010.

[15] Discurso de Obama el 23 de noviembre de 2009, en la Casa Blanca.